高等学校统计教材

Applied Statistical Analysis

应用统计分析

尹丽子　王洪凯　/主　编
靳绍礼　权培英　/副主编

北京大学出版社
PEKING UNIVERSITY PRESS

图书在版编目(CIP)数据

应用统计分析 / 尹丽子，王洪凯主编. —北京：北京大学出版社，2020.7
ISBN 978-7-301-31354-1

Ⅰ. ①应… Ⅱ. ①尹… Ⅲ. ①应用统计学—统计分析 Ⅳ. ①C812

中国版本图书馆 CIP 数据核字(2020)第 101496 号

书　　名	应用统计分析 YINGYONG TONGJI FENXI
著作责任者	尹丽子　王洪凯　主编
责任编辑	潘丽娜
标准书号	978-7-301-31354-1
出版发行	北京大学出版社
地　　址	北京市海淀区成府路 205 号　100871
网　　址	http://www.pup.cn
电子信箱	zpup@pup.cn　新浪微博：@北京大学出版社
电　　话	邮购部 010-62752015　发行部 010-62750672　编辑部 010-62752021
印 刷 者	北京溢漾印刷有限公司
经 销 者	新华书店
	787 毫米×1092 毫米　16 开本　20 印张　505 千字
	2020 年 7 月第 1 版　2020 年 7 月第 1 次印刷
定　　价	50.00 元

内容简介

本书主要介绍统计方法的理论和应用.全书共9章，主要内容包括：统计学基础知识、参数估计、假设检验、方差分析与正交试验设计、回归分析、多元正态分布的参数估计与假设检验、判别分析、聚类分析、相关分析等.特别是,为了体现统计方法的应用,本书在每章最后一节安排了实例分析与计算机实现内容,将 SPSS 软件的学习和案例分析相结合.

本书可作为统计学、金融数学、数据科学与大数据技术等专业本科生以及工科、经济、管理等专业硕士研究生教材，同时也可作为理工科高年级学生和教师以及相关科技人员的参考书.本书配有多媒体教学课件,方便任课教师教学,需要的老师可以通过邮件联系,同时为方便读者实践例题,本书把例题涉及的数据在 SPSS 软件中呈现的模式展示在二维码中,读者可扫码观看,若要在电脑上操作,需要通过邮件联系：ss_yinlz@ujn.edu.cn, panlina_nana@163.com.

前　言

统计重在应用,但目前国内大部分统计教材在内容上偏理论，少应用，且过于强调概率论在统计中的作用.随着学科的发展以及海量数据的产生，计算机及有关软件在统计教学和应用中扮演着越来越重要的作用.鉴于此，我们编写《应用统计分析》教材,旨在让读者学习基础的统计概念与方法,学习统计软件的使用,培养解决实际问题的能力.本教材与现行同类教材相比,具有以下几个特点：

1.注重统计思想的讲述,从实际问题入手介绍统计方法的应用,体现统计学的实用性,并且注重培养读者发掘统计模型、灵活运用统计方法的能力.

2.教材中的每一种统计方法都与实际案例相结合,给出了利用 SPSS 软件解决问题的具体操作步骤,并对计算结果进行分析,以提高读者综合分析、解决实际问题的能力.

3.将统计理论与统计实践充分结合,以满足本科数学专业并兼顾理工科研究生培养数学理论素质的需要.

4.内容编排上打破常规,创新设计.在不影响传统阅读学习习惯的情况下,补充了教学资源,以二维码形式呈现,扫描后即可实时学习.

本书由尹丽子、王洪凯主编,靳绍礼、权培英为副主编,参编人员为(以姓氏笔画为序)：王涛、王洪凯、尹丽子、权培英、束彦军、靳绍礼，最终由尹丽子、王洪凯对全书进行统编.在编写过程中校内外专家、教授以及济南大学数学科学学院的同事提出了很多宝贵的建议,在此表示感谢.

本书的出版得到了济南大学数学科学学院和北京大学出版社的大力支持,在此表示由衷的感谢.

由于作者水平有限,书中难免存在缺点和错误,恳请专家和读者批评指正.

编　者

目 录

第一章　统计学基础知识

如何能得到某个电视节目的客观收视率，以确定插播广告的价格是否合理？如何根据某地区居民的寿命记录来确定人寿保险既有竞争力，又有利可图的定价？我国东部和西部划分的概念比较笼统，如何根据某些标准或需要，选择一些指标把各省或者各市县进行分类呢？这些例子都要通过各种直接或间接手段来收集数据，然后利用一些方法来整理和分析数据，最后通过分析得出结论.根据《不列颠百科全书》中的定义，把这种“收集、分析、展示和解释数据的科学”称之为**统计学**.

统计学已有三百多年的发展历史，即使从皮尔逊(Pearson)和费希尔(Fisher)的工作算起，统计学也已有一百多年的发展历史.它是一门应用性很强的学科，可以说，凡是涉及数据的问题，我们都应该用统计方法去分析和解决.随着统计学的发展和完善，其研究内容已非常丰富，研究成果应用于社会生活实践，取得了良好的社会和经济效益.

本章我们从统计学的基本概念入手，讨论统计学的一些重要基本定理.

§1.1　总体与样本、经验分布函数

一、总体与样本

在统计学中，我们把研究对象的全体称之为**总体**，构成总体的每个成员称之为**个体**.例如，要研究某批灯泡的平均寿命，则可将这批灯泡的全体看成总体，每只灯泡就是一个个体.

在实际问题中，我们只关注个体的某个或某些数量指标，此时个体的某个或某些数量指标的全体看成总体.上例中，我们只关注灯泡的寿命，就可将这批灯泡寿命的全体看成总体，每只灯泡的寿命就是一个个体.总体可以看成是一组数据，每个数据就是一个个体，这组数据中的每个数据出现的可能性是不同的，这说明总体就是随机变量，可以用分布函数来描绘它.若用随机变量 X 表示灯泡的寿命，则 X 所有可能取值的全体构成总体.总体中每个个体也是随机变量，与总体同分布.

我们也可以关注每个个体的多个数量指标，例如，为研究家庭财政状况，需调查每个家庭的收入和支出两个数量指标，分别用随机变量 X,Y 表示，这两个指标构成二维随机向量 (X,Y)，它所有可能取值的全体看作一个总体，称为**二维总体**，可以用二维联合分布函数来描绘它.

为了解总体的分布，可以在总体中按机会均等的原则抽取一些个体，对这些个体进行观测或试验得到指标的具体数值.这种按均等原则选取个体进行观测或试验的过程称为**随机**

抽样.若从总体中随机抽取 n 个个体,我们称这 n 个个体的某一指标 $X_1,X_2,\cdots,X_n$ 为一个**样本**,n 称为**样本容量**,样本中的每个个体称为**样品**.在随机抽样过程中,抽取的每个样品 X_i 都是随机变量,从而可将容量为 n 的样本 $X_1,X_2,\cdots,X_n$ 看成一个 n 维随机向量.在一次抽样后对样本 $X_1,X_2,\cdots,X_n$ 进行观测或试验,得到的一组确定值 $x_1,x_2,\cdots,x_n$ 称作容量为 n 的**样本观测值**(**或数据**).样本观测值 $x_1,x_2,\cdots,x_n$ 可以看作一个随机试验的一个结果,它的所有结果的全体构成一个**样本空间**,它可以是 n 维空间,也可以是 n 维空间的一个子集.样本的一组观测值是样本空间的一个点.

如果要研究总体中个体的两个指标(X,Y),则所抽取的 n 个个体的指标(X_1,Y_1),(X_2,Y_2),$\cdots$,(X_n,Y_n)构成容量为 n 的样本,由 $2n$ 个随机变量构成,它的一组观测值 $x_1,y_1,x_2,y_2,\cdots,x_n,y_n$ 是 $2n$ 维空间的一个点.二维总体的样本空间可以是 $2n$ 维空间,也可以是 $2n$ 维空间的子集.类似地,可以将以上定义推广到研究总体中个体的 k 个指标的情形.

例 1.1.1 用包装机包装茶叶,按规定每袋茶叶的标准质量为 500 g.欲检查机器性能是否良好,从一批茶叶中随机抽取 10 袋,测得每袋的质量(单位:g) 分别为

$$500,\ 505,\ 482,\ 480,\ 481,\ 501,\ 498,\ 482,\ 490,\ 481.$$

我们得到了一个容量为 10 的样本观测值,对应的总体为该包装机包装茶叶的质量的全体.

从总体中抽取样本可以有不同的方法,为了能由样本对总体作出比较可靠的推断,我们希望样本能够很好地代表总体.这就需要对抽样方法提出一些要求,最常用的方法是简单随机抽样,它满足如下两个要求:

(1) 样本具有**随机性**,即要求总体中每一个个体都有同等机会被选入样本,这意味着每一个样品 X_i 与总体 X 有相同的分布;

(2) 样本具有**独立性**,即要求样本中每一个样品的取值不影响其他样品的取值,这意味着 $X_1,X_2,\cdots,X_n$ 相互独立.

用简单随机抽样方法得到的样本称为**简单随机样本**,简称为**样本**.如非特别说明,本书中的样本皆为简单随机样本.样本 $X_1,X_2,\cdots,X_n$ 可以看成独立同分布随机变量,记为 iid(independent identically distributed) 样本.

例 1.1.2 某工厂生产二极管共 N 件,需要抽样检验以了解不合格品率 p.设 X 表示一件产品是否为不合格品,令

$$X=\begin{cases}1, & \text{产品是不合格品},\\ 0, & \text{产品是合格品},\end{cases}$$

则有

$$P(X=1)=p,\quad P(X=0)=1-p.$$

现从这批产品中抽取 n 件逐一检验是否为合格品,样本为 $X_1,X_2,\cdots,X_n$.如果采取有放回抽样,则样本独立同分布.如果采取不放回抽样 (实际抽样方法),这时第二次抽到的不合格品的概率依赖于第一次是否抽到不合格品.假设第一次抽到不合格品,则第二次抽到不合格品的概率为

$$P(X_2=1\mid X_1=1)=\frac{Np-1}{N-1};$$

假设第一次抽到合格品,则第二次抽到不合格品的概率为

$$P(X_2=1 \mid X_1=0)=\frac{Np}{N-1}.$$

显然,这不是简单随机样本.但 N 很大时,我们可以看到上述两种情况的概率都近似等于 p.所以当 N 很大,而 n 不大(一般 $n/N \leqslant 0.1$)时可以把该样本近似看成简单随机样本.

设总体 X 的分布函数为 $F(x)$,$X_1,X_2,\cdots,X_n$ 为取自总体容量为 n 的样本,则样本的联合分布函数为

$$F(x_1,x_2,\cdots,x_n)=\prod_{i=1}^{n} F(x_i).$$

例 1.1.3 设总体 X 服从参数为 λ 的指数分布,$X_1,X_2,\cdots,X_n$ 为取自总体的样本,求该样本的联合概率密度.

解 总体 X 的概率密度为

$$f(x)=\begin{cases}\lambda \mathrm{e}^{-\lambda x}, & x>0,\\ 0, & x \leqslant 0.\end{cases}$$

因为样本 $X_1,X_2,\cdots,X_n$ 相互独立,且与总体 X 同分布,所以样本的联合概率密度为

$$f(x_1,x_2,\cdots,x_n)=\prod_{i=1}^{n} f(x_i)=\begin{cases}\lambda^n \mathrm{e}^{-\lambda \sum\limits_{i=1}^{n} x_i}, & x_i>0,\\ 0, & \text{其他}.\end{cases}$$

例 1.1.4 设总体 $X \sim B(1,p)$,$0<p<1$,$X_1,X_2,\cdots,X_n$ 为取自总体的样本,求该样本的联合分布列.

解 总体 X 的分布列为

$$P(X=i)=p^i(1-p)^{1-i}, \quad i=0,1.$$

因为样本 $X_1,X_2,\cdots,X_n$ 相互独立,且与总体 X 同分布,所以样本的联合分布列为

$$\begin{aligned}
&P(X_1=x_1,X_2=x_2,\cdots,X_n=x_n)\\
&=P(X_1=x_1)P(X_2=x_2)\cdots P(X_n=x_n)\\
&=\prod_{i=1}^{n} p^{x_i}(1-p)^{1-x_i}\\
&=p^{\sum\limits_{i=1}^{n} x_i}(1-p)^{n-\sum\limits_{i=1}^{n} x_i}, \quad x_i \in \{0,1\}, i=1,2,\cdots,n.
\end{aligned}$$

二、经验分布函数

设 $x_1,x_2,\cdots,x_n$ 为取自分布函数为 $F(x)$ 的总体的样本观测值,若将其由小到大排列为 $x_{(1)} \leqslant x_{(2)} \leqslant \cdots \leqslant x_{(n)}$,其中 $x_{(i)}$ 为 $x_1,x_2,\cdots,x_n$ 中第 i 小的数,则**经验分布函数**定义为

$$F_n(x)=\begin{cases}0, & \text{当 } x<x_{(1)},\\ \dfrac{k}{n}, & \text{当 } x_{(k)} \leqslant x<x_{(k+1)}, k=1,2,\cdots,n-1,\\ 1, & \text{当 } x \geqslant x_{(n)}.\end{cases}$$

由定义可以看出,$F_n(x)$ 单调不减、右连续,且满足 $F_n(-\infty)=0$,$F_n(+\infty)=1$,所以 $F_n(x)$ 也是一个分布函数.

例 1.1.5 取自某总体的一组数据:

$$19,\ 15,\ 11,\ 15,\ 21.$$

这是一个容量为 5 的样本,由小到大排序:

$$x_{(1)}=11,\quad x_{(2)}=15,\quad x_{(3)}=15,\quad x_{(4)}=19,\quad x_{(5)}=21,$$

则其经验分布函数为

$$F_n(x)=\begin{cases}0, & x<11,\\ 0.2, & 11\leqslant x<15,\\ 0.6, & 15\leqslant x<19,\\ 0.8, & 19\leqslant x<21,\\ 1, & x\geqslant 21.\end{cases}$$

它的图形如图 1.1.1 所示.

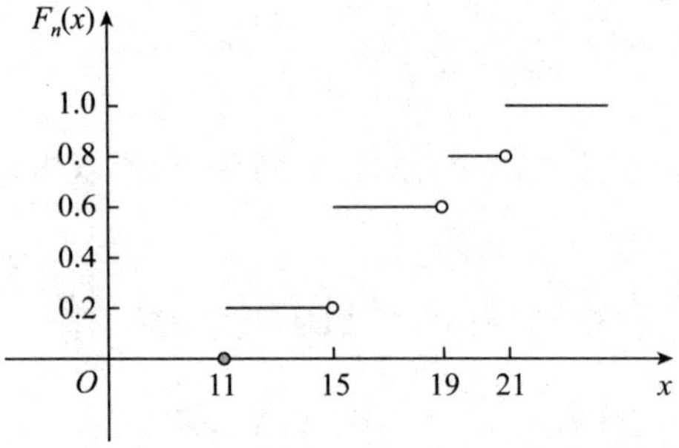

图 1.1.1　例 1.1.5 的经验分布函数图形

对每个固定的 x,$F_n(x)$ 是事件 $\{X\leqslant x\}$ 发生的频率,当 n 固定时,它是一个随机变量.若对任意实数 x 定义

$$I_i(x)=\begin{cases}1, & X_i\leqslant x,\\ 0, & X_i>x,\end{cases}$$

其中 X_i 为样本 $X_1,X_2,\cdots,X_n$ 的第 i 个样品.由经验分布函数的定义,对任意给定的实数 x,有

$$F_n(x)=\frac{1}{n}\sum_{i=1}^{n}I_i(x).$$

对于给定的实数 x,随机变量序列 $I_1(x),I_2(x),\cdots,I_n(x)$ 独立同分布,都服从二项分布 $B(1,F(x))$.由伯努利大数定律,对 $\forall\varepsilon>0$,有

$$\lim_{n\to\infty}P\Big(|F_n(x)-F(x)|>\varepsilon\Big)=0.$$

这说明经验分布函数序列 $F_n(x)$,$n=1,2,\cdots$ 依概率收敛于其分布函数 $F(x)$.格里汶科 (Glivenko) 于 1933 年得到了比上述结论更好的结果.

定理 1.1.1 (格里汶科定理)　设 $X_1,X_2,\cdots,X_n$ 是取自分布函数为 $F(x)$ 的总体的样本,$F_n(x)$ 是其经验分布函数,当 $n\to\infty$ 时有

$$P\Big(\sup_{-\infty<x<+\infty}|F_n(x)-F(x)|\to 0\Big)=1.$$

定理 1.1.1 表明,当 n 很大时,经验分布函数 $F_n(x)$ 是总体分布函数 $F(x)$ 的良好的近

似.经典统计学中一切统计推断都以样本为依据,并以格里汶科定理为理论基础.

图 1.1.2 画出了 100 个轴承直径这一样本的经验分布函数 $F_{100}(x)$ 与其相应总体的正态分布函数 $F(x)$,可以看出二者拟合得很好.

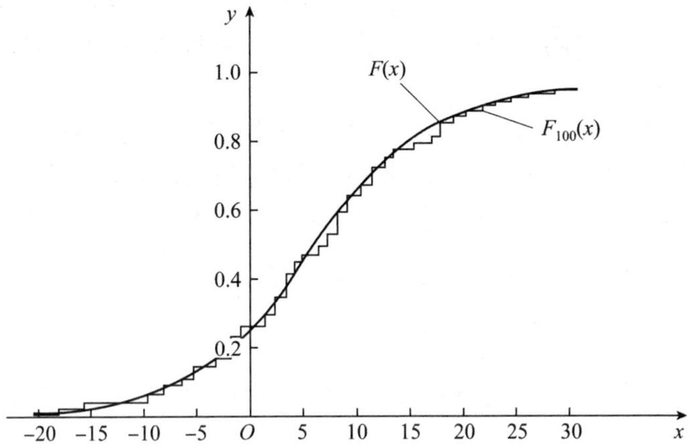

图 1.1.2 轴承直径的经验分布函数与总体的正态分布函数

习 题 1.1

1. 某地电视台想了解某电视栏目(如:每日晚 9 点至 9 点半的体育节目)在该地区的收视率情况,于是委托一家市场咨询公司进行电话访查.问该项目研究的总体是什么?样本是什么?

2. 某市要调查成年男子吸烟率,特聘请 50 名统计专业的本科生作街头随机调查,要求每位学生调查 100 名成年男子.问该项调查的总体和样本分别是什么?总体用什么分布描述?

3. 为估计鱼塘有多少鱼,一位统计学家设计了一个方案:从鱼塘中打捞一网鱼,计有 n 条,涂上不会被水冲掉的红漆后放回,一天后再从鱼塘打捞一网,发现共有 m 条鱼,而涂有红漆的鱼则有 k 条,你能估计出鱼塘大概有多少条鱼吗?问该问题的总体和样本又分别是什么?

4. 为了解数学系本科毕业生的就业情况,调查了 100 名 2018 年毕业的数学专业本科毕业生实习期满后的月薪情况.问该研究的总体是什么?样本是什么?样本容量是多少?

5. 从一个总体中抽取了容量为 8 的样本,其观测值为

$$-3,\ -2.6,\ -1,\ 0.5,\ 1,\ 2.2,\ 2.5,\ 3.$$

求经验分布函数.

6. 以下是某工厂通过抽样调查得到的 10 名工人一周内生产的产品数:

$$149,\ 156,\ 160,\ 138,\ 149,\ 153,\ 153,\ 169,\ 156,\ 156.$$

试由这批数据构造经验分布函数并作图.

§1.2 统计量及其抽样分布

样本来自总体，含有总体各方面的信息，但这些信息较为分散，有时候显得杂乱无章.为将这些分散在样本中的总体相关信息集中起来反映总体特征，最常用的方法就是构造样本的函数——统计量.

定义 1.2.1 设 $X_1, X_2, \cdots, X_n$ 是取自总体的样本，若样本的函数 $T(X_1, X_2, \cdots, X_n)$ 不含有任何未知参数，则称 T 为**统计量**，统计量的分布称为**抽样分布**.

例如，设 $X_1, X_2, \cdots, X_n$ 为取自正态总体 $N(\mu, \sigma^2)$ 的样本，其中 μ 为未知参数，则 $2X_n$，$\sum_{i=1}^{n} X_i^2$ 是统计量，而 $\sum_{i=1}^{n} \frac{(X_i - \mu)^2}{\sigma^2}$ 不是统计量. 上节介绍的经验分布函数 $F_n(x)$ 也是一个统计量.

说明 一个统计量不依赖于任何未知参数，但是它的分布一般还是依赖于未知参数的.

一、常用统计量

设 $X_1, X_2, \cdots, X_n$ 为取自总体 X 的样本，统计量

$$\overline{X} = \frac{X_1 + X_2 + \cdots + X_n}{n} = \frac{1}{n} \sum_{i=1}^{n} X_i$$

称为**样本均值**. 统计量

$$S_n^2 = \frac{1}{n} \sum_{i=1}^{n} (X_i - \overline{X})^2 = \frac{1}{n} \sum_{i=1}^{n} X_i^2 - (\overline{X})^2$$

称为**样本方差**，$S_n = \sqrt{S_n^2}$ 称为**样本标准差**. 当 n 不大时，常用

$$S^2 = \frac{1}{n-1} \sum_{i=1}^{n} (X_i - \overline{X})^2$$

作为样本方差，其算术根 $S = \sqrt{S^2}$ 也称为样本标准差. 在实际中，S^2 比 S_n^2 更常用，没有特别说明，样本方差通常指 S^2. 统计量

$$A_k = \frac{1}{n} \sum_{i=1}^{n} X_i^k$$

称为**样本 k 阶原点矩**，特别地，样本一阶原点矩就是样本均值. 统计量

$$B_k = \frac{1}{n} \sum_{i=1}^{n} (X_i - \overline{X})^k$$

称为**样本 k 阶中心矩**，特别地，样本二阶中心矩就是样本方差 S_n^2.

若 $x_1, x_2, \cdots, x_n$ 为样本 $X_1, X_2, \cdots, X_n$ 的观测值，则

$$\overline{x} = \frac{1}{n} \sum_{i=1}^{n} x_i \quad \text{和} \quad s^2 = \frac{1}{n-1} \sum_{i=1}^{n} (x_i - \overline{x})^2$$

分别为样本均值 $\overline{X}$ 和样本方差 S^2 的观测值；而

$$a_k = \frac{1}{n} \sum_{i=1}^{n} x_i^k \quad \text{和} \quad b_k = \frac{1}{n} \sum_{i=1}^{n} (x_i - \overline{x})^k$$

分别为样本 k 阶原点矩 A_k 和样本 k 阶中心矩 B_k 的观测值.

例 1.2.1 某工厂收集到 20 名工人某天生产的零件个数：

79， 84， 84， 88， 92， 93， 94， 97， 98， 99，

100，101，101，102，102，108，110，113，118，125.

则 20 名工人平均生产零件个数为

$$\overline{x}=\frac{1}{20}(79+84+\cdots+125)=99.4.$$

样本方差为

$$s^2=\frac{1}{20-1}[(79-99.4)^2+\cdots+(125-99.4)^2]=133.936\ 8.$$

样本标准差为

$$s=\sqrt{s^2}=\sqrt{133.936\ 8}=11.573\ 1.$$

样本均值和样本方差这两个统计量在统计学中有重要的应用,下面定理给出样本均值的数学期望和方差以及样本方差的数学期望,它们不依赖于总体的分布形式.

定理 1.2.1 设总体 X 具有二阶矩,即 $E(X)=\mu<\infty, D(X)=\sigma^2<\infty. X_1, X_2, \cdots, X_n$ 为取自该总体的样本,$\overline{X}$ 和 S^2 分别是样本均值和样本方差,则

$$E(\overline{X})=\mu,\quad D(\overline{X})=\frac{\sigma^2}{n},\quad E(S^2)=\sigma^2.$$

证明

$$E(\overline{X})=E\left(\frac{1}{n}\sum_{i=1}^{n}X_i\right)=\frac{1}{n}E\left(\sum_{i=1}^{n}X_i\right)=\frac{n\mu}{n}=\mu,$$

$$D(\overline{X})=D\left(\frac{1}{n}\sum_{i=1}^{n}X_i\right)=\frac{1}{n^2}D\left(\sum_{i=1}^{n}X_i\right)=\frac{n\sigma^2}{n^2}=\frac{\sigma^2}{n}.$$

因为 $E(X_i^2)=D(X_i)+E^2(X_i)=\mu^2+\sigma^2$ 且 $E(\overline{X})^2=D(\overline{X})+E^2(\overline{X})=\mu^2+\sigma^2/n$,所以有

$$\begin{aligned}E(S^2)&=\frac{1}{n-1}E\left(\sum_{i=1}^{n}(X_i-\overline{X})^2\right)=\frac{1}{n-1}E\left(\sum_{i=1}^{n}X_i^2-n(\overline{X})^2\right)\\&=\frac{1}{n-1}\left[n\mu^2+n\sigma^2-n\left(\mu^2+\frac{\sigma^2}{n}\right)\right]=\sigma^2.\end{aligned}$$

二、次序统计量及其分布

次序统计量在近代统计推断中起着重要的作用,在质量管理和可靠性等方面有着广泛的应用.

定义 1.2.2 设 $X_1, X_2, \cdots, X_n$ 为取自总体 X 的样本,$X_{(i)}$ 称为该样本的第 i 个**次序统计量**,它的取值是将样本观测值由小到大排列后得到的第 i 个观测值,其中 $X_{(1)}=\min\{X_1, X_2, \cdots, X_n\}$ 称为**最小次序统计量**,$X_{(n)}=\max\{X_1, X_2, \cdots, X_n\}$ 称为**最大次序统计量**.

$X_1, X_2, \cdots, X_n$ 为取自总体 X 的样本,$X_1, X_2, \cdots, X_n$ 独立同分布,但次序统计量 $X_{(1)}, X_{(2)}, \cdots, X_{(n)}$ 既不一定独立,也不一定同分布.

例 1.2.2 X_1, X_2, X_3 为总体 X 的样本，X 的分布列为

X	0	1	2
P	1/3	1/3	1/3

现将样本 X_1, X_2, X_3 及次序统计量 $X_{(1)}, X_{(2)}, X_{(3)}$ 所有可能的取值列入表 1.2.1.

表 1.2.1 例 1.2.2 的样本及次序统计量的取值

X_1	X_2	X_3	$X_{(1)}$	$X_{(2)}$	$X_{(3)}$	X_1	X_2	X_3	$X_{(1)}$	$X_{(2)}$	$X_{(3)}$
0	0	0	0	0	0	1	2	0	0	1	2
0	0	1	0	0	1	2	1	0	0	1	2
0	1	0	0	0	1	0	2	2	0	2	2
1	0	0	0	0	1	2	0	2	0	2	2
0	0	2	0	0	2	2	2	0	0	2	2
0	2	0	0	0	2	1	1	2	1	1	2
2	0	0	0	0	2	1	2	1	1	1	2
0	1	1	0	1	1	2	1	1	1	1	2
1	0	1	0	1	1	1	2	2	1	2	2
1	1	0	0	1	1	2	1	2	1	2	2
0	1	2	0	1	2	2	2	1	1	2	2
0	2	1	0	1	2	1	1	1	1	1	1
1	0	2	0	1	2	2	2	2	2	2	2
2	0	1	0	1	2						

由于上述每一个样本的观测值的概率相等，都等于$\frac{1}{27}$，容易看出 $X_{(1)}, X_{(2)}, X_{(3)}$ 各自的分布列分别为

$X_{(1)}$	0	1	2
P	19/27	7/27	1/27

$X_{(2)}$	0	1	2
P	7/27	13/27	7/27

$X_{(3)}$	0	1	2
P	1/27	7/27	19/27

我们可以看出 3 个次序统计量的分布列不相同.

进一步，我们可以给出两个次序统计量的联合分布，如 $X_{(2)}, X_{(3)}$ 的联合分布列为

$X_{(3)}$	$X_{(2)}$		
	0	1	2
0	1/27	0	0
1	3/27	4/27	0
2	3/27	9/27	7/27

因为

$$P(X_{(2)}=0, X_{(3)}=0)=\frac{1}{27} \neq P(X_{(2)}=0) P(X_{(3)}=0)=\frac{7}{27} \times \frac{1}{27},$$

所以 $X_{(2)}$ 和 $X_{(3)}$ 不独立.

由例 1.2.2 可看出求离散型随机变量的次序统计量的分布是比较方便的. 下面推导连续型随机变量的次序统计量的分布.

定理 1.2.2 设总体 X 的概率密度为 $f(x)$，分布函数为 $F(x)$，$X_1,X_2,\cdots,X_n$ 为取自这一总体的样本，则第 i 个次序统计量 $X_{(i)}$ 的概率密度为

$$p_i(x)=\frac{n!}{(i-1)!\ (n-i)!}\big(F(x)\big)^{i-1}f(x)\big(1-F(x)\big)^{n-i}.$$

证明 记 $X_{(i)}$ 的观测值为 x，选取足够小的 Δx，使得只有一个观测值落入区间 $[x,x+\Delta x)$. 令事件 $A=$"第 i 个次序统计量 $X_{(i)}$ 取值落入小区间 $[x,x+\Delta x)$ 内"，则有

$$P(A)=\int_x^{x+\Delta x}p_i(t)\mathrm{d}t,$$

其中 $p_i(t)$ 为 $X_{(i)}$ 的概率密度. 令事件 $B=$"容量为 n 的样本 $X_1,X_2,\cdots,X_n$ 有 $i-1$ 个落入区间 $(-\infty,x)$，有一个落入区间 $[x,x+\Delta x)$，$n-i$ 个落入区间 $[x+\Delta x,+\infty)$"，则有

$$P(B)=\frac{n!}{(i-1)!\ 1!\ (n-i)!}\big(F(x)\big)^{i-1}\big(F(x+\Delta x)-F(x)\big)\big(1-F(x+\Delta x)\big)^{n-i}.$$

事件 A 与事件 B 等价，则有

$$\int_x^{x+\Delta x}p_i(t)\mathrm{d}t=\frac{n!}{(i-1)!\ 1!\ (n-i)!}\big(F(x)\big)^{i-1}\big(F(x+\Delta x)-F(x)\big)\big(1-F(x+\Delta x)\big)^{n-i},$$

两边同除以 Δx，并令 $\Delta x\to 0$，即有

$$p_i(x)=\frac{n!}{(i-1)!\ (n-i)!}\big(F(x)\big)^{i-1}f(x)\big(1-F(x)\big)^{n-i},$$

其中 $p_i(x)$ 的非零区间与 $f(x)$ 的非零区间相同.

推论 1.2.1 最小次序统计量 $X_{(1)}$ 和最大次序统计量 $X_{(n)}$ 的概率密度分别为

$$p_1(x)=n\cdot f(x)\big(1-F(x)\big)^{n-1},$$
$$p_n(x)=n\cdot\big(F(x)\big)^{n-1}f(x).$$

例 1.2.3 设总体 X 的概率密度为

$$f(x)=\begin{cases}2x, & 0<x<1,\\ 0, & \text{其他}.\end{cases}$$

在总体中抽取容量为 5 的样本，求 $P\left(X_{(4)}<\dfrac{1}{2}\right)$ 的概率.

解 由总体 X 的概率密度可得 X 的分布函数为

$$F(x)=\begin{cases}0, & x<0,\\ x^2, & 0\leqslant x<1,\\ 1, & x\geqslant 1.\end{cases}$$

由定理 1.2.2 可得 $X_{(4)}$ 的概率密度为

$$\begin{aligned}p_4(x)&=\frac{5!}{3!\ 1!}\big(F(x)\big)^3f(x)\big(1-F(x)\big)\\&=\begin{cases}20x^6\cdot 2x\cdot(1-x^2), & 0<x<1,\\ 0, & \text{其他}\end{cases}\end{aligned}$$

$$=\begin{cases}40x^7(1-x^2), & 0<x<1,\\ 0, & \text{其他}.\end{cases}$$

所以

$$P\left\{X_{(4)}<\frac{1}{2}\right\}=\int_0^{\frac{1}{2}}40x^7(1-x^2)\mathrm{d}x=\frac{1}{64}.$$

下面讨论任意两个次序统计量的联合分布. 3个或3个以上次序统计量的联合分布求法类似.

定理 1.2.3 设总体 X 的概率密度为 $f(x)$，分布函数为 $F(x)$，$X_1,X_2,\cdots,X_n$ 为取自这一总体的样本，则第 i 个次序统计量 $X_{(i)}$ 和第 j 个次序统计量 $X_{(j)}(i<j)$ 的联合概率密度为

$$p_{ij}(y,z)=\frac{n!}{(i-1)!\,(j-i-1)!\,(n-j)!}\big(F(y)\big)^{i-1}f(y)\cdot\big(F(z)-F(y)\big)^{j-i-1}f(z)\big(1-F(z)\big)^{n-j},\quad y\leqslant z.$$

证明 记 $X_{(i)}$ 的观测值为 y，选取足够小的 Δy，使得只有一个观测值落入区间 $[y,y+\Delta y)$；$X_{(j)}$ 的观测值为 z，选取足够小的 Δz，使得只有一个观测值落入区间 $[z,z+\Delta z)$. 令事件 $A=$"第 i 个次序统计量 $X_{(i)}$ 的取值落入小区间 $[y,y+\Delta y)$ 内且第 j 个次序统计量 $X_{(j)}$ 的取值落入小区间 $[z,z+\Delta z)$ 内"，则有

$$P(A)=\int_y^{y+\Delta y}\int_z^{z+\Delta z}p_{ij}(u,v)\mathrm{d}u\mathrm{d}v,$$

其中 $p_{ij}(u,v)$ 为 $X_{(i)}$ 和 $X_{(j)}$ 的联合概率密度. 令事件 $B=$"容量为 n 的样本 $X_1,X_2,\cdots,X_n$ 有 $i-1$ 个落入区间 $(-\infty,y)$，一个落入区间 $[y,y+\Delta y)$，$j-i-1$ 个落入区间 $[y+\Delta y,z)$，一个落入区间 $[z,z+\Delta z)$，$n-j$ 个落入区间 $[z+\Delta z,+\infty)$"，则有

$$P(B)=\frac{n!}{(i-1)!\,1!\,(j-i-1)!\,1!\,(n-j)!}\big(F(y)\big)^{i-1}\big(F(y+\Delta y)-F(y)\big)\big(F(z)-F(y+\Delta y)\big)^{j-i-1}\big(F(z+\Delta z)-F(z)\big)\big(1-F(z+\Delta z)\big)^{n-j}.$$

事件 A 与事件 B 等价，所以

$$\int_y^{y+\Delta y}\int_z^{z+\Delta z}p_{ij}(u,v)\mathrm{d}u\mathrm{d}v=\frac{n!}{(i-1)!\,1!\,(j-i-1)!\,1!\,(n-j)!}\big(F(y)\big)^{i-1}\cdot\big(F(y+\Delta y)-F(y)\big)\big(F(z)-F(y+\Delta y)\big)^{j-i-1}\cdot\big(F(z+\Delta z)-F(z)\big)\big(1-F(z+\Delta z)\big)^{n-j},$$

上式两边同除以 $\Delta y\Delta z$，并令 $\Delta y\to 0,\Delta z\to 0$，即有

$$p_{ij}(y,z)=\frac{n!}{(i-1)!\,(j-i-1)!\,(n-j)!}\big(F(y)\big)^{i-1}f(y)\cdot\big(F(z)-F(y)\big)^{j-i-1}f(z)\big(1-F(z)\big)^{n-j}.$$

习 题 1.2

1. 设 $X_1,X_2,\cdots,X_n$ 是取自正态总体 $N(\mu,\sigma^2)$ 的样本，其中 μ 已知，σ^2 未知，判断下列

量哪些是统计量：

(1) $\overline{X}=\frac{1}{n}\sum_{i=1}^{n}X_i$； (2) $\frac{1}{n-1}\sum_{i=1}^{n}(X_i-\overline{X})^2$； (3) $\frac{1}{\sigma^2}\sum_{i=1}^{n}X_i^2$；

(4) $\frac{1}{n}\sum_{i=1}^{n}(X_i-\mu)^2$； (5) $\frac{1}{\sigma^2}\sum_{i=1}^{n}(X_i-\mu)^2$.

2. 在一本书上随机地检查了 10 页，发现每页上的错误数为

$$4,\ 5,\ 6,\ 0,\ 3,\ 1,\ 4,\ 2,\ 1,\ 4.$$

试计算其样本均值、样本方差和样本标准差.

3. 设 $x_1,x_2,\cdots,x_n$ 和 $y_1,y_2,\cdots,y_n$ 为两组样本观测值，它们有如下关系：

$$y_i=ax_i-b,\quad a\neq 0, i=1,2,\cdots,n.$$

求样本均值 $\overline{x}$ 和 $\overline{y}$ 之间的关系以及样本方差 s_x^2 和 s_y^2 之间的关系.

4. 设 $X_1,X_2,\cdots,X_n$ 是来自参数为 λ 的指数分布的样本，试求 $E(\overline{X})$ 和 $D(\overline{X})$.

5. 设总体 X 的 4 阶中心矩 $v_4=E(X-E(X))^4$ 存在，试证：对样本方差 $S^2=\frac{1}{n-1}\sum_{i=1}^{n}(X_i-\overline{X})^2$，有

$$D(S^2)=\frac{n(v_4-\sigma^4)}{(n-1)^2}-\frac{2(v_4-2\sigma^4)}{(n-1)^2}+\frac{v_4-3\sigma^4}{n(n-1)^2},$$

其中 σ^2 为总体 X 的方差.

6. 设总体 X 的 3 阶矩存在，若 $X_1,X_2,\cdots,X_n$ 是取自该总体的简单随机样本，$\overline{X}$ 为样本均值，S^2 为样本方差，试证：$\mathrm{cov}(\overline{X},S^2)=\frac{v^3}{n}$，其中 $v^3=E(X-E(X))^3$.

7. 设总体 $X\sim N(\mu,4)$，$X_1,X_2,\cdots,X_n$ 为取自该总体的样本，$\overline{X}$ 为样本均值. 试问：样本容量 n 应分别取多大，才能使：

(1) $E(|\overline{X}-\mu|^2)\leqslant 0.1$； (2) $E(|\overline{X}-\mu|)\leqslant 0.1$； (3) $P\{|\overline{X}-\mu|\leqslant 0.1\}\geqslant 0.95$.

8. 设随机变量 $X_1,X_2,\cdots,X_n$ 独立同分布于 $U(a,b)$，求 $X_{(1)},X_{(n)},(X_{(1)},X_{(n)}),X_{(1)}+X_{(n)}$ 的概率密度.

9. 设总体 X 服从几何分布，即 $P(X=k)=pq^{k-1},k=1,2,\cdots$，其中 $0<p<1,q=1-p$，$X_1,X_2,\cdots,X_n$ 为取自该总体的样本，求 $X_{(1)},X_{(n)}$ 的概率分布.

10. 设总体 X 的概率密度为

$$f(x)=\begin{cases}3x^2, & 0\leqslant x\leqslant 1,\\ 0, & \text{其他}.\end{cases}$$

从中获得容量为 5 的样本 X_1,X_2,X_3,X_4,X_5，其次序统计量为

$$X_{(1)}<X_{(2)}<X_{(3)}<X_{(4)}<X_{(5)}.$$

(1) 试分别求 $X_{(1)}$ 和 $X_{(5)}$ 的概率密度.

(2) 试证 $\frac{X_{(2)}}{X_{(4)}}$ 与 $X_{(4)}$ 相互独立.

§1.3 样本数据的统计描绘

为推断总体的某些性质，对总体的样本进行观测，会得到大量的观测数据. 一般来说，这

些数据是杂乱无章的. 将这些数据加以整理、汇总和描绘，是认识数据的第一步，也是对总体进行推断的基础.

为对总体进行推断，需要对总体的某些指标进行观测和记录，例如要研究学生的身体发育状况，需要记录学生的姓名、年龄、身高、性别和体重等指标，总体的这些指标也称之为**变量**. 变量按其本身的含义和计量方式的不同，可分为定量变量和定性变量. 本例中学生的年龄、身高和体重这些变量有大小，有单位，是可测量的，可比较的，也可对它们的数值进行算术运算并有实际意义，这类变量为**定量变量**；而姓名、性别这些变量不同的取值有不同的意义，且无法进行算术运算或者计算后没有实际意义，这类变量为**定性变量**. 对定量变量和定性变量进行观测或试验都会得到数据，分别称之为**定量数据**和**定性数据**. 定量数据和定性数据在统计描绘上是不同的，这一节将借助于数据特征或图表对数据加以描述.

一、样本数据的描绘统计量

实践中常常需要用一个数值来描绘样本(数据) 某一方面的特征，这就需要介绍一些计算数据某些特征的描绘统计量. 由于定性变量主要是计数，比较简单，其常用的统计描绘就是比例或者百分比，所以下面主要介绍关于定量变量数据的数字描述.

设 $x_1,x_2,\cdots,x_n$ 是取自总体 X 的一组样本观测数据.

1. 描绘数据分布位置的量

上节我们介绍过样本均值 $\bar{x}=\frac{1}{n}\sum_{i=1}^{n}x_i$，它是描绘观测值分布中心位置的量，是所有观测值的均值.

与均值相类似，中位数也是描述观测值 $x_1,x_2,\cdots,x_n$ 中心位置的量. 将观测值按由小到大的顺序排列：$x_{(1)},x_{(2)},\cdots,x_{(n)}$，**样本中位数**规定为

$$m_{0.5}=\begin{cases}x_{\left(\frac{n+1}{2}\right)}, & n\text{ 为奇数},\\ \dfrac{1}{2}\left(x_{\left(\frac{n}{2}\right)}+x_{\left(\frac{n}{2}+1\right)}\right), & n\text{ 为偶数}.\end{cases}$$

中位数的计算基于数据的排序，较为简单，且计算结果不易受个别极端数据的影响，具有稳健性. 经常在描绘收入、价位的一些场合中采用中位数作为描述数据分布中心的指标.

更一般地，描述数据位置的量还有**样本 p 分位数**，定义为

$$m_p=\begin{cases}x_{([np]+1)}, & np\text{ 不是整数},\\ \dfrac{1}{2}\left(x_{(np)}+x_{(np+1)}\right), & np\text{ 是整数},\end{cases}$$

其中 $[np]$ 表示 np 的整数部分. 常用的 p 分位数有 0.25 分位数，又称为四分之一分位数，用 Q_1 表示；0.5 分位数，即为中位数；0.75 分位数又称为四分之三分位数，用 Q_3 表示. 例如，$n=10$，则

$$Q_1=x_{(3)},\quad m_{0.5}=\frac{1}{2}\left(x_{(5)}+x_{(6)}\right),\quad Q_3=x_{(8)}.$$

除了分位数和均值之外，描绘数据分布位置最多的另外一种数字特征为众数. 将样本观测值 $y_i,i=1,2,\cdots,k$，及其频数 $n_i,i=1,2,\cdots,k$ 的统计结果列入下表：

$$\begin{pmatrix}y_1 & y_2 & \cdots & y_k\\ n_1 & n_2 & \cdots & n_k\end{pmatrix}.$$

若 $n_{j_0}=\max\{n_1,n_2,\cdots,n_k\}$，则称 y_{j_0} 为**众数**. 它表示观测值中取的最多的那个值. 若样本数据取自连续的总体，当观测数据保留多位小数时，可能就没有重复数据，这时众数会不存在.众数在离散总体和在定性数据中用得多些. 有时 n_{j_0} 不唯一，这时只能按某种约定从多个可能的值中选定一个.

2. 描绘数据分布离散程度的量

上节介绍的样本方差 $s^2=\frac{1}{n-1}\sum_{i=1}^{n}(x_i-\overline{x})^2$ 和样本标准差 $s=\sqrt{\frac{1}{n-1}\sum_{i=1}^{n}(x_i-\overline{x})^2}$ 都是用来描述数据分散程度的量. 另外，与样本标准差相关的两个量：

样本标准误差：$\frac{s}{\sqrt{n}}$，

样本变异系数：$cv=\frac{s}{\overline{x}}\cdot 100\%$，

也是描述数据分散程度的量. 样本标准差、样本标准误差与观测值有相同的量纲，而变异系数是无量纲的.

将样本观测值 $x_1,x_2,\cdots,x_n$ 按由小到大次序排列：$x_{(1)}\leqslant x_{(2)}\leqslant\cdots\leqslant x_{(n)}$，称 $R=x_{(n)}-x_{(1)}$ 为**极差**，它也是描述观测值 $x_1,x_2,\cdots,x_n$ 分散程度的量.

用分位数也可以描述数据的分散程度，常用的是**样本四分位数**

$$\mathrm{IQR}=Q_3-Q_1.$$

样本四分位数在度量数据分散程度时不受异常值的影响，具有稳健性.

3. 描绘数据分布形状的量

当总体分布关于分布中心对称时，利用数据的取值中心和偏离程度来刻画样本特征具有很强的代表性，而当总体分布不对称时，这两种数字特征就显得很不够. 为此，需要一些刻画分布形状的统计量. 这里介绍样本偏度系数和样本峰度系数.

定义 1.3.1 设 $x_1,x_2,\cdots,x_n$ 为样本观测值，称

$$g_1=\frac{1}{ns^3}\sum_{i=1}^{n}(x_i-\overline{x})^3=\frac{b_3}{s^3}$$

为**样本偏度系数**或**样本偏度**.

样本偏度 g_1 反映了样本数据与对称数据相比偏离的程度和偏离的方向. 若数据完全对称，则 g_1 中 $b_3=0$，若数据不完全对称，则 $b_3\neq 0$. b_3 除以 s^3 消除了数据量纲的影响，使得 g_1 为一个相对数，它很好地刻画了数据分布的偏斜方向和程度. 例如，

(1) 若样本为(4,7,8,9,12) 时，样本数据对称，此时 $g_1=0$，分布图形如图 1.3.1(a) 所示；

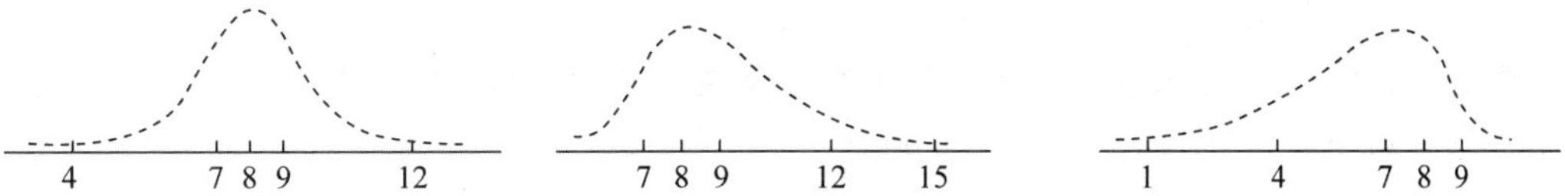

(a) 样本(4, 7, 8, 9, 12)的偏度g_1=0 (b) 样本(7, 8, 9, 12, 15)的偏度g_1=0.569 2 (c) 样本(1, 4, 7, 8, 9)的偏度g_1=-0.569 2

图 1.3.1 样本偏度示意图

(2) 若样本为(7,8,9,12,15) 时，样本中有几个较大的数，样本的右尾长，总体分布是正

偏或右偏的，此时 $g_1>0$，分布图形如图 1.3.1(b) 所示；

(3) 若样本为(1,4,7,8,9) 时，样本中有几个较小的数，样本的左尾长，总体分布是负偏或左偏的，此时 $g_1<0$，分布图形如图 1.3.1(c) 所示.

定义 1.3.2 设 $x_1,x_2,\cdots,x_n$ 为样本观测值，称

$$g_2=\frac{1}{ns^4}\sum_{i=1}^{n}(x_i-\overline{x})^4-3=\frac{b_4}{s^4}-3$$

为**样本峰度系数**或**样本峰度**.

样本峰度 g_2 是以正态分布的形状为标准，表示样本数据在其峰值附近的陡峭程度和尾部粗细的情况.当数据分布形态接近于正态分布时，$g_2=0$；当数据分布在其峰值附近比正态分布陡峭，尾部更细，呈尖顶型时，$g_2>0$；当数据分布在其峰值附近比正态分布来得平坦，尾部更粗，呈平顶型时，$g_2<0$.不同峰度系数的分布图形如图 1.3.2 所示.

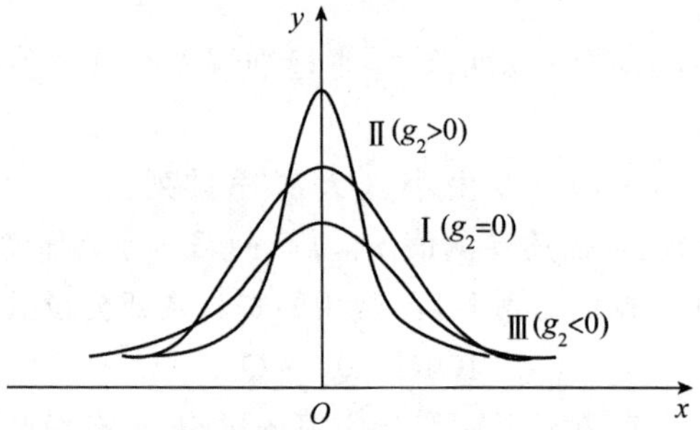

图 1.3.2 样本峰度系数示意图

例 1.3.1 由例 1.2.1 的样本数据，经计算可得样本偏度系数为

$$\begin{aligned}g_1&=\frac{1}{20s^3}\sum_{i=1}^{20}(x_i-\overline{x})^3\\&=\frac{1}{20\times 11.573\,1^3}\left[(79-99.4)^3+(84-99.4)^3+\cdots+(125-99.4)^3\right]\\&=0.358,\end{aligned}$$

样本峰度系数为

$$\begin{aligned}g_2&=\frac{1}{20s^4}\sum_{i=1}^{20}(x_i-\overline{x})^4-3\\&=\frac{1}{20\times 11.573\,1^4}\left[(79-99.4)^4+(84-99.4)^4+\cdots+(125-99.4)^4\right]-3\\&=0.124.\end{aligned}$$

偏度系数大于零，说明数据右偏，右尾长；峰度系数大于零，说明数据在其峰值附近分布比正态分布更陡峭，尾部比正态分布更细.

4. 描绘数据相互关系的量

有时对总体的观测会包含多个变量，例如研究学生的身高和体重两个变量，除了分析每个变量的样本数据分布和计算其数字指标之外，还要研究不同变量取值之间的关系，最常用的描述变量间取值线性关系的量是样本皮尔逊相关系数.

设变量 X,Y 的 n 个观测值为 $(x_1,y_1),(x_2,y_2),\cdots,(x_n,y_n)$，则**样本皮尔逊相关系数**定义为

$$r=r(x,y)=\frac{\sum_{i=1}^{n}(x_i-\overline{x})(y_i-\overline{y})}{\sqrt{\sum_{i=1}^{n}(x_i-\overline{x})^2\cdot\sum_{i=1}^{n}(y_i-\overline{y})^2}}.$$

相关系数的值介于 -1 与 1 之间，当相关系数为正（负），则称这两组数据**正（负）相关**. 相关系数的绝对值越大，表示变量 X,Y 取值间的线性关系越强；相关系数的绝对值越小，表示变量 X,Y 取值间的线性关系越弱.

二、样本数据的统计图表

1. 频数统计表与直方图

对样本数据进行整理是统计研究的基础，最常用的方法是给出其频数或频率表，并用直方图的形式直观展示. 以例说明.

例 1.3.2 下面给出了某城市 84 个男子头颅最大宽度（单位：mm）数据：

141，148，132，138，154，142，150，146，155，158，150，140，
147，148，144，150，149，145，149，158，143，141，144，144，
126，140，144，142，141，140，145，135，147，146，141，136，
140，146，142，137，148，154，137，139，143，140，131，143，
141，149，148，135，148，152，143，144，141，143，147，146，
150，132，142，142，143，153，149，146，149，138，142，149，
142，137，134，144，146，147，140，142，140，137，152，145.

试列出频数频率表并画出频率直方图.

解 （1）对数据进行分组. 找出数据的最大值 158 和最小值 126，取一个包含所有数据的区间$[124.5,159.5]$，等分区间将数据分成 7 组.

（2）确定组距. 各组区间的长度称为**组距**，

$$\text{组距 } d=\frac{\text{区间上限}-\text{区间下限}}{\text{组数}}=\frac{159.5-124.5}{7}=5.$$

（3）确定每组组限. 各组区间端点为 $a_0=124.5,a_1=124.5+d=129.5,a_2-124.5+2d=134.5,\cdots,a_8=124.5+7d=159.5$，形成如下分组小区间：

$$(124.5,129.5],\quad(129.5,134.5],\quad(134.5,139.5],\quad(139.5,144.5],$$
$$(144.5,149.5],\quad(149.5,154.5],\quad(154.5,159.5].$$

通常用每组的组中值来代表该组的变量取值，其中组中值 =（组上限 + 组下限）/2.

（4）统计样本数据落入每个小区间的个数 —— 频数，并列出其频数频率表，如表 1.3.1 所示.

表 1.3.1 例 1.3.2 的频数频率表

组序	分组区间	组中值	频数 f_i	频率 f_i/n	累积频率 $\sum f_i/n$
1	(124.5,129.5]	127	1	0.011 9	0.011 9
2	(129.5,134.5]	132	4	0.047 6	0.059 5
3	(134.5,139.5]	137	10	0.119 1	0.178 6
4	(139.5,144.5]	142	33	0.392 9	0.571 5
5	(144.5,149.5]	147	24	0.285 7	0.857 2
6	(149.5,154.5]	152	9	0.107 1	0.964 3
7	(154.5,159.5]	157	3	0.035 7	1.000 0
合计			84	1	

(5) 作频率直方图. 在组距相等时常用宽度相等的矩形表示,矩形的高低与频数的大小相关. 在平面直角坐标系上,横坐标表示男子头颅最大宽度所在的取值区间,纵坐标取频率/组距,如此得到的直方图称为**单位频率直方图**,简称**频率直方图**. 图 1.3.3 画出了例 1.3.2 的频率直方图.

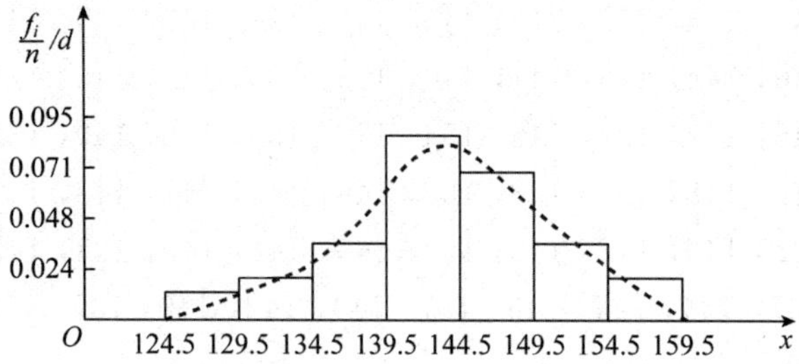

图 1.3.3 例 1.3.2 的频率直方图

2. 箱线图

箱线图是由箱子和直线组成的图,它基于数据的 5 个数. 先将样本数据进行排序,得到有序样本数据,再计算如下5个数据：最小观测值 $x_{\min}=x_{(1)}$,最大观测值 $x_{\max}=x_{(n)}$,中位数 $m_{0.5}$,四分之一分位数 Q_1 和四分之三分位数 Q_3，即用下述五个数：

$$x_{\min},\quad Q_1,\quad m_{0.5},\quad Q_3,\quad x_{\max}$$

来大致描述数据的轮廓.

具体的画法：

(1) 画一水平数轴,在数轴上标出 $x_{\min}$,Q_1,$m_{0.5}$,Q_3,$x_{\max}$ 这 5 个值. 在数轴的上方画一个上下侧平行于数轴的矩形箱子,其中箱子的左右两侧分别位于 Q_1,Q_3 的上方,在 $m_{0.5}$ 点的上方画一条垂直线段,线段位于箱子内部.

(2) 自箱子的左右侧各引一条水平直线分别至 $x_{\min}$ 和 $x_{\max}$. 每条线段包含了样本 25% 的数据.

例 1.3.3 以下是已排过序的 8 个病人的收缩压（单位：mmHg）数据：

$$102, 110, 117, 118, 122, 123, 132, 150.$$

试画出箱线图.

解 计算可得到

$$x_{\min}=102,\quad Q_1=113.5,\quad m_{0.5}=120,\quad Q_3=127.5,\quad x_{\max}=150.$$

箱线图如图 1.3.4 所示.

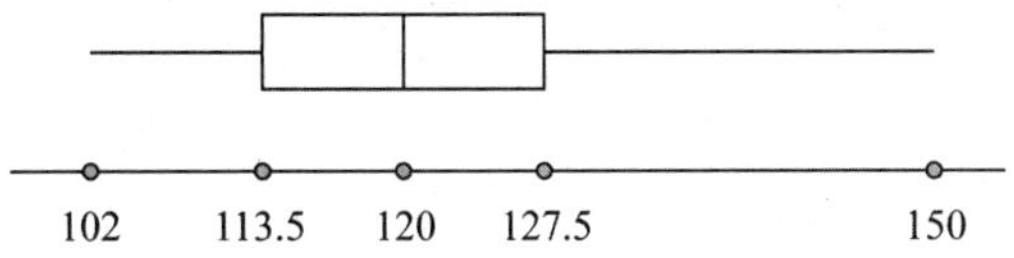

图 1.3.4 病人的收缩压箱线图

箱线图可用来对样本数据分布的形状作大致上的判断. 图 1.3.5 给出了三种常见箱线图,分别对应左偏分布、对称分布以及右偏分布.

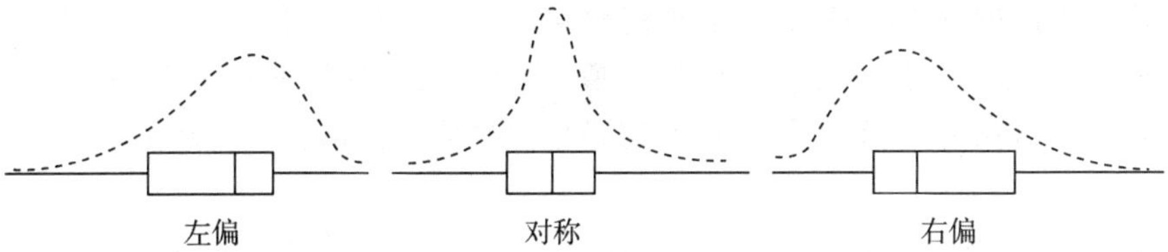

图 1.3.5 3 种常见箱线图及其对应的轮廓分布

利用箱线图还可以对几批数据进行比较,能直观看出数据之间的差异.

例 1.3.4 下面分别给出了 25 个男子和 25 个女子的排序后的肺活量（单位：L）数据，女子组：

$$2.7, 2.8, 2.9, 3.1, 3.1, 3.1, 3.2, 3.4, 3.4, 3.4, 3.4, 3.4, 3.5,$$
$$3.5, 3.5, 3.6, 3.7, 3.7, 3.7, 3.8, 3.8, 4.0, 4.1, 4.2, 4.2;$$

男子组：

$$4.1, 4.1, 4.3, 4.3, 4.5, 4.6, 4.7, 4.8, 4.8, 5.1, 5.3, 5.3, 5.3,$$
$$5.4, 5.4, 5.5, 5.6, 5.7, 5.8, 5.8, 6.0, 6.1, 6.3, 6.7, 6.7.$$

试画出这两组数据的箱线图,并比较两者之间的差异.

解 经计算,女子组的 5 个数分别为

$$x_{\min}=2.7,\quad Q_1=3.2,\quad m_{0.5}=3.5,\quad Q_3=3.7,\quad x_{\max}=4.2;$$

男子组的 5 个数分别为

$$x_{\min}=4.1,\quad Q_1=4.7,\quad m_{0.5}=5.3,\quad Q_3=5.8,\quad x_{\max}=6.7.$$

箱线图如图 1.3.6 所示.

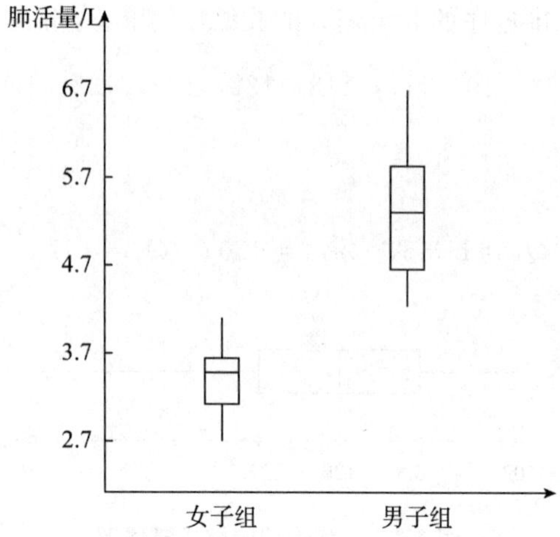

图 1.3.6　女子组与男子组肺活量箱线图

由图 1.3.6 可直观看出，男子组肺活量的中位数明显高于女子组肺活量的中位数，由此可得出男子肺活量普遍高于女子肺活量.

在对样本数据进行排序时，我们会观察到某几个观测值不寻常地大于或小于该数据中其他的数据，我们把这些数据称为**疑似异常值**. 一般来说，当数据小于$Q_1 - 1.5\mathrm{IQR}$或大于$Q_3 + 1.5\mathrm{IQR}$，便被认为是疑似异常值. 具有疑似异常值的数据要用到修正箱线图，具体作法如下：

(1) 画一水平数轴，在轴上标出$x_{\min}, Q_1, m_{0.5}, Q_3, x_{\max}$. 在数轴的上方画一个上下侧平行于数轴的矩形箱子，箱子的左右两侧分别位于Q_1, Q_3的上方，在$m_{0.5}$点的上方画一条垂直于数轴的线段，线段位于箱子内部.

(2) 计算$Q_1 - 1.5\mathrm{IQR}$和$Q_3 + 1.5\mathrm{IQR}$，若有数据小于$Q_1 - 1.5\mathrm{IQR}$或大于$Q_3 + 1.5\mathrm{IQR}$，则在该值的上方用 * 来表示.

(3) 自箱子的左右侧各引一条水平直线分别至去掉疑似异常值以后的$x_{\min}$和$x_{\max}$.

例 1.3.5　下面给出了某医院 21 个病人的住院时间（单位：天）的数据：

1，2，3，3，4，4，5，6，6，7，7，
9，9，10，12，12，13，15，18，23，55.

试画出箱线图.

解　经计算

$$x_{\min} = 1,\quad Q_1 = 4,\quad m_{0.5} = 7,\quad Q_3 = 12,\quad x_{\max} = 55,$$
$$\mathrm{IQR} = Q_3 - Q_1 = 8,\quad Q_1 - 1.5\mathrm{IQR} = -8,\quad Q_3 + 1.5\mathrm{IQR} = 24.$$

观测值 $55 > 24$，所以 55 是疑似异常值. 修正箱线图如图 1.3.7 所示.

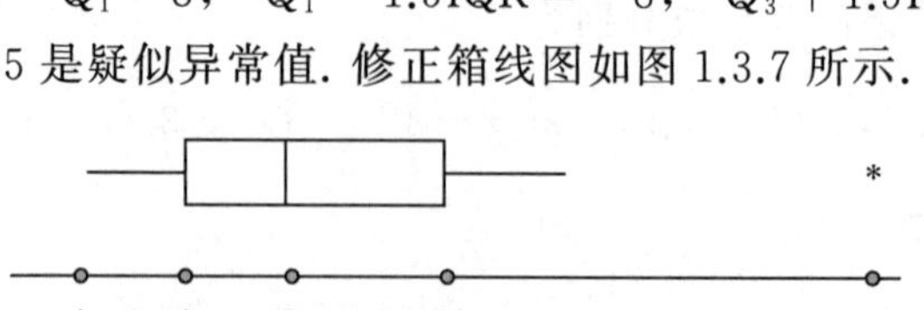

图 1.3.7　住院时间修正箱线图

3. 茎叶图

茎叶图也是常用的描绘数据的方法. 具体作法是,将样本观测值的每一个数据分为两部分,前面部分(一般是个位之前)称为**茎**,后面部分(一般是个位)称为**叶**,如

数值	分开	茎	叶
↓	↓	↓	↓
112	11 | 2	11	2

然后画一条竖线,在竖线的左侧写上茎,右侧写上叶,就形成了**茎叶图**.

例 1.3.6 某公司对应聘人员进行能力测试,测试成绩总分为 150 分. 下面是 50 位应聘人员的排序过的测试成绩:

64, 67, 70, 72, 74, 76, 76, 79, 80, 81,
82, 82, 83, 85, 86, 88, 91, 91, 92, 93,
93, 93, 95, 96, 96, 97, 97, 99, 100, 100,
102, 104, 106, 106, 107, 108, 108, 112, 112, 114,
116, 118, 119, 119, 122, 123, 125, 126, 128, 133.

试画出样本数据的茎叶图.

解 茎叶图如图 1.3.8 所示.

茎	叶
6	4 7
7	0 2 4 6 6 9
8	0 1 2 2 3 5 6 8
9	1 1 2 3 3 3 5 6 6 7 7 9
10	0 0 2 4 6 6 7 8 8
11	2 2 4 6 8 9 9
12	2 3 5 6 8
13	3

图 1.3.8 测试成绩茎叶图

茎叶图的外观很像横放的直方图,但茎叶图用具体的数值表示,保留了数据的全部信息,这样更直观.

在比较两组样本时,可画出背靠背茎叶图,这是一种简单直观的比较方法.

例 1.3.7 表 1.3.2 是某厂两个车间各 40 名员工某天生产的产品数量,试画出两组数据背靠背茎叶图.

表 1.3.2 某厂两个车间的产量

甲车间						乙车间					
50,	52,	56,	61,	61,	62,	56,	66,	67,	67,	68,	68,
64,	65,	65,	65,	67,	67,	72,	72,	74,	75,	75,	75,

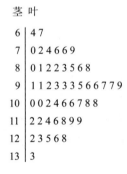

（续表）

甲车间	乙车间
67，68，71，72，74，74，	75，76，76，76，76，78，
76，76，77，77，78，82，	78，79，80，81，81，83，
83，85，86，86，87，88，	83，83，84，84，84，86，
90，91，92，93，93，97，	86，87，87，88，92，92，
100，100，103，105	93，95，98，107

解　背靠背茎叶图如图 1.3.9 所示.

叶	茎	叶
6 0 2	5	6
8 7 7 7 5 5 5 4 2 1 1	6	6 7 7 8 8
8 7 7 6 6 4 4 2 1	7	2 2 4 5 5 5 5 6 6 6 6 8 8 9
8 7 6 6 5 3 2	8	0 1 1 3 3 3 4 4 4 6 6 7 7 8
7 3 3 2 1 0	9	2 2 3 5 8
5 3 0 0	10	7

图 1.3.9　两车间产量的背靠背茎叶图

在图 1.3.9 中，中间是茎，左边是甲车间数据的叶，右边是乙车间数据的叶. 从茎叶图可以看出，甲车间工人的产量偏于上方，乙车间工人的产量集中在中间. 这说明乙车间工人的平均产量要高于甲车间，且乙车间各工人的产量比较集中，甲车间各工人的产量比较分散.

4. 其他图形

若要描述两个变量或多个变量之间的相互关系，可以用**散点图**来表示. 对两个变量来说，以两个变量的取值分别为横、纵坐标建立平面直角坐标系，根据样本观测值在平面直角坐标系中描点，就得到散点图. 根据平面点的变化趋势，能大致判断两个变量的相互关系.

我们还可以利用**线图**表示观测对象在不同时间上的变化趋势，用线条的延展和波动来表明现象变动的情况.

直方图、箱线图、茎叶图、散点图以及线图主要是对定量数据进行描绘，而描绘定性数据通常采用条形图和饼图. **条形图**是用条形高度表示数据大小的图形，这些条形图的宽度相同，能直观反映不同类别数据的多少及其分布情况. **饼图**又称为圆图，它是以整个圆代表总体，按总体各部分占总体比重的大小将圆面积分割成若干扇形，从而用圆内扇形面积直观反映各部分在总体中的比例.

这些图形我们将在 §1.5 利用 SPSS 软件展示.

习　题　1.3

1. 设有容量为 n 的样本 A 观测值，样本均值为 $\overline{x}_A$，样本标准差为 s_A，样本极差为 R_A，样本中位数为 m_A. 现对每个数据实施变换：

$$y = ax + b,$$

如此得到一组样本 B,试求样本 B 的均值、标准差、极差和中位数.

2. 设总体的二阶矩存在,$X_1,\cdots,X_n$ 是容量为n 的样本,证明:$X_i-\overline{X}$ 与 $X_j-\overline{X}\ (i\neq j)$ 的相关系数为 $-(n-1)^{-1}$.

3. 以下数据是大学生每周用于看电视的时间(单位:h):

15, 14, 12, 9, 20, 4, 17, 26, 15, 18, 6, 10, 16, 15, 5, 8.

求样本数据的均值、样本标准差、样本偏度和样本峰度.

4. 某地区 2017 年某专业 30 名毕业实习生实习期满后的月薪数据(单位:元)如下:

2 909, 3 086, 3 120, 2 999, 3 320, 3 091, 3 071, 3 081,
3 130, 3 336, 2 967, 3 572, 2 825, 2 914, 2 992, 3 232,
2 950, 2 775, 3 203, 3 025, 3 096, 2 808, 3 224, 3 044,
2 871, 3 164, 2 971, 2 950, 2 866, 2 738.

(1) 试构造该批数据的频率分布表.

(2) 画出频率直方图.

5. 40 种刊物的月发行量(单位:百册)如下:

5 954, 5 022, 14 667, 6 582, 6 870, 1 840, 2 662, 4 508,
1 208, 3 852, 618, 3 008, 1 268, 1 978, 7 963, 2 048,
3 077, 993, 353, 14 263, 1 714, 11 127, 6 926, 2 047,
714, 5 923, 6 006, 14 267, 1 697, 13 876, 4 001, 2 280,
1 223, 12 597, 13 588, 7 315, 4 538, 13 304, 1 615, 8 612.

(1) 建立该批数据的频数分布表,取组距为 1 700 百册.

(2) 画出直方图.

6. 对下列数据分别构造箱线图和茎叶图:

472, 425, 447, 377, 341, 369, 412, 399, 400, 382, 366,
425, 399, 398, 423, 384, 418, 392, 372, 418, 374, 385,
439, 408, 429, 428, 430, 413, 405, 381, 403, 479, 381,
443, 441, 433, 399, 379, 386, 387.

§1.4 三大抽样分布

由中心极限定理,我们知道很多变量服从正态分布,所以有很多统计推断都是基于正态分布的假设.以标准正态变量构造的 3 个著名统计量:χ^2 分布、t 分布、F 分布在实际中有广泛的应用,这是因为这 3 个统计量有明确的分布形式和强大的应用背景,它们被称为统计中的"三大抽样分布".

一、χ^2 分布

定义 1.4.1 设 $X_1,X_2,\cdots,X_n$ 独立同分布于标准正态分布 $N(0,1)$,则

$$\chi^2=X_1^2+X_2^2+\cdots+X_n^2$$

的分布称为**自由度为 n 的 χ^2 分布**，记为 $\chi^2 \sim \chi^2(n)$，其中 n 为独立随机变量的个数.

如何推导 χ^2 分布的概率密度？首先给出伽马(Gamma)分布的可加性.

定理 1.4.1(伽马分布的可加性)　随机变量 $X_1 \sim \Gamma(\alpha_1,\lambda)$，$X_2 \sim \Gamma(\alpha_2,\lambda)$，且相互独立，则 $Y=X_1+X_2 \sim \Gamma(\alpha_1+\alpha_2,\lambda)$.

证明　由卷积公式，随机变量 Y 的概率密度公式为

$$\begin{aligned} f_Y(y) &= \int_{-\infty}^{+\infty} f_{X_1}(y-x) f_{X_2}(x)\mathrm{d}x \\ &= \begin{cases} \displaystyle\int_0^y \frac{\lambda^{\alpha_1}}{\Gamma(\alpha_1)}(y-x)^{\alpha_1-1}\mathrm{e}^{-\lambda(y-x)}\frac{\lambda^{\alpha_2}}{\Gamma(\alpha_2)}x^{\alpha_2-1}\mathrm{e}^{-\lambda x}\mathrm{d}x, & y>0, \\ 0, & y\leqslant 0 \end{cases} \\ &= \begin{cases} \dfrac{\lambda^{\alpha_1+\alpha_2}}{\Gamma(\alpha_1)\Gamma(\alpha_2)}\mathrm{e}^{-\lambda y}\displaystyle\int_0^y (y-x)^{\alpha_1-1}x^{\alpha_2-1}\mathrm{d}x, & y>0, \\ 0, & y\leqslant 0. \end{cases} \end{aligned}$$

令 $\dfrac{x}{y}=t$，则

$$\begin{aligned} \int_0^y (y-x)^{\alpha_1-1}x^{\alpha_2-1}\mathrm{d}x &= y^{(\alpha_1+\alpha_2)-1}\int_0^1 (1-t)^{\alpha_1-1}t^{\alpha_2-1}\mathrm{d}t \\ &= y^{(\alpha_1+\alpha_2)-1}\beta(\alpha_1,\alpha_2) \\ &= y^{(\alpha_1+\alpha_2)-1}\frac{\Gamma(\alpha_1)\Gamma(\alpha_2)}{\Gamma(\alpha_1+\alpha_2)}, \end{aligned}$$

所以

$$f_Y(y) = \begin{cases} \dfrac{\lambda^{\alpha_1+\alpha_2}}{\Gamma(\alpha_1+\alpha_2)}y^{\alpha_1+\alpha_2-1}\mathrm{e}^{-\lambda y}, & y>0, \\ 0, & y\leqslant 0. \end{cases}$$

也就是说，$Y=X_1+X_2 \sim \Gamma(\alpha_1+\alpha_2,\lambda)$.

若随机变量 X 服从标准正态分布，则可利用求随机变量函数的概率密度方法得到 X^2 的概率密度为

$$f(x) = \begin{cases} \sqrt{\dfrac{1}{2\pi}}x^{-\frac{1}{2}}\mathrm{e}^{-\frac{x}{2}}, & x>0, \\ 0, & x\leqslant 0. \end{cases}$$

可见，$X^2 \sim \Gamma\left(\dfrac{1}{2},\dfrac{1}{2}\right)$.

设 $X_1,X_2,\cdots,X_n$ 独立同分布于标准正态分布 $N(0,1)$，令 $\chi^2=X_1^2+X_2^2+\cdots+X_n^2$，则由伽马分布的可加性可知

$$\chi^2 \sim \Gamma\left(\frac{n}{2},\frac{1}{2}\right),$$

所以 χ^2 分布的概率密度为

$$f(x;n) = \begin{cases} \dfrac{x^{\frac{n}{2}-1}}{2^{\frac{n}{2}}\Gamma(n/2)}\mathrm{e}^{-\frac{x}{2}}, & x>0, \\ 0, & x\leqslant 0. \end{cases}$$

图 1.4.1 画出了几种不同自由度的 χ^2 分布的概率密度曲线.

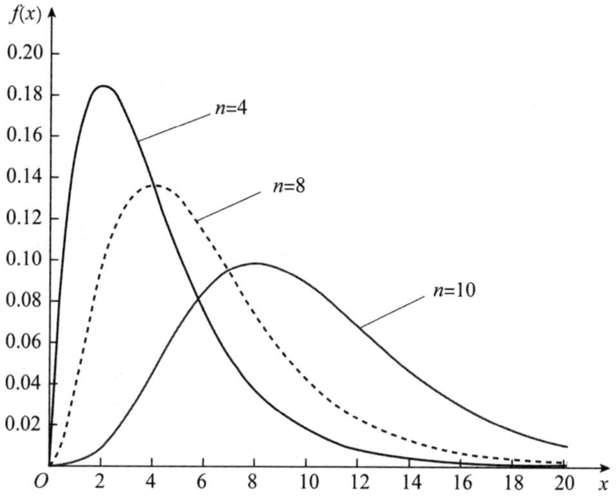

图 1.4.1 χ^2 分布的概率密度曲线

χ^2 分布有如下重要性质:

性质 1 设 $X_1, X_2, \cdots, X_n$ 独立同分布, $X_i \sim N(\mu, \sigma^2), i=1,2,\cdots,n$, 则

$$\frac{1}{\sigma^2}\sum_{i=1}^{n}(X_i-\mu)^2 \sim \chi^2(n).$$

性质 2 若 $X \sim \chi^2(n)$, 则 X 的特征函数为

$$\varphi(t)=(1-2\mathrm{i}t)^{-\frac{n}{2}},$$

且有 $E(X)=n, D(X)=2n$.

证明 由特征函数的定义,有

$$\begin{aligned}
\varphi(t)=E(\mathrm{e}^{\mathrm{i}tX})&=\int_0^{+\infty}\mathrm{e}^{\mathrm{i}tx}\cdot\frac{x^{\frac{n}{2}-1}}{2^{\frac{n}{2}}\Gamma\left(\frac{n}{2}\right)}\mathrm{e}^{-\frac{x}{2}}\mathrm{d}x\\
&=\frac{1}{2^{\frac{n}{2}}\Gamma\left(\frac{n}{2}\right)}\int_0^{+\infty}x^{\frac{n}{2}-1}\cdot\mathrm{e}^{-\left(\frac{1}{2}-\mathrm{i}t\right)x}\mathrm{d}x\\
&=\frac{1}{2^{\frac{n}{2}}\Gamma\left(\frac{n}{2}\right)}\int_0^{+\infty}\frac{\left(\frac{1}{2}-\mathrm{i}t\right)^{\frac{n}{2}}x^{\frac{n}{2}-1}}{\left(\frac{1}{2}-\mathrm{i}t\right)^{\frac{n}{2}}}\cdot\mathrm{e}^{-\left(\frac{1}{2}-\mathrm{i}t\right)x}\mathrm{d}x\\
&=\frac{1}{2^{\frac{n}{2}}\Gamma\left(\frac{n}{2}\right)}\cdot\frac{\Gamma\left(\frac{n}{2}\right)}{\left(\frac{1}{2}-\mathrm{i}t\right)^{\frac{n}{2}}}=(1-2\mathrm{i}t)^{-\frac{n}{2}}.
\end{aligned}$$

由 χ^2 分布的定义,

$$X=\sum_{i=1}^{n}X_i^2,\quad X_1,X_2,\cdots,X_n \text{ 独立同分布，且 } X_i\sim N(0,1).$$

因此，

$$E(X)=E\Big(\sum_{i=1}^{n}X_i^2\Big)=\sum_{i=1}^{n}E(X_i^2)=n,$$
$$D(X)=D\Big(\sum_{i=1}^{n}X_i^2\Big)=\sum_{i=1}^{n}D(X_i^2).$$

已知标准正态分布的特征函数 $\varphi(t)=\mathrm{e}^{-\frac{t^2}{2}}$，由特征函数的性质可知 $E(X_i^4)=\frac{1}{\mathrm{i}^4}\varphi^{(4)}(0)=3$，所以 $D(X_i^2)=E(X_i^4)-E^2(X_i^2)=3-1=2$，则有 $D(X)=2n$.

性质3（χ^2 分布的可加性）　设 $X_1\sim\chi^2(n_1)$，$X_2\sim\chi^2(n_2)$，且 X_1,X_2 相互独立，则

$$X_1+X_2\sim\chi^2(n_1+n_2).$$

利用伽马分布的可加性可推出 χ^2 分布的可加性.

下述定理给出正态总体下样本均值和样本方差的分布.

定理1.4.2　设 $X_1,X_2,\cdots,X_n$ 是来自正态总体 $N(\mu,\sigma^2)$ 的样本，其样本均值和样本方差分别为

$$\overline{X}=\frac{1}{n}\sum_{i=1}^{n}X_i,\quad S^2=\frac{1}{n-1}\sum_{i=1}^{n}(X_i-\overline{X})^2,$$

则有

(1) $\overline{X}\sim N\left(\mu,\frac{\sigma^2}{n}\right)$；

(2) $\overline{X}$ 与 S^2 相互独立；

(3) $\frac{(n-1)S^2}{\sigma^2}\sim\chi^2(n-1)$.

证明　$X_1,X_2,\cdots,X_n$ 的联合概率密度为

$$\begin{aligned}f(x_1,x_2,\cdots,x_n)&=\prod_{i=1}^{n}\frac{1}{\sqrt{2\pi}\sigma}\mathrm{e}^{-\frac{(x_i-\mu)^2}{2\sigma^2}}\\&=(2\pi\sigma^2)^{-\frac{n}{2}}\exp\left\{-\sum_{i=1}^{n}\frac{(x_i-\mu)^2}{2\sigma^2}\right\}\\&=(2\pi\sigma^2)^{-\frac{n}{2}}\exp\left\{-\frac{\sum_{i=1}^{n}x_i^2-2n\bar{x}\mu+n\mu^2}{2\sigma^2}\right\}.\end{aligned}$$

记 $\boldsymbol{X}=(X_1,X_2,\cdots,X_n)^{\mathrm{T}}$，取一个 n 维正交矩阵

$$A=\begin{pmatrix}\frac{1}{\sqrt{n}} & \frac{1}{\sqrt{n}} & \frac{1}{\sqrt{n}} & \cdots & \frac{1}{\sqrt{n}} & \frac{1}{\sqrt{n}} \\ \frac{1}{\sqrt{2\cdot 1}} & \frac{-1}{\sqrt{2\cdot 1}} & 0 & \cdots & 0 & 0 \\ \frac{1}{\sqrt{3\cdot 2}} & \frac{1}{\sqrt{3\cdot 2}} & \frac{-2}{\sqrt{3\cdot 2}} & \cdots & 0 & 0 \\ \vdots & \vdots & \vdots & & \vdots & \vdots \\ \frac{1}{\sqrt{n(n-1)}} & \frac{1}{\sqrt{n(n-1)}} & \frac{1}{\sqrt{n(n-1)}} & \cdots & \frac{1}{\sqrt{n(n-1)}} & \frac{-(n-1)}{\sqrt{n(n-1)}}\end{pmatrix}.$$

令 $\boldsymbol{Y}=(Y_1,Y_2,\cdots,Y_n)^{\mathrm{T}}=\boldsymbol{AX}$. 该变换的雅可比 (Jacobian) 行列式的绝对值为 1,且注意到

$$\overline{X}=\frac{1}{\sqrt{n}}Y_1,\quad \sum_{i=1}^{n}Y_i^2=\boldsymbol{Y}^{\mathrm{T}}\boldsymbol{Y}=\boldsymbol{X}^{\mathrm{T}}\boldsymbol{A}^{\mathrm{T}}\boldsymbol{AX}=\sum_{i=1}^{n}X_i^2,$$

所以 $Y_1,Y_2,\cdots,Y_n$ 的联合概率密度为

$$\begin{aligned}f(y_1,y_2,\cdots,y_n)&=(2\pi\sigma^2)^{-\frac{n}{2}}\exp\left\{-\frac{\sum_{i=1}^{n}y_i^2-2\sqrt{n}y_1\mu+n\mu^2}{2\sigma^2}\right\}\\&=(2\pi\sigma^2)^{-\frac{n}{2}}\exp\left\{-\frac{\sum_{i=2}^{n}y_i^2+(y_1-\sqrt{n}\mu)^2}{2\sigma^2}\right\}.\end{aligned}$$

因此,$\boldsymbol{Y}=(Y_1,Y_2,\cdots,Y_n)^{\mathrm{T}}$ 的各分量相互独立,且有

$$Y_1\sim N\left(\sqrt{n}\mu,\sigma^2\right),\quad Y_2,Y_3,\cdots,Y_n\sim N(0,\sigma^2),$$

所以

$$\overline{X}\sim N\left(\mu,\frac{\sigma^2}{n}\right),$$

结论(1) 成立. 由于

$$\begin{aligned}(n-1)S^2&=\sum_{i=1}^{n}(X_i-\overline{X})^2=\sum_{i=1}^{n}X_i^2-n\overline{X}^2\\&=\sum_{i=1}^{n}Y_i^2-Y_1^2=\sum_{i=2}^{n}Y_i^2,\end{aligned}$$

则有 $\overline{X}$ 与 S^2 相互独立,结论 (2) 成立.

由于 $Y_2,Y_3,\cdots,Y_n$ 独立同分布于 $N(0,\sigma^2)$,于是

$$\frac{(n-1)S^2}{\sigma^2}=\sum_{i=2}^{n}\left(\frac{y_i}{\sigma}\right)^2\sim\chi^2(n-1),$$

结论(3) 成立.

要介绍 χ^2 分布的分位数,先要定义一般分布函数的分位数.

定义 1.4.2 设随机变量 X 的分布函数为 $F(x)$,对给定的 $\alpha\,(0<\alpha<1)$,若存在实数 x_α 满足

$$P\{X>x_\alpha\}=\alpha,$$

则称 x_α 为分布函数 $F(x)$ 的**上 α 分位数**.

若随机变量的概率密度关于 y 轴对称，则恒有 $x_{1-\alpha}=-x_\alpha$. 例如，随机变量 $X\sim N(0,1)$ 的上 α 分位数用 u_α 表示，即满足

$$P\{X>u_\alpha\}=\alpha,$$

如图 1.4.2 所示，则有 $u_{1-\alpha}=-u_\alpha$.

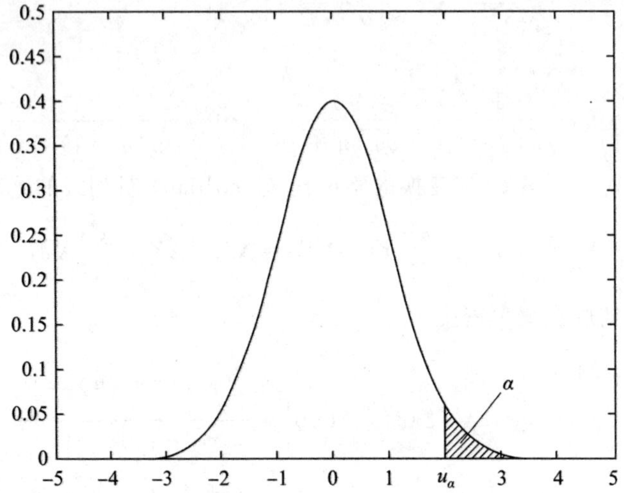

图 1.4.2　$N(0,1)$ 的上 α 分位数

通过查表可以很方便地得到分位数的值. 例如，由附表 1 可得 $u_{0.05}=1.645$.

随机变量 $\chi^2\sim\chi^2(n)$ 的上 α 分位数用 $\chi^2_\alpha(n)$ 表示，即满足

$$P\{\chi^2>\chi^2_\alpha(n)\}=\alpha,$$

如图 1.4.3 所示.

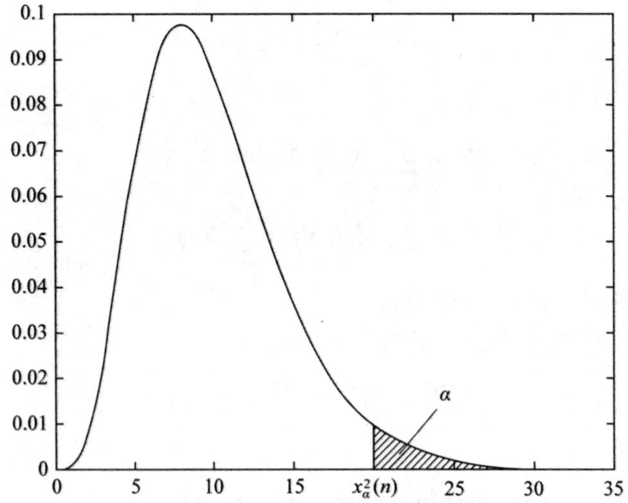

图 1.4.3　$\chi^2_\alpha(n)$ 的上 α 分位数

对于不同的 α 和 n，附表 4 给出了分位数 $\chi^2_\alpha(n)$ 的值，例如 $\chi^2_{0.01}(9)=21.666$.

当 $n>45$ 时，一般没有表可直接查出 $\chi^2_\alpha(n)$ 的值，费希尔证明了如下近似公式：

$$\chi_\alpha^2(n) \approx \frac{1}{2}\left(u_\alpha + \sqrt{2n-1}\right)^2,$$

其中 u_α 是标准正态分布的分位数. 例如, $\chi_{0.025}^2(60) \approx \frac{1}{2}\left(u_{0.025} + \sqrt{119}\right)^2 = 82.80$.

二、t 分布

定义 1.4.3 设随机变量 X_1, X_2 相互独立,且 $X_1 \sim N(0,1)$, $X_2 \sim \chi^2(n)$,则称

$$T = \frac{X_1}{\sqrt{X_2/n}}$$

服从自由度为 n 的 **t 分布**,记为 $T \sim t(n)$.

下面用变量变换定理推导 t 分布的概率密度.

因 X_1, X_2 相互独立,且 $X_1 \sim N(0,1)$, $X_2 \sim \chi^2(n)$,它们的联合概率密度为

$$f(x,y) = \begin{cases} \dfrac{1}{\sqrt{2\pi}} \cdot \dfrac{y^{\frac{n}{2}-1}}{2^{n/2}\Gamma(n/2)} e^{-\frac{x^2}{2}} e^{-\frac{y}{2}}, & -\infty < x < +\infty, y > 0, \\ 0, & \text{其他}. \end{cases}$$

作变量变换,令

$$\begin{cases} T = \dfrac{X_1}{\sqrt{X_2/n}}, \\ V = \sqrt{X_2/n}, \end{cases}$$

则有

$$\begin{cases} X_1 = TV, \\ X_2 = nV^2, \end{cases}$$

其雅可比行列式为

$$J = \begin{vmatrix} V & T \\ 0 & 2nV \end{vmatrix} = 2nV^2.$$

由变量变换定理知, (T,V) 的联合概率密度为

$$\begin{aligned} g(t,v) &= f(tv, nv^2)\,|J| \\ &= \frac{1}{\sqrt{2\pi}} \cdot \frac{n^{\frac{n}{2}-1} v^{n-2}}{2^{n/2}\Gamma(n/2)} e^{-\frac{(tv)^2}{2}} e^{-\frac{nv^2}{2}} 2nv^2 \\ &= \frac{1}{\sqrt{2\pi}} \cdot \frac{n^{\frac{n}{2}}}{2^{\frac{n}{2}-1}\Gamma(n/2)} v^n e^{-\frac{(n+t^2)v^2}{2}}, \quad t \in \mathbf{R}, v > 0, \end{aligned}$$

则 T 的概率密度为

$$\begin{aligned} f(t;n) &= \int_{-\infty}^{+\infty} g(t,v)\,dv \\ &= \frac{1}{\sqrt{2\pi}} \cdot \frac{n^{\frac{n}{2}}}{2^{\frac{n}{2}-1}\Gamma(n/2)} \int_0^{+\infty} v^n e^{-\frac{(n+t^2)v^2}{2}}\,dv. \end{aligned}$$

令 $\frac{(n+t^2)v^2}{2} = y$,则 T 的概率密度为

$$f(t;n)=\frac{\left(1+\frac{t^2}{n}\right)^{-\frac{n+1}{2}}}{\Gamma(n/2)\sqrt{n\pi}}\int_0^{+\infty}y^{\frac{n-1}{2}}\mathrm{e}^{-y}\mathrm{d}y=\frac{\Gamma((n+1)/2)}{\Gamma(n/2)\sqrt{n\pi}}\left(1+\frac{t^2}{n}\right)^{-\frac{n+1}{2}}.$$

图 1.4.4 给出了 t 分布的几种不同自由度的概率密度曲线.

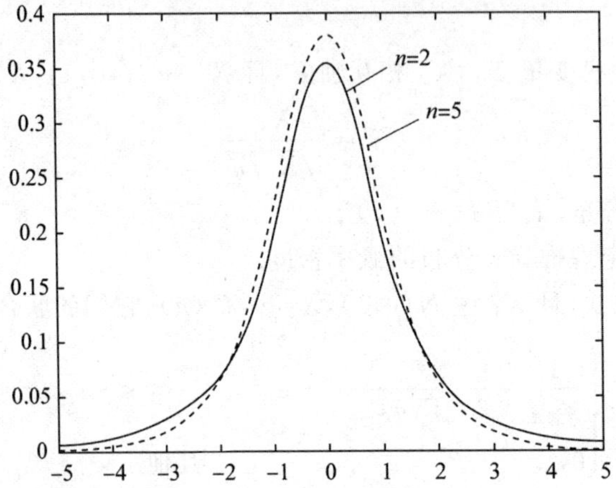

图 1.4.4　t 分布的概率密度曲线

t 分布的图像与标准正态分布类似：中间高，两边低，关于纵轴对称，峰度比标准正态分布稍低，尾部的概率比标准正态分布稍大. 将 t 分布与标准正态分布 $N(0,1)$ 的概率密度图形比较，结果如图 1.4.5 所示. 特别地，

$$\lim_{n\to\infty}f(t;n)=\frac{1}{\sqrt{2\pi}}\mathrm{e}^{-\frac{t^2}{2}}.$$

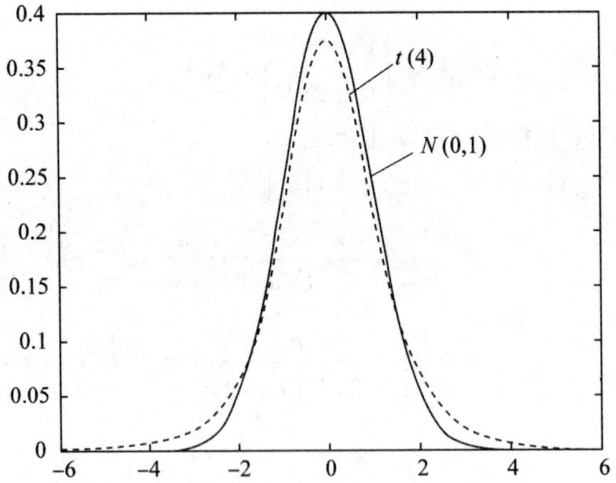

图 1.4.5　$t(4)$ 与 $N(0,1)$ 的概率密度曲线

t 分布是统计学的一类重要分布，它与标准正态分布的微小差别是由英国统计学家戈塞特(Gosset) 发现的. 在 1908 年以前，统计学主要应用于社会统计，尤其是人口统计，后来又有了生物统计. 人口统计与生物统计的特点是，数据一般都是大量的、自然采集的，所用的方

法多以中心极限定理为依据，最终归结到正态分布.皮尔逊当时是统计界的权威，他认为正态分布是上帝赐给人们唯一正确的分布. 但到了 20 世纪，受人工控制试验条件下所得数据的统计分析问题日渐引起人们的注意，此时的数据量并不大，所以依赖于中心极限定理的传统方法开始受到质疑. 研究这个方向的先驱就是戈塞特和费希尔.

戈塞特年轻时在牛津大学学习数学和化学，1899 年开始在一家酿酒厂担任酿酒化学技师，从事试验和数据分析工作. 由于他接触的数据样本容量都较小，只有四五个，通过大量的试验数据的积累，他发现 $T=\sqrt{n}(\overline{X}-\mu)/S$ 的分布与传统的标准正态分布 $N(0,1)$ 不相同，特别是尾部概率相差较大，他怀疑有另外一个分布族存在.戈塞特于 1906 年到 1907 年在皮尔逊那里学习统计学，并着重研究少量数据分析问题，1908 年他在《生物统计》(*Biometrics*)杂志发表了使他名垂统计史册的论文《均值或似然误差》，他提出的结果如下.

定理 1.4.3 设 $X_1,X_2,\cdots,X_n$ 是来自于正态分布 $N(\mu,\sigma^2)$ 的一个样本，$\overline{X}$ 与 S^2 分别是该样本的样本均值和样本方差，则有

$$T=\frac{\sqrt{n}(\overline{X}-\mu)}{S}\sim t(n-1).$$

证明 由定理 1.4.2 知

$$\frac{\sqrt{n}(\overline{X}-\mu)}{\sigma}\sim N(0,1),\quad \frac{(n-1)S^2}{\sigma^2}\sim \chi^2(n-1),$$

且它们相互独立，由 t 分布的定义知

$$\frac{\dfrac{\sqrt{n}(\overline{X}-\mu)}{\sigma}}{\sqrt{\dfrac{(n-1)S^2}{\sigma^2(n-1)}}}\sim t(n-1),$$

即

$$\frac{\sqrt{n}(\overline{X}-\mu)}{S}\sim t(n-1).$$

对于两个正态总体，我们有如下 t 分布定理：

定理 1.4.4 设 $X_1,X_2,\cdots,X_m$ 是来自正态分布 $N(\mu_1,\sigma^2)$ 的一个样本，$Y_1,Y_2,\cdots,Y_n$ 是来自正态分布 $N(\mu_2,\sigma^2)$ 的一个样本，且两样本独立，记

$$\overline{X}=\frac{1}{m}\sum_{i=1}^{m}X_i \quad 和 \quad \overline{Y}=\frac{1}{n}\sum_{i=1}^{n}Y_i$$

分别为这两个总体的样本均值，记

$$S_1^2=\frac{1}{m-1}\sum_{i=1}^{m}(X_i-\overline{X})^2 \quad 和 \quad S_2^2=\frac{1}{n-1}\sum_{i=1}^{n}(Y_i-\overline{Y})^2$$

分别为这两个总体的样本方差，则有

$$\frac{\overline{X}-\overline{Y}-(\mu_1-\mu_2)}{S_\omega\sqrt{\dfrac{1}{m}+\dfrac{1}{n}}}\sim t(m+n-2),$$

其中 $S_\omega^2=\dfrac{(m-1)S_1^2+(n-1)S_2^2}{m+n-2}$.

证明 由定理 1.4.2 知

$$\frac{\overline{X}-\overline{Y}-(\mu_1-\mu_2)}{\sigma\sqrt{\dfrac{1}{m}+\dfrac{1}{n}}}\sim N(0,1),$$

$$\frac{(m-1)S_1^2}{\sigma^2}\sim\chi^2(m-1)\quad 和\quad \frac{(n-1)S_2^2}{\sigma^2}\sim\chi^2(n-1),$$

且这 3 个统计量相互独立. 由 χ^2 分布的可加性可得

$$\frac{(m-1)S_1^2}{\sigma^2}+\frac{(n-1)S_2^2}{\sigma^2}\sim\chi^2(m+n-2).$$

根据 t 分布的定义,可知

$$\frac{\dfrac{\overline{X}-\overline{Y}-(\mu_1-\mu_2)}{\sigma\sqrt{\dfrac{1}{m}+\dfrac{1}{n}}}}{\sqrt{\dfrac{\dfrac{(m-1)S_1^2}{\sigma^2}+\dfrac{(n-1)S_2^2}{\sigma^2}}{m+n-2}}}\sim t(m+n-2),$$

即

$$\frac{\overline{X}-\overline{Y}-(\mu_1-\mu_2)}{S_\omega\sqrt{\dfrac{1}{m}+\dfrac{1}{n}}}\sim t(m+n-2).$$

随机变量 $T\sim t(n)$ 的上 α 分位数用 $t_\alpha(n)$ 表示,即满足

$$P\{T>t_\alpha(n)\}=\alpha,$$

如图 1.4.6 所示.

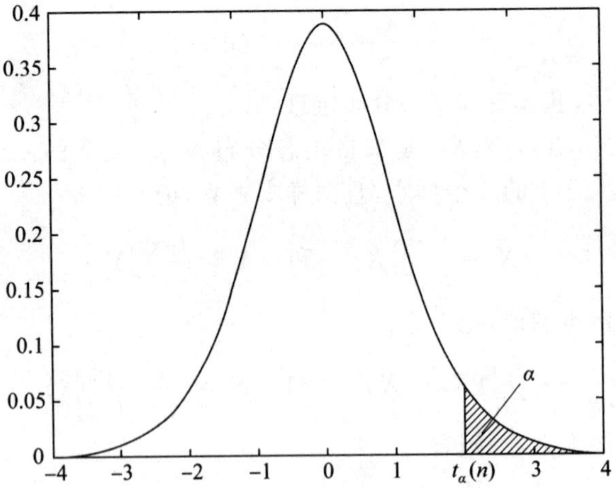

图 1.4.6 t 分布的上 α 分位数

对于不同的 α 和 n,附表 3 给出了 $t_\alpha(n)$ 的值,例如 $t_{0.05}(10)=1.812\ 5$.

当 n 充分大时,t 分布 $t(n)$ 与标准正态分布 $N(0,1)$ 很接近,此时可用如下近似公式计

算 t 分布的分位数：

$$t_\alpha(n)\approx u_\alpha,$$

其中 u_α 是标准正态分布的分位数，例如 $t_{0.025}(200)\approx u_{0.025}=1.96$.

三、F 分布

定义 1.4.4 设随机变量 $X_1\sim\chi^2(m)$，$X_2\sim\chi^2(n)$，且 X_1 和 X_2 相互独立，令

$$F=\frac{X_1/m}{X_2/n},$$

称统计量 F 服从自由度为 m 和 n 的 F **分布**，记为 $F\sim F(m,n)$，其中 m 称为**分子自由度**，n 称为**分母自由度**.

下面还是利用变量变换定理给出 F 分布的概率密度.

因为 $X_1\sim\chi^2(m)$，$X_2\sim\chi^2(n)$，且相互独立，所以 (X_1,X_2) 的联合概率密度为

$$f(x,y)=\begin{cases}\dfrac{x^{\frac{m}{2}-1}y^{\frac{n}{2}-1}}{2^{(m+n)/2}\Gamma(m/2)\Gamma(n/2)}e^{-\frac{x+y}{2}}, & x>0,y>0,\\ 0, & \text{其他}.\end{cases}$$

作变量代换，令

$$\begin{cases}U=\dfrac{X_1/m}{X_2/n},\\ V=X_1+X_2,\end{cases}$$

则有

$$\begin{cases}X_1=\dfrac{m}{n}\dfrac{UV}{1+\dfrac{m}{n}U},\\ X_2=\dfrac{V}{1+\dfrac{m}{n}U},\end{cases}$$

其雅可比行列式为

$$J=\begin{vmatrix}\dfrac{m}{n}\dfrac{V}{\left(1+\dfrac{m}{n}U\right)^2} & \dfrac{m}{n}\dfrac{U}{1+\dfrac{m}{n}U}\\ -\dfrac{m}{n}\dfrac{V}{\left(1+\dfrac{m}{n}U\right)^2} & \dfrac{1}{1+\dfrac{m}{n}U}\end{vmatrix}=\frac{m}{n}\frac{V}{\left(1+\dfrac{m}{n}U\right)^2}.$$

由变量变换定理，(U,V) 的联合概率密度为

$$g(u,v)=f\left(\frac{m}{n}\frac{uv}{1+\dfrac{m}{n}u},\frac{v}{1+\dfrac{m}{n}u}\right)|J|$$

$$= \frac{\left(\frac{m}{n}\right)^{\frac{m}{2}}}{2^{\frac{m+n}{2}}\Gamma\left(\frac{m}{2}\right)\Gamma\left(\frac{n}{2}\right)} \frac{u^{\frac{m}{2}-1}}{\left(1+\frac{m}{n}u\right)^{\frac{m+n}{2}}} v^{\frac{m+n}{2}-1} e^{-\frac{v}{2}}, \quad u > 0, v > 0.$$

U 的边际概率密度为

$$f(u;m,n) = \int_{-\infty}^{+\infty} g(u,v)\mathrm{d}v$$

$$= \frac{\left(\frac{m}{n}\right)^{\frac{m}{2}}}{2^{\frac{m+n}{2}}\Gamma\left(\frac{m}{2}\right)\Gamma\left(\frac{n}{2}\right)} \frac{u^{\frac{m}{2}-1}}{\left(1+\frac{m}{n}u\right)^{\frac{m+n}{2}}} \int_0^{+\infty} v^{\frac{m+n}{2}-1} e^{-\frac{v}{2}} \mathrm{d}v$$

$$= \frac{\Gamma\left(\frac{m+n}{2}\right)}{2^{\frac{m+n}{2}}\Gamma\left(\frac{m}{2}\right)\Gamma\left(\frac{n}{2}\right)} \left(\frac{m}{n}\right)^{\frac{m}{2}} u^{\frac{m}{2}-1} \left(1+\frac{m}{n}u\right)^{-\frac{m+n}{2}}, \quad u > 0.$$

所以自由度为 m,n 的 F 分布的概率密度为

$$f(x;m,n) = \begin{cases} \frac{\Gamma\left(\frac{m+n}{2}\right)}{2^{\frac{m+n}{2}}\Gamma\left(\frac{m}{2}\right)\Gamma\left(\frac{n}{2}\right)} \left(\frac{m}{n}\right)^{\frac{m}{2}} x^{\frac{m}{2}-1} \left(1+\frac{m}{n}x\right)^{-\frac{m+n}{2}}, & x > 0, \\ 0, & \text{其他}. \end{cases}$$

图 1.4.7 给出了几种不同自由度的 F 分布的概率密度曲线.

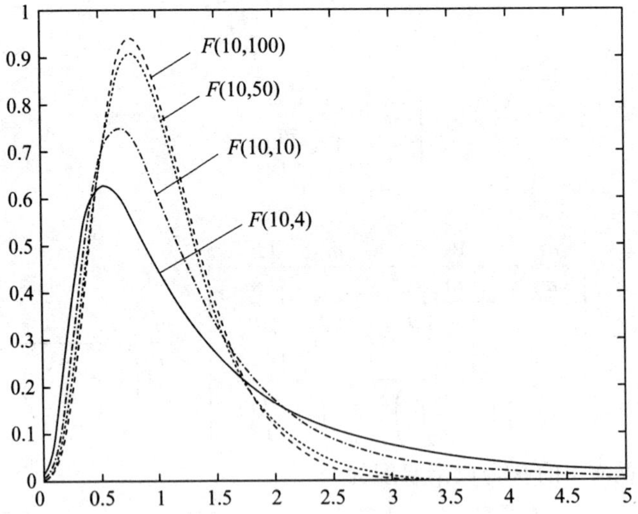

图 1.4.7　F 分布的概率密度曲线

F 分布有如下重要性质：

性质 1　设 $X \sim F(m,n)$，则 $1/X \sim F(n,m)$.

性质 2　若 $T \sim t(n)$，则 $T^2 \sim F(1,n)$.

证明 若 $T \sim t(n)$，根据 t 分布的定义有

$$T=\frac{X}{\sqrt{Y/n}},$$

其中 $X \sim N(0,1)$，$Y \sim \chi^2(n)$，且 X 与 Y 相互独立，则有

$$T^2=\frac{X^2}{Y/n} \sim F(1,n).$$

在两个正态总体分布场合下，F 分布有如下重要定理：

定理 1.4.5 设 $X_1,X_2,\cdots,X_m$ 是来自于正态分布 $N(\mu_1,\sigma_1^2)$ 的一个样本，$Y_1,Y_2,\cdots,Y_n$ 是来自于正态分布 $N(\mu_2,\sigma_2^2)$ 的一个样本，且两样本独立，$\overline{X},\overline{Y}$ 分别为两总体样本均值，S_1^2，S_2^2 分别为两总体样本方差，则有

$$\frac{S_1^2/\sigma_1^2}{S_2^2/\sigma_2^2} \sim F(m-1,n-1).$$

证明 由定理 1.4.2 知

$$\frac{(m-1)S_1^2}{\sigma_1^2} \sim \chi^2(m-1), \quad \frac{(n-1)S_2^2}{\sigma_2^2} \sim \chi^2(n-1),$$

且这两个统计量相互独立，根据 F 分布的定义可知

$$\frac{\left.\dfrac{(m-1)S_1^2}{\sigma_1^2}\right/(m-1)}{\left.\dfrac{(n-1)S_2^2}{\sigma_2^2}\right/(n-1)}=\frac{S_1^2/\sigma_1^2}{S_2^2/\sigma_2^2} \sim F(m-1,n-1).$$

随机变量 $F \sim F(m,n)$ 的上 α 分位数用 $F_\alpha(m,n)$ 表示，即满足

$$P\{F>F_\alpha(m,n)\}=\alpha,$$

如图 1.4.8 所示.

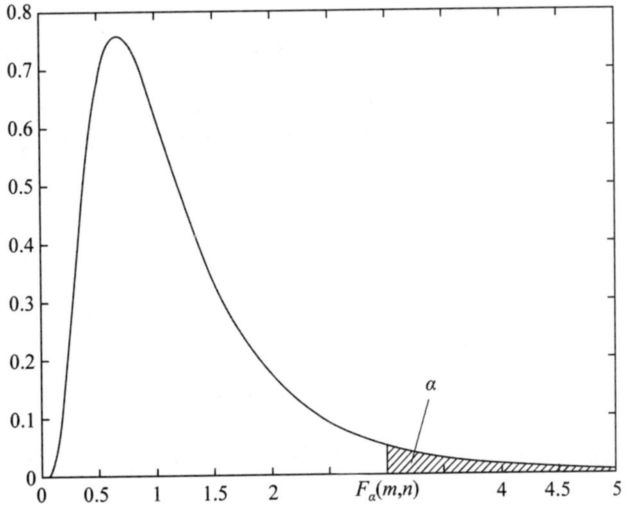

图 1.4.8 F **分布的上** α **分位数**

由 F 分布的性质 1 知，若 $F \sim F(m,n)$，则 $1/F \sim F(n,m)$，对给定的 $\alpha\,(0<\alpha<1)$，

$$\alpha = P\left\{\frac{1}{F} \geqslant F_\alpha(n,m)\right\} = P\left\{F \leqslant \frac{1}{F_\alpha(n,m)}\right\},$$

所以有

$$P\left\{F \geqslant \frac{1}{F_\alpha(n,m)}\right\} = 1-\alpha.$$

根据上 α 分位数的定义,有

$$F_{1-\alpha}(m,n) = \frac{1}{F_\alpha(n,m)}. \tag{1.4.1}$$

对于不同的 α 及 m 和 n,附表5给出了 $F_\alpha(m,n)$ 的值,例如 $F_{0.05}(9,12) \approx 2.80$. 但通常 F 分布的 α 分位数表只能查 $0 < \alpha \leqslant 0.5$ 对应的分位数,对于更大的 α 可利用(1.4.1)式求分位数. 例如,$F_{0.95}(12,9) = \dfrac{1}{F_{0.05}(9,12)} = \dfrac{1}{2.80} = 0.375$.

习 题 1.4

1. 在服从正态分布 $N(7.6,4)$ 的总体中抽取容量为 n 的样本,如果要求样本均值落在 $(5.6,9.6)$ 内的概率不小于 0.95,则 n 至少为多少?

2. 设 $X_1, X_2, \cdots, X_n$ 是来自正态分布 $N(\mu,16)$ 的样本,问 n 为多大时才能使得 $P\{|\overline{X}-\mu| < 1\} \geqslant 0.95$ 成立?

3. 从正态分布 $N(100,4)$ 总体抽取两个独立样本,样本均值分别为 $\overline{X}, \overline{Y}$,样本容量分别为 15,20,试求 $P\{|\overline{X}-\overline{Y}| > 0.2\}$.

4. 从正态分布 $N(\mu,\sigma^2)$ 总体抽取容量为 20 的样本,试求

$$P\left\{10\sigma^2 \leqslant \sum_{i=1}^{20}(X_i-\mu)^2 \leqslant 30\sigma^2\right\}.$$

5. 设 $x_1, x_2, \cdots, x_{16}$ 是来自 $N(\mu,\sigma^2)$ 的样本观测值,经计算 $\overline{x}=9, s^2=5.32$,试求

$$P\{|\overline{X}-\mu| < 0.6\}.$$

6. 若随机变量 $X_1, X_2, \cdots, X_n$ 相互独立且服从正态分布,它们的数学期望相等,方差各为 $\sigma_1^2, \sigma_2^2, \cdots, \sigma_n^2$,证明:

$$Y_1 = \frac{\sum\limits_{i=1}^{n}\dfrac{X_i}{\sigma_i^2}}{\sum\limits_{i=1}^{n}\dfrac{1}{\sigma_i^2}} \quad 与 \quad Y_2 = \sum_{i=1}^{n}\left(\frac{X_i - Y_1}{\sigma_i}\right)^2$$

相互独立,且 Y_1 服从正态分布,Y_2 服从自由度为 $n-1$ 的 χ^2 分布.

7. 设 X_1, X_2 是来自 $N(0,\sigma^2)$ 的样本,试求 $Y = \left(\dfrac{X_1+X_2}{X_1-X_2}\right)^2$ 的分布.

8. 设 $X_1, X_2, \cdots, X_n$ 是来自 $N(\mu_1,\sigma^2)$ 的样本,$Y_1, Y_2, \cdots, Y_m$ 是来自 $N(\mu_2,\sigma^2)$ 的样本,c, d 是任意两个不为 0 的常数. $\overline{X}, \overline{Y}$ 为两总体的样本均值,S_X^2, S_Y^2 为两总体的样本方差,证明:

$$T=\frac{c(\overline{X}-\mu_1)+d(\overline{Y}-\mu_2)}{S_w\sqrt{\frac{c^2}{n}+\frac{d^2}{m}}}\sim t(n+m-2),$$

其中 $S_w^2=\frac{(n-1)S_X^2+(m-1)S_Y^2}{n+m-2}$.

9. 设 $X_1,X_2,\cdots,X_n,X_{n+1}$ 是来自 $N(\mu,\sigma^2)$ 的样本,

$$\overline{X}_n=\frac{1}{n}\sum_{i=1}^{n}X_i,\quad S^2=\frac{1}{n-1}\sum_{i=1}^{n}(X_i-\overline{X}_n)^2.$$

试求常数 c,使得 $T_c=c\,\frac{X_{n+1}-\overline{X}_n}{S}$ 服从 t 分布,并指出分布的自由度.

10. 设从方差相等的两个独立正态总体中分别抽取容量为 15,20 的样本,其样本方差分别为 S_1^2,S_2^2,试求 $P\left\{\frac{S_1^2}{S_2^2}>2\right\}$.

11. 设 $X_1,X_2,\cdots,X_{15}$ 是来自总体 $N(0,\sigma^2)$ 的一个样本,求

$$Y=\frac{X_1^2+X_2^2\cdots+X_{10}^2}{2(X_{11}^2+X_{12}^2\cdots+X_{15}^2)}$$

的分布.

12. 设总体 $X\sim N(\mu,\sigma^2)$,从该总体中抽取简单随机样本 $X_1,X_2,\cdots,X_{2n}(n\geqslant 1)$,其样本均值为 $\overline{X}=\frac{1}{2n}\sum_{i=1}^{2n}X_i$,求统计量 $Y=\sum_{i=1}^{n}(X_i+X_{n+i}-2\overline{X})^2$ 的数学期望.

13. 设 $X_1,X_2,\cdots,X_n$ 是来自某连续总体的一个样本. 该总体的分布函数 $F(x)$ 是连续严格增函数,证明:统计量 $T=-2\sum_{i=1}^{n}\ln F(x_i)$ 服从 $\chi^2(2n)$.

14. 设 $X_1,X_2,\cdots,X_n$ 是来自 $N(\mu,\sigma^2)$ 的样本,$S^2=\frac{1}{n-1}\sum_{i=1}^{n}(X_i-\overline{X})^2$ 是样本方差,试求满足 $P\left\{\frac{S^2}{\sigma^2}\leqslant 1.5\right\}\geqslant 0.95$ 的最小的 n.

15. 设 $X_1,X_2,\cdots,X_n$ 独立同分布且都服从 $N(\mu,\sigma^2)$,

$$\overline{X}=\frac{1}{n}\sum_{i=1}^{n}X_i,\quad S^2=\frac{1}{n-1}\sum_{i=1}^{n}(X_i-\overline{X})^2.$$

记 $\xi=\frac{X_1-\overline{X}}{S}$,试找出 ξ 与 t 分布的联系,并给出 ξ 的概率密度.(提示:对变量作正交变换 $Y_1=\sqrt{n}\,\overline{X},Y_2=\sqrt{\frac{n}{n-1}}(X_1-\overline{X}),Y_i=\sum_{j=1}^{n}c_{ij}X_j,i=3,4,\cdots,n.$)

§ 1.5　实例分析与计算机实现

对样本数据进行有效的汇总和描述是认识和推断总体的基础,利用 SPSS 软件可以迅速

地计算统计量的值，并画出统计图表. 下面通过一些实例来说明定量数据和定性数据的描述性统计的 SPSS 实现过程.

一、定量数据的描述性统计的 SPSS 实现

例 1.5.1　2001 年北京大学、清华大学在 31 个省(自治区、直辖市)的理科录取分数线和平均分统计结果如表 1.5.1 所示，试用 SPSS 描述统计功能，对这些数据的特征进行描述性统计分析.

表 1.5.1　2001 年北京大学、清华大学在 31 个省(自治区、直辖市)的理科录取平均分及分数线情况统计表

	地区	北大平均分	清华平均分	北大线	清华线
1	北京市	637.8	638.7	622	621
2	天津市	671.7	663.8	660	646
3	河北省	665.3	671.7	669	668
4	山西省	658.6	654.3	642	641
5	内蒙古自治区	660.7	664.8	633	651
6	辽宁省	667.1	669.7	660	656
7	吉林省	665.4	660.1	652	652
8	黑龙江省	668.1	667.8	658	656
9	上海市	568.1	556.0	556	555
10	江苏省	652.7	650.0	637	639
11	浙江省	682.9	681.0	673	674
12	安徽省	656.0	669.5	640	651
13	福建省	664.7	660.1	649	638
14	江西省	673.2	674.2	664	661
15	山东省	683.6	670.2	677	681
16	河南省	651.5	647.6	641	645
17	湖北省	670.8	671.1	660	662
18	湖南省	665.2	668.7	665	670
19	广东省	839.3	835.2	807	805
20	广西壮族自治区	809.5	808.2	779	758
21	海南省	798.4	827.9	786	798
22	重庆市	673.9	664.4	672	672
23	四川省	668.7	667.5	664	660
24	贵州省	660.5	649.7	630	640
25	云南省	628.2	636.3	608	616

（续表）

	地区	北大平均分	清华平均分	北大线	清华线
26	西藏自治区	634.0	626.0	634	626
27	陕西省	669.8	672.6	655	656
28	甘肃省	642.9	656.6	611	645
29	青海省	624.7	631.8	596	617
30	宁夏回族自治区	649.8	646.1	637	631
31	新疆维吾尔自治区	649.1	650.2	635	636

SPSS 操作步骤：

（1）点击“分析→描述统计→描述”，进入“描述性”主对话框，如图 1.5.1 所示，将 4 个变量（或感兴趣的变量）选入“变量”列表框中.

（2）在“描述性”主对话框点击“选项”，进入“选项”子对话框，如图 1.5.2 所示.选择“均值”“标准差”“最大值”“最小值”“峰度”以及“偏度”等描述样本数据的描述性统计量.

（3）点击“继续”返回主对话框.点击“确定”按钮，执行操作，结果如表 1.5.2 所示.

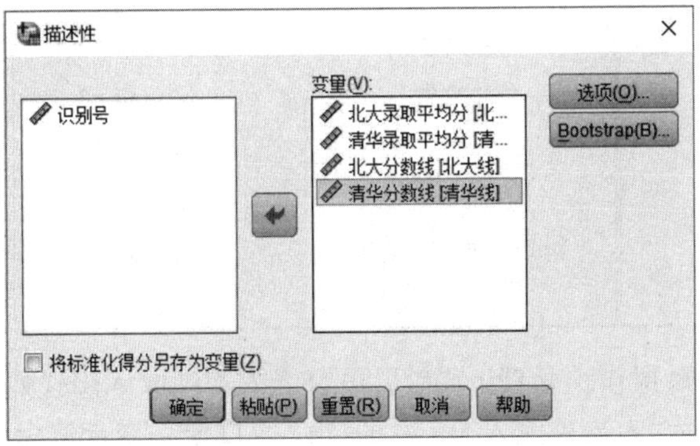

图 1.5.1 “描述性”对话框

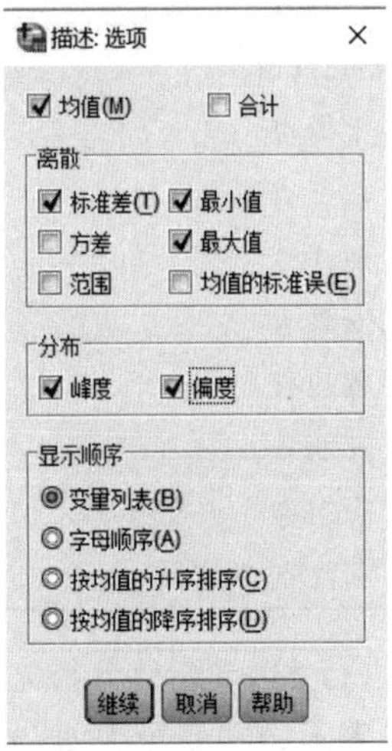

图 1.5.2 “选项”子对话框

表 1.5.2 北京大学、清华大学录取平均分及分数线描绘统计表

	N	极小值	极大值	均值	标准差	偏度		峰度	
	统计量	统计量	统计量	统计量	统计量	统计量	标准误	统计量	标准误
北大录取平均分	31	568.1	839.3	671.361	53.0030	1.911	.421	4.656	.821
清华录取平均分	31	556.0	835.2	671.348	55.6572	1.852	.421	4.569	.821
北大分数线	31	556	807	657.16	51.278	1.511	.421	3.347	.821
清华分数线	31	555	805	658.94	49.023	1.620	.421	4.105	.821
有效的 N（列表状态）	31								

二、定量数据的频数分布表及图形的 SPSS 实现

例 1.5.2 表 1.5.3 是 2007 年我国 31 个省(自治区、直辖市)农村居民家庭人均年纯收入资料,试用 SPSS 制作频数分布表.

表 1.5.3 2007 年我国 31 个省(自治区、直辖市)农村居民家庭人均年纯收入统计结果

地区	人均纯收入 / 元	地区	人均纯收入 / 元
北京市	9 439.63	湖北省	3 997.48
天津市	7 010.06	湖南省	3 904.20
河北省	4 293.43	广东省	5 624.04
山西省	3 665.66	广西壮族自治区	3 224.05
内蒙古自治区	3 953.10	海南省	3 791.37
辽宁省	4 773.43	重庆市	3 509.29
吉林省	4 191.34	四川省	3 546.69
黑龙江省	4 132.29	贵州省	2 373.99
上海市	10 144.62	云南省	2 634.09
江苏省	6 561.01	西藏自治区	2 788.20
浙江省	8 265.15	陕西省	2 644.69
安徽省	3 556.27	甘肃省	2 328.92
福建省	5 467.08	青海省	2 683.78
江西省	4 044.70	宁夏回族自治区	3 180.84
山东省	4 985.34	新疆维吾尔自治区	3 182.97
河南省	3 851.60		

在进行 SPSS 统计分析之前,需要对数据作预处理:农村居民家庭人均纯收入用代码 1,2,3,4,5 表示,在"变量视图"窗口变量名为"人均纯收入"一栏的"值"窗口定义变量值标签:

1 表示人均纯收入在 3 000 以下(不含 3 000 元),

2 表示人均纯收入在 3 000 ～ 4 000 元(不含 4 000 元),

3 表示人均纯收入在 4 000 ～ 5 000 元(不含 5 000 元),

4 表示人均纯收入在 5 000 ～ 6 000 元(不含 6 000 元),

5 表示人均纯收入在 6 000 元以上(含 6 000 元).

SPSS 操作步骤:

点击"分析 → 描述统计 → 频率",进入"频率"主对话框,如图 1.5.3 所示,将"人均纯收入"这个变量选入"变量"列表框中. 点击"确定"按钮,执行操作,输出频数分布表如表 1.5.4 所示.

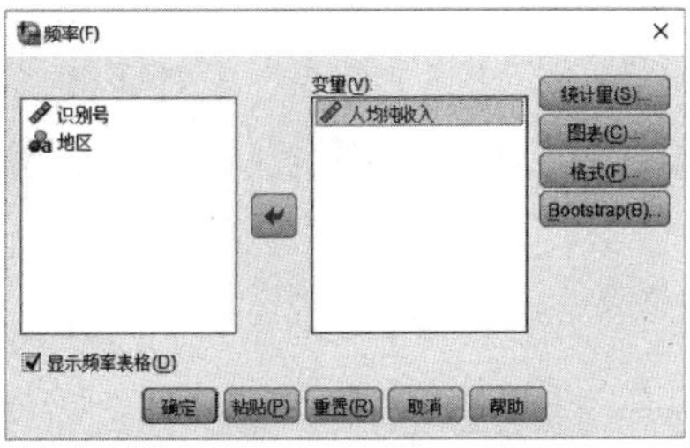

图 1.5.3 “频率”主对话框

表 1.5.4 2007 年我国 31 个省(自治区、直辖市)农村居民家庭人均纯收入的频数分布表

		频率	百分比	有效百分比	累积百分比
有效	3000元以下(不含3000元)	6	19.4	19.4	19.4
	3000元~4000元(不含4000元)	12	38.7	38.7	58.1
	4000元~5000元(不含5000元)	6	19.4	19.4	77.4
	5000元~6000元(不含6000元)	2	6.5	6.5	83.9
	6000元以上(含6000元)	5	16.1	16.1	100.0
	合计	31	100.0	100.0	

例 1.5.3 以下是某大学 50 名教师年龄(周岁)的原始数据:

33, 39, 45, 27, 24, 35, 30, 44, 52, 47,
45, 42, 40, 46, 68, 48, 47, 46, 39, 60,
46, 47, 51, 29, 59, 47, 29, 50, 43, 29,
35, 30, 29, 34, 33, 45, 64, 46, 44, 67,
30, 27, 29, 44, 53, 31, 55, 41, 43, 47.

用 SPSS 绘制 50 名教师年龄的直方图和茎叶图.

直方图 SPSS 操作步骤:

点击“图形 → 图表构建形式 → 直方图”,进入“直方图”主对话框,如图 1.5.4 所示,将“年龄”选入横轴变量栏,选中“显示正态曲线”. 点击“确定”按钮,执行操作,输出结果如图 1.5.5 所示.

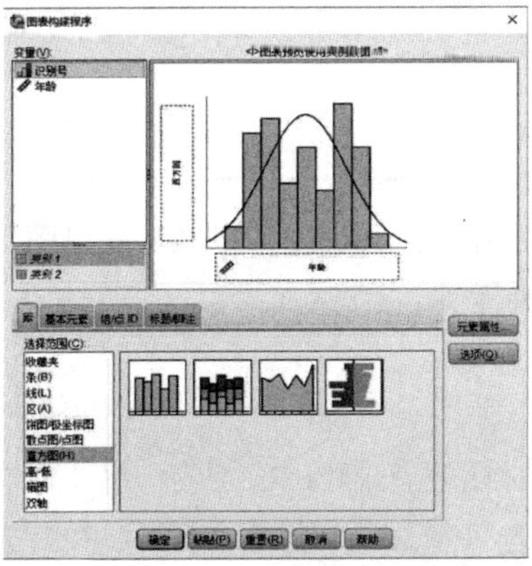

图 1.5.4 “直方图”主对话框

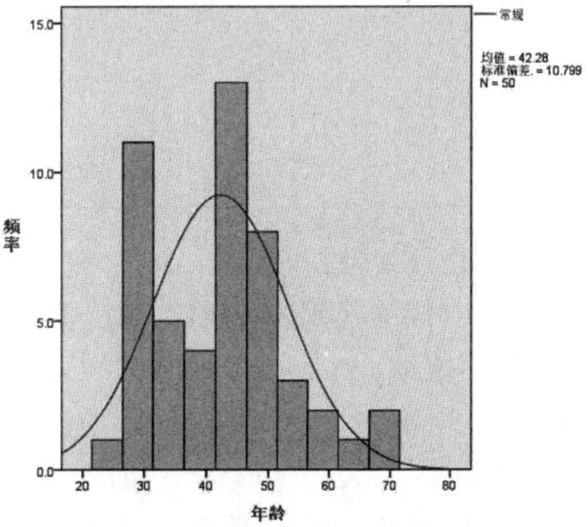

图 1.5.5 50 名教师年龄直方图

茎叶图 SPSS 操作步骤：

点击“分析→描述统计→探索”，进入“探索”主对话框，如图 1.5.6 所示，将“年龄”这个变量选入“因变量列表”列表框中．点击“确定”按钮，执行操作，输出结果如图 1.5.7 所示．

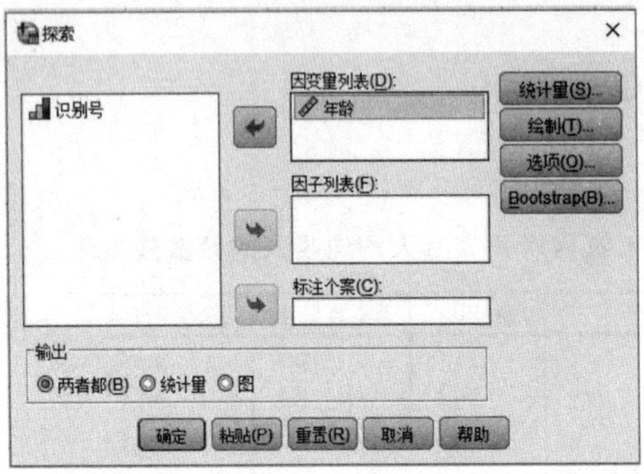

图 1.5.6 “探索”主对话框

年龄 Stem-and-Leaf Plot

Frequency	Stem & Leaf
1.00	2.4
7.00	2.7799999
7.00	3.0001334
4.00	3.5599
8.00	4.01233444
13.00	4.5556666777778
4.00	5.0123
2.00	5.59
2.00	6.04
2.00	6.78

Stem width: 10
Each leat: 1 case(s)

图 1.5.7 50 名教师年龄茎叶图

例 1.5.4 表 1.5.5 是某大学 9 名大一新生英语、语文、数学考试成绩，试画出 3 组箱线图，并比较这 9 名学生的 3 科成绩．

表 1.5.5 某大学 9 名大一新生英语、语文、数学考试成绩

学生编号	考试成绩		
	英语	语文	数学
1	70	67	56
2	65	54	80
3	89	98	33
4	34	78	69
5	66	70	85
6	78	80	87
7	80	69	62
8	93	85	50
9	56	75	78

先对数据作预处理：将英语、语文、数学 3 科成绩分别用 1，2，3 表示，在“变量视图”窗口，变量名称为“成绩代码”一栏的“值”窗口定义变量值标签：

1 表示英语成绩，2 表示语文成绩，3 表示数学成绩．

SPSS 操作步骤：

点击“图形→图表构建形式→箱图”，进入“箱图”对话框，如图 1.5.8 所示，将“简单框图”选入“图表预览使用实例数据”，将变量“成绩代码”选入横轴，将变量“学生成绩”选入纵轴．点击“确定”按钮，执行操作，输出结果如图 1.5.9 所示．

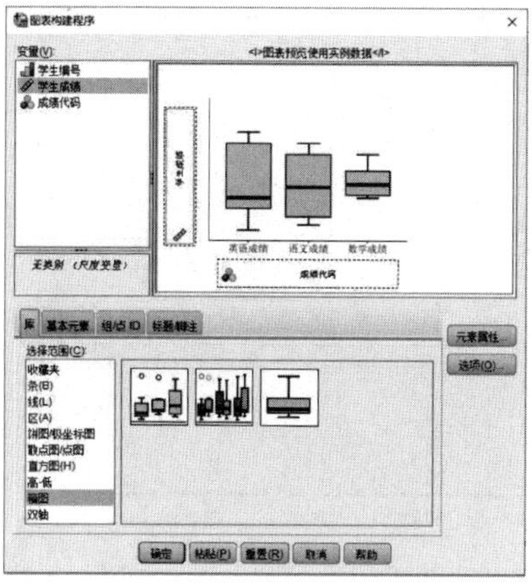

图 1.5.8 “箱图”对话框

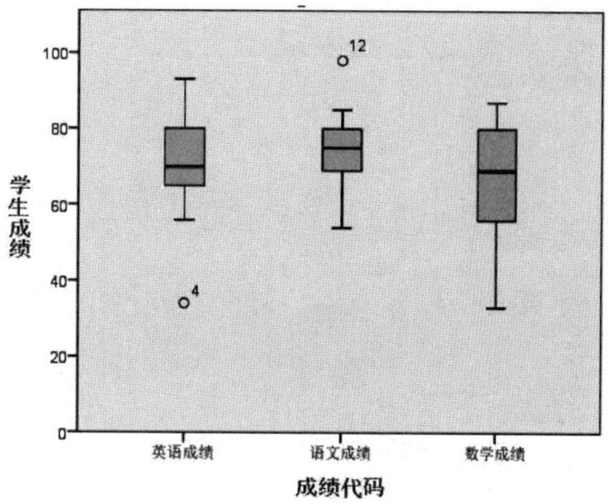

图 1.5.9 英语、语文、数学 3 科成绩箱线图

从图 1.5.9 可以看出：3 门课程中，平均成绩最高的是语文，英语次之，数学最低.从成绩的波动程度来看，数学成绩波动最大，但无离群点；英语成绩波动次之，其下横线之外有一个离群点，它是第四个学生的英语成绩（34 分）；语文成绩波动最小，但其上横线之外有一个离群点，它是第三个学生的语文成绩（98 分）. 考试成绩门数较多时，也可以以学生为变量绘制箱线图，分析每名学生各科成绩的分布.

例 1.5.5 表 1.5.6 是《华尔街日报 1999 年年鉴》中公布的美国各航空公司业绩的统计数据：航班正点到达比率和每 10 万名乘客投诉的次数.试作出航班正点率和投诉率之间的散点图.

表 1.5.6 航班正点到达比率和每 10 万名乘客投诉次数

航空公司名称	航班正点率 x/%	投诉率 y/次 /10 万名乘客
西南航空(Southwest)	81.8	0.21
大陆航空(Continental)	76.6	0.58
西北航空(Northwest)	76.6	0.85
全美航空(US)	75.7	0.68
联合航空(United)	73.8	0.74
美国航空(American)	72.2	0.93
达美航空(Delta)	71.2	0.72
美国西部航空(Americawest)	70.8	1.22

SPSS 操作步骤：

点击“图形 → 图表构建形式 → 散点图 / 点图”，进入“散点图 / 点图 ”对话框，如图 1.5.10 所示，将“简单散点图 ”选入“图表预览使用实例数据 ”，将变量“航班正点率”选入横轴，将变量“投诉率”选入纵轴. 点击“确定 ”按钮，执行操作，输出结果如图 1.5.11 所示.

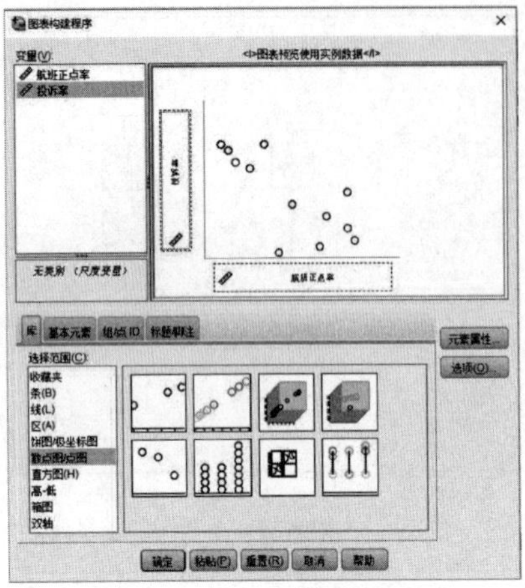

图 1.5.10 “散点图”对话框

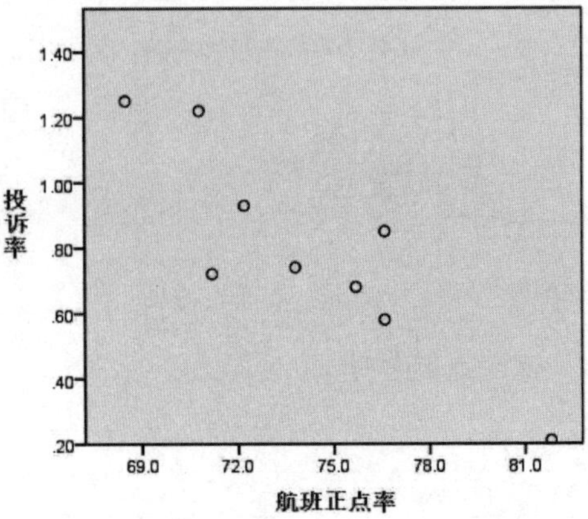

图 1.5.11 航班正点率和投诉率散点图

从图 1.5.11 中可以看出航班正点率和投诉率大致呈现线性关系.

例 1.5.6 表 1.5.7 是1998—2008 年我国农村居民人均纯收入及城镇居民人均纯收入资料,试用 SPSS 绘制线图.

表 1.5.7 1998—2008 年我国农村居民人均纯收入及城镇居民人均纯收入统计结果

时间	农村居民人均纯收入 / 元	城镇居民人均纯收入 / 元
1998 年	2 160	5 425
1999 年	2 210	5 854
2000 年	2 253	6 280
2001 年	2 366	6 860
2002 年	2 476	7 703
2003 年	2 622	8 472
2004 年	2 936	9 422
2005 年	3 255	10 493
2006 年	3 587	11 759
2007 年	4 140	13 786
2008 年	4 761	15 781

SPSS 操作步骤:

点击“图形 → 图表构建形式 → 线图”, 进入“线图”对话框, 如图 1.5.12 所示, 将“简单线图”选入“图表预览使用实例数据”,将变量“年份”选入横轴, 将变量“农村居民人均纯收入(元)”和“城镇居民人均纯收入(元)”都选入纵轴. 点击“确定”按钮, 执行操作, 输出结果如图 1.5.13 所示.

从图 1.5.13 可以看出, 1998—2008 年我国农村居民人均纯收入和城镇居民人均纯收入均呈逐年增长的趋势，但城镇居民人均纯收入的增长速度明显快于农村居民人均纯收入的增长速度，且增长速度差距有进一步扩大的趋势.

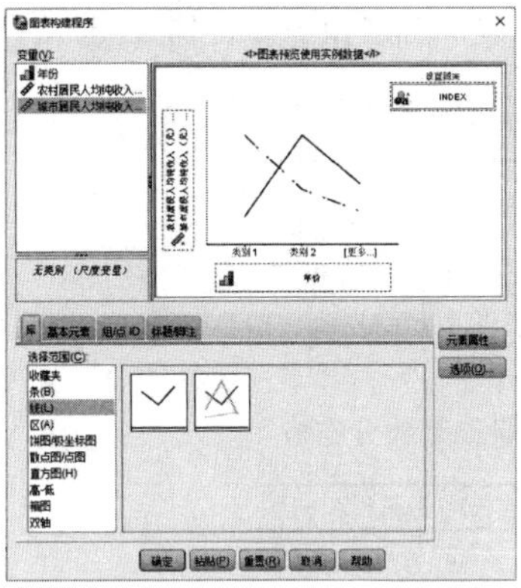

图 1.5.12 “线图”对话框

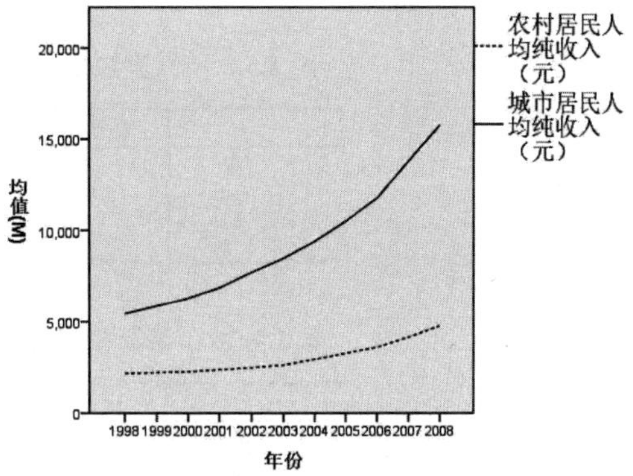

图 1.5.13 1998—2008 年我国农村居民人均纯收入和城镇居民人均纯收入线图

三、定性数据的频数分布表和图形的 SPSS 实现

例 1.5.7 某高校经济系 30 名教师性别及职称登记结果如表 1.5.8 所示，试用 SPSS 分别编制教师性别及职称的频数分布表，并画出教师职称分布条形图和饼图.

表 1.5.8 某高校经济系 30 名教师性别及职称登记表

序号	性别	职称	序号	性别	职称	序号	性别	职称
1	男	讲师	11	男	教授	21	男	副教授
2	女	助教	12	女	副教授	22	女	副教授
3	女	副教授	13	女	副教授	23	男	讲师
4	女	副教授	14	男	讲师	24	女	助教
5	男	助教	15	男	讲师	25	男	副教授
6	男	教授	16	男	副教授	26	男	讲师
7	女	教授	17	女	讲师	27	女	教授
8	男	讲师	18	男	助教	28	男	讲师
9	女	副教授	19	女	副教授	29	男	副教授
10	男	教授	20	女	副教授	30	女	教授

先对数据作预处理：将教师性别用代码 1，2 表示，职称用代码 1，2，3，4 表示. 在“变量视图”窗口，变量名称为“性别”一栏的“值”窗口定义变量值标签：

1 表示男；2 表示女. 变量名称为“职称”一栏的“值”窗口定义变量值标签：

1 表示助教，2 表示讲师，3 表示副教授，4 表示教授.

教师性别及职称的频数分布表 SPSS 操作步骤：

点击“分析 → 描述统计 → 频率”，进入“频率”对话框，将“性别”“职称”这两个变量选入“变量”列表框中. 点击“确定”按钮，执行操作，表 1.5.9 和表 1.5.10 是输出的结果.

表 1.5.9　某高校经济系 30 名教师性别频数分布表

		频率	百分比	有效百分比	累积百分比
有效	男	17	56.7	56.7	56.7
	女	13	43.3	43.3	100.0
	合计	30	100.0	100.0	

表 1.5.10　某高校经济系 30 名教师职称频数分布表

		频率	百分比	有效百分比	累积百分比
有效	助教	4	13.3	13.3	13.3
	讲师	8	26.7	26.7	40.0
	副教授	12	40.0	40.0	80.0
	教授	6	20.0	20.0	100.0
	合计	30	100.0	100.0	

教师职称分布条形图 SPSS 操作步骤：

点击“图形 → 图表构建形式 → 条”，进入“条”对话框，将“简单条形图”选入“图表预览使用实例数据”，将变量“职称”选入横轴. 点击“确定”按钮，执行操作，输出条形图如图 1.5.14 所示.

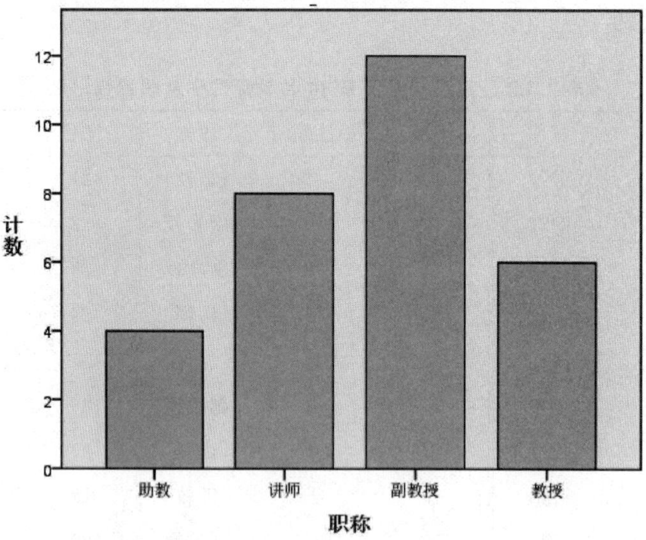

图 1.5.14　30 名教师职称分布条形图

教师职称分布饼图 SPSS 操作步骤：

点击“图形 → 图表构建形式 → 饼图 / 极坐标 ”，进入“饼图 / 极坐标”对话框，将图形选入“图表预览使用实例数据”，将变量“职称”选入 x 轴.点击“确定”按钮，执行操作，输出饼图如图 1.5.15 所示.

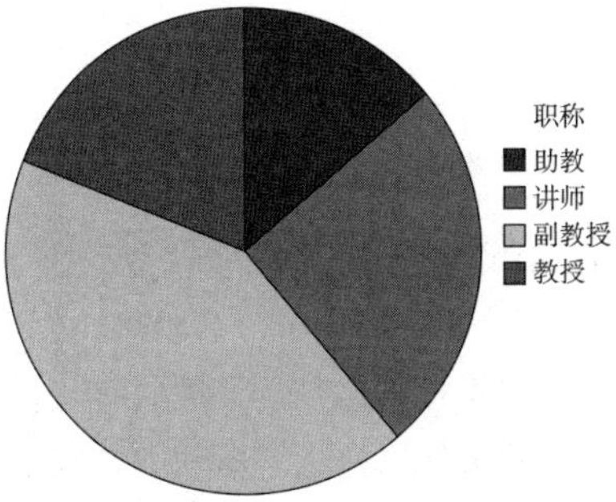

图 1.5.15　30 名教师职称分布饼图

习　题　1.5

1. 调查 30 名顾客对某种产品的满意程度，结果如下表所示. 试用 SPSS 制作频数分布表,并绘制条形图和饼图.

序号	态度	序号	态度	序号	态度
1	喜欢并愿意购买	11	喜欢并愿意购买	21	喜欢并愿意购买
2	不喜欢	12	喜欢并愿意购买	22	不喜欢
3	喜欢但不愿购买	13	喜欢但不愿购买	23	喜欢但不愿购买
4	喜欢但不愿购买	14	喜欢但不愿购买	24	喜欢并愿意购买
5	喜欢并愿意购买	15	喜欢并愿意购买	25	喜欢但不愿购买
6	喜欢但不愿购买	16	喜欢但不愿购买	26	喜欢并愿意购买
7	不喜欢	17	喜欢但不愿购买	27	喜欢但不愿购买
8	喜欢并愿意购买	18	不喜欢	28	喜欢并愿意购买
9	喜欢并愿意购买	19	喜欢但不愿购买	29	不喜欢
10	喜欢并愿意购买	20	喜欢并愿意购买	30	喜欢并愿意购买

2. 某商场连续 60 天出售计算机的销售量（单位：台）如下：

30，42，35，43，22，44，33，34，45，32，42，44，40，46，44，36，42，
43，46，28，32，38，35，43，35，38，36，41，42，26，42，30，47，37，
34，49，44，29，45，43，45，48，25，36，37，38，37，39，42，36，44，
46，33，45，39，40，40，29，19，18.

试用 SPSS 绘制直方图、箱线图、茎叶图,并使用 SPSS 描述统计功能，对计算机销售量的特征进行描述性统计分析.

3. 2009 年我国 31 个省(自治区、直辖市) 生产总值资料如下表所示，试用 SPSS 制作频数分布表.

地区	地区生产总值/亿元	地区	地区生产总值/亿元	地区	地区生产总值/亿元
北京市	12 153.03	安徽省	10 062.82	四川省	1 4 151.28
天津市	7 521.85	福建省	12 236.53	贵州省	3 912.68
河北省	17 235.85	江西省	7 655.18	云南省	6 169.75
山西省	7 358.48	山东省	33 896.65	西藏自治区	441.36
内蒙古自治区	9 740.25	河南省	19 480.46	陕西省	8 169.80
辽宁省	15 212.49	湖北省	12 961.10	甘肃省	3 387.56
吉林省	7 278.75	湖南省	13 059.69	青海省	1 081.27
黑龙江省	8 587.00	广东省	39 482.56	宁夏回族自治区	1 353.31
上海市	15 046.45	广西壮族自治区	7 759.16	新疆维吾尔自治区	4 277.05
江苏省	34 457.30	海南省	1 654.21		
浙江省	22 990.35	重庆市	6 530.01		

4.1990—2009 年我国人均国内生产总值资料如下表所示，试用 SPSS 制作线图.

时间	人均国内生产总值/元	时间	人均国内生产总值/元
1990 年	1 644	2000 年	7 858
1991 年	1 893	2001 年	8 622
1992 年	2 311	2002 年	9 398
1993 年	2 998	2003 年	10 542
1994 年	4 044	2004 年	12 336
1995 年	5 046	2005 年	14 185
1996 年	5 946	2006 年	16 500
1997 年	6 420	2007 年	20 169
1998 年	6 796	2008 年	23 708
1999 年	7 159	2009 年	25 575

第二章　参数估计

数理统计中的一类基本问题是，依据样本提供的信息，对总体分布中的未知参数作出推断. 例如，某灯泡厂生产的一批灯泡，由实际经验知其寿命 $X \sim N(\mu, \sigma^2)$，但 μ 和 σ^2 未知，可利用抽取的样本去估计 μ 和 σ^2 的值；又如，某厂生产的一批产品，其次品数 X 服从二项分布 $B(n, p)$，p 未知，也可利用抽取的样本去估计未知参数 p. 通常情况，一般用 θ 表示参数，参数 θ 所有可能的取值组成的集合称为**参数空间**，常用 Θ 表示. 本章只研究总体分布是连续型或离散型两种情形的参数估计. 为简便起见，我们引入对这两种分布通用的概念——**概率函数**. 随机变量 X 的概率函数 $p(x)$ 是指：当 X 为连续型随机变量时，$p(x)$ 是 $X=x$ 的概率密度值；当 X 为离散型随机变量时，$p(x)$ 是 $X=x$ 的概率值. 称含有未知参数的概率函数的集合 $\{p(x;\theta), \theta \in \Theta\}$ 为**分布族**，例如 $\{N(\mu, 1), \mu \in \mathbf{R}\}$ 为一正态分布族.

参数估计一般有两种类型：一种是参数的点估计，由样本值估计总体分布的未知参数；另一种是参数的区间估计，按照一定的可靠程度估计未知参数的一个取值范围. 下面我们分别对这两类问题进行讨论.

§2.1　点　估　计

设总体 X 的分布函数已知，其中含有未知参数 θ，设 $X_1, X_2, \cdots, X_n$ 是取自该总体的一个样本，点估计是指构造一个统计量 $\hat{\theta}(X_1, X_2, \cdots, X_n)$，并用其观测值 $\hat{\theta}(x_1, x_2, \cdots, x_n)$ 作为 θ 的估计值，称 $\hat{\theta}(x_1, x_2, \cdots, x_n)$ 为 θ 的一个**点估计值**或简称**估计值**，而称 $\hat{\theta}(X_1, X_3, \cdots, X_n)$ 为 θ 的**估计量**. 如果分布函数中含有 k 个未知参数 $\theta_1, \theta_2, \cdots, \theta_k$，则需要构造 k 个统计量分别作为 $\theta_1, \theta_2, \cdots, \theta_k$ 的估计量.

一、矩法估计

1900 年，皮尔逊提出了一个替换原理，后来人们称它为矩法估计.

我们知道许多分布中所含的参数都是总体矩的函数. 例如，正态分布 $N(\mu, \sigma^2)$ 中的参数 μ 和 σ^2 分别是正态分布的一阶原点矩和二阶中心矩. 由大数定律可知，样本矩依概率收敛于总体矩. 因此很自然地会想到用样本矩来代替总体矩. 替换原理常指如下两个替换：

(1) 用样本矩去替换总体矩，这里的矩可以是原点矩也可以是中心矩；

(2) 用样本矩的函数去替换相应的总体矩的函数.

根据这个替换原理，在总体分布形式未知时也可对各种参数作出估计. 例如：用样本均值 $\overline{X}$ 估计总体数学期望 $E(X)$，用样本方差 S_n^2 估计总体方差 $D(X)$.

矩法估计的统计思想简单明确，使用场合甚广. 它的实质是用经验分布函数去替换总体分布，其理论基础是格里汶科定理. 本书仅采用样本原点矩去替换总体原点矩.

设总体 X 具有已知的概率函数 $p(x;\theta_1,\theta_2,\cdots,\theta_k)$，$\theta_1,\theta_2,\cdots,\theta_k\in\Theta$ 是未知参数或参数向量，$X_1,X_2,\cdots,X_n$ 为取自总体 X 容量为 n 的样本，假定总体的 k 阶原点矩 $\mu_k=E(X^k)$ 存在，显然 $\mu_j=E(X^j)$，$j<k$ 都存在. 若参数 θ_j，$j=1,2,\cdots,k$ 能够表示成 $\mu_1,\mu_2,\cdots,\mu_k$ 的函数，即 $\theta_j=\theta_j(\mu_1,\mu_2,\cdots,\mu_k)$，利用替换原理给出 θ_j 的矩法估计量：

$$\hat{\theta}_j=\theta_j(A_1,A_2,\cdots,A_k),\quad j=1,2,\cdots,k,$$

其中 A_i，$i=1,2,\cdots,k$ 为样本 k 阶原点矩，相应的 θ_j 的矩法估计值为

$$\hat{\theta}_j=\theta_j(a_1,a_2,\cdots,a_k),\quad j=1,2,\cdots,k,$$

这里 a_i 为 A_i 的观测值. 进一步，如果我们要估计 $\theta_1,\theta_2,\cdots,\theta_k$ 的函数 $\eta=g(\theta_1,\theta_2,\cdots,\theta_k)$，则可将 $\theta_1,\theta_2,\cdots,\theta_k$ 的矩法估计量代入函数 η 中，得到 η 的矩法估计量

$$\hat{\eta}=g(\hat{\theta}_1,\hat{\theta}_2,\cdots,\hat{\theta}_k).$$

例 2.1.1　求总体数学期望 $E(X)$ 与方差 $D(X)$ 的矩法估计量.

解　设 $X_1,X_2,\cdots,X_n$ 是取自总体的一个样本，总体具有数学期望 $E(X)$ 与方差 $D(X)$. 由

$$D(X)=E(X^2)-(E(X))^2,$$

可得总体的一阶和二阶原点矩分别为

$$\begin{cases}\mu_1=E(X),\\ \mu_2=E(X^2)=(E(X))^2+D(X).\end{cases}$$

解出 $E(X)$ 与 $D(X)$，即

$$\begin{cases}E(X)=\mu_1,\\ D(X)=\mu_2-\mu_1^2.\end{cases}$$

然后用样本矩 $\overline{X}$ 和 A_2 来分别替换总体矩 μ_1 和 μ_2，可得数学期望 $E(X)$ 与方差 $D(X)$ 的矩法估计量

$$\begin{cases}\hat{E}(X)=\overline{X},\\ \hat{D}(X)=A_2-(\overline{X})^2=S_n^2.\end{cases}$$

由例 2.1.1 可知，总体数学期望 $E(X)$ 的矩法估计量为样本均值 $\overline{X}$，总体方差 $D(X)$ 的矩法估计量为样本方差 S_n^2.

例 2.1.2　设 $x_1,x_2,\cdots,x_n$ 是来自均匀分布 $U(a,b)$ 的样本观测值，a,b 均是未知参数，求 a,b 的矩法估计量和矩法估计值.

解　设 $X_1,X_2,\cdots,X_n$ 是取自总体的一个样本，总体的一阶原点矩和二阶中心矩分别为

$$\begin{cases}E(X)=\dfrac{a+b}{2},\\ D(X)=\dfrac{(b-a)^2}{12},\end{cases}$$

解得

$$\begin{cases} a = E(X) - \sqrt{3D(X)}, \\ b = E(X) + \sqrt{3D(X)}. \end{cases}$$

由例 2.1.1 的结论，可得 a 与 b 的矩估计量和矩估计值分别为

$$\begin{cases} \hat{a} = \overline{X} - \sqrt{3}S_n, \\ \hat{b} = \overline{X} + \sqrt{3}S_n, \end{cases} \quad \text{和} \quad \begin{cases} \hat{a} = \overline{x} - \sqrt{3}s_n, \\ \hat{b} = \overline{x} + \sqrt{3}s_n. \end{cases}$$

用矩法估计得到的估计量是好还是坏呢？下面讨论衡量估计好坏标准的两个性质.

1. 相合性

根据辛钦大数定律，对任意的 $\varepsilon > 0$，有

$$\lim_{n\to\infty} P\{|\overline{X} - E(X)| \geqslant \varepsilon\} = 0,$$

并且对于任何 j，只要 $E(X^j)$ 存在，同样有

$$\lim_{n\to\infty} P\{|A_r - E(X^r)| \geqslant \varepsilon\} = 0, \quad r = 1,2,\cdots,j. \tag{2.1.1}$$

由(2.1.1)式可知，估计量 $A_r, r \leqslant j$ 依概率收敛于 $E(X^r)$，即当 n 很大时，估计量 A_r 与真值 $E(X^r)$ 很接近. 对同一个待估参数 θ，不同的估计方法可以得到不同的估计量，但并不是每个估计量都依概率收敛于 θ 的真值，我们可以把估计量是否具有这种性质作为衡量估计好坏的准则. 这种性质称为估计量的相合性，其定义如下：

定义 2.1.1 设 $\theta \in \Theta$ 为未知参数，$\hat{\theta}_n = \hat{\theta}_n(X_1, X_2, \cdots, X_n)$ 是 θ 的一个估计量，n 是样本容量，若对任何一个 $\varepsilon > 0$，有

$$\lim_{n\to\infty} P\{|\hat{\theta}_n - \theta| \geqslant \varepsilon\} = 0,$$

则称 $\hat{\theta}_n$ 为参数 θ 的**相合估计**.

相合性被认为是对估计量的一个最基本要求，如果一个估计量，随着样本量不断增大时，它都不能与被估计参数达到任意指定的精度，那么这个估计量是很值得怀疑的. 通常，不满足相合性要求的估计量一般不予考虑.

若将依赖于样本量 n 的估计量 $\hat{\theta}_n, n = 1,2\cdots$ 看作一个随机变量序列，相合性就是 $\hat{\theta}_n$ 依概率收敛于 θ，所以证明估计量的相合性可应用依概率收敛的性质及各种大数定律.

样本均值 $\overline{X}$ 和样本方差 S_n^2 分别是总体均值 $E(X)$ 和总体方差 $D(X)$ 的矩法估计量，它们是不是相合估计？

由辛钦大数定律可以发现，$\overline{X}$ 和 A_r 分别是 $E(X)$ 和 $E(X^r)$ 的相合估计. 根据依概率收敛的四则运算的性质，有

$$S_n^2 = A_2 - (\overline{X})^2 \xrightarrow{P} E(X^2) - \big(E(X)\big)^2 = D(X),$$

所以样本方差 S_n^2 也是总体方差 $D(X)$ 的相合估计.

2. 无偏性

估计的相合性是大容量样本所呈现的性质. 当样本容量不大时，估计的这种性质就不存在. 下面给出另一种对任何样本容量都适用的评价估计量好坏的准则.

定义 2.1.2 设 $\hat{\theta} = \hat{\theta}(X_1, X_2, \cdots, X_n)$ 是 θ 的一个估计量，θ 的参数空间为 Θ，若对任意

的 $\theta \in \Theta$，有

$$E(\hat{\theta})=\theta,$$

则称 $\hat{\theta}$ 是 θ 的**无偏估计**，否则称为**有偏估计**.

无偏性的要求可以改写为 $E(\hat{\theta}-\theta)=0$，这表示无偏估计没有系统偏差. 当我们使用 $\hat{\theta}$ 估计 θ 时，由于样本的随机性，$\hat{\theta}$ 与 θ 总是有偏差的，这种偏差时而为正、时而为负、时而大、时而小. 无偏性说明偏差的均值为 0. 若估计量不具有无偏性，多次观测其均值也会与参数真值有一定的距离，这个距离就是系统偏差.

由定理 1.2.1 可知，对任一总体而言，样本均值是总体均值的无偏估计. 当总体 k 阶矩存在时，同样可证明样本 k 阶原点矩也是总体 k 阶原点矩的无偏估计. 但 k 阶中心矩则不同，例如，样本方差 S_n^2 就不是总体方差 $D(X)$ 的无偏估计，经计算可得

$$E(S_n^2)=\frac{n-1}{n}D(X). \tag{2.1.2}$$

一般说来，如果 $\hat{\theta}$ 是参数 θ 的有偏估计，并且 $E(\hat{\theta})=a+b\theta$，这里 a,b 是常数，且 $b\neq 0$，于是我们能够构造 θ 的一个无偏估计 $\hat{\theta}^*=\dfrac{\hat{\theta}-a}{b}$.

用这种方法对 S_n^2 进行修正. 用 $\dfrac{n}{n-1}$ 乘以 S_n^2，由(2.1.2)式，得

$$E\left(\frac{n}{n-1}S_n^2\right)=\frac{n}{n-1}\cdot\frac{n-1}{n}D(X)=D(X),$$

所以 $\dfrac{n}{n-1}S_n^2$ 是 $D(X)$ 的无偏估计. 而此时 $\dfrac{n}{n-1}S_n^2=S^2$，即 S^2 是总体方差的无偏估计，所以 S^2 比 S_n^2 更常用，特别在小样本场合要使用 S^2 估计 $D(X)$.

一般而言，$\hat{\theta}$ 是 θ 的无偏估计，但其函数 $g(\hat{\theta})$ 不是 $g(\theta)$ 的无偏估计，除非 $g(\theta)$ 是 θ 的线性函数. 例如，S^2 是 $D(X)$ 的无偏估计，但 S 不是 $\sqrt{D(X)}$ 的无偏估计.

若 θ 的一个估计量 $\hat{\theta}$ 不是无偏估计，但当样本容量 $n\to\infty$ 时，$E(\hat{\theta})\to\theta$，则称 $\hat{\theta}$ 为 θ 的**渐近无偏估计**. 由(2.1.2)式可以看出 S_n^2 是 $D(X)$ 的渐近无偏估计，这表明当样本容量较大时，S_n^2 可以近似看作 $D(X)$ 的无偏估计.

例 2.1.3 设某车间生产一批产品，要估计这批产品的不合格品率 p. 现随机地抽取一个容量为 n 的样本 $X_1,X_2,\cdots,X_n$，这里

$$X_i=\begin{cases}1, & \text{第 } i \text{ 次抽取得不合格品},\\ 0, & \text{第 } i \text{ 次抽取得合格品},\end{cases} \quad i=1,2,\cdots,n.$$

于是有

$$P(X_i=1)=p,\quad P(X_i=0)=1-p,\quad i=1,2,\cdots,n.$$

由于 $E(X)=p$，所以它的矩法估计量为

$$\hat{p}=\overline{X}.$$

由相合性和无偏性的定义可知，$\hat{p}$ 是 p 的相合无偏估计.

二、最大似然估计

最大似然估计最早是由德国数学家高斯(Gauss)在1821年针对正态分布提出的，但一般将之归功于费希尔，因为费希尔在1922年再次提出了这种想法并证明了它的一些性质，因而使得最大似然估计得到了广泛的应用. 最大似然原理的直观想法是：一个随机试验若有若干个可能的结果$A,B,C,\cdots$，在一次试验中，结果A出现，则一般认为试验条件对A出现有利，也即试验条件使A出现的概率很大.

为了叙述最大似然原理的直观想法，先看两个例子.

例 2.1.4 设有外形完全相同的甲、乙两个箱子，甲箱中有99个白球和1个黑球，乙箱中有99个黑球和1个白球，今随机地抽取一箱，并从中随机地抽取一球，结果取得白球，问这个球是从哪一箱中取出的?

不管是哪一个箱子，从箱子中任取一球都有两个可能的结果：$A=$“取出白球”，$B=$“取出黑球”. 如果我们取出的是甲箱，则A发生的概率为0.99，而如果取出的是乙箱，则A发生的概率为0.01. 现在一次试验中结果A发生了，人们的第一印象就是：“此白球(A)最像从甲箱取出的”，或者说，应该认为试验条件对结果A出现有利，从而可以推断是从甲箱中取出的.

例 2.1.5 设产品分为合格品和不合格品两类，我们用随机变量X来表示某个产品经检查后的不合格品数，$X=0$表示合格品，$X=1$表示不合格品，则$X\sim B(1,p)$，其中p是未知的不合格品率. 如何利用最大似然法估计p?

从该批产品中抽取容量为n的样本$X_1,X_2,\cdots,X_n$，观测这些产品是否为不合格品，得到的样本观测值为$x_1,x_2,\cdots,x_n$，该事件发生的概率为

$$P(X_1=x_1,\cdots,X_n=x_n)=\prod_{i=1}^{n}p^{x_i}(1-p)^{1-x_i}=p^{\sum\limits_{i=1}^{n}x_i}(1-p)^{n-\sum\limits_{i=1}^{n}x_i}. \tag{2.1.3}$$

由于p是未知的，根据最大似然原理，我们应选择p使得(2.1.3)式表示的概率尽可能大. 将(2.1.3)式看作未知参数p的函数，用$L(p)$表示，即

$$L(p)=p^{\sum\limits_{i=1}^{n}x_i}(1-p)^{n-\sum\limits_{i=1}^{n}x_i}. \tag{2.1.4}$$

下面求(2.1.4)式的最大值点，将(2.1.4)式的两端取对数，并对p求导，再令其值为0，得如下方程：

$$\frac{\partial \ln L(p)}{\partial p}=\frac{\sum\limits_{i=1}^{n}x_i}{p}-\frac{n-\sum\limits_{i=1}^{n}x_i}{1-p}=0. \tag{2.1.5}$$

解方程(2.1.5)，即得p的最大似然估计值为

$$\hat{p}=\hat{p}(x_1,x_2,\cdots,x_n)=\frac{1}{n}\sum_{i=1}^{n}x_i=\bar{x},$$

其相应的最大似然估计量为

$$\hat{p}=\overline{X}.$$

由例2.1.5可进一步明确求离散总体最大似然估计的基本思路. 设样本$X_1,X_2,\cdots,X_n$的观测值为$x_1,x_2,\cdots,x_n$，该观测值出现的概率依赖于总体分布中的某个或某些参数θ，此

概率可看成 θ 的函数，用 $L(\theta)$ 表示，称为**似然函数**，即

$$L(\theta)=P(X_1=x_1,\cdots,X_n=x_n;\theta).$$

求最大似然估计就是寻找 θ 的估计值 $\hat{\theta}=\hat{\theta}(x_1,x_2,\cdots,x_n)$，使得上式 $L(\theta)$ 达到最大.

对连续型总体来说，其概率密度为 $f(x;\theta)$，其中 θ 为未知参数. 由于样本观测值 x_1，$x_2,\cdots,x_n$ 出现的概率总是为 0 的，这时可将样本 $X_1,X_2,\cdots,X_n$ 在观测值 $x_1,x_2,\cdots,x_n$ 的概率值转换成在观测值附近的概率值，即

$$\begin{aligned}&P\{x_1\leqslant X_1<x_1+\Delta x_1,\cdots,x_n\leqslant X_n<x_n+\Delta x_n\}\\&=\prod_{i=1}^{n}P\{x_i\leqslant X_i<x_i+\Delta x_i\}\\&=\prod_{i=1}^{n}f(x_i;\theta)\Delta x_i.\end{aligned}$$

由于 Δx_i 是不依赖于 θ 的增量，建立如下似然函数：

$$L(\theta)=\prod_{i=1}^{n}f(x_i;\theta).$$

寻找 θ 的估计值 $\hat{\theta}=\hat{\theta}(x_1,x_2,\cdots,x_n)$，使得上式 $L(\theta)$ 达到最大，即为所求最大似然估计.

将离散型总体和连续型总体相结合，给出最大似然估计的定义.

定义 2.1.3　设总体的概率函数为 $p(x;\theta),\theta\in\Theta$，其中 θ 是一个未知参数或几个未知参数组成的参数向量，Θ 是参数空间，$x_1,x_2,\cdots,x_n$ 是来自该总体的样本观测值，将样本的联合概率函数看成 θ 的函数，用 $L(\theta;x_1,x_2,\cdots,x_n)$ 表示，简记为 $L(\theta)$，即

$$L(\theta)=L(\theta;x_1,x_2,\cdots,x_n)=p(x_1;\theta)p(x_2;\theta)\cdots p(x_n;\theta),$$

$L(\theta)$ 称为**样本的似然函数**. 如果某统计量 $\hat{\theta}=\hat{\theta}(x_1,x_2,\cdots,x_n)$ 满足

$$L(\hat{\theta})=\max_{\theta\in\Theta}L(\theta),$$

则称 $\hat{\theta}$ 是 θ 的**最大似然估计**.

由于 $\ln x$ 是 x 的单调增函数，因此，使对数似然函数 $\ln L(\theta)$ 达到最大与使 $L(\theta)$ 达到最大是等价的. 人们通常更习惯于根据 $\ln L(\theta)$ 求 θ 的最大似然估计. 当 $L(\theta)$ 是可微函数时，求导是求最大似然估计常用的方法，此时对对数似然函数求导更加简单些. 下面用一些实例来说明求最大似然估计的方法.

例 2.1.6　设 $x_1,x_2,\cdots,x_n$ 是取自正态总体 $N(\mu,\sigma^2)$ 的一组样本观测值，其中 $\theta=(\mu,\sigma^2)$ 是未知参数，求 μ 与 σ^2 的最大似然估计值和最大似然估计量.

解　正态分布的似然函数及其对数分别为

$$\begin{aligned}L(\mu,\sigma^2)&=\prod_{i=1}^{n}\left(\frac{1}{\sqrt{2\pi}\sigma}\exp\left\{-\frac{(x_i-\mu)^2}{2\sigma^2}\right\}\right)\\&=(2\pi\sigma^2)^{-n/2}\exp\left\{-\frac{1}{2\sigma^2}\sum_{i=1}^{n}(x_i-\mu)^2\right\},\end{aligned}$$

$$\ln L(\mu,\sigma^2)=-\frac{1}{2\sigma^2}\sum_{i=1}^{n}(x_i-\mu)^2-\frac{n}{2}\ln\sigma^2-\frac{n}{2}\ln 2\pi.$$

将 $\ln L(\mu,\sigma^2)$ 分别关于两个分量求偏导，并令其为 0，得到方程组（称为**似然方程组**）：

$$\begin{cases}\dfrac{\partial \ln L(\mu,\sigma^2)}{\partial \mu}=-\dfrac{1}{\sigma^2}\sum\limits_{i=1}^{n}(x_i-\mu)=0,\\ \dfrac{\partial \ln L(\mu,\sigma^2)}{\partial \sigma^2}=\dfrac{1}{2\sigma^4}\sum\limits_{i=1}^{n}(x_i-\mu)^2-\dfrac{n}{2\sigma^2}=0,\end{cases}$$

解此方程组，可得 μ 与 σ^2 的最大似然估计值为

$$\begin{cases}\hat{\mu}=\dfrac{1}{n}\sum\limits_{i=1}^{n}x_i=\overline{x},\\ \widehat{\sigma^2}=\dfrac{1}{n}\sum\limits_{i=1}^{n}(x_i-\overline{x})^2=s_n^2.\end{cases}$$

μ 与 σ^2 的最大似然估计量为

$$\begin{cases}\hat{\mu}=\dfrac{1}{n}\sum\limits_{i=1}^{n}X_i=\overline{X},\\ \widehat{\sigma^2}=\dfrac{1}{n}\sum\limits_{i=1}^{n}(X_i-\overline{X})^2=S_n^2.\end{cases}$$

说明 利用二阶导函数矩阵的非正定性可以说明上述估计使得似然函数取得最大值.

虽然求导函数是求最大似然估计最常用的方法，但并不是在所有场合求导都是有效的，下面的例子说明了这个问题.

例 2.1.7 设 $x_1,x_2,\cdots,x_n$ 是来自均匀总体 $U(0,\theta)$ 的一组样本观测值，求 θ 的最大似然估计值.

解 似然函数为

$$L(\theta)=\frac{1}{\theta^n}\prod_{i=1}^{n}I_{\{0<x_i\leqslant\theta\}}=\frac{1}{\theta^n}I_{\{0<x_{(1)}\leqslant\cdots\leqslant x_{(n)}\leqslant\theta\}}.$$

要使 $L(\theta)$ 达到最大，首先是要使示性函数取值为 1，其次是 $1/\theta^n$ 尽可能大. 由于 $1/\theta^n$ 是 θ 的单调函数，所以 θ 的取值应尽可能小，但示性函数为 1 决定了 θ 不能小于 $x_{(n)}$，由此给出 θ 的最大似然估计值 $\hat{\theta}=x_{(n)}$.

最大似然估计具有一个简单而有用的性质：如果 $\hat{\theta}$ 是 θ 的最大似然估计，则对任一函数 $g(\theta)$，其最大似然估计为 $g(\hat{\theta})$. 该性质称为**最大似然估计的不变性**，从而对一些结构复杂的参数，在求其最大似然估计时就变得容易了. 例如，在例 2.1.6 中，由 $\widehat{\sigma^2}=s_n^2$ 可得 σ 的最大似然估计为 $\hat{\sigma}=s_n$.

当参数可估时，其无偏估计可以有很多，如何在无偏估计中进行选择？最直观的想法是希望该估计围绕参数真值的波动越小越好. 波动大小可以用方差来衡量，因此人们常用无偏估计的方差的大小作为衡量无偏估计优劣的标准，这就是有效性.

定义 2.1.4 设 $\hat{\theta}_1,\hat{\theta}_2$ 是 θ 的两个无偏估计，如果对任意的 $\theta\in\Theta$，有

$$D(\hat{\theta}_1)\leqslant D(\hat{\theta}_2),$$

且至少有一个 $\theta\in\Theta$ 使得上述不等号严格成立，则称 $\hat{\theta}_1$ 比 $\hat{\theta}_2$ **有效**.

例 2.1.8 设 $x_1,x_2,\cdots,x_n$ 是来自均匀总体 $U(0,\theta)$ 的一组样本观测值，人们常用最大

观测值$x_{(n)}$来估计θ(参见例2.1.7)，由于$E(X_{(n)})=\dfrac{n}{n+1}\theta$,所以$X_{(n)}$不是$\theta$的无偏估计. 经过修正后可以得到$\theta$的一个无偏估计$\hat{\theta}_1=\dfrac{n+1}{n}X_{(n)}$，且有

$$D(\hat{\theta}_1)=\left(\frac{n+1}{n}\right)^2 D(X_{(n)})=\left(\frac{n+1}{n}\right)^2\frac{n}{(n+1)^2(n+2)}\theta^2=\frac{\theta^2}{n(n+2)}.$$

另一方面,对均匀总体$U(0,\theta)$有$E(X)=\theta/2$,即$\theta=2E(X)$,则由矩法估计可得θ的另一个无偏估计$\hat{\theta}_2=2\overline{X}$,且有

$$D(\hat{\theta}_2)=4D(\overline{X})=\frac{4}{n}D(X)=\frac{\theta^2}{3n}.$$

通过比较可知,当$n>1$时,$\hat{\theta}_1$比$\hat{\theta}_2$更有效.

习 题 2.1

1. 指出下列分布的参数,并写出参数空间:

(1) 二项分布;(2) 泊松分布;(3) 在(a,b)区间上的均匀分布;(4) 正态分布.

2. 设总体$X\sim U(0,\theta)$,先从该总体中抽取容量为10的样本,样本观测值为

$$0.5,\ 1.3,\ 0.6,\ 1.7,\ 2.2,\ 1.2,\ 0.8,\ 1.5,\ 2.0,\ 1.6.$$

试对参数θ给出矩法估计量.

3. 设总体概率函数如下:

(1) $P(X=k)=(k-1)\theta^2(1-\theta)^{k-2},k=2,3,\cdots,0<\theta<1.$

(2) $p(x;\theta,\mu)=\dfrac{1}{\theta}e^{-\frac{x-\mu}{\theta}},x>\mu,\theta>0.$

$X_1,X_2,\cdots,X_n$是样本,试求未知参数的矩法估计值.

4. 设总体X服从二项分布$B(m,p)$,其中m,p为未知参数,$X_1,X_2,\cdots,X_n$为X的一个样本,求m与p的矩法估计量.

5. 设$X_1,X_2,\cdots,X_n$是取自总体$U(0,\theta)$的样本,其中$0<\theta<+\infty$. 试证θ的极大似然估计不止一个,例如:$\hat{\theta}_1=X_{(1)},\hat{\theta}_2=X_{(n)}-1,\hat{\theta}_3=\dfrac{1}{2}(X_{(1)}+X_{(n)})-\dfrac{1}{2}$都是$\theta$的极大似然估计量.

6. 设总体概率函数如下:

(1) $p(x;\theta,\mu)=\dfrac{1}{\theta}e^{-\frac{x-\mu}{\theta}},x>\mu,\theta>0.$

(2) $p(x;\theta)=\dfrac{1}{2\theta}e^{-\frac{|x|}{\theta}},\theta>0.$

(3) $p(x;\theta_1,\theta_2)=\dfrac{1}{\theta_2-\theta_1},\theta_1<x<\theta_2.$

$X_1,X_2,\cdots,X_n$是样本,试求未知参数的最大似然估计量.

7. 一个盒子里装有白球和黑球,有放回地抽取一个容量为n的样本,其中有k个白球,求盒子里白球数和黑球数之比R的最大似然估计值.

8. 设 $X_1,X_2,\cdots,X_n$ 是取自双参数指数分布的一个样本,概率密度为

$$f(x;\theta_1,\theta_2)=\begin{cases}\dfrac{1}{\theta_2}e^{-\frac{x-\theta_1}{\theta_2}}, & x>\theta_1,\\ 0, & \text{其他},\end{cases}$$

其中 $-\infty<\theta_1<+\infty,0<\theta_2<+\infty$. 试求 θ_1 和 θ_2 的矩法估计值和最大似然估计值.

9. 设总体 $X\sim U(\theta,2\theta)$,其中 $\theta>0$ 是未知参数,又 $X_1,X_2,\cdots,X_n$ 为取自该总体的样本,$\overline{X}$ 为样本均值.

(1) 证明:$\hat{\theta}=\dfrac{2}{3}\overline{X}$ 是参数 θ 的无偏估计和相合估计.

(2) 求 θ 的最大似然估计量,它是无偏估计吗? 是相合估计吗?

10. 设随机变量 $X\sim B(n,p)$,试求 p^2 的无偏估计值.

11. 设 $X_1,X_2,\cdots,X_n$ 是取自均匀分布 $U(a,b)$ 的一个样本,若把 $\hat{a}=X_{(1)},\hat{b}=X_{(n)}$ 分别取作 a,b 的估计量,问 $\hat{a},\hat{b}$ 是否分别是 a,b 的无偏估计量? 如果不是,如何修正才能获得 a,b 的无偏估计量?

12. 设 $X_1,X_2,\cdots,X_n$ 是取自均匀分布 $U\left(\theta-\dfrac{1}{2},\theta+\dfrac{1}{2}\right)$ 的一个样本,试证:

$$\hat{\theta}_1=\frac{1}{n}\sum_{i=1}^{n}X_i \quad 和 \quad \hat{\theta}_2=\frac{1}{2}(X_{(1)}+X_{(n)})$$

都是 θ 的无偏估计量,并指出哪一个无偏估计量的方差最小?

§2.2 区间估计

参数的点估计给出了参数估计的一个具体的数值,便于计算和使用,但其精度如何,点估计本身不能回答,需要由其分布来反映. 实际中,度量一个估计的精度的最直观的方法就是给出未知参数的一个区间,这便产生了区间估计的概念.

一、枢轴量法

设 θ 是总体的一个参数,$X_1,X_2,\cdots,X_n$ 是取自该总体的一个样本,所谓区间估计就是要找两个统计量 $\hat{\theta}_L=\hat{\theta}_L(X_1,X_2,\cdots,X_n)$ 和 $\hat{\theta}_U=\hat{\theta}_U(X_1,X_2,\cdots,X_n)$,使得 $\hat{\theta}_L<\hat{\theta}_U$,在得到样本观测值之后,使区间$[\hat{\theta}_L,\hat{\theta}_U]$尽可能地覆盖参数 θ. 由于样本的随机性,区间$[\hat{\theta}_L,\hat{\theta}_U]$包含未知参数 θ 的可能性并不确定,人们通常要求区间$[\hat{\theta}_L,\hat{\theta}_U]$包含 θ 的概率 $P\{\hat{\theta}_L\leqslant\theta\leqslant\hat{\theta}_U\}$ 尽可能大,但这必然导致区间长度增大,为解决此矛盾,把区间$[\hat{\theta}_L,\hat{\theta}_U]$包含 θ 的概率(以后称为置信水平)事先给定,这就引入如下置信区间的概念.

定义 2.2.1 设 θ 是总体的一个参数,其参数空间为 Θ,$X_1,X_2,\cdots,X_n$ 是来自该总体的样本,对给定的一个实数 $\alpha(0<\alpha<1)$,假设有两个统计量 $\hat{\theta}_L=\hat{\theta}_L(X_1,X_2,\cdots,X_n)$ 和 $\hat{\theta}_U=\hat{\theta}_U(X_1,X_2,\cdots,X_n)$,若对任意的 $\theta\in\Theta$,有

$$P\{\hat{\theta}_L\leqslant\theta\leqslant\hat{\theta}_U\}=1-\alpha,$$

则称随机区间$[\hat{\theta}_L,\hat{\theta}_U]$为$\theta$的**置信度为$1-\alpha$的置信区间**,或简称$[\hat{\theta}_L,\hat{\theta}_U]$是$\theta$的$1-\alpha$**置信区间**,$\hat{\theta}_L$和$\hat{\theta}_U$分别称为$\theta$的(双侧)**置信下限和置信上限**.

置信度$1-\alpha$有一个频率解释:在大量重复使用θ的置信区间$[\hat{\theta}_L,\hat{\theta}_U]$时,每次得到的样本观测值是不同的,从而每次得到的区间也是不一样的.对一次具体的观测值而言,θ可能在$[\hat{\theta}_L,\hat{\theta}_U]$内,也可能不在$[\hat{\theta}_L,\hat{\theta}_U]$内.平均而言,在这大量的区间估计观测值中,至少有$100(1-\alpha)\%$包含$\theta$.

在实际问题中,如何寻求置信区间呢?下面来看一个实际例子.

例 2.2.1 设轴承内环的锻压零件的平均高度X(单位:mm)服从正态分布$N(\mu,0.4^2)$.现在从中抽取20只内环,其平均高度$\bar{x}=32.3$mm.求内环平均高度的置信度为95%的置信区间.

解 因为样本均值$\overline{X}$是总体数学期望μ的无偏估计.由此构造一个样本函数

$$U=\frac{\overline{X}-\mu}{\sigma/\sqrt{n}},$$

它含有求置信区间的未知参数μ,不含别的未知参数($\sigma=0.4$).它的分布$N(0,1)$也不含有未知参数.对于给定的置信度$1-\alpha$,可以查表得到相应的分位数$u_{\frac{\alpha}{2}}$,使得

$$P\left\{|U|\leqslant u_{\frac{\alpha}{2}}\right\}=1-\alpha,$$

利用不等式变形可得它的等价形式为

$$P\left\{-u_{\frac{\alpha}{2}}\leqslant U\leqslant u_{\frac{\alpha}{2}}\right\}=1-\alpha,$$

或

$$P\left\{-u_{\frac{\alpha}{2}}\leqslant\frac{\overline{X}-\mu}{\sigma/\sqrt{n}}\leqslant u_{\frac{\alpha}{2}}\right\}=1-\alpha.$$

进一步有

$$P\left\{\overline{X}-u_{\frac{\alpha}{2}}\frac{\sigma}{\sqrt{n}}\leqslant\mu\leqslant\overline{X}+u_{\frac{\alpha}{2}}\frac{\sigma}{\sqrt{n}}\right\}=1-\alpha.$$

即得置信度为$1-\alpha$的置信区间为$\left[\overline{X}-u_{\frac{\alpha}{2}}\frac{\sigma}{\sqrt{n}},\overline{X}+u_{\frac{\alpha}{2}}\frac{\sigma}{\sqrt{n}}\right]$.这里$1-\alpha=95\%$,$\alpha=0.05$,$\frac{\alpha}{2}=0.025$.查正态分布$N(0,1)$表得到$u_{0.025}=1.96$.由样本观测值得到$\bar{x}=32.3$,$\sigma=0.4$,$n=20$,代入置信区间$\left[\overline{X}-u_{\frac{\alpha}{2}}\frac{\sigma}{\sqrt{n}},\overline{X}+u_{\frac{\alpha}{2}}\frac{\sigma}{\sqrt{n}}\right]$,可得$\mu$的一个置信度为95%的置信区间为[32.12,32.48].

由例2.2.1可知,求参数θ的置信区间的关键在于根据θ的无偏估计构造关于样本和未知参数θ的一个函数,并要求该函数服从已知分布,满足这种性质的函数称之为**枢轴量**,这种求置信区间的方法称之为**枢轴量法**.枢轴量法是构造未知参数θ的置信区间的最常用的方法,其步骤可以概括为以下三步:

(1) 设法构造一个样本和θ的枢轴量$G=G(X_1,X_2,\cdots,X_n;\theta)$,$G$的分布不依赖于未知

参数；

(2) 适当地选择两个常数 c,d，使对给定的 $\alpha(0<\alpha<1)$，有

$$P\{c \leqslant G \leqslant d\}=1-\alpha ; \tag{2.2.1}$$

(3) 将 $c \leqslant G \leqslant d$ 进行不等式等价变形，化为 $\hat{\theta}_L \leqslant \theta \leqslant \hat{\theta}_U$，即(2.2.1) 式可变为

$$P\{\hat{\theta}_L \leqslant \theta \leqslant \hat{\theta}_U\}=1-\alpha, \tag{2.2.2}$$

则 $[\hat{\theta}_L, \hat{\theta}_U]$ 就是 θ 的置信度为 $1-\alpha$ 的置信区间.

满足(2.2.1) 式的 c,d 有很多，选择的目的是希望(2.2.2) 式中的平均长度 $E_\theta(\hat{\theta}_U-\hat{\theta}_L)$ 尽可能短. 不过在很多场合很难做到这一点. 通常选择 c 和 d，使得两个尾部概率各为 $\frac{\alpha}{2}$，即

$$P\{G<c\}=P\{G>d\}=\alpha/2,$$

这样得到的置信区间称为**等尾置信区间**. 实际使用的置信区间大都是等尾置信区间.

二、单个正态总体参数的置信区间

正态总体 $N(\mu,\sigma^2)$ 是最常见的分布，本小节讨论它的两个参数的置信区间的求法.

1. μ 的置信区间

当 σ^2 已知时，由例 2.2.1 可知，根据 μ 的无偏估计 $\overline{X}$，构造枢轴量

$$U=\frac{\overline{X}-\mu}{\sigma/\sqrt{n}} \sim N(0,1), \tag{2.2.3}$$

可以找到常数 c 和 d，满足 $P\{c \leqslant U \leqslant d\}=\Phi(d)-\Phi(c)=1-\alpha$，经过不等式变形可得

$$P\left\{\overline{X}-d \frac{\sigma}{\sqrt{n}} \leqslant \mu \leqslant \overline{X}-c \frac{\sigma}{\sqrt{n}}\right\}=1-\alpha.$$

置信区间的长度为 $(d-c)\frac{\sigma}{\sqrt{n}}$. 由于标准正态分布是单峰对称的，在 $\Phi(d)-\Phi(c)=1-\alpha$ 的条件下，当 $d=-c=u_{\frac{\alpha}{2}}$ 时，$d-c$ 达到最小，由此给出 μ 的置信度为 $1-\alpha$ 的置信区间为

$$\left[\overline{X}-u_{\frac{\alpha}{2}} \frac{\sigma}{\sqrt{n}}, \overline{X}+u_{\frac{\alpha}{2}} \frac{\sigma}{\sqrt{n}}\right].$$

这是一个以 $\overline{X}$ 为中心，半径为 $u_{\frac{\alpha}{2}} \frac{\sigma}{\sqrt{n}}$，长度最短的对称区间，常将之表示为 $\left[\overline{X} \pm u_{\frac{\alpha}{2}} \frac{\sigma}{\sqrt{n}}\right]$.

当 σ^2 未知时，可以用方差的无偏估计 $S^2=\frac{1}{n-1}\sum_{i=1}^{n}(X_i-\overline{X})^2$ 代替(2.2.3) 式中的总体方差 σ^2，即枢轴量可选为

$$T=\frac{\sqrt{n}(\overline{X}-\mu)}{S} \sim t(n-1).$$

类似上面的推导，可得 μ 的置信度为 $1-\alpha$ 的置信区间为 $\left[\overline{X} \pm t_{\frac{\alpha}{2}}(n-1) \frac{S}{\sqrt{n}}\right]$，它也是区间长度最短的置信区间.

2. σ^2 的置信区间

在实际中 σ^2 未知时，μ 已知的情形是很少见的，这里只讨论 μ 未知的条件下 σ^2 的置信区

间的求法.

样本方差 S^2 为方差 σ^2 的无偏估计,构造枢轴量

$$\chi^2=\frac{(n-1)S^2}{\sigma^2}\sim\chi^2(n-1).$$

由于 χ^2 分布是偏态分布,很难寻找平均长度最短区间,一般都改为寻找等尾置信区间：在 χ^2 分布两侧各截取面积为 $\frac{\alpha}{2}$ 的两部分,即选取 χ^2 的两个分位数 $\chi^2_{1-\frac{\alpha}{2}}(n-1)$ 和 $\chi^2_{\frac{\alpha}{2}}(n-1)$,它们满足

$$P\{\chi^2_{1-\frac{\alpha}{2}}(n-1)\leqslant\chi^2\leqslant\chi^2_{\frac{\alpha}{2}}(n-1)\}=1-\alpha.$$

由此给出 σ^2 的置信度为 $1-\alpha$ 的置信区间为

$$\left[(n-1)S^2/\chi^2_{\frac{\alpha}{2}}(n-1),(n-1)S^2/\chi^2_{1-\frac{\alpha}{2}}(n-1)\right].$$

将区间两端开方即可得到标准差 σ 的置信度为 $1-\alpha$ 的置信区间.

例 2.2.2 某厂生产的零件直径服从正态分布 $N(\mu,\sigma^2)$,现从该厂生产的零件中抽取 9 个,测得其直径(单位：mm)为

45.3, 45.4, 45.1, 45.3, 45.5, 45.7, 45.4, 45.3, 45.6.

试求总体标准差 σ 的置信度为 0.95 的置信区间.

解 由题意,选枢轴量

$$\chi^2=\frac{(n-1)S^2}{\sigma^2}\sim\chi^2(n-1).$$

依据等尾置信区间原则,可得

$$P\{\chi^2_{1-\frac{\alpha}{2}}(n-1)\leqslant\chi^2\leqslant\chi^2_{\frac{\alpha}{2}}(n-1)\}=1-\alpha.$$

将枢轴量代入上式,经不等式变形可得

$$P\left\{\frac{(n-1)S^2}{\chi^2_{\frac{\alpha}{2}}(n-1)}\leqslant\sigma^2\leqslant\frac{(n-1)S^2}{\chi^2_{1-\frac{\alpha}{2}}(n-1)}\right\}=1-\alpha. \tag{2.2.4}$$

由测得的数据可得 $s^2=0.032\ 5$, $n=9$,这里 $\alpha=0.05$,查表可得 $\chi^2_{0.975}(8)=2.179\ 7$, $\chi^2_{0.025}(8)=17.534\ 5$,代入(2.2.4)式得 σ^2 的置信度为 0.95 的置信区间为 $[0.014\ 8,0.119\ 3]$. 从而得到 σ 的置信度为 0.95 的置信区间为 $[0.121\ 8,0.345\ 4]$.

三、两个正态总体参数的置信区间

设 $X_1,X_2,\cdots,X_m$ 是来自总体 $N(\mu_1,\sigma_1^2)$ 的样本, $Y_1,Y_2,\cdots,Y_n$ 是来自总体 $N(\mu_2,\sigma_2^2)$ 的样本,且两个样本相互独立. $\overline{X}$ 与 $\overline{Y}$ 分别是它们的样本均值, S_1^2 和 S_2^2 分别是它们的样本方差. 下面讨论两个正态总体数学期望差和方差比的置信区间的求法.

1. $\mu_1-\mu_2$ 的置信区间

当 σ_1^2 和 σ_2^2 已知时,有 $\overline{X}-\overline{Y}\sim N\left(\mu_1-\mu_2,\frac{\sigma_1^2}{m}+\frac{\sigma_2^2}{n}\right)$,选取的枢轴量为

$$U=\frac{\overline{X}-\overline{Y}-(\mu_1-\mu_2)}{\sqrt{\frac{\sigma_1^2}{m}+\frac{\sigma_2^2}{n}}}\sim N(0,1).$$

由之前的方法，可得 $\mu_1-\mu_2$ 的置信度为 $1-\alpha$ 的置信区间为$\left[\overline{X}-\overline{Y}\pm u_{\frac{\alpha}{2}}\sqrt{\frac{\sigma_1^2}{m}+\frac{\sigma_2^2}{n}}\right]$.

当 $\sigma_1^2=\sigma_2^2=\sigma^2$ 未知时，选取的枢轴量为

$$T=\frac{\overline{X}-\overline{Y}-(\mu_1-\mu_2)}{S_\omega\sqrt{\frac{1}{m}+\frac{1}{n}}}\sim t(m+n-2),$$

其中 $S_\omega^2=\frac{(m-1)S_1^2+(n-1)S_2^2}{m+n-2}$，则 $\mu_1-\mu_2$ 的置信度为 $1-\alpha$ 的置信区间为

$$\left[\overline{X}-\overline{Y}\pm\sqrt{\frac{m+n}{mn}}S_\omega t_{\frac{\alpha}{2}}(m+n-2)\right].$$

2. σ_1^2/σ_2^2 的置信区间

由于$\frac{(m-1)S_1^2}{\sigma_1^2}\sim\chi^2(m-1)$，$\frac{(n-1)S_2^2}{\sigma_2^2}\sim\chi^2(n-1)$，且 S_1^2 与 S_2^2 相互独立，故构造枢轴量

$$F=\frac{S_1^2/\sigma_1^2}{S_2^2/\sigma_2^2}\sim F(m-1,n-1).$$

对给定的置信度 $1-\alpha$，由

$$P\left\{F_{1-\frac{\alpha}{2}}(m-1,n-1)\leqslant\frac{S_1^2/\sigma_1^2}{S_2^2/\sigma_2^2}\leqslant F_{\frac{\alpha}{2}}(m-1,n-1)\right\}=1-\alpha,$$

经不等式变形得 σ_1^2/σ_2^2 的置信度为 $1-\alpha$ 的置信区间为

$$\left[\frac{S_1^2}{S_2^2}\cdot\frac{1}{F_{\frac{\alpha}{2}}(m-1,n-1)},\frac{S_1^2}{S_2^2}\cdot\frac{1}{F_{1-\frac{\alpha}{2}}(m-1,n-1)}\right].$$

习 题 2.2

1. 某厂生产的化纤强度(单位：g/d) 服从正态分布，长期以来化纤强度的标准差稳定在 $\sigma=0.85$g/d，现抽取了一个容量为 $n=25$ 的样本，测定其强度，算得样本均值为 $\overline{x}=2.25$g/d，试求这批化纤平均强度的置信度为 0.95 的置信区间.

2. 用一个仪表测量某一物理量 9 次，得样本均值 $\overline{x}=56.32$，样本标准差 $s=0.22$.

(1) 测量标准差 σ 的大小反映了测量仪表的精度，试求 σ 的置信度为 0.95 的置信区间.

(2) 求该物理量真值的置信度为 0.99 的置信区间.

3. 对方差 σ^2 已知的总体，问需要抽取容量 n 为多大的样本，才能使总体均值 μ 的置信度为 $1-\alpha$ 的置信区间的长度不大于 L？

4. 已知某种材料的抗压强度 $X\sim N(\mu,\sigma^2)$，现随机地抽取 10 个试件进行抗压试验，测得数据(单位：MPa) 如下：

482，493，457，471，510，446，435，418，394，469.

(1) 求平均抗压强度 μ 的置信度为 95% 的置信区间.

(2) 若已知 $\sigma=30$MPa，求平均抗压强度 μ 的置信度为 95% 的置信区间.

(3) 求 σ 的置信度为 95% 的置信区间.

5. 设从总体 $X \sim N(\mu_1, \sigma_1^2)$ 和总体 $Y \sim N(\mu_2, \sigma_2^2)$ 中分别抽取容量为 $n_1 = 10, n_2 = 15$ 的独立样本,可计算得 $\overline{x} = 82, s_1^2 = 56.5, \overline{y} = 76, s_2^2 = 52.4$.

(1) 若已知 $\sigma_1^2 = 64, \sigma_2^2 = 49$,求 $\mu_1 - \mu_2$ 的置信度为 95% 的置信区间.

(2) 若已知 $\sigma_1^2 = \sigma_2^2$,求 $\mu_1 - \mu_2$ 的置信度为 95% 的置信区间.

(3) 若对 σ_1^2, σ_2^2 一无所知,求 $\mu_1 - \mu_2$ 的置信度为 95% 的置信区间.

(4) 求 σ_1^2 / σ_2^2 的置信度为 95% 的置信区间.

6. 为了在正常条件下检验一种杂交作物的两种新处理方案,在同一地区随机地挑选 8 块地,在每块实验地上按两种方案种植作物. 这 8 块地的单位面积产量(单位:kg) 分别是

1 号方案产量 /kg	86	87	56	93	84	93	75	79
2 号方案产量 /kg	80	79	58	91	77	82	74	66

假设这两种方案的产量都服从正态分布，试求这两个平均产量之差的置信度为 95% 的一个置信区间.

7. 有两个化验员 A,B,他们独立地对某种聚合物的含氯量用相同的方法各作了 10 次测定,其测定值的样本方差依次为 0.541 9 和 0.606 5. 设 σ_A^2, σ_B^2 分别为 A,B 所测量数据的总体方差,总体服从正态分布. 求方差比 $\dfrac{\sigma_A^2}{\sigma_B^2}$ 的置信度为 90% 的置信区间.

§2.3 实例分析与计算机实现

一、一个正态总体均值估计的 SPSS 实现

例 2.3.1 某厂生产的蔗糖包装上写明净含量 200g,在商场随机抽取了 30 袋糖称重(单位：g),得到数据如下：

199.0，198.0，198.5，199.5，200.0，201.0，202.0，197.0，197.5，196.0，198.2，199.3，196.5，200.5，201.2，195.0，196.2，197.2，198.0，199.0，199.2，195.6，202.0，203.0，194.5，195.6，196.0，197.3，199.2，198.4.

假定糖的质量服从正态分布,求蔗糖平均质量的置信度为 95% 的置信区间.

SPSS 操作步骤：

点击“分析 → 描述统计 → 探索”,进入“探索”主对话框,将“质量”这个变量选入“因变量列表”列表框中. 在“探索”主对话框点击“统计量”,进入“统计量”子对话框,如图 2.3.1 所示,选择“描述性”,在“描述性”下拉菜单下设置“均值的置信区间”为“95%”. 设置完成,点“继续”回主对话框. 点击“确定”按钮,执行操作,输出结果如表 2.3.1 所示.

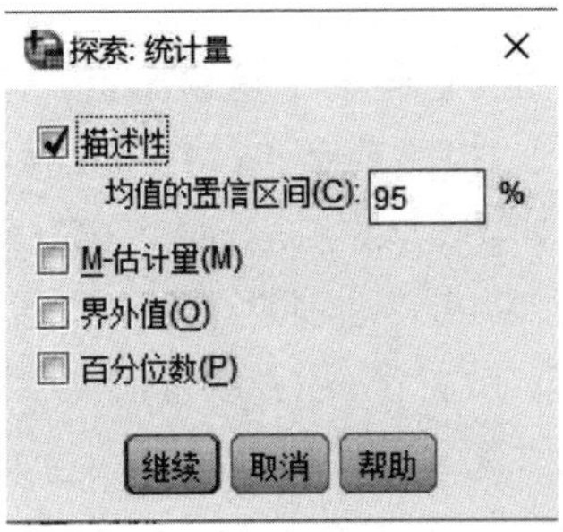

图 2.3.1 “统计量”子对话框

表 2.3.1 蔗糖质量的描述统计量

描述

			统计量	标准误
质量	均值		198.347	.4023
	均值的 95% 置信区间	下限	197.524	
		上限	199.169	
	5% 修整均值		198.311	
	中值		198.300	
	方差		4.855	
	标准差		2.2034	
	极小值		194.5	
	极大值		203.0	
	范围		8.5	
	四分位距		3.2	
	偏度		.260	.427
	峰度		-.579	.833

表 2.3.1 给出了蔗糖平均质量的置信度为 95% 的置信区间为 [197.524,199.169].

二、两个正态总体均值差估计的 SPSS 实现

例 2.3.2 为了比较两个城市 A 和 B 的成年男子身高，在 A 城市随机抽取了 20 位成年男子，在 B 城市随机抽取了 22 位成年男子，测得身高数据(单位：cm) 如下：

A 城市：170,172,178,176,175,180,165,168,171,167,182,177,178,175,169,174,173,181,179,184;

B 城市：172,170,176,178,174,181,164,166,170,172,180,175,180,172,170,175,172,180,177,178,168,170.

假定身高服从正态分布，求两城市成年男子平均身高差的置信度为 95% 的置信区间.

SPSS 操作步骤：

点击“分析 → 两均值比较 → 独立样本 T 检验”，进入“独立样本 T 检验 ”主对话框，如图 2.3.2 所示，将变量“身高”选入“检验变量 ”，将变量“城市”选入“分组变量 ”. 点击“定义组 ”，进入“定义组”子对话框，如图 2.3.3 所示，输入“1”表示 A 城市，输入“2”表示 B 城市. 设置完成，点“继续”回主对话框. 点击“选项 ”，进入“选项 ”子对话框，如图 2.3.4 所示，设置“置信区间百分比 ”为“95%”. 设置完成，点“继续 ”回主对话框. 点击“确定”按钮，执行操作，输出结果如表 2.3.2 和表 2.3.3 所示.

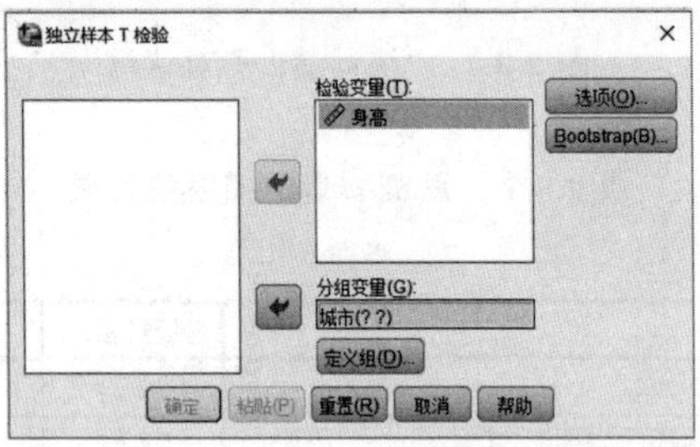

图 2.3.2　“独立样本 T 检验”主对话框

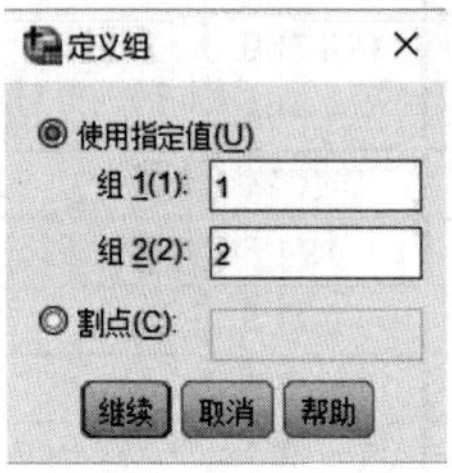

图 2.3.3　“定义组”子对话框

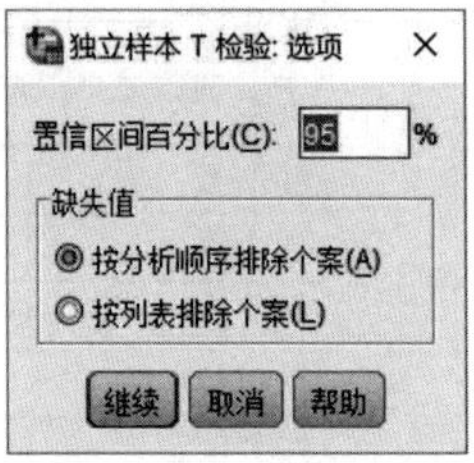

图 2.3.4　“选项”子对话框

表 2.3.2　统计值表

组统计量

	城市	N	均值	标准差	均值的标准误
身高	A城市	20	174.70	5.292	1.183
	B城市	22	173.64	4.786	1.020

表 2.3.2 给出了 A，B 两个城市成年男子的平均身高和标准差的估计值. A 城市成年男子平均身高的点估计值为 174.70cm，B 城市成年男子平均身高的点估计值为 173.64cm.

表 2.3.3　独立样本 t 检验结果

独立样本检验

		方差方程的 Levene 检验		均值方程的 t 检验						
									差分的 95% 置信区间	
		F	Sig.	t	df	Sig.(双侧)	均值差值	标准误差值	下限	上限
身高	假设方差相等	.159	.692	.684	40	.498	1.064	1.555	-2.079	4.206
	假设方差不相等			.681	38.501	.500	1.064	1.563	-2.098	4.226

表 2.3.3 给出了独立样本 t 检验的结果. 表中倒数第二行对两总体方差相等这一假设进行检验，检验 p 值为 $0.692 > 0.05$，认为两总体方差相等(也称为方差具有齐性)，因此只需看

方差相等假设下的结果即可. 所以两个城市成年男子平均身高差的置信度为 95% 的置信区间为[−2.079,4.206].

三、总体比例估计的 SPSS 实现

例 2.3.3 在一个大城市随机调查了1 000 人,其中有 822 人认为该城市物价高,试估计该城市认为物价高的人的比例的置信度为 95% 的置信区间.

SPSS 操作步骤:

(1) 对数据进行加权处理.点击"数据 → 加权个案",进入"加权个案 "主对话框,如图 2.3.5 所示,点击"加权个案",将变量"人数"选入"频率变量". 点击"确定"按钮,完成加权处理.

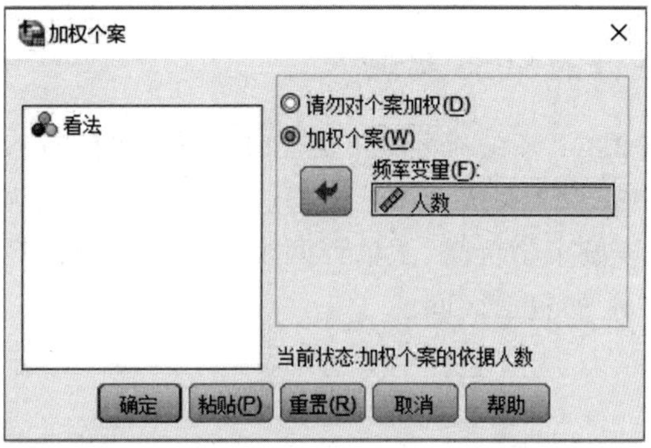

图 2.3.5 "加权个案"主对话框

(2) 进行总体比例的区间估计.点击"分析 → 描述统计 → 探索",进入"探索"主对话框,如图 2.3.6 所示,将变量"看法"选入"因变量列表"列表框中.点击"确定"按钮,执行操作,结果如表 2.3.4 所示.

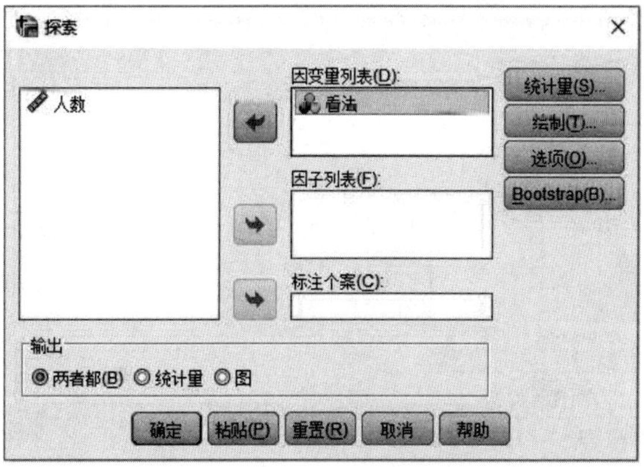

图 2.3.6 "探索"主对话框

表 2.3.4 认为物价高的人的比例的描述统计量

描述

			统计量	标准误
看法	均值		.82	.012
	均值的 95% 置信区间	下限	.80	
		上限	.85	
	5% 修整均值		.86	
	中值		1.00	
	方差		.146	
	标准差		.383	
	极小值		0	
	极大值		1	
	范围		1	
	四分位距		0	
	偏度		-1.686	.077
	峰度		.845	.155

由表 2.3.4 可看出认为物价高的人的比例的置信度为 95% 的置信区间为[0.80,0.85].

四、两总体比例之差估计的 SPSS 实现

例 2.3.4 在两个城市 A 和 B 进行物价调查,A 城市随机调查了1 000 人,其中有 822 人认为该城市物价高;B 城市随机调查了 800 人,其中有 690 人认为该城市物价高,试估计两个城市认为物价高的人的比例之差的置信度为 95% 的置信区间.

SPSS 操作步骤:

(1) 对数据进行加权处理,方法与例 2.3.3 的 SPSS 操作步骤(1) 相同.

(2) 两总体比例之差的区间估计. 点击“分析 → 两均值比较 → 独立样本 T 检验”,进入“独立样本 T 检验 ”主对话框,如图 2.3.7 所示,将变量“看法”选入“检验变量”,将变量“城市”选入“分组变量 ”,点击“定义组 ”子对话框,输入“1”表示 A 城市,输入“2”表示 B 城市,设置完成.点“继续 ”回主对话框. 点击“选项”,进入“选项 ”子对话框,如图 2.3.8 所示,设置“置信区间百分比 ”为“95%”,设置完成.点击“继续”回主对话框. 点击“确定”按钮,执行操作,输出结果如表 2.3.5 所示.

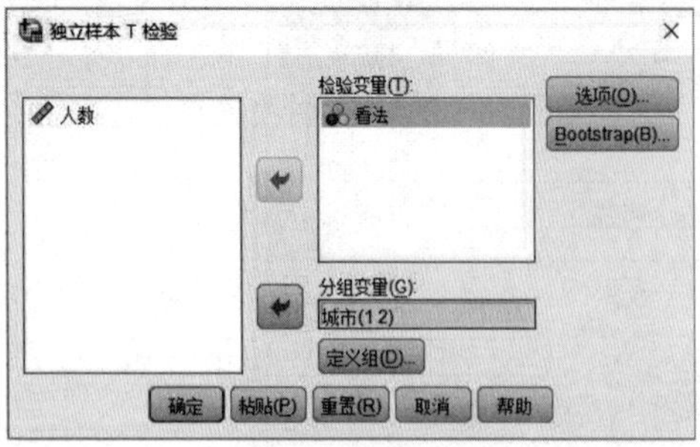

图 2.3.7 “独立样本 T 检验”主对话框

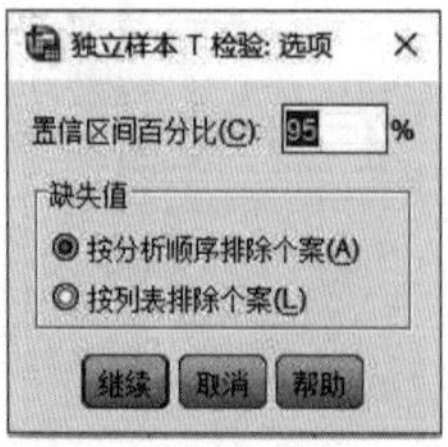

图 2.3.8 “选项”子对话框

表 2.3.5　独立样本 t 检验结果

独立样本检验

		方差方程的 Levene 检验		均值方程的 t 检验						
									差分的 95% 置信区间	
		F	Sig.	t	df	Sig.(双侧)	均值差值	标准误差值	下限	上限
看法	假设方差相等	22.221	.000	-2.331	1798	.020	-.041	.017	-.075	-.006
	假设方差不相等			-2.358	1773.046	.018	-.041	.017	-.074	-.007

表 2.3.5 是独立样本 t 检验结果. 倒数第二行是方差齐性检验，检验 p 值为 $0.000<0.05$，拒绝方差齐性的假设，因此要看异方差假定下的结果. 两个城市认为住房价格高的人的比例之差的点估计为 -0.041，其置信度为 95% 的置信区间为 $[-0.074, -0.007]$.

习　题　2.3

1. 袋装茶叶每包注明为 400g，随机选取 75 包进行称重，所得数据(单位：g) 如下：

400.17，400.79，399.09，398.88，400.39，403.44，398.61，399.61，398.01，
399.44，399.39，398.79，399.58，400.38，400.59，400.10　397.76，400.48，
401.35，400.88，397.88，400.58，400.61，400.35，399.87，399.20，399.80，
398.09，401.88，398.96，400.85，401.99，398.93，396.33，400.65，399.73，
398.80，401.10，401.37，398.15，400.51，398.69，401.93，398.37，399.67，
400.03，402.98，401.40，399.85，400.13，401.14，400.08，397.67，399.48，
399.76，399.53，398.74，400.72，400.99，400.16，400.78，399.31，401.12，
398.06，401.57，400.48，400.23，400.15，400.04，399.36，398.62，399.36，
398.03，401.46，398.50.

根据样本观测值对茶叶质量的均值作出点估计和区间估计 (置信度选 95% 和 99%)，并分析结果.

2. 抽样调查得到两个城市教师工资抽样数据 (一列为工资，另一列为两个城市的标识号：1，2)，如下表所示. 请完成对两个城市教师工资均值差的点估计和区间估计.

工资 / 元	城市	工资 / 元	城市	工资 / 元	城市	工资 / 元	城市
2 290	1	2 640	1	1 540	2	2 430	2
2 330	1	2 800	1	2 070	2	2 540	2
2 590	1	1 980	1	2 340	2	1 840	2
1 980	1	2 060	1	2 640	2	1 540	2
2 520	1	2 450	1	1 520	2	1 940	2
1 920	1	2 660	1	2 610	2	2 460	2
2 140	1	2 470	1	1 990	2	1 780	2
3 010	1	2 900	1	1 970	2	2 020	2
2 190	1	1 680	1	2 030	2	1 660	2

（续表）

工资／元	城市	工资／元	城市	工资／元	城市	工资／元	城市
2 650	1	2 020	1	2 530	2	1 830	2
2 090	1	2 510	1	1 260	2	1 520	2
1 980	1	1 990	1	1 900	2	2 270	2
2 330	1	1 940	2	2 000	2	1 670	2
2 490	1	2 450	2	2 350	2	1 600	2

3. 在一个大城市中对 1 341 人的随机调查结果显示，有 934 人支持限制小轿车的政策. 假定该样本为简单随机样本，试找出总体中支持限制小轿车的人的比例的点估计和置信度为 95% 的置信区间.

4. 两个地区对于某商品认可与否的调查结果显示，第一个地区被调查的 950 人中有 423 人认可，而在第二个地区被调查的 1 102 人中只有 215 人认可. 求这两个总体比例之差的置信度为 95% 的置信区间.

第三章 假设检验

统计推断的一个重要内容是参数估计,另一个重要内容是(统计)假设检验. 本章我们将讨论(统计)假设的基本思想及各种检验方法. 假设检验是由K. 皮尔逊于20世纪初提出的,之后由费希尔进行了细化,并最终由内曼(Neyman)和E. 皮尔逊建立了较完整的假设检验理论.

§3.1 假设检验的基本思想与概念

一、假设检验问题

例 3.1.1(女士品茶问题) 奶茶是由牛奶和茶按一定比例混合而成,可以先倒茶后倒奶(记为TM),也可以反过来(记为MT). 某女士声称她可以鉴别是TM还是MT,周围品茶的人对此产生了议论,"这怎么可能呢?""她在胡言乱语""不可想象"…… 在场的费希尔也在思索这个问题,他提议作一项试验来检验如下假设(命题)是否可以接受:

假设 H:该女士无此种鉴别能力.

费希尔准备了10杯调制好的奶茶,TM与MT都有. 服务员一杯一杯地奉上,让该女士品尝,说出是TM还是MT,结果那位女士竟然正确地分辨出10杯奶茶中的每一杯. 这时该如何对此作出判断呢?

费希尔的想法是:假如假设 H 是正确的,即该女士无此种鉴别能力,她只能猜,每次猜对的概率为1/2,10次都猜对的概率为 $2^{-10}<0.001$,这是一个很小的概率,在一次试验中几乎不会发生的事件,如今该事件竟然发生了,这只能说明原假设 H 不当,应予以拒绝,认为该女士确有辨别奶茶TM与MT的能力. 这就是费希尔用试验结果对假设 H 的对错进行判断的思维方式,可归纳如下:

假如试验结果与假设 H 发生矛盾就拒绝假设 H,否则就接受假设 H.

当然,实际操作远非这么简单,假如该女士说对了9杯(或8杯等),又该如何对假设 H 作出判断呢?判断会发生错误吗?发生错误的概率是多少?能被控制吗?费希尔对这些细节作了细致的研究,提出了一些新的概念,并建立了一套可行的方法,由此形成了假设检验理论,为进一步发展假设检验理论与方法奠定了牢固基础. 本章仅讨论假设检验基础理论和应用.

下面再用一个实例引出假设检验中的一些基本概念和操作步骤.

例 3.1.2 某厂生产的合金强度(单位:Pa)服从正态分布 $N(\theta,16)$,其中 θ 的设计值为不低于 110 Pa. 为保证质量,该厂每天都要对生产情况作例行检查,以判断生产是否正常进行,即该合金的平均强度不低于 110Pa. 某天从生产的产品中随机抽取 25 块合金,测得其强度值分别为 $x_1,x_2,\cdots,x_{25}$,均值为 $\overline{x}=108.2$Pa,问当日生产是否正常?

对这个实际问题可作如下分析:

(1) 这是在给定总体与样本下,要求对命题"合金平均强度不低于 110Pa"作出"是"或"否"的回答,这类问题称为**统计假设检验问题**,简称**假设检验问题**.

(2) 命题:"合金平均强度不低于 110Pa"是否正确涉及参数 θ 的两个集合:

$$\Theta_0=\{\theta:\theta\geqslant 110\},\quad \Theta_1=\{\theta:\theta<110\}.$$

命题正确对应于"$\theta\in\Theta_0$",命题不正确则对应"$\theta\in\Theta_1$". 在统计学中这两个非空不相交的参数集合都称作**统计假设**,简称**假设**.

(3) 我们的任务是利用所给总体 $N(\theta,16)$ 和样本均值 $\overline{x}=108.2$Pa 去判断假设"$\theta\in\Theta_0$"是否成立. 通过样本对一个假设作出"是"或"否"的具体判断规则就称为该假设的一个**检验**或**检验法则**. 若是检验的结果否定该假设,则称拒绝这个假设,否则就称为接受该假设.

(4) 例 3.1.2 的假设用一个参数的集合表示,该假设检验问题称为**参数假设检验问题**,否则称为**非参数假设检验问题**. 例如若对假设"总体为正态分布"作出检验的问题就是一个非参数假设检验问题.

下面结合例 3.1.2 给出假设检验的基本步骤.

二、假设检验的基本步骤

1. 建立假设

设总体 X 来自某一个参数分布族 $\{F(x;\theta)\mid\theta\in\Theta\}$,其中 Θ 为参数空间. $X_1,X_2,\cdots,X_n$ 是总体 X 的一个样本. 设假设 $\Theta_0\subset\Theta$,且 $\Theta_0\neq\varnothing$,命题 $H_0:\theta\in\Theta_0$ 称为**原假设**,对另一个假设 Θ_1,满足 $\Theta_1\subset\Theta,\Theta_1\cap\Theta_0=\varnothing$(一般 $\Theta_1=\Theta-\Theta_0$),命题 $H_1:\theta\in\Theta_1$ 称为 H_0 的**对立假设**或**备择假设**. 于是我们感兴趣的一对假设就是

$$H_0:\theta\in\Theta_0,\quad H_1:\theta\in\Theta_1. \tag{3.1.1}$$

在例 3.1.2 中,我们可建立如下一对假设:

$$H_0:\theta\in\Theta_0=\{\theta:\theta\geqslant 110\},\quad H_1:\theta\in\Theta_1=\{\theta:\theta<110\}.$$

或简写为

$$H_0:\theta\geqslant 110,\quad H_1:\theta<110.$$

对于假设(3.1.1),如果 Θ_0 只含有一个点,我们称之为**简单原假设**,否则就称之为**复杂**或**复合原假设**. 例 3.1.2 的原假设就是复合原假设. 同样,对于备择假设也有简单与复杂之别. 当 $\Theta_0=\{\theta_0\}$,即 H_0 为简单原假设时,其形式可写成 $H_0:\theta=\theta_0$,此时的备择假设通常有三种可能:

$$H_1':\theta\neq\theta_0,\quad H_1'':\theta<\theta_0,\quad H_1''':\theta>\theta_0.$$

称 H_0 与 H_1' 为**双侧假设**或**双边假设**(因备择假设分散在原假设两侧而得名),H_0 与 H_1'' 以及 H_0 与 H_1''' 为**单侧假设**或**单边假设**(因备择假设位于原假设的一侧).

2. 选择检验统计量,给出拒绝域形式

对于假设(3.1.1) 的检验就是指这样的一个法则:当有了样本观测值后,按照该法则就可决定是接受 H_0 还是拒绝 H_0,也就是说检验等价于把样本空间划分成两个互不相交的部

分 W 和 $\overline{W}$，当样本观测值属于 W 时，拒绝 H_0，否则接受 H_0，我们称 W 为检验的**拒绝域**，也称为**临界域**，而 $\overline{W}$ 称为**接受域**.

利用样本对原假设进行检验需要通过构造一个统计量完成，该统计量称为**检验统计量**. 在例 3.1.2 中，参数 θ 是总体均值，样本均值 $\overline{x}$ 是总体均值 θ 的无偏估计. $\overline{x}$ 越大，意味着总体均值 θ 越大；$\overline{x}$ 越小，意味着总体均值 θ 越小.由题意可知，例 3.1.2 的拒绝域形如

$$W=\{(x_1,x_2,\cdots,x_n):\overline{x}\leqslant c\}=\{\overline{x}\leqslant c\}$$

是合理的，其中 c 为待定常数，称为**临界值**. 在这里样本均值 $\overline{x}$ 就是一个很好的检验统计量，可以由此确定检验的拒绝域.

当拒绝域确定了，**检验法则**也就确定了：如果 $(x_1,x_2,\cdots,x_n)\in W$，则拒绝 H_0；如果 $(x_1,x_2,\cdots,x_n)\in\overline{W}$，则接受 H_0.

由此可见，一个拒绝域 W 唯一确定一个检验法则，反之，一个检验法则也唯一确定一个拒绝域 W. 图 3.1.1 给出了例 3.1.2 当 $n=2$ 时拒绝域的示意图.

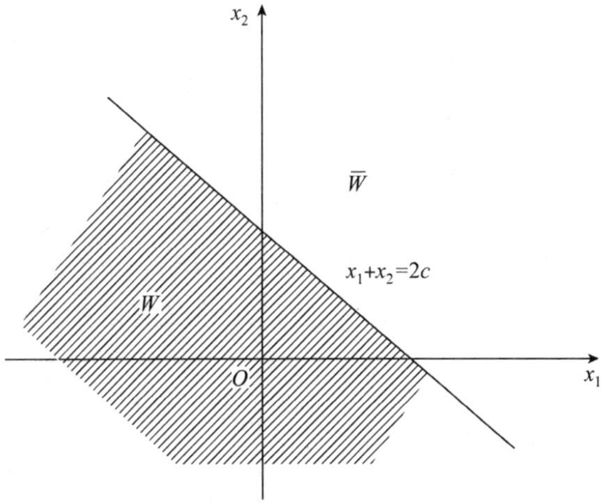

图 3.1.1　例 3.1.2 当 $n=2$ 时拒绝域示意图

3. 选择显著性水平

由于样本是随机的，故当我们应用某种检验法则作判断时，我们可能作出正确的判断，也可能作出错误的判断.因此，我们可能犯如下两种错误：当 $\theta\in\Theta_0$ 时，样本由于随机性却落入了拒绝域 W，于是我们采取了拒绝 H_0 的错误决策，这样的错误称为**第一类错误**，也称为**拒真错误**；当 $\theta\in\Theta_1$ 时，样本却落入了接受域 $\overline{W}$，于是我们采取了接受 H_0 的错误决策，这样的错误称为**第二类错误**，也称为**纳伪错误**. 具体情况可见表 3.1.1.

表 3.1.1　检验的两类错误

观测数据情况	总体情况	
	H_0 为真	H_1 为真
$(x_1,\cdots,x_n)\in W$	犯第一类错误	正确
$(x_1,\cdots,x_n)\in\overline{W}$	正确	犯第二类错误

我们把犯第一类错误的概率用 α 表示，即

$$\alpha=P\left((x_1,x_2,\cdots,x_n)\in W\right),\quad \theta\in\Theta_0,\quad \text{也记为}P_{H_0}\left((x_1,x_2,\cdots,x_n)\in W\right);$$

把犯第二类错误的概率用 β 表示，即

$$\beta=P\left((x_1,x_2,\cdots,x_n)\in \overline{W}\right),\quad \theta\in\Theta_1,\quad \text{也记为}P_{H_1}\left((x_1,x_2,\cdots,x_n)\in \overline{W}\right).$$

事实上，每一个检验都无法避免犯错误的可能，那我们能否找到一个检验，使其犯两类错误的概率都尽可能地小呢？实际上，我们做不到这一点，为了说明其原因，先引进势函数的概念.

定义 3.1.1　设检验问题

$$H_0:\theta\in\Theta_0,\quad H_1:\theta\in\Theta_1$$

的拒绝域为 W，则样本观测值 $(x_1,x_2,\cdots,x_n)$ 落在拒绝域 W 内的概率称为该检验的**势函数**，记为

$$g(\theta)=P\left((x_1,x_2,\cdots,x_n)\in W\right),\quad \theta\in\Theta=\Theta_0\cup\Theta_1. \tag{3.1.2}$$

显然，势函数 $g(\theta)$ 是定义在参数空间 Θ 上的一个函数. 当 $\theta\in\Theta_0$ 时，$g(\theta)=\alpha=\alpha(\theta)$；当 $\theta\in\Theta_1$ 时，$g(\theta)=1-\beta=1-\beta(\theta)$. 由此可见，犯两类错误的概率都是参数 θ 的函数，并可由势函数得到，即

$$g(\theta)=\begin{cases}\alpha(\theta), & \theta\in\Theta_0,\\ 1-\beta(\theta), & \theta\in\Theta_1,\end{cases}\quad \text{或}\quad \begin{cases}\alpha(\theta)=g(\theta), & \theta\in\Theta_0,\\ \beta(\theta)=1-g(\theta), & \theta\in\Theta_1.\end{cases}$$

下面通过例 3.1.2 说明我们无法使一个检验犯第一类和第二类错误的概率同时变小. 由前面知道例 3.1.2 的拒绝域为 $W=\{\overline{x}\leqslant c\}$，由(3.1.2) 式可以算出该检验的势函数为

$$g(\theta)=P\{\overline{x}\leqslant c\}=P\left\{\frac{\overline{x}-\theta}{4/5}\leqslant\frac{c-\theta}{4/5}\right\}=\Phi\left(\frac{c-\theta}{4/5}\right).$$

这个势函数是 θ 的减函数，如图 3.1.2 所示.

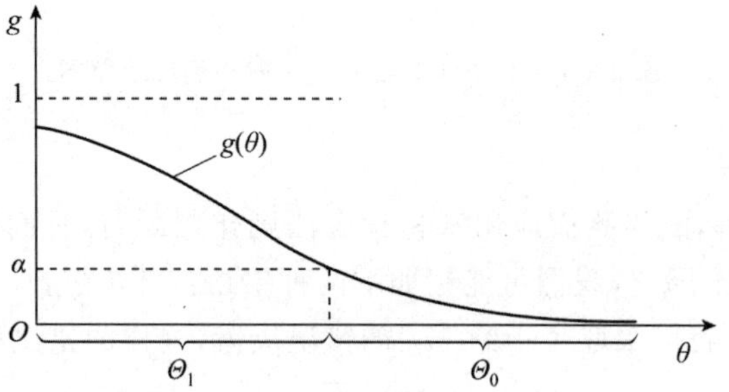

图 3.1.2　势函数

利用这个势函数容易写出犯两类错误的概率分别为

$$\alpha(\theta)=\Phi\left(\frac{c-\theta}{4/5}\right),\quad \theta\in\Theta_0, \tag{3.1.3}$$

$$\beta(\theta)=1-\Phi\left(\frac{c-\theta}{4/5}\right),\quad \theta\in\Theta_1. \tag{3.1.4}$$

由上述两个式子可以看出犯两类错误的概率 α,β 间的关系：当 α 减小时，由(3.1.3) 式知，c

也随之减小，再由(3.1.4)式知，c 的减小必导致 β 的增大；当 β 减小时，由(3.1.4)式知，c 会增大，再由(3.1.3)式知，c 的增大必导致 α 的增大.

这一现象说明：在样本容量给定的条件下，α 与 β 中一个减小必导致另一个增大. 也就是说在样本容量一定的条件下不可能找到一个使 α，β 都小的检验. 还应注意，犯第二类错误的概率在不少场合不易求出.

因在检验中我们不可能同时控制犯第一类和第二类错误的概率，费希尔采取折中方案，仅限制犯第一类错误的概率，而不考虑犯第二类错误的概率，这种检验方法称之为**显著性检验**.

定义 3.1.2 对检验问题 $H_0:\theta \in \Theta_0$，$H_1:\theta \in \Theta_1$，如果一个检验满足对任意的 $\theta \in \Theta_0$，都有

$$g(\theta) \leqslant \alpha, \quad \text{即} \quad P_{H_0}(X \in W) \leqslant \alpha,$$

则称该检验是**显著性水平为 α 的显著性检验**，简称为**水平为 α 的检验**.

提出显著性检验的概念就是要控制犯第一类错误的概率 α，但也不能使得 α 过小（α 过小会导致 β 过大），在适当控制 α 中制约 β. 最常用的选择是 $\alpha=0.05$，有时也选择 $\alpha=0.10$ 或 $\alpha=0.01$.

4. 给出拒绝域

在给定显著性水平后，我们就可以确定出检验的拒绝域 W. 在例 3.1.2 中，对给定的显著性水平 α，因 $g(\theta)$ 是关于 θ 的单调减函数，只需要

$$g(110)=\Phi\left(\frac{c-110}{4/5}\right)=\alpha$$

成立，就有对 $\forall\theta \geqslant 110$，满足 $g(\theta)=\Phi\left(\frac{c-\theta}{4/5}\right) \leqslant \alpha$. 由标准正态分布分位数可知 $\frac{5(c-\theta)}{4}=u_{1-\alpha}$，即 $c=110+0.8u_{1-\alpha}$，可得检验的拒绝域为

$$W=\left\{\overline{x} \leqslant 110+0.8u_{1-\alpha}\right\}.$$

若取 $\alpha=0.05$，则 $u_{1-0.05}=u_{0.95}=-u_{0.05}=-1.645$，$c$ 的值为

$$c=110+0.8u_{0.95}=110-0.8\times 1.645=108.684.$$

所以，检验的拒绝域为

$$W=\left\{\overline{x} \leqslant 108.684\right\}.$$

若令 $u=\frac{\overline{x}-110}{4/5}$，则拒绝域有另一种表示，即

$$W=\left\{u \leqslant u_{1-0.05}\right\}=\{u \leqslant -1.645\}.$$

今后主要用检验统计量 u 的范围表示拒绝域.

根据例 3.1.2 可知，若原假设为 $H_0:\theta \geqslant \theta_0$，根据势函数的单调性，只需要根据 $g(\theta_0)=\alpha$，确定拒绝域 W. 同理可以证明当原假设为 $H_0:\theta \leqslant \theta_0$ 或 $H_0:\theta=\theta_0$ 时，也能够根据势函数 $g(\theta_0)=\alpha$ 来确定拒绝域 W. 所以当原假设为 $H_0:\theta \geqslant \theta_0$，$H_0:\theta \leqslant \theta_0$ 或 $H_0:\theta=\theta_0$ 时，都是利用势函数 $g(\theta_0)=\alpha$ 来确定拒绝域，因此有时将以上 3 种原假设都简记为 $H_0:\theta=\theta_0$，拒绝域通常写成满足 $P_{H_0}\left\{X \in W\right\}=\alpha$ 形式的 W.

5. 作出判断

当例 3.1.2 有了明确的拒绝域 W 后，根据样本观测值我们就可以作出判断：当 $u \leqslant -1.645$ 时，拒绝 H_0，即接受 H_1；当 $u > -1.645$ 时，接受 H_0. 根据样本值计算检验统计量的值

$$u = \frac{108.2 - 110}{4/5} = -2.25 < -1.645,$$

因此拒绝原假设，即认为该日生产不正常.

综上，一般情况下，寻找某对假设的显著性检验的步骤如下：

(1) 根据实际问题的需要，建立统计假设 H_0, H_1；

(2) 选取一个合适的检验统计量 $T(X_1, X_2, \cdots, X_n)$，使当 H_0 成立时，T 的分布完全已知；

(3) 根据给定的显著性水平 α 和备择假设 H_1 的具体形式，确定拒绝域 W；

(4) 由样本观测值 $x_1, x_2, \cdots, x_n$，计算检验统计量的值 $T(x_1, x_2, \cdots, x_n)$，根据 T 值是否落入拒绝域 W，作出最终判断.

三、检验的 p 值

由上面的分析可知，假设检验的结论通常是简单的. 在给定的显著性水平下，不是拒绝原假设就是接受原假设. 然而有时也会出现这样的情况：在一个较大的显著性水平（比如 $\alpha = 0.05$）下得到拒绝原假设的结论，而在一个较小的显著性水平（比如 $\alpha = 0.01$）下却会得到接受原假设的结论. 这种情况在理论上很容易解释：因为显著性水平变小后会导致检验的拒绝域变小，于是原来落在拒绝域中的观测值就可能落入接受域. 但这种情况在应用中会带来一些麻烦：假如这时一个人主张选择显著性水平 $\alpha = 0.05$，而另一个人主张选 $\alpha = 0.01$，则第一个人的结论是拒绝 H_0，而后一个人的结论是接受 H_0，我们该如何处理这一问题呢？下面用例 3.1.2 来讨论这个问题.

在上一小节中，我们给出了例 3.1.2 的检验统计量及拒绝域 $W = \{\overline{x} \leqslant 110 + 0.8u_{1-\alpha}\}$，或表示为 $W = \{u \leqslant u_{1-\alpha}\}$，其中 $u = 1.25(\overline{x} - 110) = -2.25$. 对一些不同的显著性水平，表 3.1.2 列出了相应的拒绝域和检验结论.

表 3.1.2　例 3.1.2 中的拒绝域

显著性水平	拒绝域	对应的结论 $u = -2.25$
$\alpha = 0.1$	$u \leqslant -1.282$	拒绝 H_0
$\alpha = 0.05$	$u \leqslant -1.645$	拒绝 H_0
$\alpha = 0.025$	$u \leqslant -1.96$	拒绝 H_0
$\alpha = 0.01$	$u \leqslant -2.326$	接受 H_0
$\alpha = 0.005$	$u \leqslant -2.576$	接受 H_0

现在换一个角度来看，在 $\mu = 110$ 时，检验统计量 $U \sim N(0,1)$，此时由样本值可算得 U 的观测值 $u_0 = -2.25$，据此可算得一个概率

$$p = P\{u \leqslant u_0\} = P\{u \leqslant -2.25\} = \Phi(-2.25) = 0.012\,2.$$

若以此为基准来看上述检验问题,亦可作出判断,具体如下:当 $\alpha < 0.0122$ 时,$u_{1-\alpha} < -2.25$,由于拒绝域为 $W=\{u \leqslant u_{1-\alpha}\}$,于是观测值 $u_0=-2.25$ 不在拒绝域内,应该接受原假设;当 $\alpha \geqslant 0.0122$ 时,$u_{1-\alpha} \geqslant -2.25$,由于拒绝域为 $W=\{u \leqslant u_{1-\alpha}\}$,于是观测值 $u_0=-2.25$ 落在拒绝域内,应该拒绝原假设.

由此可以看出,0.012 2 是能用观测值 $u_0=-2.25$ 作出"拒绝 H_0"的最小的显著性水平,这就是 p 值.

定义 3.1.3 在一个假设检验问题中,利用样本观测值能够作出拒绝原假设的最小显著性水平称为**检验的 p 值**.

由检验的 p 值与显著性水平 α 进行比较可以很容易给出检验的结论:如果 $\alpha \geqslant p$,则在显著性水平 α 下拒绝 H_0;如果 $\alpha < p$,则在显著性水平 α 下接受 H_0.

p 值在实际中很有用,如今的统计软件中对检验问题一般都会给出检验的 p 值.因此,假设检验可从两方面进行:其一是建立拒绝域,考察样本观测值是否落入拒绝域而加以判断;其二是根据样本观测值计算检验的 p 值,通过将 p 值与事先设定的显著性水平 α 比较大小而作出判断. 两者是等价的,哪个方便用哪个.

习 题 3.1

1.设总体 $X \sim N(\mu,\sigma^2)$,其中 μ,σ^2 为未知参数,试指出下面的统计假设中哪些是简单假设,哪些是复合假设:

(1) $H_0:\mu=0,\sigma=1$; (2) $H_0:\mu=0,\sigma \geqslant 1$; (3) $H_0:\mu \leqslant 3,\sigma=1$;

(4) $H_0:0 \leqslant \mu \leqslant 3$; (5) $H_0:\mu=0$.

2. 设 $x_1,x_2,\cdots,x_n$ 是来自正态总体 $N(\mu,1)$ 的样本观测值,考虑如下假设检验问题:

$$H_0:\mu=2,\quad H_1:\mu=3.$$

若检验由拒绝域为 $W=\{\overline{x} \geqslant 2.6\}$ 确定.

(1) 当 $n=20$ 时,求检验犯两类错误的概率;

(2) 如果要使得犯第二类错误的概率 $\beta \leqslant 0.01$,n 最小应取多少?

3. 设 $x_1,x_2,\cdots,x_{10}$ 是来自总体 $B(1,p)$ 的样本观测值,考虑如下检验问题:

$$H_0:p=0.2,\quad H_1:p=0.4.$$

取拒绝域 $W=\{\overline{x} \geqslant 0.5\}$,求该检验犯两类错误的概率.

4. 在假设检验问题中,若检验结果是接受原假设,则该检验可能犯哪一类错误?若检验结果是拒绝原假设,则该检验又可能犯哪一类错误?

5. 设 $x_1,x_2,\cdots,x_{16}$ 是来自正态总体 $N(\mu,4)$ 的样本观测值,考虑检验问题:

$$H_0:\mu=6,\quad H_1:\mu \neq 6.$$

拒绝域为 $W=\{|\overline{x}-6| \geqslant c\}$,试求 c 使得检验的显著性水平为 0.05,并求该检验在 $\mu=6.5$ 处犯第二类错误的概率.

6. 化肥厂用自动包装机包装化肥,每袋的质量服从正态分布,其平均质量为 100kg,标准差为 0.12kg. 某日开工后,为了确定这天包装机工作是否正常,随机抽取 9 袋化肥,称得质量(单位:kg) 如下:

99.3，98.7，100.5，101.2，98.3，99.7，99.5，102.1，100.5.

设方差稳定不变，试用检验的 p 值说明这一天包装机的工作是否正常？（$\alpha=0.05$）

§3.2 参数假设检验

本节仅介绍总体 $X\sim N(\mu,\sigma^2)$ 的两个参数 μ 和 σ^2 的几种显著性检验方法.

一、单一正态总体参数的假设检验

设 $X_1,X_2,\cdots,X_n$ 是取自正态总体 $N(\mu,\sigma^2)$ 的一个样本，这里先讨论总体均值 μ 的假设检验.

1. μ 的假设检验

当方差 $\sigma^2=\sigma_0^2$ 为已知常数，检验假设

$$H_0:\mu=\mu_0,\quad H_1:\mu\neq\mu_0.$$

若原假设 $H_0:\mu=\mu_0$ 为真，那么样本均值 $\overline{X}$ 应当在 μ_0 周围随机地摆动，而不会偏离 μ_0 太大，所以拒绝域的结构形如：

$$\left\{|\overline{X}-\mu_0|\geqslant k\right\}.$$

为了便于查表，我们把统计量 $\overline{X}-\mu_0$ 改成

$$U=\frac{\overline{X}-\mu_0}{\frac{\sigma_0}{\sqrt{n}}}. \tag{3.2.1}$$

当 H_0 为真时，$U\sim N(0,1)$.

对于给定的显著性水平 α，当 H_0 为真时，有

$$P_{H_0}\left\{|U|\geqslant u_{\frac{\alpha}{2}}\right\}=\alpha,$$

这里 $u_{\frac{\alpha}{2}}$ 为 $N(0,1)$ 的上 $\frac{\alpha}{2}$ 分位数，拒绝域 $W=\{|U|\geqslant u_{\frac{\alpha}{2}}\}$，如图 3.2.1 所示. 根据样本观测值计算 (3.2.1) 式统计量 U 的值，若 U 的观测值 u 落入拒绝域，即 $|u|\geqslant u_{\frac{\alpha}{2}}$，则拒绝原假设 H_0，认为总体均值与 μ_0 有显著差异；反之，接受原假设 H_0，认为总体均值与 μ_0 无显著差异. 这种检验方法称为 **u 检验**.

例 3.2.1 设某厂一车床生产的螺丝钉，其长度(单位：mm) 额定标准为 26mm，据经验知其长度服从正态分布 $N(\mu,5.2^2)$. 为了检验这一车床生产是否正常，现抽取容量 $n=100$ 的样本，其样本均值 $\bar{x}=26.56$mm，要求在显著性水平 $\alpha=0.05$ 下检验生产是否正常？

解 按题意，生产正常时 $\mu=\mu_0=26$，而生产不正常时 $\mu\neq\mu_0$，因此可以设立如下假设：

$$H_0:\mu=\mu_0=26,\quad H_1:\mu\neq\mu_0.$$

当 H_0 为真时，构造检验统计量

$$U=\frac{\overline{X}-\mu_0}{\frac{\sigma_0}{\sqrt{n}}}\sim N(0,1).$$

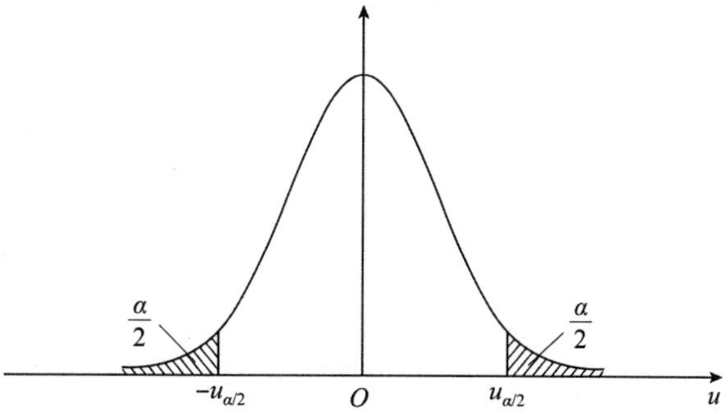

图 3.2.1 双侧 u 检验的拒绝域

对给定的显著性水平 α，有

$$P_{H_0}\left\{|U| \geqslant u_{\frac{\alpha}{2}}\right\}=\alpha.$$

查正态分布表得 $\frac{\alpha}{2}(=0.025)$ 分位数 $u_{0.025}=1.96$，则拒绝域

$$W=\{|U| \geqslant 1.96\}.$$

根据样本观测值算得

$$|U|=\left|\frac{\overline{x}-\mu_0}{\frac{\sigma_0}{\sqrt{n}}}\right|=\frac{26.56-26}{\frac{5.2}{10}}=1.08 \notin W,$$

接受原假设 H_0，认为这一车床生产是正常的.

由例 3.2.1 可见，原假设与备择假设应根据实际问题来确立，而拒绝域的形式与所给出的备择假设有关.

当方差 σ^2 未知时，检验假设

$$H_0: \mu=\mu_0, \quad H_1: \mu \neq \mu_0.$$

此时(3.2.1) 式的统计量 U 已不能用，因为 U 含未知参数 σ^2，它已不是一个统计量，所以要选取一个不含未知参数 σ^2 的统计量，我们自然想到用方差的无偏估计 S^2 去取代总体方差 σ^2，这样就得到 T 统计量

$$T=\frac{\overline{X}-\mu_0}{S}\sqrt{n}. \tag{3.2.2}$$

当 H_0 为真时，由第一章中定理 1.4.3 知，$T \sim t(n-1)$.

对给定的显著性水平 α，有

$$P_{H_0}\left\{|T| \geqslant t_{\frac{\alpha}{2}}(n-1)\right\}=\alpha,$$

这里 $t_{\frac{\alpha}{2}}(n-1)$ 为自由度为 $n-1$ 的 t 分布的上 $\frac{\alpha}{2}$ 分位数. 这样，我们得到拒绝域

$$W=\left\{|T| \geqslant t_{\frac{\alpha}{2}}(n-1)\right\},$$

如图 3.2.2 所示. 计算统计量 T 的值，看是否落入拒绝域，作出判断. 这种检验方法称为 t **检验**.

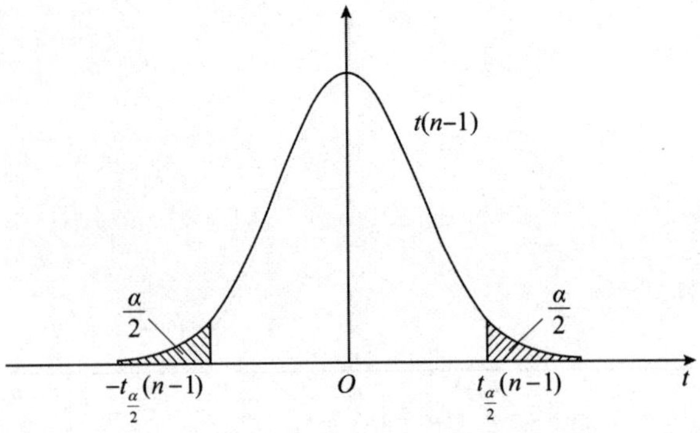

图 3.2.2 双侧 t 检验的拒绝域

例 3.2.2 某型号玻璃纸的横向延伸率(单位:%)服从 $N(\mu,\sigma^2)$,且要求其不低于 65%,现对该型号的一批玻璃纸测得 100 个数据,如表 3.2.1 所示:

表 3.2.1 某型号玻璃纸的横向延伸率统计结果

横向延伸率/%	35.5	37.5	39.5	41.5	43.5	45.5	47.5	49.5	51.5	53.5	55.5	57.5	59.5	61.5	63.5
频数	7	8	11	9	9	12	17	14	5	3	2	0	2	0	1

问该批玻璃纸的横向延伸率是否符合要求?($\alpha=0.05$)

解 若该批玻璃纸的横向延伸率符合要求,则 $\mu\geqslant 65$,若不符合要求,则 $\mu<65$,因此所要检验的假设可以表示为

$$H_0:\mu=65,\quad H_1:\mu<65.$$

当 H_0 为真时,构造检验统计量

$$T=\frac{\overline{X}-\mu_0}{S}\sqrt{n}\sim t(n-1).$$

对给定的显著性水平 α,有

$$P_{H_0}\left\{T\leqslant -t_\alpha(n-1)\right\}=\alpha.$$

因 n 值较大,t 分布的上 0.05 分位数 $t_{0.05}(n-1)$ 可由正态分布的上 0.05 分位数 $u_{0.05}$ 近似代替,由正态分布表查得 $u_{0.05}=1.65$,此时 $t_{0.05}(99)\approx u_{0.05}=1.65$,故拒绝域 $W=\{T\leqslant -1.65\}$. 根据样本观察值算得 $\overline{x}=45.06$,$s=5.818$,则统计量的观测值为

$$t=\frac{\overline{x}-\mu_0}{s/\sqrt{n}}=\frac{45.06-65}{5.818/\sqrt{100}}=-34.27<-1.65,$$

所以拒绝原假设,即认为该批玻璃纸的横向延伸率不符合要求.

2. σ^2 的假设检验

当 $\mu=\mu_0$ 为已知常数,检验假设

$$H_0:\sigma^2=\sigma_0^2,\quad H_1:\sigma^2\neq\sigma_0^2.$$

因统计量 $\frac{1}{n}\sum\limits_{i=1}^{n}(X_i-\mu_0)^2$ 是总体方差 σ^2 的无偏估计,当 H_0 为真时,统计量

$$\frac{\frac{1}{n}\sum_{i=1}^{n}(X_i-\mu_0)^2}{\sigma_0^2}$$

应该在 1 的周围随机地摆动. 由 χ^2 分布的定义知,当假设 H_0 成立时,统计量

$$\chi^2=\frac{\sum_{i=1}^{n}(X_i-\mu_0)^2}{\sigma_0^2}\sim\chi^2(n). \tag{3.2.3}$$

若 H_0 为真,统计量 χ^2 的值应在 n 的周围随机摆动,所以 χ^2 的值应介于某两个数 k_1 与 $k_2(k_1<k_2)$ 之间.这就表明,拒绝域 W 的结构形如 $\{\chi^2\leqslant k_1\}\cup\{\chi^2\geqslant k_2\}$,满足

$$P_{H_0}\left(\{\chi^2\leqslant k_1\}\cup\{\chi^2\geqslant k_2\}\right)=\alpha.$$

我们可以把 α 分成任意两个正实数 α_1,α_2 的和,即 $\alpha_1+\alpha_2=\alpha$, 分别由

$$P_{H_0}\{\chi^2\leqslant k_1\}=\alpha_1 \quad 和 \quad P_{H_0}\{\chi^2\geqslant k_2\}=\alpha_2$$

确定出 k_1 和 k_2,这样会得到很多 k_1 和 k_2. 一般来说,α_1 和 α_2 的选取,应该由犯第二类错误的概率来决定,也就是选取 α_1 和 α_2 使得犯第二类错误的概率尽可能地小. 但在实际上由于计算最优的 α_1 和 α_2 很复杂,往往就取 $\alpha_1=\alpha_2=\frac{\alpha}{2}$. 显然这时得出的 k_1 和 k_2 分别是自由度为 n 的 χ^2 分布的上 $\frac{\alpha}{2}$ 分位数和上 $1-\frac{\alpha}{2}$ 分位数,即 $k_1=\chi^2_{1-\alpha/2}(n)$,$k_2=\chi^2_{\alpha/2}(n)$. 这样我们得到拒绝域 $W=\{\chi^2\leqslant\chi^2_{1-\alpha/2}(n)\}\cup\{\chi^2\geqslant\chi^2_{\alpha/2}(n)\}$,如图 3.2.3 所示. 当统计值 $\chi^2\in W$ 时,就拒绝原假设 H_0,否则就接受原假设 H_0.

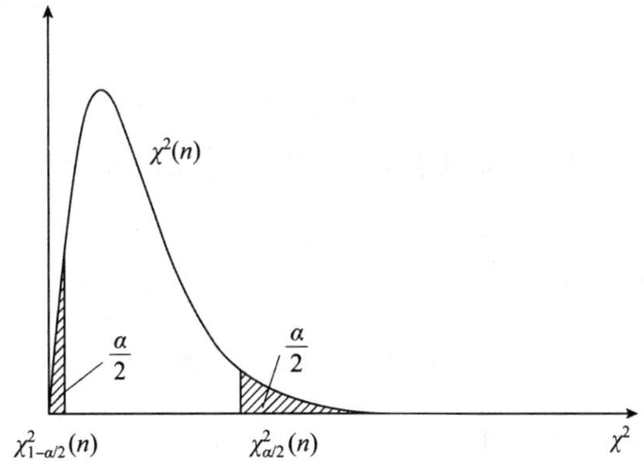

图 3.2.3 双侧 χ^2 检验的拒绝域

当 μ 未知时,检验假设

$$H_0:\sigma^2=\sigma_0^2,\quad H_1:\sigma^2\neq\sigma_0^2.$$

此时(3.2.3) 式就不是统计量了,因为它含有未知参数 μ. 与以前一样,我们用样本均值 $\overline{X}$ 去代替总体均值 μ,即

$$\chi^2=\frac{\sum_{i=1}^{n}(X_i-\overline{X})^2}{\sigma_0^2}=\frac{(n-1)S^2}{\sigma_0^2}. \tag{3.2.4}$$

当原假设 H_0 成立时，由第一章中的定理 1.4.2 可知统计量 $\chi^2 \sim \chi^2(n-1)$.

给定显著性水平 α 后，如前类似，由

$$P_{H_0}\left\{\chi^2 \geqslant \chi^2_{\alpha/2}(n-1)\right\} = \frac{\alpha}{2} \quad \text{和} \quad P_{H_0}\left\{\chi^2 \leqslant \chi^2_{1-\alpha/2}(n-1)\right\} = \frac{\alpha}{2}$$

确定拒绝域 $W=\left\{\chi^2 \leqslant \chi^2_{1-\alpha/2}(n-1)\right\} \cup \left\{\chi^2 \geqslant \chi^2_{\alpha/2}(n-1)\right\}$. 由统计量(3.2.3)与(3.2.4)给出的检验法则都称为 χ^2 **检验**.

例 3.2.3 一自动车床加工的某零件直径(单位:mm)服从正态分布 $N(\mu,\sigma^2)$，原来的加工精度是 $\sigma^2=0.18$. 经过一段时间生产后，要检验一下车床的加工精度是否变差了. 为此抽取该车床生产的 $n=31$ 个零件，测得数据如表 3.2.2 所示.

表 3.2.2 零件直径频数表

零件直径 x_i/mm	10.1	10.3	10.6	11.2	11.5	11.8	12.0
频数 n_i	1	3	7	10	6	3	1

解 根据题意，若保持原精度，则 $\sigma^2=\sigma_0^2=0.18$，若精度变差了，则 $\sigma^2>\sigma_0^2$. 因此，此时可以设立如下假设：

$$H_0:\sigma^2=\sigma_0^2=0.18, \quad H_1:\sigma^2>\sigma_0^2.$$

当 H_0 为真时，构造检验统计量

$$\chi^2=\frac{(n-1)S^2}{\sigma_0^2} \sim \chi^2(n-1).$$

若备择假设成立，那么 χ^2 统计量的值将会变大，所以只需考虑单侧拒绝域. 在给定显著性水平 $\alpha=0.05$ 时，有

$$P_{H_0}\left\{\chi^2 \geqslant \chi^2_{0.05}(30)\right\}=0.05.$$

查 χ^2 分布表得 $\chi^2_{0.05}(30)=43.8$，则拒绝域 $W=\{\chi^2 \geqslant 43.8\}$. 再由样本观测值算出统计量的值

$$\chi^2=\frac{\sum_{i=1}^{7} n_i(x_i-\overline{x})^2}{0.18}=44.5 \in W,$$

拒绝原假设 H_0，说明自动车床工作一段时间后精度变差.

二、两个正态总体参数假设检验

设 $X_1,X_2,\cdots,X_{n_1}$ 是取自正态总体 $N(\mu_1,\sigma_1^2)$ 的样本，$Y_1,Y_2,\cdots,Y_{n_2}$ 是取自正态总体 $N(\mu_2,\sigma_2^2)$ 的样本，两样本相互独立. $\overline{X}=\frac{1}{n_1}\sum_{i=1}^{n_1}X_i$，$\overline{Y}=\frac{1}{n_2}\sum_{i=1}^{n_2}Y_i$ 分别表示两总体样本均值；$S_1^2=\frac{1}{n_1-1}\sum_{i=1}^{n_1}(X_i-\overline{X})^2$，$S_2^2=\frac{1}{n_2-1}\sum_{i=1}^{n_2}(Y_i-\overline{Y})^2$ 分别表示两总体样本方差.

1. $\mu_1-\mu_2$ 的假设检验

当 $\sigma_1^2=\sigma_2^2=\sigma^2$ 为未知常数，检验假设

$$H_0:\mu_1-\mu_2=0, \quad H_1:\mu_1-\mu_2 \neq 0.$$

这个假设也可写成

$$H_0:\mu_1=\mu_2,\quad H_1:\mu_1\neq\mu_2.$$

若原假设 $H_0:\mu_1=\mu_2$ 为真，因 $\overline{X},\overline{Y}$ 分别为 μ_1,μ_2 的无偏估计，那么 $|\overline{X}-\overline{Y}|$ 应该在 0 的周围随机地摆动，由第一章中的定理 1.4.4，可以选取检验统计量

$$T=\frac{(\overline{X}-\overline{Y})-(\mu_1-\mu_2)}{S_\omega\sqrt{\frac{1}{n_1}+\frac{1}{n_2}}},\tag{3.2.5}$$

其中 $S_\omega^2=\frac{(n_1-1)S_1^2+(n_2-1)S_2^2}{n_1+n_2-2}$. H_0 为真时，$T\sim t(n_1+n_2-2)$.

对给定的显著性水平 α，有

$$P_{H_0}\left\{|T|\geqslant t_{\frac{\alpha}{2}}(n_1+n_2-2)\right\}=\alpha,$$

则拒绝域 $W=\left\{|T|\geqslant t_{\frac{\alpha}{2}}(n_1+n_2-2)\right\}$. 将样本观测值代入统计量(3.2.5)式，若统计量的观测值落入拒绝域 W，则拒绝原假设 $H_0:\mu_1=\mu_2$，认为两个总体的均值有显著的差别，否则，认为两总体均值没有显著差别.

例 3.2.4 在一台自动车床上加工直径为 2.050mm 的轴，现在相隔 2 小时，各取容量都为 10 的样本，所得数据(单位：mm) 如表 3.2.3 所示：

表 3.2.3 自动车床加工轴的直径统计结果

单位：mm

零件加工编号	1	2	3	4	5	6	7	8	9	10
样本 1 的直径	2.066	2.063	2.068	2.060	2.067	2.063	2.059	2.062	2.062	2.060
样本 2 的直径	2.063	2.060	2.057	2.056	2.059	2.058	2.062	2.059	2.059	2.057

假设轴直径服从正态分布. 由于样本是取自同一台车床，可以认为 $\sigma_1^2=\sigma_2^2=\sigma^2$，而 σ^2 是未知常数. 给定显著性水平 $\alpha=0.01$，检验假设 $H_0:\mu_1=\mu_2,H_1:\mu_1\neq\mu_2$.

解 检验假设为

$$H_0:\mu_1=\mu_2,\quad H_1:\mu_1\neq\mu_2.$$

当 H_0 为真时，构造检验统计量

$$T=\frac{\overline{X}-\overline{Y}}{S_\omega\sqrt{\frac{1}{n_1}+\frac{1}{n_2}}}\sim t(n_1+n_2-2),$$

其中 $S_\omega^2=\frac{(n_1-1)S_1^2+(n_2-1)S_2^2}{n_1+n_2-2}$. 对给定的显著性水平 $\alpha=0.01$，有

$$P_{H_0}\left\{|T|\geqslant t_{\frac{\alpha}{2}}(n_1+n_2-2)\right\}=\alpha.$$

查自由度为 18 的 t 分布表得分位数 $t_{0.005}(18)=2.878$，故拒绝域 $W=\left\{|T|\geqslant 2.878\right\}$. 由样本观测值算出两总体的样本均值、样本方差以及 s_ω^2 分别为

$$\overline{x}=2.063,\quad \overline{y}=2.059,\quad s_1^2=0.000\ 009\ 56,\quad s_2^2=0.000\ 004\ 89,$$

$$s_\omega^2=\frac{9\times s_1^2+9\times s_2^2}{10+10-2}=\frac{0.000\ 086+0.000\ 044}{18}=0.000\ 007\ 2,$$

进而可算出统计量的观测值为

$$T=\frac{2.063-2.059}{\sqrt{0.000\,007\,2\times\frac{2}{10}}}=3.3\in W,$$

拒绝原假设 $H_0:\mu_1=\mu_2$. 这说明两个样本所代表的总体均值是有差异的,这台自动车床可能受时间的影响而生产不稳定.

2. $\dfrac{\sigma_1^2}{\sigma_2^2}$ 的假设检验

这里只讨论 μ_1 与 μ_2 都未知时的情况.检验假设

$$H_0:\frac{\sigma_1^2}{\sigma_2^2}=1,\quad H_1:\frac{\sigma_1^2}{\sigma_2^2}\neq 1.$$

这个假设也可写成

$$H_0:\sigma_1^2=\sigma_2^2,\quad H_1:\sigma_1^2\neq\sigma_2^2.$$

说明 前面用 t 检验去验证两个正态总体的均值是否相等时,作了一个重要的假定,就是这两个总体方差是相等的,即 $\sigma_1^2=\sigma_2^2=\sigma^2$. 如果事先不知道方差是否相等,就必须先进行方差是否相等的假设检验.

S_1^2,S_2^2 分别为 σ_1^2,σ_2^2 的无偏估计,当原假设 H_0 为真时,两个样本方差的比值应该在1的周围随机地摆动,所以这个比值也是既不能太大也不能太小,因此它的拒绝域也应由两个集合构成. 由第一章中的定理1.4.5知,统计量

$$F=\frac{S_1^2/\sigma_1^2}{S_2^2/\sigma_2^2}=\frac{S_1^2}{S_2^2}\sim F(n_1-1,n_2-1). \tag{3.2.6}$$

在给定显著性水平 α 下,如 χ^2 检验那样,可由

$$P_{H_0}\left\{F\geqslant F_{\frac{\alpha}{2}}(n_1-1,n_2-1)\right\}=\frac{\alpha}{2}\quad 和 \quad P_{H_0}\left\{F\leqslant F_{1-\frac{\alpha}{2}}(n_1-1,n_2-1)\right\}=\frac{\alpha}{2}$$

确定拒绝域 $W=\left\{F\geqslant F_{\frac{\alpha}{2}}(n_1-1,n_2-1)\right\}\cup\left\{F\leqslant F_{1-\frac{\alpha}{2}}(n_1-1,n_2-1)\right\}$,如图3.2.4所示. 若由样本观测值算出统计量 F 的值 $\in W$,则拒绝原假设 $H_0:\sigma_1^2=\sigma_2^2$,否则接受 H_0. 这种检验方法称为 F **检验**.

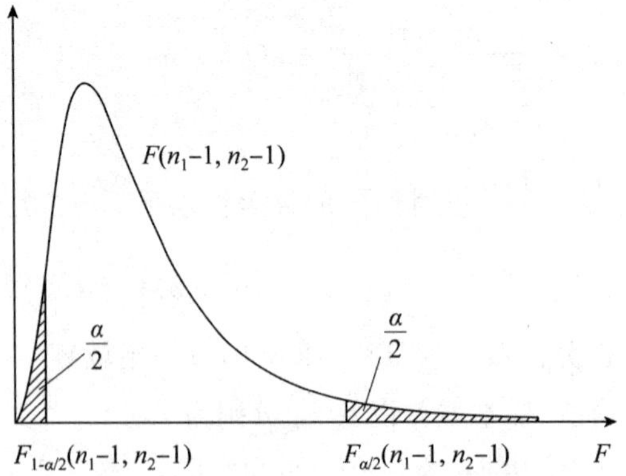

图 3.2.4 双侧 F 检验的拒绝域

一般 F 分布表只给出 $F_{\frac{\alpha}{2}}(\cdot)$ 的值，而不给出 $F_{1-\frac{\alpha}{2}}(\cdot)$ 的值，由关系式

$$F_{1-\frac{\alpha}{2}}(n_1-1,n_2-1)=\frac{1}{F_{\frac{\alpha}{2}}(n_2-1,n_1-1)}$$

可以从分位数 $F_{\frac{\alpha}{2}}(n_2-1,n_1-1)$ 求出 $F_{1-\frac{\alpha}{2}}(n_1-1,n_2-1)$. 注意，这里两个自由度需要前后换位.

例 3.2.5 在例 3.2.4 中我们认为两个总体的方差 $\sigma_1^2=\sigma_2^2$，它们是否真的相等呢？在显著性水平 $\alpha=0.1$ 下，检验假设 $H_0:\sigma_1^2=\sigma_2^2, H_1:\sigma_1^2\neq\sigma_2^2$.

解 当 H_0 为真时，构造检验统计量

$$F=\frac{S_1^2}{S_2^2}\sim F(9,9).$$

对给定的显著性水平 $\alpha=0.1$，有

$$P_{H_0}\Big(\{F\geqslant F_{0.05}(n_1-1,n_2-1)\}\cup\{F\leqslant F_{0.95}(n_1-1,n_2-1)\}\Big)=0.1.$$

查两个自由度均为 9 的 F 分布表得 $F_{0.05}(9,9)=3.18, F_{0.95}(9,9)=\frac{1}{F_{0.05}(9,9)}=\frac{1}{3.18}$，得拒绝域

$$W=\{F\geqslant 3.18\}\cup\left\{F\leqslant\frac{1}{3.18}\right\}.$$

经计算得 $s_1^2=0.000\,009\,56$ 和 $s_2^2=0.000\,004\,89$，统计量的观测值为

$$\frac{0.000\,009\,56}{0.000\,004\,89}=1.95\notin W.$$

因此接受原假设 $H_0:\sigma_1^2=\sigma_2^2$，认为两个总体的方差无显著差异.

现在把上面所述的正态总体参数的显著性检验总结在表 3.2.4 中.

表 3.2.4 正态总体参数的显著性假设检验（显著性水平为 α）

	检验法	条件	H_0	H_1	检验统计量	H_0 为真时检验统计量的分布	拒绝域
单个总体	u 检验	σ 已知	$\mu=\mu_0$	$\mu>\mu_0$ $\mu<\mu_0$ $\mu\neq\mu_0$	$U=\frac{\overline{X}-\mu_0}{\sigma/\sqrt{n}}$	$N(0,1)$	$\{U\geqslant u_\alpha\}$ $\{U\leqslant u_{1-\alpha}\}$ $\{\lvert U\rvert\geqslant u_{\alpha/2}\}$
	t 检验	σ 未知	$\mu=\mu_0$	$\mu>\mu_0$ $\mu<\mu_0$ $\mu\neq\mu_0$	$T=\frac{\overline{X}-\mu_0}{S/\sqrt{n}}$	$t(n-1)$	$\{T\geqslant t_\alpha(n-1)\}$ $\{T\leqslant t_{1-\alpha}(n-1)\}$ $\{\lvert T\rvert\geqslant t_{\alpha/2}(n-1)\}$
	χ^2 检验	μ 已知	$\sigma^2=\sigma_0^2$	$\sigma^2>\sigma_0^2$ $\sigma^2<\sigma_0^2$ $\sigma^2\neq\sigma_0^2$	$\chi^2=\frac{1}{\sigma_0^2}\sum_{i=1}^{n}(X_i-\mu_0)^2$	$\chi^2(n)$	$\{\chi^2\geqslant\chi_\alpha^2(n)\}$ $\{\chi^2\leqslant\chi_{1-\alpha}^2(n)\}$ $\{\chi^2\leqslant\chi_{1-\alpha/2}^2(n)$ 或 $\chi^2\geqslant\chi_{\alpha/2}^2(n)\}$
	χ^2 检验	μ 未知	$\sigma^2=\sigma_0^2$	$\sigma^2>\sigma_0^2$ $\sigma^2<\sigma_0^2$ $\sigma^2\neq\sigma_0^2$	$\chi^2=\frac{(n-1)S^2}{\sigma_0^2}$	$\chi^2(n-1)$	$\{\chi^2\geqslant\chi_\alpha^2(n-1)\}$ $\{\chi^2\leqslant\chi_{1-\alpha}^2(n-1)\}$ $\{\chi^2\leqslant\chi_{1-\alpha/2}^2(n-1)$ 或 $\chi^2\geqslant\chi_{\alpha/2}^2(n-1)\}$

（续表）

	检验法	条件	H_0	H_1	检验统计量	H_0 为真时检验统计量的分布	拒绝域
两个总体	u 检验	σ_1,σ_2 已知	$\mu_1=\mu_2$	$\mu_1>\mu_2$ $\mu_1<\mu_2$ $\mu_1\neq\mu_2$	$U=\dfrac{\overline{X}-\overline{Y}}{\sqrt{\dfrac{\sigma_1^2}{n_1}+\dfrac{\sigma_2^2}{n_2}}}$	$N(0,1)$	$\{U\geqslant u_\alpha\}$ $\{U\leqslant u_{1-\alpha}\}$ $\{\lvert U\rvert\geqslant u_{\alpha/2}\}$
	t 检验	$\sigma_1=\sigma_2$ 未知	$\mu_1=\mu_2$	$\mu_1>\mu_2$ $\mu_1<\mu_2$ $\mu_1\neq\mu_2$	$T=\dfrac{\overline{X}-\overline{Y}}{S_\omega\sqrt{\dfrac{1}{n_1}+\dfrac{1}{n_2}}}$	$t(n_1+n_2-2)$	$\{T\geqslant t_\alpha(n_1+n_2-2)\}$ $\{T\leqslant t_{1-\alpha}(n_1+n_2-2)\}$ $\{\lvert T\rvert\geqslant t_{\alpha/2}(n_1+n_2-2)\}$
	F 检验	μ_1,μ_2 已知	$\sigma_1^2=\sigma_2^2$	$\sigma_1^2>\sigma_2^2$ $\sigma_1^2<\sigma_2^2$ $\sigma_1^2\neq\sigma_2^2$	$F=\dfrac{n_2\sum\limits_{i=1}^{n_1}(X_i-\mu_1)^2}{n_1\sum\limits_{i=1}^{n_2}(Y_i-\mu_2)^2}$	$F(n_1,n_2)$	$\{F\geqslant F_\alpha(n_1,n_2)\}$ $\{F\leqslant F_{1-\alpha}(n_1,n_2)\}$ $\{F\leqslant F_{1-\alpha/2}(n_1-1,n_2-1)$ 或 $F\geqslant F_{\alpha/2}(n_1-1,n_2-1)\}$
	F 检验	μ_1,μ_2 未知	$\sigma_1^2=\sigma_2^2$	$\sigma_1^2>\sigma_2^2$ $\sigma_1^2<\sigma_2^2$ $\sigma_1^2\neq\sigma_2^2$	$F=\dfrac{S_1^2}{S_2^2}$	$F(n_1-1,n_2-1)$	$\{F\geqslant F_\alpha(n_1-1,n_2-1)\}$ $\{F\leqslant F_{1-\alpha}(n_1-1,n_2-1)\}$ $\{F\leqslant F_{1-\alpha/2}(n_1-1,n_2-1)$ 或 $F\geqslant F_{\alpha/2}(n_1-1,n_2-1)\}$

说明 (1) 表中 $\overline{X},\overline{Y}$ 为相应的样本均值，S^2,S_1^2,S_2^2 为相应的样本方差.

(2) 在两个总体的 t 检验中，$S_\omega^2=\dfrac{(n_1-1)S_1^2+(n_2-1)S_2^2}{n_1+n_2-2}$.

(3) 上述 H_0 可以有其他的表示法. 例如在单个总体的 u 检验中，对 $H_1:\mu>\mu_0$，H_0 可以表示为 $\mu\leqslant\mu_0$；对 $H_1:\mu<\mu_0$，H_0 可以表示为 $\mu\geqslant\mu_0$，它们都由实际问题来定，而检验统计量及其拒绝域不变.

习 题 3.2

1. 已知某炼铁厂铁水含碳量(单位：%)服从正态分布 $N(4.55,0.108^2)$. 现在测定了 9 炉铁水，其平均含碳量为 4.484%，如果铁水含碳量的方差没有变化，可否认为现在生产的铁水平均含碳量仍为 4.55%？($\alpha=0.05$)

2. 从一批钢管抽取 10 根，测得其内径 (单位：mm) 为

100.36，100.31，99.99，100.11，100.64，100.85，99.42，99.91，99.35，100.10.

设这批钢管内径服从正态分布 $N(\mu,\sigma^2)$，试分别在下列条件下检验假设 ($\alpha=0.05$)：

$$H_0:\mu=100,\quad H_1:\mu>100.$$

(1) $\sigma=0.5$；(2) σ 未知.

3. 已知维尼纶纤度(表示粗细程度的量，单位：dtex) 在正常条件下服从正态分布，且标准差为 0.048dtex. 从某天产品中抽取 5 根纤维，测得其纤度为

1.32，1.55，1.36，1.40，1.44.

问这一天纤度的总体标准差是否正常？($\alpha=0.05$)

4. 某种导线的质量标准要求其电阻(单位：Ω) 的标准差不得超过 0.005Ω. 今在一批导线中随机抽取样本 9 根，测得样本标准差为 $s=0.007\Omega$. 设总体为正态分布，问在显著性水平 $\alpha=0.05$ 下能否认为这批导线的标准差显著地偏大？

5. 对冷却到 -0.72℃ 的样品用 A,B 两种测量方法测量其熔化到 0℃ 时的潜热(单位：J/g),数据如下：

方法 A：79.98，80.04，80.02，80.04，80.03，80.03，80.04，79.97，80.05，80.03，80.02，80.00，80.02；

方法 B：80.02，79.94，79.98，79.97，80.03，79.95，79.97，79.97.

假设它们服从正态分布,方差相等,试检验两种测量方法的平均性能是否一样？ ($\alpha=0.05$)

6. 两台车床生产同一种滚珠,滚珠直径服从正态分布. 从中分别抽取 8 个和 9 个产品,测得其直径(单位:mm) 为

甲车床:15.0，14.5，15.2，15.5，14.8，15.1，15.2，14.8；

乙车床:15.2，15.0，14.8，15.2，15.0，15.0，14.8，15.1，14.8.

比较两台车床生产的滚珠直径的方差是否有明显差异？ ($\alpha=0.05$)

7. 为了在正常条件下检验一种杂交作物的两种新处理方案,在同一地区随机地挑选 8 块地,在每块试验地上按两种方案种植作物. 这 8 块地的平均亩产量(单位:kg) 分别是

1 号方案产量：860，870，560，930，840，930，750，790；

2 号方案产量：800，790，580，910，770，820，740，660.

假设这两种方案的产量都服从正态分布，问在显著性水平为 0.05 下,这两种方案的平均亩产量是否相等?

8. 某组装产品中有部分噪音很大的次品,很伤脑筋,产生次品的原因似乎是由于这种组装品的某个部位的间隙过大引起的,为检验这种猜测是否正确,特从正品 A_1 和次品 A_2 中各抽出 8 个,对其间隙进行了测量,测量数据(单位:μm) 如下：

$A_1/\mu m$	4	8	2	3	5	4	6	7
$A_2/\mu m$	7	12	13	15	8	10	12	9

在正态分布假设下请对 A_1 与 A_2 的间隙的均值是否存在显著差异进行检验？($\alpha=0.05$).

§ 3.3 非参数假设检验

在 § 3.2 中讨论了总体分布类型为已知 (属于正态分布族) 时的参数假设检验问题. 一般在进行参数假设检验之前,需要对总体的分布类型进行推断.

本节将讨论总体分布的假设检验问题. 该方法适用于任何分布或者仅有微弱假定的分布 (如假定分布连续等),实质上是不依赖于分布的. 在数理统计学中,不依赖于分布的统计方法统称为**非参数统计方法**. 这里所讨论的问题就是非参数假设检验问题,它所研究的检验是如何用样本去拟合总体分布,所以又称为**分布拟合优度检验**. 一般有两种拟合方式：一是拟合总体的分布函数；另一是拟合总体分布的概率函数. 这里我们只介绍两种检验方法：概率图纸法,χ^2 拟合优度检验.

一、概率图纸法

这是一种比较直观和简便的检验方法. 目前常见的概率图纸有正态分布、对数正态分布、二项分布、指数分布和韦布尔(Weibull)分布概率图纸等. 这里我们只介绍正态分布概率图纸,其他分布的概率图纸的构造原理与使用方法都是类似的.

1. 正态分布概率图纸的构造原理

设总体 X 有分布函数 $F(x)$,对总体 X 进行观测,得到一组样本观测值 $x_1,x_2,\cdots,x_n$. 检验假设

$$H_0:F(x)\in\{N(\mu,\sigma^2)\},$$

这里$\{N(\mu,\sigma^2)\}$表示正态分布族,μ 和σ^2 均为未知常数. 在原假设 H_0 为真时,通过标准化变换,有

$$F(x)=P\{X\leqslant x\}=P\left\{\frac{X-\mu}{\sigma}\leqslant\frac{x-\mu}{\sigma}\right\}=\Phi\left(\frac{x-\mu}{\sigma}\right).$$

此时 $u(X)=\dfrac{X-\mu}{\sigma}\sim N(0,1)$.

函数 $u(x)$ 是 x 的线性函数,即

$$u(x)=\frac{x-\mu}{\sigma}, \tag{3.3.1}$$

它在$(x,u(x))$直角坐标平面上是一条直线,如图 3.3.1 所示, 以 x 为横坐标,u 为纵坐标建立直角坐标系. 从标准正态分布 $N(0,1)$ 表中查出 u 所对应的分布函数值($F(x)=\Phi(u)$),并标在u 的位置上,此时 $F(x)$ 刻度不均匀. 例如,在 $u=2$ 的位置上标 97.72,$u=1$ 的位置上标 84.13,$u=0$ 的位置上标 50.00 等. 然后把 u 的刻度抹去,留下 x 与$F(x)$ 的刻度就构成一张正态分布概率图纸. 由于正态分布在$(-\infty,+\infty)$ 上连续变化,而又不能在图纸上标出 $x=\pm\infty$ 的点,所以常用的正态分布概率图纸的纵轴刻度限于 0.01 到 99.99.

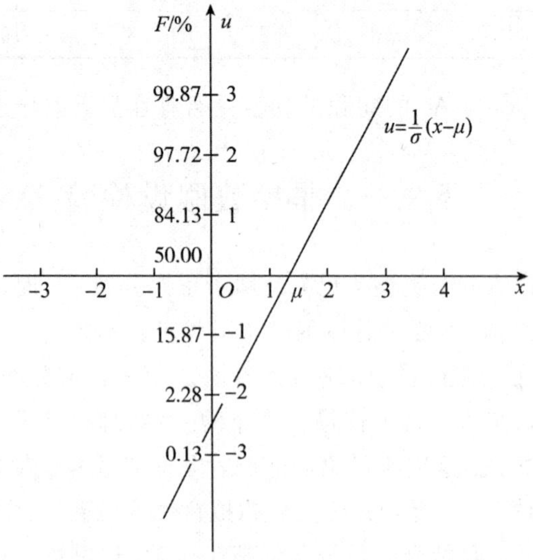

图 3.3.1 正态分布概率图纸

根据正态分布概率图纸的构造原理，若 $H_0:F(x)\in\{N(\mu,\sigma^2)\}$ 为真，点 $(x_i,F(x_i))$，$i=1,2,\cdots,n$ 在正态分布概率图纸上应该在一条直线上. 已知总体 X 的一组样本观测值 x_1，$x_2,\cdots,x_n$，如何使用正态分布概率图纸验证 H_0 是否成立？下面给出检验步骤.

2. 检验步骤

由前面讨论可知，若 H_0 为真，点 $(x_i,F(x_i))$，$i=1,2,\cdots,n$ 在正态分布概率图纸上应该在一条直线上，但 $F(x)$ 是未知的，所以我们无法把点 $(x_i,F(x_i))$，$i=1,2,\cdots,n$ 描绘在正态分布概率图纸上. 由第一章格里汶科定理知道，样本的经验分布函数 $F_n(x)$ 是总体分布函数 $F(x)$ 的很好的近似. 若 H_0 成立，点 $(x_i,F_n(x_i))$，$i=1,2,\cdots,n$ 在正态分布概率图纸上也应该近似地在一条直线上. 倘若点列 $\{x_i,F_n(x_i)\}$ 不是近似地在一条直线上，那么只能说明 $F(x)$ 不属于正态分布族. 基于上述想法，下面给出用正态分布概率图纸去检验假设 H_0 的具体步骤.

(1) 整理数据：把样本观测值按大小排列. 假如 n 次观测之中有 m 个不同的值，则按大小次序列入表 3.3.1.

表 3.3.1 样本观测值频数及经验分布函数值表

观测值	$x_{(1)}$	$x_{(2)}$	$\cdots$	$x_{(m)}$
频数	r_1	r_2	$\cdots$	r_m
$F_n(x)$	$\dfrac{r_1}{n}$	$\dfrac{r_1+r_2}{n}$	$\cdots$	1

表 3.3.1 中最后一行 $F_n(x)$ 是对应的经验分布函数值（累积频率）. 由于 $(x_{(m)},1)$ 在正态分布概率图纸上无法标出，不少统计学家建议对 F_n 的值作修正，在我国正态性检验的国家标准中，建议用如下方法进行修正：

$$F_n(x_{(k)})=\frac{r_1+r_2+\cdots+r_k-0.375}{n+0.25},\quad k=1,2,\cdots,m.$$

(2) 描点：把点 $\left(x_{(k)},F_n(x_{(k)})\right)$，$k=1,2,\cdots,m$ 描在正态分布概率图纸上.

(3) 目测这些点的位置，倘若这一列点近似地在一条直线附近（直线在端点 $x_{(1)}$ 与 $x_{(m)}$ 附近允许偏差大一些），我们就可以接受原假设，否则就拒绝原假设.

3. 未知参数 μ 与 σ 的估计

若通过概率图纸检验知总体 X 服从正态分布，凭目测可在概率图纸上画出最靠近各点 $(x_i,F_n(x_i))$，$i=1,2,\cdots,m$ 的一条直线 l. 由正态分布概率图纸的构造可知，当 $u(x)=\dfrac{x-\mu}{\sigma}=0$ 时，其对应的分布函数值为 $F=0.5$，在概率图纸上过 $F=0.5$ 作水平直线，这条水平直线与直线 l 的交点的横坐标记为 $x_{0.5}$，此时 $x_{0.5}$ 就可作为参数 μ 的估计，即 $\hat{\mu}=x_{0.5}$. 当 $u(x)=\dfrac{x-\mu}{\sigma}=1$ 时，其对应的分布函数值为 $F=0.841\,3$，在概率图纸上过 $F=0.841\,3$ 作水平直线，这条直线与直线 l 的交点的横坐标记为 $x_{0.841\,3}$，此时 $\sigma=x_{0.841\,3}-\mu$，所以

$$\hat{\sigma}=x_{0.841\,3}-x_{0.5}.$$

例 3.3.1 检验某型号玻璃纸的横向延伸率（单位：%）是否服从正态分布，测得的数据如表 3.3.2 所示.

表 3.3.2 某型号玻璃纸的横向延伸率数据统计表

组端点 /%	右端点 $x_{(i)}$	频数	累计频数	$F_n(x_i)$/%
34.5 ~ 36.5	36.5	7	7	6.6
36.5 ~ 38.5	38.5	8	15	14.6
38.5 ~ 40.5	40.5	11	26	25.6
40.5 ~ 42.5	42.5	9	35	34.5
42.5 ~ 44.5	44.5	9	44	43.5
44.5 ~ 46.5	46.5	12	56	55.5
46.5 ~ 48.5	48.5	17	73	72.4
48.5 ~ 50.5	50.5	14	87	86.4
50.5 ~ 52.5	52.5	5	92	91.4
52.5 ~ 54.5	54.5	3	95	94.4
54.5 ~ 56.5	56.5	2	97	96.4
56.5 ~ 58.5	58.5	0	97	96.4
58.5 ~ 60.5	60.5	2	99	98.4
60.5 ~ 62.5	62.5	0	99	98.4
62.5 ~ 64.5	64.5	1	100	99.4

我们把表 3.3.2 中列出的右端点和其对应的累计频数所确定的点 $(x_i, F_n(x_i))$ 标在概率图纸上，如图 3.3.2 所示. 这些点很靠近一条直线 l，我们认为该型号玻璃纸的横向延伸率是服从正态分布的. 画出这条直线 l，并且按上述方法可以在正态分布概率图纸上直接获得参数 μ 和 σ 的估计值，分别为

$$\hat{\mu} = x_{0.5} \approx 45.0,$$

$$\hat{\sigma} = x_{0.8413} - x_{0.5} \approx 51.1 - 45.0 = 6.1.$$

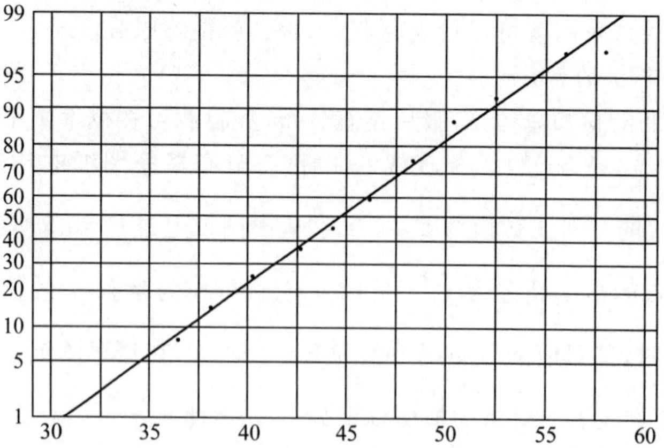

图 3.3.2 横向延伸率数据在正态分布概率图纸上的位置

二、χ^2 拟合检验法

前面介绍了直观而简便的概率图纸法，它不需要很多计算就能对总体分布族作出一个统计推断，并且还能对分布所含的参数作出估计. 但是这种方法精度不高，不能控制犯错误的概率. 这里介绍皮尔逊提出的 χ^2 **拟合检验法**，它能够像各种显著检验一样控制犯第一类错误的概率.

设总体 X 的分布函数为具有明确表达式的 $F(x)$（例如它可以属于正态分布族、指数分布族、二项分布族、泊松分布族等），我们把随机变量 X 的值域 R 分成 k 个互不相交的区间 $A_1=(a_0,a_1]$, $A_2=(a_1,a_2]$, $\cdots$, $A_k=(a_{k-1},a_k]$，这些区间不一定有相同的长度.

设 $x_1,x_2,\cdots,x_n$ 是取自总体 X、容量为 n 的样本的一组观测值. n_i 为样本观测值落入小区间 A_i 的频数，$\sum_{i=1}^{k} n_i=n$，则在 n 次试验中事件 A_i 出现的频率为 $\frac{n_i}{n}$.

我们现在检验原假设 $H_0:F(x)=F_0(x)$. 设在原假设 H_0 成立的情况下，总体 X 落入区间 A_i 的概率为 p_i，即

$$p_i=P(X\in A_i)=F_0(a_i)-F_0(a_{i-1}),\quad i=1,2,\cdots,k. \tag{3.3.2}$$

依据大数定律，当 H_0 为真时，频率 $\frac{n_i}{n}$ 与概率 p_i 的差异不应太大. 根据这个思想，皮尔逊构造了一个统计量

$$\chi^2=\sum_{i=1}^{k}\frac{(n_i-np_i)^2}{np_i}, \tag{3.3.3}$$

称为**皮尔逊 χ^2 统计量**.

为了能够用皮尔逊 χ^2 统计量作检验的统计量，我们必须知道它的抽样分布. 先讨论 $k=2$ 的简单情形. 在 H_0 成立下，

$$P(A_1)=p_1,\quad P(A_2)=p_2,$$

其中 $p_1+p_2=1$.

这时，频数 $n_1+n_2=n$. 考查

$$\chi^2=\frac{(n_1-np_1)^2}{np_1}+\frac{(n_2-np_2)^2}{np_2}.$$

令

$$Y_1=n_1-np_1,\quad Y_2=n_2-np_2,$$

显然

$$Y_1+Y_2=n_1+n_2-n(p_1+p_2)=0.$$

由此可见，Y_1 与 Y_2 不是独立的，满足 $Y_1=-Y_2$，于是

$$\chi^2=\frac{Y_1^2}{np_1}+\frac{Y_2^2}{np_2}=\frac{Y_1^2}{np_1p_2}=\left[\frac{n_1-np_1}{\sqrt{np_1(1-p_1)}}\right]^2.$$

根据棣莫弗-拉普拉斯中心极限定理可知，当 n 充分大时，随机变量 $\frac{n_1-np_1}{\sqrt{np_1(1-p_1)}}$ 接近于标准正态分布，从而推得在 $k=2$ 情形下皮尔逊 χ^2 统计量接近于自由度为 1 的 χ^2 分布.

对于一般情形,不加证明给出如下定理.

定理3.3.1 当 H_0 为真时,即 $p_1,p_2,\cdots,p_k$ 为总体的真实概率,由 (3.3.3) 式所定义的统计量 χ^2 的渐近分布是自由度为 $k-1$ 的 χ^2 分布.

如果原假设 H_0 只确定了总体分布的类型,且分布中还含有未知参数,则我们不能用定理 3.3.1 作为检验的理论依据. 费希尔证明了如下理论,从而解决了含未知参数情形的分布检验问题.

定理3.3.2 设 $F(x;\theta_1,\cdots,\theta_m)$ 为总体的真实分布,其中 $\theta_1,\cdots,\theta_m$ 为 m 个未知参数,在 $F(x;\theta_1,\cdots,\theta_m)$ 中参数 $\theta_1,\cdots,\theta_m$ 分别用最大似然估计 $\hat{\theta}_1,\cdots,\hat{\theta}_m$ 代替,并且以 $F(x;\hat{\theta}_1,\cdots,\hat{\theta}_m)$ 取代 (3.3.2) 式中的 $F_0(x)$ 得到

$$\hat{p}_i=F(a_i;\hat{\theta}_1,\cdots,\hat{\theta}_m)-F(a_{i-1};\hat{\theta}_1,\cdots,\hat{\theta}_m), \tag{3.3.4}$$

则将 (3.3.4) 式代入 (3.3.3) 式所得的统计量为

$$\chi^2=\sum_{i=1}^{k}\frac{(n_i-n\hat{p}_i)^2}{n\hat{p}_i},$$

当 $n\to+\infty$ 时,χ^2 服从自由度为 $k-m-1$ 的 χ^2 分布.

例 3.3.2 研究混凝土抗压强度 X(单位:kg/cm²) 的分布. 200 件混凝土制件的抗压强度以分组的形式列出,如表 3.3.2 所示,其中 $n=\sum_{i=1}^{6}n_i=200$. 要求在给定的显著性水平 $\alpha=0.05$ 下,检验原假设

$$H_0:F(x)\in\{N(\mu,\sigma^2)\},$$

其中 $F(x)$ 为抗压强度的分布.

表 3.3.2 混凝土抗压强度频数分布表

压强区间 /kg/cm²	频数 n_i
(190,200]	10
200,210]	26
(210,220]	56
(220,230]	64
(230,240]	30
(240,250]	14

解 原假设给出的正态分布的参数 μ 和 σ^2 是未知的. 由第二章 § 2.1 例 2.1.6 知,μ 和 σ^2 的最大似然估计值分别为样本均值 $\overline{x}$ 和样本方差 $s_n^2=\frac{1}{n}\sum_{i=1}^{n}(x_i-\overline{x})^2$.

设 x_i^* 为第 i 组的组中值,则有

$$\begin{aligned}\hat{\mu}&=\frac{\sum_{i=1}^{6}x_i^*n_i}{n}\\&=\frac{195\times10+205\times26+215\times56+225\times64+235\times30+245\times14}{200}\\&=221,\end{aligned}$$

$$\hat{\sigma}^2=\frac{1}{n}\sum_{i=1}^{6}(x_i^*-\bar{x})^2 n_i$$
$$=\frac{1}{200}[(-26)^2\times 10+(-16)^2\times 26+(-6)^2\times 56+4^2\times 64+14^2\times 30+24^2\times 14]$$
$$=152,$$

所以 $\hat{\sigma}=12.33\mathrm{kg/cm^2}$.

由上可知,原假设即为 $H_0:X\sim N(221,12.33^2)$. 当 H_0 为真时,构造检验统计量

$$\chi^2=\sum_{i=1}^{6}\frac{(n_i-n\hat{p}_i)^2}{n\hat{p}_i}\overset{\text{近似}}{\sim}\chi^2(3).$$

在显著性水平 $\alpha=0.05$ 下,由

$$P_{H_0}\left\{\chi^2>\chi^2_{0.05}(3)\right\}=0.05$$

确定拒绝域 $W=\left\{\chi^2>7.815\right\}$.

列表3.3.3计算统计量 χ^2 的值. 需要注意,在正态分布 $N(221,12.33^2)$ 下,每个区间的理论概率的估计值为

$$\hat{p}_i=P\left\{a_{i-1}<X\leqslant a_i\right\}=\Phi(u_i)-\Phi(u_{i-1}),\quad i=1,\cdots,6,$$

其中 $u_i=\dfrac{a_i-\hat{\mu}}{\hat{\sigma}},\Phi(u_i)=\dfrac{1}{\sqrt{2\pi}}\displaystyle\int_{-\infty}^{u_i}\mathrm{e}^{-\frac{t^2}{2}}\mathrm{d}t$.

表 3.3.3 例 3.3.2 的计算表

压强区间 $(a_{i-1},a_i]$	频数 n_i	标准化区间 $(u_{i-1},u_i]$	$\hat{p}_i=\Phi(u_i)-\Phi(u_{i-1})$	$n\hat{p}_i$	$(n_i-n\hat{p}_i)^2$	$\dfrac{(n_i-n\hat{p}_i)^2}{n\hat{p}_i}$
(190,200]	10	$(-\infty,-1.70]$	0.045	9.0	1.00	0.11
(200,210]	26	$(-1.70,-0.89]$	0.142	28.4	5.76	0.20
(210,220]	56	$(-0.89,-0.08]$	0.281	56.2	0.04	0.00
(220,230]	64	$(-0.08,0.73]$	0.299	59.8	17.64	0.29
(230,240]	30	$(0.73,1.54]$	0.171	34.2	17.64	0.52
(240,250]	14	$(1.54,+\infty]$	0.062	12.4	2.56	0.23
$\sum$	200		1.000	200		1.35

表3.3.3计算得出的统计量 χ^2 的值是1.35,由 $1.35<7.815$ 知,接受原假设,认为混凝土制件的受压强度 X 的分布是正态分布.

通过这个例子我们来总结一下利用皮尔逊 χ^2 检验来检验分布假设的步骤:

(1) 根据问题提出原假设

$$H_0:F(x)=F_0(x).$$

(2) 把总体 X 的值域划分为 k 个互不相交的区间 $(a_{i-1},a_i]$,$i=1,2,\cdots,k$,其中 a_0,a_k 可以分别取为 $-\infty$,$+\infty$,记录总体 X 的观测值 $x_1,x_2,\cdots,x_n$ 在每个小区间出现的频数 n_i,$i=1,2,\cdots,k$.

说明 每个划分的小区间要求频数必须不少于 5,若少于 5,则可把这种区间并入相邻的区间.

(3) 当 H_0 为真时,用最大似然估计法估计分布中所含的未知参数值.

(4) 当 H_0 为真时,构造检验统计量

$$\chi^2=\sum_{i=1}^{k}\frac{(n_i-n\hat{p}_i)^2}{n\hat{p}_i}\overset{\text{近似}}{\sim}\chi^2(k-m-1),$$

其中 $\hat{p}_i=F_0(a_i)-F_0(a_{i-1}),i=1,2,\cdots,k,m$ 为未知参数的个数.

(5) 在给定的显著性水平 α 下,由

$$P_{H_0}\left\{\chi^2>\chi^2_\alpha(k-m-1)\right\}=\alpha$$

确定拒绝域 $W=\left\{\chi^2>\chi^2_\alpha(k-m-1)\right\}$.

(6) 列表计算

$$\chi^2=\sum_{i=1}^{k}\frac{(n_i-n\hat{p}_i)^2}{n\hat{p}_i}$$

的值.

(7) 观察统计量的观测值 χ^2 是否落入拒绝域,从而判断拒绝或接受原假设.

习 题 3.3

1. 掷一颗骰子 60 次,结果如下:

点数	1	2	3	4	5	6
次数	7	8	12	11	9	13

试在显著性水平为 0.05 下检验这颗骰子是否均匀?

2. 检查了一本书的 200 页,记录各页中的印刷错误的个数,其结果如下:

错误个数	0	1	2	3	4	5	⩾6	合计
页数	102	59	30	8	0	1	0	200

试在显著性水平为 0.05 下检验这批数据是否服从正态分布?

3. 在一批灯泡中抽取 300 只作寿命(单位:h) 测试,其结果如下:

寿命 /h	<100	[100,200)	[200,300)	⩾300
灯泡数	121	78	43	58

在显著性水平为 0.05 下能否认为灯泡寿命服从指数分布 exp(0.005)?

4. 下表是上海 1875 年到 1955 年的 81 年间,根据其中 63 年观察的一年中 (5 月到 9 月) 下暴雨次数的整理资料:

i	0	1	2	3	4	5	6	7	8	$\geqslant 9$
n_i	4	8	14	19	10	4	2	1	1	0

试检验一年中暴雨次数是否服从泊松分布？（$\alpha=0.05$）

§3.4 实例分析与计算机实现

一、一个正态总体均值检验的 SPSS 实现

例 3.4.1 包装机包装茶叶的质量服从正态分布，其标准质量为 500g. 欲检查机器性能是否良好，从一批茶叶中随机抽取 10 包为样本，测得每包的质量（单位：g）分别为

500，505，482，480，481，501，498，482，490，481.

以 0.05 为显著性水平检验：

（1）包装机包装的茶叶的平均质量是否为标准质量 500g？

（2）包装机包装的茶叶的平均质量是否大于等于 500g？

（3）包装机包装的茶叶的平均质量是否小于等于 500g？

SPSS 操作步骤：

点击“分析→比较均值→单样本 T 检验”，进入“单样本 T 检验”主对话框，如图 3.4.1 所示，将变量“茶叶质量”选入“检验变量”，在“检验值”输入“500”，表示验证茶叶质量均值是否等于 500. 点击“确定”按钮，执行操作，输出结果如表 3.4.1 所示.

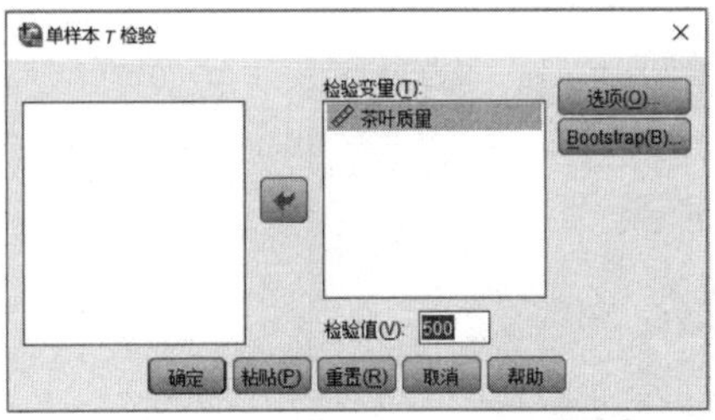

图 3.4.1 “单样本 T 检验”主对话框

表 3.4.1 单样本 t 检验结果

单个样本检验

	检验值 = 500					
					差分的 95% 置信区间	
	t	df	Sig.(双侧)	均值差值	下限	上限
茶叶质量	-3.162	9	.012	-10.000	-17.15	-2.85

表 3.4.1 给出了单样本 t 检验的结果. 此处原假设 $H_0: \mu-500=0$，检验 p 值（Sig.）为 $0.012<0.05$，拒绝原假设，认为 $\mu-500\neq 0$. 然后根据差分 $\mu-500$ 的置信度为 95% 的置信区间（-17.15，-2.85）可知 $\mu-500<0$，即 $\mu<500$.

二、两个正态总体均值检验的 SPSS 实现

例 3.4.2　某商场欲购买 A,B 两种品牌二极管,B 品牌二极管的质量比 A 品牌二极管好一些,但价格贵一些,商场经理希望知道这两种品牌二极管的平均使用寿命,以便确定 A,B 两种品牌二极管的购买量. 商场经理还希望知道这两种品牌二极管平均使用寿命的差别,以便制定相应的零售价格,现在随机选取 A 品牌的二极管 8 支,B 品牌的二极管 10 支,测得使用寿命(单位: h) 如下:

A 品牌: 950, 1 000, 1 100, 900, 1 200, 1 050, 1 150, 980;

B 品牌: 1 200, 1 350, 1 450, 1 100, 1 500, 1 000, 1 400, 1 300, 1 250, 1 150.

给定显著性水平 $\alpha=0.05$,使用 p 值检验法检验:

(1) 两种品牌二极管的平均使用寿命是否相等?

(2) A 品牌二极管平均使用寿命是否比 B 品牌二极管平均使用寿命短?

(3) 检验两种品牌二极管使用寿命的方差是否相等?

SPSS 操作步骤:

点击"分析 → 比较均值 → 独立样本 T 检验",进入"独立样本 T 检验"主对话框,如图 3.4.2 所示,将变量"二极管寿命"选入"检验变量",将变量"品牌"选入"分组变量",点击"定义组"子对话框,输入"1"表示 A 品牌,输入"2"表示 B 品牌,设置完成. 点"继续"回主对话框,点击"选项",进入"选项"子对话框,如图 3.4.3 所示,设置"置信区间(百分比)",设定为"95%". 设置完成,点"继续"回主对话框. 点击"确定"按钮,执行操作,输出结果如表 3.4.2 所示.

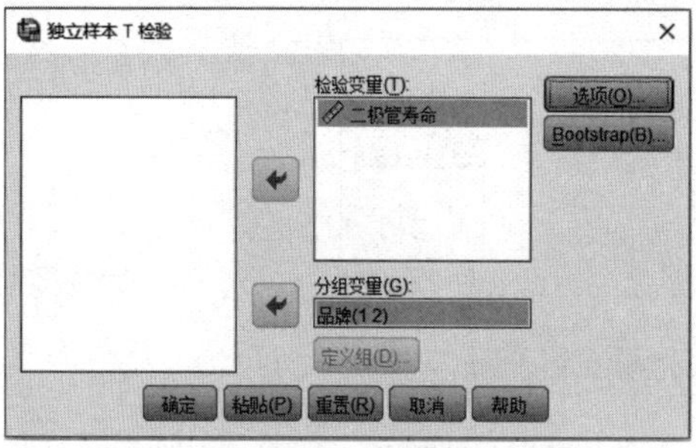

图 3.4.2　"独立样本 T 检验"主对话框

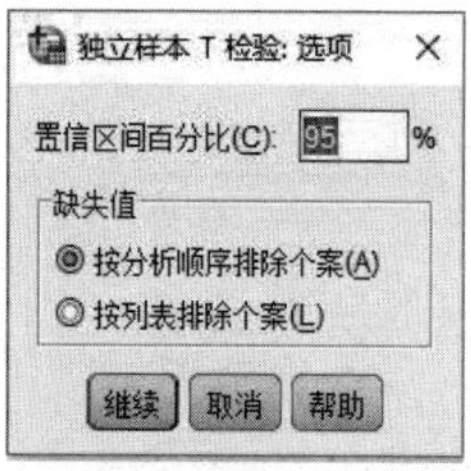

图 3.4.3　"选项"子对话框

表 3.4.2　两品牌二极管寿命独立样本 F 检验和 t 检验结果

独立样本检验

		方差方程的 Levene 检验		均值方程的 t 检验						
									差分的 95% 置信区间	
		F	Sig.	t	df	Sig.(双侧)	均值差值	标准误差值	下限	上限
二极管寿命	假设方差相等	1.897	.187	-3.491	16	.003	-228.750	65.522	-367.650	-89.850
	假设方差不相等			-3.666	15.414	.002	-228.750	62.396	-361.433	-96.067

表 3.4.2 给出了两品牌二极管寿命独立样本 F 检验和 t 检验的结果. 表中倒数第二行给出了同方差假定下两个品牌的方差齐性检验,检验 p 值为 $0.187>0.05$,接受原假设,认为两

总体方差相等，只看倒数第二行的结果即可. 对均值的 t 检验原假设 $H_0:\mu_1-\mu_2=0$，检验 p 值(Sig.)为 $0.003<0.05$，拒绝原假设，认为 $\mu_1-\mu_2\neq 0$. 根据差分 $\mu_1-\mu_2$ 的置信度为95%的置信区间(367.650，−89.850)可知 $\mu_1-\mu_2<0$，即 $\mu_1<\mu_2$.所以两种品牌二极管的平均使用寿命不相等，A 品牌二极管平均使用寿命比 B 品牌二极管平均使用寿命短，两种品牌二极管使用寿命的方差相等.

例 3.4.3 某电脑厂商对某种品牌的电脑进行降价促销. 以下是该品牌电脑在 10 个城市实施促销方案前一个月和实施促销方案后一个月的销售量(单位：台)情况：

促销前：30，33，35，40，27，34，31，38，39，42；

促销后：33，38，36，45，30，40，36，41，42，45.

根据以上数据，能否认为促销后销售量有明显的提高？

SPSS 操作步骤：

点击“分析 → 比较均值 → 配对样本 T 检验”，进入“配对样本 T 检验 ”主对话框，如图 3.4.4 所示，将“促销前销量 ”选为“变量 1”，将“促销后销量”选为“变量 2 ”. 点击“确定”按钮，执行操作，输出结果如表 3.4.3，表 3.4.4，表 3.4.5 所示.

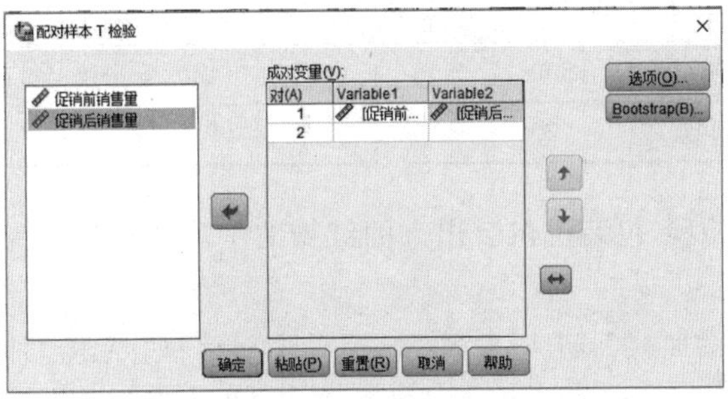

图 3.4.4 “配对样本 T 检验”主对话框

表 3.4.3 配对样本统计量

成对样本统计量

		均值	N	标准差	均值的标准误
对 1	促销前销售量	34.90	10	4.818	1.524
	促销后销售量	38.60	10	4.949	1.565

表 3.4.3 给出了配对样本统计值，其中促销前均值为 34.90，促销后均值为 38.60.

表 3.4.4 配对样本相关系数

成对样本相关系数

		N	相关系数	Sig.
对 1	促销前销售量 & 促销后销售量	10	.954	.000

表 3.4.4 给出了配对样本的相关系数为 0.954，检验 p 值为 $0.000 < 0.05$，说明两边变量强相关.

表 3.4.5 配对样本均值差 t 检验结果

成对样本检验

		成对差分					t	df	Sig.(双侧)
					差分的 95% 置信区间				
		均值	标准差	均值的标准误	下限	上限			
对 1	促销前销售量 - 促销后销售量	-3.700	1.494	.473	-4.769	-2.631	-7.829	9	.000

表 3.4.5 给出了配对样本的检验结果. 统计量 T 的观测值 $t = -7.829$，检验 p 值为 $0.000 < 0.05$，在显著性水平 0.05 下，拒绝原假设，认为促销后销售量有明显的提高.

三、非正态总体参数检验的 SPSS 实现

例 3.4.4(大样本非正态总体) 包装机包装红糖的质量额定为每包 500g，欲检查包装机的性能是否良好，随机抽取 100 包红糖为样本，测得质量(单位：g) 为

质量 /g	500	505	482	480	481	501	490	498
频数	20	16	9	1	8	20	8	18

以 0.05 为显著性水平检验 包装机包装出来的红糖的平均质量是否为标准质量 500g？

SPSS 操作步骤：

点击“数据 → 个案加权”，进入“个案加权 ”主对话框，点击“加权个案”，进入“加权个案”子对话框，如图 3.4.5 所示，将变量“频数”选入“频率变量 ”，点击“确定”按钮，完成加权处理. 然后点击“分析 → 比较均值 → 两均值比较 → 单样本 T 检验 ”，进入“单样本 T 检验 ”主对话框，如图 3.4.6 所示，将变量“质量”选入“检验变量 ”，在“检验值 ”输入“500”，表示验证红糖质量是否等于 500，点击“确定 ”按钮，执行操作，输出结果如表 3.4.6，表 3.4.7 所示.

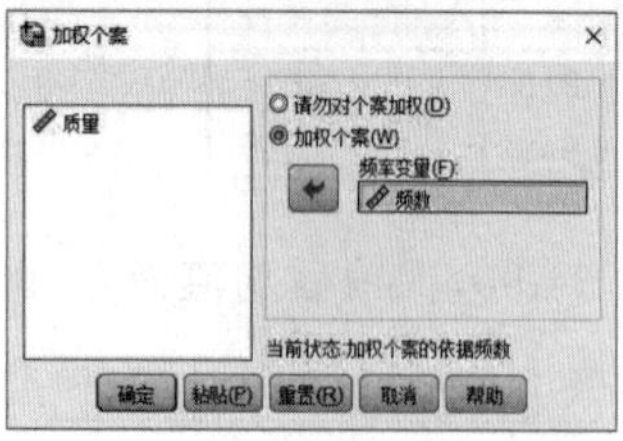

图 3.4.5 “加权个案”子对话框

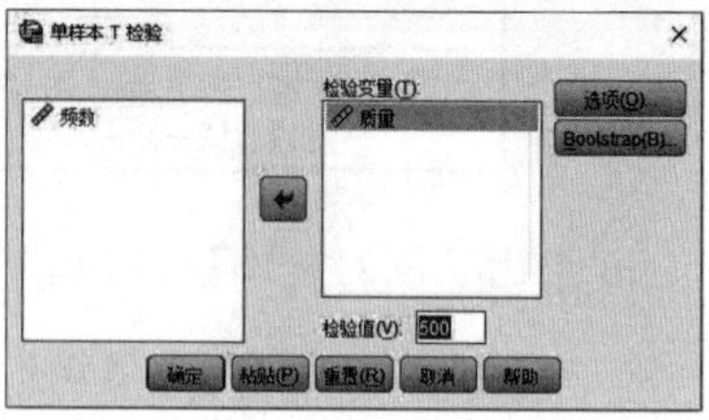

图 3.4.6 “单样本 T 检验”主对话框

表 3.4.6 样本统计量

单个样本统计量

	N	均值	标准差	均值的标准误
质量	100	496.50	7.959	.796

表 3.4.6 给出了样本统计量，可看出包装机包装红糖质量均值为 496.50g.

表 3.4.7 样本均值差 t 检验的结果

单个样本检验

	检验值 = 500					
					差分的 95% 置信区间	
	t	df	Sig.(双侧)	均值差值	下限	上限
质量	-4.398	99	.000	-3.500	-5.08	-1.92

表3.4.7给出了样本均值差t检验的结果. 此处原假设 $H_0:\mu-500=0$，检验 p 值为 $0.000<0.05$，拒绝原假设，认为 $\mu-500\neq 0$. 然后根据差分的置信度为 95% 的置信区间$(-5.08, -1.92)$ 可知 $\mu-500<0$，即 $\mu<500$.

例 3.4.5 某公司想调查某电视剧的收视率以便在片头投放广告，电视台声称该电视剧的收视率为 30%，电话调查表明，在该电视剧播出时，被访问的正在观看电视的人中有 27% 正在观看这个节目，给定显著性水平为 0.05，用 p 值检验法检验：

(1) 如果被访问人数 $n=100$，问该电视剧的收视率是否与电视台声称的 30% 有显著不足？

(2) 如果被访问人数 $n=1\,000$，问该电视剧的收视率是否与电视台声称的 30% 有显著不足？

SPSS 操作步骤：

(1) 点击“数据 → 个案加权 ”，进入“个案加权 ”主对话框，点击“加权个案 ”，将变量“人数 1” 选入“频率变量 ”，点击“确定 ” 按钮，完成加权处理. 然后选择“分析 → 非参数检验 → 二项式”，进入“二项式检验” 主对话框，如图 3.4.7 所示，将变量“受访者看法 1” 选入“检验变量列表 ”，在“检验比例 ” 窗口输入“0.3”. 点击“确定 ” 按钮，执行操作，输出结果如表 3.4.8 所示.

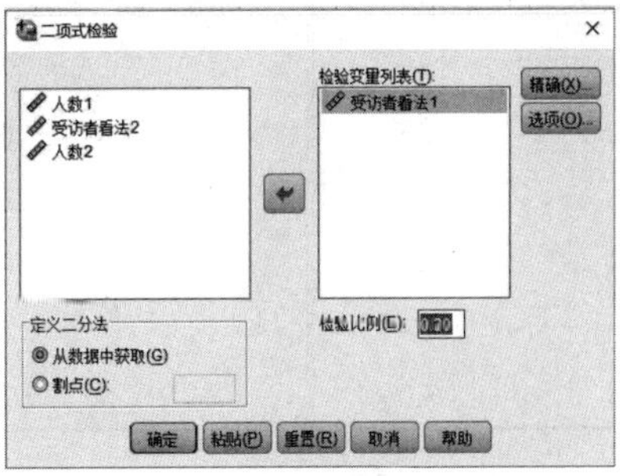

图 3.4.7 “二项式检验” 主对话框

表 3.4.8 $n=100$ 时收视率二项式检验结果

二项式检验

		类别	N	观察比例	检验比例	精确显著性（单侧）
受访者看法1	组 1	观看	27	.3	.3	.296[a]
	组 2	没有观看	73	.7		
	总数		100	1.0		

a. 备择假设规定第一组中的案例比例小于 .3。

表 3.4.8 给出了 $n=100$ 时电视剧收视率的检验结果. 检验的原假设 H_0：收视率 $=0.3$，由表 3.4.8 可以看出检验 p 值为 $0.296>0.05$，认为该电视剧的收视率与电视台声称的 30% 没有显著不足.

(2) 用与 (1) 同样的操作方法，得到实验结果如表 3.4.9 所示.

表 3.4.9 $n=1\ 000$ 时收视率二项式检验结果

二项式检验

		类别	N	观察比例	检验比例	精确显著性（单侧）
受访者看法2	组 1	1	270	.3	.3	.020[a]
	组 2	0	730	.7		
	总数		1000	1.0		

a. 备择假设规定第一组中的案例比例小于 .3。

表 3.4.9 给出了 $n=1\ 000$ 时综艺节目收视率的检验结果. 由表 3.4.9 可以看出检验 p 值为 $0.02<0.05$，认为该综艺节目的收视率与电视台声称的 30% 显著不足.

四、非参数检验的 SPSS 实现

例 3.4.6（正态分布的检验） 表 3.4.10 是某高校数学专业学生的数学分析的成绩，试分析该成绩是否服从正态分布？

表 3.4.10 学生的数学分析成绩

学生编号	成绩	学生编号	成绩	学生编号	成绩	学生编号	成绩
1	96	9	90	17	68	25	65
2	97	10	97	18	74	26	77
3	75	11	82	19	70	27	56
4	60	12	98	20	55	28	60
5	92	13	87	21	85	29	92
6	64	14	56	22	86	30	54
7	83	15	89	23	56	31	87
8	76	16	60	24	71	32	80

SPSS 操作步骤：

点击"分析 → 描述统计 → 探索"，进入"探索"主对话框，如图 3.4.8 所示，将变量"成绩"选入"因变量列表"列表框中. 点击"绘制"，进入"绘制"子对话框，如图 3.4.9 所示，选择"带检验的正态图"，点击"继续"回主对话框. 点击"确定"按钮，执行操作，输出结果如表 3.4.11 和图 3.4.10 所示.

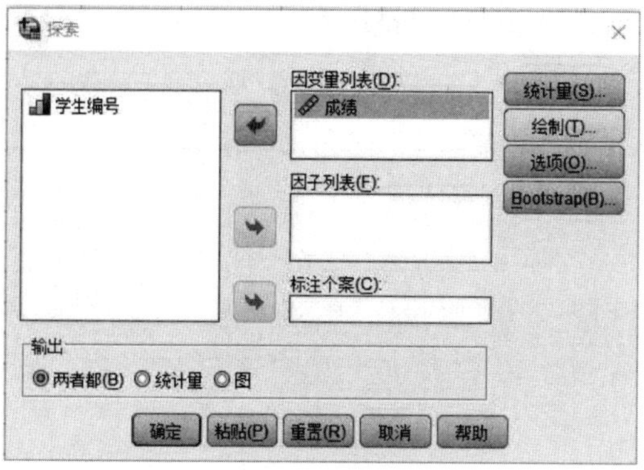

图 3.4.8 “探索”主对话框

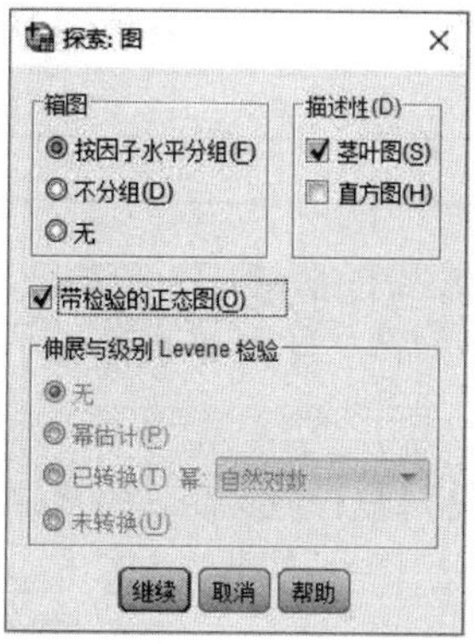

图 3.4.9 “绘制”子对话框

表 3.4.11 学生成绩正态性检验结果

正态性检验

	Kolmogorov-Smirnov[a]			Shapiro-Wilk		
	统计量	df	Sig.	统计量	df	Sig.
成绩	.119	32	.200*	.930	32	.040

*. 这是真实显著水平的下限。

a. Lilliefors 显著水平修正

由表 3.4.11 可以看出，K-S 正态检验的结果 $p=0.200>0.05$，可以认为学生的成绩服从正态分布.

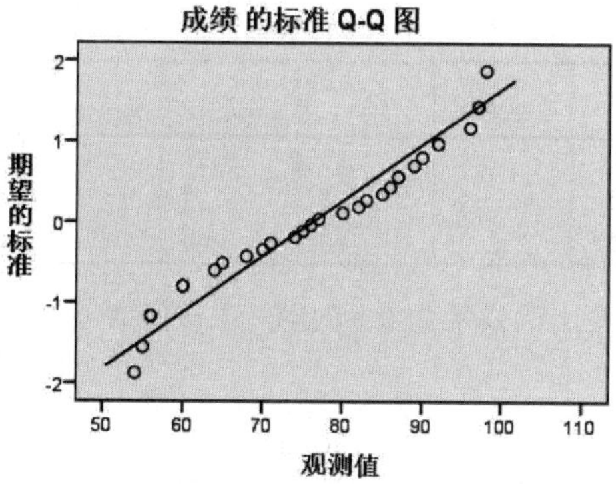

图 3.4.10 学生成绩 Q-Q 图

由图 3.4.10 可以进一步确认，学生成绩数据基本在直线附近，可以认为服从正态分布.

例 3.4.7(二项分布的检验) 某项专业课考试有 15 个正误判断题，某学生的答案情况如表 3.4.12 所示. 试分析该学生是否掌握了这 15 个试题所涉及的相关专业知识.

表 3.4.12　某学生的 15 个正误判断题答案统计结果

题号	1	2	3	4	5	6	7	8	9	10	11	12	13	14	15
判断	1	1	2	1	1	2	1	1	1	1	2	1	2	1	2

SPSS 操作步骤：

点击“分析 → 非参数检验 → 旧对话框 → 二项式”，进入“二项式检验”主对话框，如图 3.4.11 所示，将变量“成绩”选入“检验变量列表”，在“检验比例”窗口输入“0.5”，点击“确定”按钮，执行操作，输出结果如表 3.4.13 所示.

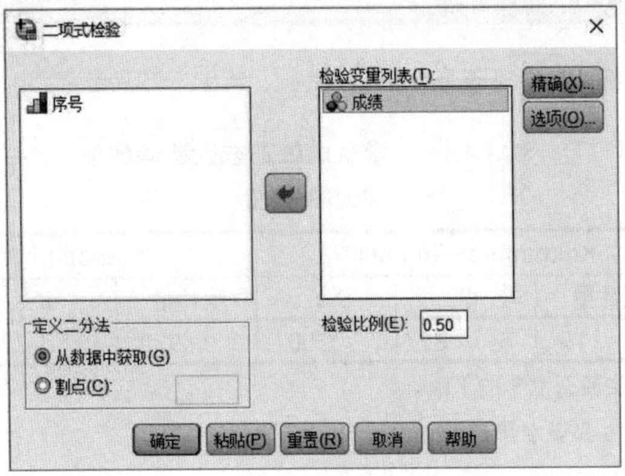

图 3.4.11　“二项式检验”主对话框

表 3.4.13　二项分布检验结果

二项式检验

		类别	N	观察比例	检验比例	精确显著性（双侧）
成绩	组 1	1	10	.67	.50	.302
	组 2	2	5	.33		
	总数		15	1.00		

由表 3.4.13 可知，检验比例设定为 0.5 时，检验 p 值为 $0.302 > 0.05$，这表明这个学生的答案不是随机猜测的.

习　题　3.4

1. 一种摩托车的尾气排放限值按厂家声明应不大于 10%. 在抽查了 20 台新摩托车后，得到下面的尾气排放数据（单位：%）：

11.08，16.85，16.68，7.62，16.34，14.83，9.88，18.73，1.68，10.16，
12.11，6.67，14.36，9.66，16.77，7.84，7.91，15.44，13.69，14.24.

该样本均值为 12.127%. 究竟能否由此认为该指标的总体均值超过 10%？

2. 调查得到两个生产线生产一个零件的耗时记录，其中第一个生产线记录了 27 个时间，第二个记录了 25 个时间，数据（单位：s）如下表所示：

耗时 /s	生产线	耗时 /s	生产线	耗时 /s	生产线	耗时 /s	生产线
25.8	1	29.5	1	29.0	1	26.6	2
30.1	1	32.4	1	28.7	2	29.6	2
26.8	1	23.7	1	31.1	2	30.4	2
33.3	1	26.2	1	27.9	2	24.8	2
26.9	1	28.0	1	28.7	2	24.4	2
33.7	1	30.1	1	30.2	2	25.3	2
34.5	1	31.0	1	30.5	2	30.6	2
24.6	1	29.5	1	23.3	2	27.3	2
31.7	1	37.7	1	27.5	2	27.2	2
39.1	1	28.6	1	29.5	2	32.0	2
29.5	1	27.0	1	28.6	2	27.6	2
25.6	1	29.8	1	26.6	2	29.6	2
28.2	1	27.6	1	26.8	2	25.8	2

试判断第一个和第二个生产线生产一个零件的耗时差别是否显著？假定两组数据均来自独立正态分布总体.

3. 一个由 13 人参加的减肥计划实施前后的体重(单位：kg) 如下表所示：

单位:kg

X	88.9	107.3	106.2	121.8	103.7	133.8	65.5	77.7	50.8	81.5	95.6	74.4	96.7
Y	58.5	119.6	80.8	97.5	106.3	106.5	43.0	66.4	55.0	61.6	95.2	59.1	103.8
D	30.4	−12.3	25.4	24.3	−2.6	27.3	22.5	11.3	−4.2	20.4	0.4	15.3	−7.1

这里 X,Y 分别为减肥前后的体重，而 D 是相应的差值.人们想对减肥前后体重区别的均值进行检验，这里假定体重区别服从正态分布.

4. 某商店说，至少有 1/3 的顾客喜欢返券和抽奖促销活动. 对 50 名顾客的随机抽样调查的结果显示，有 35 人讨厌商店的这类促销行为，有 5 人不表态，仅有 10 人明确表示支持.那么商店的说法是否有道理呢？

5. 某专家声称某市大学中至少有 50% 的教师患有不同程度的神经衰弱，一个研究组织从该市 5 所大学中随机抽取了 360 名教师作调查，发现其中有 160 人患有不同程度的神经衰弱，给定显著性水平为 0.05，检验这个专家的论断是否成立？

6. 某厂家在广告中说该厂生产的汽车轮胎在正常行驶条件下的平均寿命大于 30 000km. 现对 12 个轮胎组成的随机样本作测试，得到轮胎的使用寿命(单位:km) 分别为

28 800，32 600，31 200，27 860，32 100，33 600，
29 100，30 650，30 090，29 860，33 860，31 150.

验证轮胎寿命是否服从正态分布？若服从正态分布，该厂家的广告是否可信？($\alpha = 0.05$)

第四章　方差分析与正交试验设计

方差分析是数理统计的基本方法之一，是英国统计学家费希尔在 20 世纪 20 年代提出的. 当时，他在英国一个农业试验站工作，需要进行许多田间试验，为分析试验结果，他发明了方差分析. 后来，方差分析被应用于其他领域，尤其是工业实验分析中. 经过几十年的发展，方差分析内容已经非常丰富，应用也很广泛.

方差分析方法是通过对试验获得的数据之间的差异进行分析，来推断试验中各个因素所起作用的一种统计方法. 例如，在气候、水利、土壤等条件相同时，想搞清楚几种不同的水稻品种对水稻的亩产量是否有显著影响，并从中选出对某地区来说最优的水稻品种，这就是典型的方差分析问题. 从本质上来说，方差分析就是多总体均值的比较问题. 本书主要介绍单因子方差分析、双因子方差分析以及多因子方差分析.

§4.1　单因子方差分析

一、单因子方差分析模型

例 4.1.1　在饲料养鸡增肥的研究中，某研究所提出 3 种配方饲料：A_1 是以鱼粉为主的饲料，A_2 是以槐米粉为主的饲料，A_3 是以苜蓿粉为主的饲料. 为比较这 3 种饲料的效果，特选 24 只情况相似的雏鸡进行增肥试验.将 24 只雏鸡均分为 3 组，每组各喂一种饲料，60 天后观察它们的重量(单位：g)，试验结果如表 4.1.1 所示.

表 4.1.1　鸡重量试验数据

饲料	鸡的重量/g							
A_1	1 073	1 009	1 060	1 001	1 002	1 012	1 009	1 028
A_2	1 107	1 092	990	1 109	1 090	1 074	1 122	1 001
A_3	1 093	1 029	1 080	1 021	1 022	1 032	1 029	1 048

要比较 3 种饲料对鸡的增肥效果是否相同，主要是看用 3 种饲料喂养 60 天后各组鸡的平均重量是否相等. 若 3 组鸡的平均重量相差不大，则认为 3 种饲料对鸡的增肥效果是相同的；若 3 组鸡的平均重量相差过大，则认为 3 种饲料对鸡的增肥效果是不同的. 这种多个均值的比较问题就可以用方差分析解决.

为方便起见，我们常称在试验中变化的因素为**因子**，用 $A,B,C,\cdots$ 表示，在例 4.1.1 中变化的因素为饲料的种类，因此饲料就是因子，用 A 来表示. 因子在试验中所处的不同状态称为**水平**,在例 4.1.1 中,饲料有 3 个不同的种类,说明因子 A 有 3 个不同的水平,分别用 A_1,A_2,A_3 来表示.

在例 4.1.1 中要验证不同饲料对鸡增肥的效果是否相等,我们可将水平 A_i,$i=1,2,3$ 下鸡的重量看作一个总体,假设这些总体独立地服从同方差的正态分布 $N(\mu_i,\sigma^2)$,$i=1,2,3$,试验的目的就是要检验假设

$$H_0:\mu_1=\mu_2=\mu_3 \tag{4.1.1}$$

是否成立. 若拒绝 H_0,那么我们就认为这 3 种饲料对鸡的增肥作用有显著差异; 反之,就认为各饲料对鸡增肥作用的不同是由随机因素引起的. 方差分析就是检验假设 (4.1.1) 的一种方法.

实际上,**方差分析**是检验同方差的若干正态总体均值是否相等的一种统计分析方法.

在实际问题中影响总体均值的因子可能不止一个. 我们按试验中因子的个数,可分为单因子方差分析、双因子方差分析、多因子方差分析等. 例 4.1.1 是一个单因子方差分析问题. 这里我们先讨论单因子方差分析.

设在某试验中,因子 A 有 r 个不同水平 $A_1,A_2,\cdots,A_r$,在 A_i 水平下的试验结果 Y_i 服从正态分布 $N(\mu_i,\sigma^2)$,$i=1,2,\cdots,r$,且 $Y_1,Y_2,\cdots,Y_r$ 相互独立. 在 A_i 水平下作了 t 次试验,获得了 t 个试验结果 y_{ij},$j=1,2,\cdots,t$,可以看成是取自总体 Y_i 的一个容量为 t 的样本. 由于 $y_{ij}\sim N(\mu_i,\sigma^2)$,故 y_{ij} 与 μ_i 的差可以看成一个随机误差 ε_{ij},$\varepsilon_{ij}\sim N(0,\sigma^2)$. 这样一来,可以假定 y_{ij} 具有下述**数据结构式**:

$$y_{ij}=\mu_i+\varepsilon_{ij},\quad i=1,2,\cdots,r;j=1,2,\cdots,t, \tag{4.1.2}$$

其中 ε_{ij} 相互独立,均服从正态分布 $N(0,\sigma^2)$.要检验的假设是

$$H_0:\mu_1=\mu_2=\cdots=\mu_r. \tag{4.1.3}$$

为更好地描述数据,常在方差分析中引入一般平均与水平效应的概念. 称所有 μ_i 的平均

$$\mu=\frac{1}{r}(\mu_1+\mu_2+\cdots+\mu_r)=\frac{1}{r}\sum_{i=1}^{r}\mu_i$$

为**一般平均**,也称为**总平均**. 称第 i 水平下的均值 μ_i 与一般平均 μ 的差

$$\alpha_i=\mu_i-\mu,\quad i=1,2,\cdots,r$$

为**因子 A 的第 i 个水平的效应**,简称为 A_i **的水平效应**. 容易看出,r 个水平效应满足关系式:

$$\sum_{i=1}^{r}\alpha_i=0,$$

从而单因子方差分析的模型可以表示为

$$\begin{cases} y_{ij}=\mu+\alpha_i+\varepsilon_{ij},\quad i=1,2,\cdots,r;j=1,2,\cdots,t, \\ \sum\limits_{i=1}^{r}\alpha_i=0, \\ \text{各 }\varepsilon_{ij}\text{ 相互独立且均服从正态分布 }N(0,\sigma^2). \end{cases} \tag{4.1.4}$$

所要检验的假设 (4.1.3) 可以写成

$$H_0:\alpha_1=\alpha_2=\cdots=\alpha_r=0. \tag{4.1.5}$$

二、构造检验统计量

在构造统计量之前,先介绍几个基本概念.

在统计学中,将 k 个数据 $y_1,y_2,\cdots,y_k$ 分别对其均值 $\overline{y}=\frac{1}{k}\sum\limits_{i=1}^{k}y_i$ 的偏差平方和

$$Q=(y_1-\overline{y})^2+(y_2-\overline{y})^2+\cdots+(y_k-\overline{y})^2=\sum_{i=1}^{k}(y_i-\overline{y})^2$$

称为 k 个数据的**偏差平方和**. 偏差平方和是用来度量若干个数据间差异（即波动）大小的一个重要统计量.

在构成偏差平方和 Q 的 k 个偏差 $y_1-\overline{y},y_2-\overline{y},\cdots,y_k-\overline{y}$ 间有一个恒等式

$$\sum_{i=1}^{k}(y_i-\overline{y})=0,$$

这说明在 Q 中独立的偏差只有 $k-1$ 个. 在统计学中把偏差平方和中独立偏差的个数称为该平方和的**自由度**,常记为 f,如 Q 的自由度 $f_Q=k-1$. 自由度是偏差平方和的一个重要参数.

为了导出检验假设（4.1.5）的统计量,我们首先分析引起各个 y_{ij} 波动的原因. 这里有两个原因:一个是假设（4.1.5）为真时,诸 y_{ij} 的波动纯粹是由随机性引起的；另一个可能是假设（4.1.5）不真而引起的. 因而我们就想用一个量来刻画各个 y_{ij} 之间的波动,并把引起波动的上述两个原因用另外两个量表示出来,这就是方差分析中常用的**平方和分解方法**. 下面我们就从平方和分解入手来导出检验假设（4.1.5）的统计量.

通常我们可以用 y_{ij} 与样本总平均 $\overline{y}$ 之间的偏差平方和来反应 y_{ij} 之间的波动. 令

$$S_T=\sum_{i=1}^{r}\sum_{j=1}^{t}(y_{ij}-\overline{y})^2, \tag{4.1.6}$$

其中 $y=\frac{1}{n}\sum\limits_{i=1}^{r}\sum\limits_{j=1}^{t}y_{ij}$,$n=rt$,称 S_T 为**总的偏差平方和**,自由度 $f_T=n-1$. 若令

$$y_{i\cdot}=\sum_{j=1}^{t}y_{ij},\quad \overline{y}_{i\cdot}=\frac{1}{t}y_{i\cdot},$$

则

$$\begin{aligned}S_T&=\sum_{i=1}^{r}\sum_{j=1}^{t}(y_{ij}-\overline{y})^2=\sum_{i=1}^{r}\sum_{j=1}^{t}(y_{ij}-\overline{y}_{i\cdot}+\overline{y}_{i\cdot}-\overline{y})^2\\&=\sum_{i=1}^{r}\sum_{j=1}^{t}(y_{ij}-\overline{y}_{i\cdot})^2+\sum_{i=1}^{r}t(\overline{y}_{i\cdot}-\overline{y})^2+2\sum_{i=1}^{r}\sum_{j=1}^{t}(y_{ij}-\overline{y}_{i\cdot})(\overline{y}_{i\cdot}-\overline{y}),\end{aligned}$$

其中交叉乘积项

$$\begin{aligned}2\sum_{i=1}^{r}\sum_{j=1}^{t}(y_{ij}-\overline{y}_{i\cdot})(\overline{y}_{i\cdot}-\overline{y})&=2\Big[\sum_{i=1}^{r}(y_{i\cdot}-\overline{y})\Big]\Big[\sum_{j=1}^{t}(y_{ij}-\overline{y}_{i\cdot})\Big]\\&=2\sum_{i=1}^{r}(\overline{y}_{i\cdot}-\overline{y})(y_{i\cdot}-t\,\overline{y}_{i\cdot})=0.\end{aligned}$$

若令

$$S_e=\sum_{i=1}^{r}\sum_{j=1}^{t}(y_{ij}-\overline{y}_{i\cdot})^2, \tag{4.1.7}$$

$$S_A=\sum_{i=1}^{r}t(\overline{y}_{i\cdot}-\overline{y})^2, \tag{4.1.8}$$

则有一个平方和分解式：

$$S_T=S_e+S_A, \tag{4.1.9}$$

且 S_e 和 S_A 的自由度分别为 $f_e=r(t-1)=n-r$，$f_A=r-1$. 利用数据结构式 (4.1.4) 有

$$\overline{y}_{i\cdot}=\mu+\alpha_i+\overline{\varepsilon}_{i\cdot} \quad 和 \quad \overline{y}=\mu+\overline{\varepsilon},$$

其中 $\overline{\varepsilon}_{i\cdot}$，$\overline{\varepsilon}$ 的意义分别同 $\overline{y}_{i\cdot}$，$\overline{y}$. 从而

$$S_e=\sum_{i=1}^{r}\sum_{j=1}^{t}(\varepsilon_{ij}-\overline{\varepsilon}_{i\cdot})^2 \tag{4.1.10}$$

仅反映数据的随机误差，称为**误差的偏差平方和**，也称为**组内偏差平方和**. 而

$$S_A=\sum_{i=1}^{r}t(\alpha_i+\overline{\varepsilon}_{i\cdot}-\overline{\varepsilon})^2 \tag{4.1.11}$$

除了反映随机误差外，还反映因子 A 的不同水平效应间的差异，称它为**因素 A 的偏差平方和**，也称为**组间偏差平方和**.

如何来构造检验统计量呢？这可以从 S_e 和 S_A 的数学期望得到启发. 由(4.1.10)式和(4.1.11)式，可得

$$\begin{aligned}E(S_e)&=\sum_{i=1}^{r}E\left[\sum_{j=1}^{t}(\varepsilon_{ij}-\overline{\varepsilon}_{i\cdot})^2\right]=\sum_{i=1}^{r}E\left(\sum_{j=1}^{t}\varepsilon_{ij}^2-t\,\overline{\varepsilon}_{i\cdot}^2\right)=\sum_{i=1}^{r}\left(t\sigma^2-t\cdot\frac{\sigma^2}{t}\right)\\&=r(t-1)\sigma^2=(n-r)\sigma^2,\end{aligned} \tag{4.1.12}$$

$$\begin{aligned}E(S_A)&=t\,E\left[\sum_{i=1}^{r}\left(\alpha_i^2+2\alpha_i(\overline{\varepsilon}_{i\cdot}-\overline{\varepsilon})+(\overline{\varepsilon}_{i\cdot}-\overline{\varepsilon})^2\right)\right]\\&=t\sum_{i=1}^{r}\alpha_i^2+tE\left(\sum_{i=1}^{r}\overline{\varepsilon}_{i\cdot}^2-r\,\overline{\varepsilon}^2\right)\\&=t\sum_{i=1}^{r}\alpha_i^2+t\sum_{i=1}^{r}\frac{\sigma^2}{t}-tr\frac{\sigma^2}{tr}=t\sum_{i=1}^{r}\alpha_i^2+(r-1)\sigma^2.\end{aligned} \tag{4.1.13}$$

由(4.1.12)式知，$\dfrac{S_e}{n-r}$为σ^2 的无偏估计. 由(4.1.13)式，当假设(4.1.5)为真时，$\dfrac{S_A}{r-1}$也是 σ^2 的无偏估计. 故当假设(4.1.5)为真时，比值

$$F=\frac{S_A/(r-1)}{S_e/(n-r)} \tag{4.1.14}$$

不能太大，当 F 值过大时，可以认为假设 (4.1.5) 不真.

当 H_0 为真时，(4.1.14)式中的 F 统计量服从什么分布？为此先研究平方和分解式(4.1.9) 中的三个平方和 S_T，S_e 和 S_A 的分布.

在假设 (4.1.5) 为真时，一切 $y_{ij}\sim N(\mu,\sigma^2)$，且相互独立，故

$$\frac{1}{\sigma^2}S_T\sim\chi^2(n-1).$$

另外由(4.1.10)式及对 ε_{ij} 的假定，利用 χ^2 分布的可加性可知

$$\frac{1}{\sigma^2}S_e\sim\chi^2(n-r).$$

若在假设(4.1.5)为真时，$\dfrac{S_A}{\sigma^2}\sim\chi^2(r-1)$，且 S_A 与 S_e 独立，那么统计量$F\sim F(r-1,n-r)$. 为了获得这一结果，先来证明柯赫伦(Cochran)定理.

定理 4.1.1(柯赫伦定理) 设 $X_1,X_2,\cdots,X_n$ 为 n 个相互独立的服从 $N(0,1)$的随机变

量,且 $Q=\sum\limits_{i=1}^{n}X_i^2$ 为服从 $\chi^2(n)$ 的随机变量,若 $Q=Q_1+Q_2+\cdots+Q_k$,其中 Q_i,$i=1,2,\cdots,k$ 为某些正态随机变量的平方和,这些正态随机变量分别是 $X_1,X_2,\cdots,X_n$ 的线性组合,其自由度为 f_i,则诸 Q_i 相互独立,且为服从 $\chi^2(f_i)$ 的随机变量的充要条件是 $\sum\limits_{i=1}^{k}f_i=n$.

证明　必要性. 若 $Q_1,Q_2,\cdots,Q_k$ 相互独立,且 $Q_i\sim\chi^2(f_i)$,$i=1,2,\cdots,k$,则由 χ^2 分布的可加性知

$$Q=\sum_{i=1}^{k}Q_i\sim\chi^2\left(\sum_{i=1}^{k}f_i\right).$$

又 $Q\sim\chi^2(n)$,可知 $n=\sum\limits_{i=1}^{k}f_i$.

充分性. 设 Z_{ij} 为正态随机变量,$j=1,2,\cdots,m_i$;$i=1,2,\cdots,k$,且 $Q_i=\sum\limits_{j=1}^{m_i}Z_{ij}^2$.由假定,在 $Z_{i1},Z_{i2},\cdots,Z_{im_i}$ 中必可选出 f_i 个 Z_{ij},而其余的可由这 f_i 个 Z_{ij} 线性表示. 不妨设 Z_{i,f_i+1},$Z_{i,f_i+2},\cdots,Z_{im_i}$ 可由 $Z_{i1},Z_{i2},\cdots,Z_{if_i}$ 线性表示,将这些关系式代入 Q_i 后即得 Q_i 为 Z_{i1},Z_{i2},$\cdots,Z_{if_i}$ 的一个非负二次型.由二次型的理论可知,将此二次型标准化后得

$$Q_i=\sum_{j=1}^{f_i}b_{ij}\tilde{Z}_{ij}^2,$$

其中 $\tilde{Z}_{ij}$ 是 $Z_{i1},\cdots,Z_{if_i}$ 的线性组合,又由于 Z_{ij} 是 $X_1,X_2,\cdots,X_n$ 的线性组合,故 $\tilde{Z}_{ij}$ 为独立正态随机变量 $X_1,X_2,\cdots,X_n$ 的线性组合,所以它仍为正态变量;$b_{ij}=+1$ 或 -1,从而

$$Q=\sum_{i=1}^{k}\sum_{j=1}^{f_i}b_{ij}\tilde{Z}_{ij}^2=\sum_{i=1}^{n}X_i^2.$$

由于 Q 是正定的,且 $\sum\limits_{i=1}^{k}f_i=n$,故 $\tilde{Z}_{ij}$ 共有 n 个,且一切 b_{ij} 全为 $+1$. 将 $\tilde{Z}_{ij}$ 重新编号成 $\tilde{Z}_1$,$\tilde{Z}_2,\cdots,\tilde{Z}_n$,则

$$Q=\sum_{i=1}^{n}X_i^2=\sum_{i=1}^{n}\tilde{Z}_i^2.$$

从而可知,由 $X_1,X_2,\cdots,X_n$ 到 $\tilde{Z}_1,\tilde{Z}_2,\cdots,\tilde{Z}_n$ 的线性变换是正交变换,$\tilde{Z}_1,\tilde{Z}_2,\cdots,\tilde{Z}_n$ 仍是正态随机变量,且

$$E(\tilde{Z}_i)=0,\quad \operatorname{cov}(\tilde{Z}_i,\tilde{Z}_j)=\begin{cases}0, & i\neq j,\\ 1, & i=j,\end{cases}\quad i,j=1,2,\cdots,n.$$

这就说明,$\tilde{Z}_1,\tilde{Z}_2,\cdots,\tilde{Z}_n$ 也是相互独立的服从 $N(0,1)$ 的随机变量. 故 Q_i 为相互独立的服从 $\chi^2(f_i)$ 的随机变量,$i=1,2,\cdots,k$.

由平方和分解公式与平方和的自由度可得如下关系:

$$\frac{1}{\sigma^2}S_T=\frac{1}{\sigma^2}S_A+\frac{1}{\sigma^2}S_e,$$

$$f_T=f_A+f_e.$$

由柯赫伦定理可得

$$\frac{1}{\sigma^2}S_A \sim \chi^2(r-1),$$

且 S_A 与 S_e 独立. 所以在假设 (4.1.5) 为真时,构造的检验统计量

$$F=\frac{S_A/(r-1)}{S_e/(n-r)} \sim F(r-1,n-r).$$

对给定的显著性水平 α,由 $P_{H_0}\left\{F \geqslant F_\alpha(r-1,n-r)\right\}=\alpha$ 确定拒绝域为

$$W=\left\{F \geqslant F_\alpha(r-1,n-r)\right\}.$$

经过简单推导,给出常用的各偏差平方和的计算公式如下:

$$S_T=\sum_{i=1}^{r}\sum_{j=1}^{t} y_{ij}^2-n\,\overline{y}^2,\quad S_A=\sum_{i=1}^{r}\frac{y_{i\cdot}^2}{t}-n\,\overline{y}^2,\quad S_e=S_T-S_A. \tag{4.1.15}$$

若因子在每一水平下所进行的试验次数不等,设在第 i 个水平下重复了 t_i 次,$i=1,2,\cdots,r$,那么重复上述推导,可以得到完全类似的结论. 在具体计算时,(4.1.15)式可修改为

$$S_T=\sum_{i=1}^{r}\sum_{j=1}^{t_i} y_{ij}^2-n\,\overline{y}^2,\quad S_A=\sum_{i=1}^{r}\frac{y_{i\cdot}^2}{t_i}-n\,\overline{y}^2,\quad S_e=S_T-S_A, \tag{4.1.16}$$

其中 $n=\sum\limits_{i=1}^{r} t_i$,$y_{i\cdot}=\sum\limits_{j=1}^{t_i} y_{ij}$.

将上述计算过程列成一张表格,称为**方差分析表**,如表 4.1.2 所示.

表 4.1.2 单因子方差分析表

来源	平方和	自由度	均方和	F 比
因子 A	S_A	$f_A=r-1$	$MS_A=S_A/f_A$	$F=MS_A/MS_e$
误差 e	S_e	$f_e=n-r$	$MS_e=S_e/f_e$	
总和	S_T	$f_T=n-1$		

若统计量的值 $F\in W$,则拒绝原假设 H_0,认为各水平效应在显著性水平 α 下有显著的不同.

例 4.1.2 采用例 4.1.1 的数据,由偏差平方和的公式可以看出,对数据作一个线性变换

$$y'_{ij}=\frac{y_{ij}-a}{b},$$

其中 a,b 为常数,$b\neq 0$ 是不影响方差分析的结果的. 为计算方便,我们将原始数据同时减去 1 000,并用表 4.1.3 给出计算过程.

表 4.1.3 例 4.1.2 的计算表

水平	数据 (原始数据−1 000)								$y_{i\cdot}$	$y_{i\cdot}^2$	$\sum\limits_{j=1}^{8} y_{ij}^2$
A_1	73	9	60	1	2	12	9	28	194	37 636	10 024
A_2	107	92	−10	109	90	74	122	1	585	342 225	60 355
A_3	93	29	80	21	22	32	29	48	354	125 316	20 984
和									1 133	505 177	91 363

利用(4.1.15)式,计算各偏差平方和,然后确定其自由度,分别为

$$S_T=91\ 363-\frac{1\ 133^2}{24}=37\ 857.96,\qquad f_T=24-1=23,$$

$$S_A=\frac{505\ 177}{8}-\frac{1\ 133^2}{24}=9\ 660.08,\qquad f_A=3-1=2,$$

$$S_e=S_T-S_A=37\ 875.96-9\ 660.08=28\ 215.88,\qquad f_e=3(8-1)=21.$$

列方差分析表,如表 4.1.4 所示.

表 4.1.4 例 4.1.2 的方差分析表

来源	平方和	自由度	均方和	F 比
因子 A	9 660.08	2	4 830.04	3.59
误差 e	28 215.88	21	1 343.61	
总和	37 875.96	23	$F_{0.05}(2,21)=3.47$	

由于 3.59>3.47,所以在显著性水平 $\alpha=0.05$ 下拒绝 H_0,即认为 3 种饲料对鸡的增肥作用有显著的差别.

下面我们以例题形式重新梳理一下单因子方差分析的解题过程.

例 4.1.3 有 3 种不同材料制成的横梁,其中 A_1 由钢制成,A_2,A_3 分别由合金 B 和合金 C 制成,为比较 3 种不同材制的横梁的强度,分别在各种横梁上加力使其弯曲,记录其弯曲量(单位:次)得到以下数据:

表 4.1.5 横梁的弯曲量数据

类型	弯曲量/次							
A_1	79	84	87	82	85	86	83	86
A_2	77	74	75	78	76	82		
A_3	77	79	78	79	79	82		

假设 3 种横梁的弯曲量总体均服从正态分布,各总体方差相同,各样本相互独立.试检验各种横梁的弯曲量是否有显著性差异?($\alpha=0.01$)

解 设材料为因子 A,记在 A_1,A_2,A_3 3 个水平下横梁的弯曲量分别为随机变量 X_1,X_2,X_3,由题意知

$$X_i\sim N(\mu_i,\sigma^2),\quad i=1,2,3.$$

检验假设 $H_0:\mu_1=\mu_2=\mu_3$. 当 H_0 为真时,构造检验统计量

$$F=\frac{S_A/2}{S_e/17}\sim F(2,17),$$

其中 S_A 为因素 A 的偏差平方和,S_e 为误差的偏差平方和. 给定显著性水平 $\alpha=0.01$,由

$$P_{H_0}\left\{F>F_{0.01}(2,17)\right\}=0.01$$

确定拒绝域 $W=\{F>6.11\}$,其中 $F_{0.01}(2,17)=6.11$. 列方差分析表计算统计量 F 的值,如表 4.1.6 所示.

表 4.1.6 横梁的弯曲量方差分析表

来源	平方和	自由度	均方和	F 比
因子 A	184.8	2	92.4	15.4
误差 e	102	17	6	
总和	286.8	19		

统计量的值 $F=15.4\in W$,故拒绝 H_0,认为这 3 种横梁的弯曲量有显著差异.

习 题 4.1

1. 在一个单因子试验中,因子 A 有 4 个水平,每个水平下重复次数分别为 5,7,6,8,那么误差的偏差平方和、因子 A 的偏差平方和及总的偏差平方和的自由度各是多少?

2. 在单因子试验中,因子 A 有 4 个水平,每个水平下各重复 3 次试验,现已求得每个水平下试验结果的样本标准差分别为 1.5,2.0,1.6,1.2,则其误差偏差平方和为多少?误差的方差 σ^2 的估计值是多少?

3. 4 台机器 A_1,A_2,A_3,A_4 生产同种产品,对每台机器观察 5 天的日产量(单位:件)见下表:

机器	日产量/件				
A_1	41	48	42	57	49
A_2	65	67	64	70	68
A_3	42	48	50	51	46
A_4	40	50	52	51	46

试分析当显著性水平 $\alpha=0.05$ 时,4 台机器的日产量是否存在显著性差异?

4. 在入户推销上有 5 种方法,某大公司想比较这 5 种方法的效果有无显著差异,设计了一项试验:从应聘的且无销售经验的人员中随机挑选一部分人,将他们随机地分为 5 个组,每组用一种推销方法进行培训,培训相同时间后观察他们在 1 个月内的推销额(单位:千元),数据如下表所示:

组别	推销额/千元						
第一组	20.0	16.8	17.9	21.2	23.9	26.8	22.4
第二组	24.9	21.3	22.6	30.2	29.9	22.5	20.7
第三组	16.0	20.1	17.3	20.9	22.0	26.8	20.8
第四组	17.5	18.2	20.2	17.7	19.1	18.4	16.5
第五组	25.2	26.2	26.9	29.3	30.3	29.7	28.2

为比较这 5 种方法的平均销售额有无显著差异,拟作方差分析,对下列问题作出回答:

(1) 写出进行方差分析的统计模型.

(2) 对数据进行分析,在显著性水平 $\alpha=0.05$ 下,这 5 种方法的月平均销售额有无显著差异?

(3) 哪种销售方法的效果最好?

§4.2 双因子方差分析

在很多实际问题中，影响试验结果的因子不止一个，而是两个或更多个. 此时，要分析因子所起的作用，就要用多因子方差分析的方法. 本节主要介绍双因子方差分析.

设在某试验中，有两个因子 A 和 B 在变动. 因子 A 有 r 个不同水平 $A_1, A_2, \cdots, A_r$，因子 B 有 s 个不同水平 $B_1, B_2, \cdots, B_s$，在 (A_i, B_j) 水平组合下的试验结果独立地服从正态分布 $N(\mu_{ij}, \sigma^2)$.

为了研究方便起见，如单因子方差分析中那样把参数改变一下，令

$$\mu = \frac{1}{rs}\sum_{i=1}^{r}\sum_{j=1}^{s}\mu_{ij}, \quad \mu_{i\cdot} = \frac{1}{s}\sum_{j=1}^{s}\mu_{ij}, i=1,2,\cdots,r, \quad \mu_{\cdot j} = \frac{1}{r}\sum_{i=1}^{r}\mu_{ij}, j=1,2,\cdots,s,$$

$$\alpha_i = \mu_{i\cdot} - \mu, i=1,2,\cdots,r, \quad \beta_j = \mu_{\cdot j} - \mu, j=1,2,\cdots,s,$$

称 μ 为**一般平均**，α_i 为因子 A 的第 i 个水平的效应，简称为 **A_i 的水平效应**，β_j 为因子 B 的第 j 个水平的效应，简称为 **B_j 的水平效应**，它们显然满足关系式：

$$\sum_{i=1}^{r}\alpha_i = 0, \quad \sum_{j=1}^{s}\beta_j = 0.$$

在双因子的试验中，有时候不仅每个因子单独对实验结果起作用，往往两个因子联合起来起作用，这种作用称为两个因子的**交互作用**. 它有时能提高指标值，有时却会压低指标值.

例如，研究氮肥 N 和磷肥 P 对 3 种农作物单位面积产量的影响. 现选定 4 块面积、土地情况类似的土地，按表 4.2.1 中 N 与 P 的各两个水平共 4 种组合的肥料分别施加在 4 个地块上，并安排 3 种作物在不同组合下进行试验，试验结果如表 4.2.2，表 4.2.3 和表 4.2.4 所示.

表 4.2.1　农作物试验的因子水平表（单位面积施肥量）

单位：kg

因子	水平 1	水平 2
N	N_1:0	N_2:10
P	P_1:0	P_2:6

表 4.2.2　作物一的亩产量

单位：kg

	P_1	P_2
N_1	300	360
N_2	340	400

表 4.2.2 是作物一在 4 种组合下的亩产量（1 亩≈666m^2），从该表中可以看出：只加 10kg 氮肥，平均每亩增加 40kg，这就是因子 N 的效果；只加 6kg 磷肥，平均每亩增加 60kg，这就是因子 P 的效果；两种肥料都加，平均每亩产量为 400kg.假如扣除 N 和 P 的单独效果，即有

$$(400-300)-(360-300)-(340-300)=0,$$

这说明两个因子结合在一起对作物一没有进一步提高产量.这就说明氮肥和磷肥对提升该

作物产量没有交互作用.

表 4.2.3 作物二的亩产量

单位:kg

	P_1	P_2
N_1	300	360
N_2	340	450

表 4.2.3 是作物二在 4 种组合下的亩产量，从该表中可以看出：只加 10kg 氮肥，平均每亩增加 40kg，这就是因子 N 的效果；只加 6kg 磷肥，平均每亩增加 60kg，这就是因子 P 的效果；两种肥料都加，平均每亩增加 150kg.假如扣除 N 和 P 的单独效果，即

$$(450-300)-(360-300)-(340-300)=50,$$

这说明两个因子结合在一起对作物二所产生的综合效果有助于产量的提高.这种效果就是**正向的交互作用**.

表 4.2.4 作物三的亩产量

单位:kg

	P_1	P_2
N_1	300	360
N_2	340	320

表 4.2.4 是作物三在 4 种组合下的亩产量，从该表中可以看出：只加 10kg 氮肥，平均每亩增加 40kg，这就是因子 N 的效果；只加 6kg 磷肥，平均每亩增加 60kg，这就是因子 P 的效果；两种肥料都加，平均每亩仅增加 20kg.假如扣除 N 和 P 的单独效果，即

$$(320-300)-(360-300)-(340-300)=-80,$$

这说明两个因子结合在一起对作物三所产生的综合效果对产量起了抑制作用.这种效果就是**反向的交互作用**.

下面我们通过双因子有无交互作用两种情况来讨论双因子方差分析.

一、无交互作用双因子方差分析

若 $\mu_{ij}=\mu+\alpha_i+\beta_j$，说明因子 A 与因子 B 之间无交互作用，此时，我们只需对 (A_i,B_j) 的每个组合各作一次试验，记其结果为 y_{ij}，则有

$$\begin{cases} y_{ij}=\mu+\alpha_i+\beta_j+\varepsilon_{ij}, \quad i=1,2,\cdots,r;j=1,2,\cdots,s, \\ \sum_{i=1}^{r}\alpha_i=0, \quad \sum_{j=1}^{s}\beta_j=0, \\ \text{各 } \varepsilon_{ij} \text{ 相互独立，且均服从正态分布 } N(0,\sigma^2). \end{cases} \tag{4.2.1}$$

这就是无交互作用的方差分析模型. 对这个模型检验两个假设：

$$\begin{aligned} &H_{01}:\alpha_1=\alpha_2=\cdots=\alpha_r=0, \\ &H_{02}:\beta_1=\beta_2=\cdots=\beta_s=0. \end{aligned} \tag{4.2.2}$$

若检验结果拒绝 H_{01}(或(H_{02})，则认为因子 A(或 B)的不同水平对结果有显著影响. 若二者

均不拒绝,那就说明因子 A 与 B 的不同水平组合对结果无显著影响.

我们仍然利用平方和分解的思想构造检验统计量. 令

$$\overline{y}=\frac{1}{n}\sum_{i=1}^{r}\sum_{j=1}^{s}y_{ij},\quad \text{其中 } n=rs,$$

$$\overline{y}_{i\cdot}=\frac{1}{s}\sum_{j=1}^{s}y_{ij},\quad \overline{y}_{\cdot j}=\frac{1}{r}\sum_{i=1}^{r}y_{ij}\quad i=1,2,\cdots,r;\ j=1,2,\cdots,s,$$

$$\overline{\varepsilon}=\frac{1}{n}\sum_{i=1}^{r}\sum_{j=1}^{s}\varepsilon_{ij},\quad \text{其中 } n=rs,$$

$$\overline{\varepsilon}_{i\cdot}=\frac{1}{s}\sum_{j=1}^{s}\varepsilon_{ij},\quad \overline{\varepsilon}_{\cdot j}=\frac{1}{r}\sum_{i=1}^{r}\varepsilon ij,\quad i=1,2,\cdots,r;\ j=1,2,\cdots,s.$$

由模型(4.2.1)可知

$$\begin{cases}\overline{y}_{i\cdot}=\mu+\alpha_i+\overline{\varepsilon}_{i\cdot}, & i=1,2,\cdots,r,\\ \overline{y}_{\cdot j}=\mu+\beta_j+\overline{\varepsilon}_{\cdot j}, & j=1,2,\cdots,s,\\ \overline{y}=\mu+\overline{\varepsilon}.\end{cases}\tag{4.2.3}$$

可以证明总的偏差平方和

$$\begin{aligned}S_T&=\sum_{i=1}^{r}\sum_{j=1}^{s}(y_{ij}-\overline{y})^2\\&=\sum_{i=1}^{r}\sum_{j=1}^{s}(y_{ij}-\overline{y}_{i\cdot}-\overline{y}_{\cdot j}-\overline{y})^2+\sum_{i=1}^{r}s(\overline{y}_{i\cdot}-\overline{y})^2+\sum_{j=1}^{s}r(\overline{y}_{\cdot j}-\overline{y})^2\\&=S_e+S_A+S_B,\end{aligned}$$

其中 $S_e=\sum_{i=1}^{r}\sum_{j=1}^{s}(y_{ij}-\overline{y}_{i\cdot}-\overline{y}_{\cdot j}-\overline{y})^2,S_A=\sum_{i=1}^{r}s(\overline{y}_{i\cdot}-\overline{y})^2,S_B=\sum_{j=1}^{s}r(\overline{y}_{\cdot j}-\overline{y})^2$.

在 S_e 中有 $r+s$ 个线性关系式:

$$\sum_{i=1}^{r}(y_{ij}-\overline{y}_{i\cdot}-\overline{y}_{\cdot j}+\overline{y})=0,\quad j=1,2,\cdots,s,$$

$$\sum_{j=1}^{s}(y_{ij}-\overline{y}_{i\cdot}-\overline{y}_{\cdot j}+\overline{y})=0,\quad i=1,2,\cdots,r.$$

但在这 $r+s$ 个线性关系式中只有 $r+s-1$ 个是独立的,所以自由度

$$f_e=rs-(r+s-1)=(r-1)(s-1).$$

在 S_A 中有 1 个独立的线性关系式:

$$\sum_{i=1}^{r}(\overline{y}_{i\cdot}-\overline{y})=0,$$

所以自由度 $f_A=r-1$. S_B 中有 1 个独立的线性关系式:

$$\sum_{j=1}^{s}(\overline{y}_{\cdot j}-\overline{y})=0,$$

所以自由度 $f_B=s-1$.

将模型(4.2.1)和(4.2.3)式带入 S_e,S_A,S_B,得

$$S_e=\sum_{i=1}^{r}\sum_{j=1}^{s}(\varepsilon_{ij}-\overline{\varepsilon}_{i\cdot}-\overline{\varepsilon}_{\cdot j}+\overline{\varepsilon})^2,$$

$$S_A=\sum_{i=1}^{r}s\,(\alpha_i+\bar{\varepsilon}_{i\cdot}-\bar{\varepsilon})^2,$$

$$S_B=\sum_{j=1}^{s}r(\beta_j+\bar{\varepsilon}_{\cdot j}-\bar{\varepsilon})^2.$$

由上式可以看出，S_e 反映了误差的波动；S_A，S_B 除了反映误差波动外，还分别反映了假设(4.2.2) 中 H_{01}不真与 H_{02}不真所引起的波动，即分别反映了因子 A 的效应间的差异及因子 B 的效应间的差异. 我们分别称 S_e，S_A，S_B 为**误差的偏差平方和、因子 A 的偏差平方和、因子 B 的偏差平方和**.

类似于单因子方差分析，我们可以用 S_A 与 S_e 的适当的比值去检验 H_{01}，用 S_B 与 S_e 的适当的比值去检验 H_{02}. 为了给出统计量，我们先求各偏差平方和的分布. 首先注意到，这些偏差平方和都是正态变量的平方和，此外，在假设 H_{01}，H_{02}为真时，一切 $y_{ij}\sim N(\mu,\sigma^2)$，且相互独立，故

$$\frac{1}{\sigma^2}S_T\sim\chi^2(rs-1).$$

由平方和分解与自由度的关系，可得

$$\frac{1}{\sigma^2}S_T=\frac{1}{\sigma^2}S_e+\frac{1}{\sigma^2}S_A+\frac{1}{\sigma^2}S_B,$$

$$rs-1=(r-1)(s-1)+(r-1)+(s-1).$$

由定理 4.1.1 可得，S_A，S_B，S_e 相互独立，且

$$\frac{1}{\sigma^2}S_e\sim\chi^2(rs-r-s),\quad \frac{1}{\sigma^2}S_A\sim\chi^2(r-1),\quad \frac{1}{\sigma^2}S_B-\chi^2(s-1).$$

由此可构造检验统计量

$$F_A=\frac{\dfrac{S_A}{r-1}}{\dfrac{S_e}{(r-1)(s-1)}}\sim F(r-1,(r-1)(s-1)),$$

$$F_B=\frac{\dfrac{S_B}{s-1}}{\dfrac{S_e}{(r-1)(s-1)}}\sim F(s-1,(r-1)(s-1)),$$

分别来检验假设 H_{01}和 II_{02}.

经过简单推导，给出常用的各偏差平方和的计算公式如下：

$$S_T=\sum_{i=1}^{r}\sum_{j=1}^{s}y_{ij}^2-n\,\bar{y}^2,\quad S_A=\sum_{i=1}^{r}\frac{y_{i\cdot}^2}{s}-n\,\bar{y}^2,$$

$$S_B=\sum_{j=1}^{s}\frac{y_{\cdot j}^2}{r}-n\,\bar{y}^2,\quad S_e=S_T-S_A-S_B.$$

通常将上述计算过程列成一张如表 4.2.5 所示的方差分析表.

表 4.2.5　无交互作用的双因子方差分析表

来源	平方和	自由度	均方和	F 比
因子 A	S_A	$f_A=r-1$	$MS_A=S_A/f_A$	$F_A=MS_A/MS_e$
因子 B	S_B	$f_B=s-1$	$MS_B=S_B/f_B$	$F_B=MS_B/MS_e$
误差 e	S_e	$f_e=(r-1)(s-1)$	$MS_e=S_e/f_e$	
总和	S_T	$f_T=n-1,n=rs$		

对给定的显著性水平 α，当 $F_A \geqslant F_\alpha(r-1,(r-1)(s-1))$ 时，拒绝 H_{01}；当 $F_B \geqslant F_\alpha(s-1,(r-1)(s-1))$ 时，拒绝 H_{02}.

例 4.2.1　为了考查蒸馏水的 pH 值和硫酸铜溶液浓度对化验血清中白蛋白与球蛋白的影响，对蒸馏水的 pH(A) 取了 4 个不同水平，对硫酸铜的浓度(B)取了 3 个不同水平，在不同水平组合 (A_i,B_j) 下各测一次白蛋白与球蛋白之比，其结果列于表 4.2.6. 当假定每一水平组合下的白蛋白与球蛋白之比服从同方差的正态分布时，检验两个因子对化验结果有无显著差异？($\alpha=0.05$)

表 4.2.6　白蛋白与球蛋白之比的观测值

B	A			
	A_1	A_2	A_3	A_4
B_1	3.5	2.6	2.0	1.4
B_2	2.3	2.0	1.5	0.8
B_3	2.0	1.9	1.2	0.3

解　设在因子 A 和因子 B 的水平组合(A_i,B_j)，$i=1,2,3,4$；$j=1,2,3$ 下的白蛋白与球蛋白之比为 $Y_{ij}\sim N(\mu_{ij},\sigma^2)$，对总体 Y_{ij} 作观测，得观测数据 y_{ij}，它们之间相互独立.令

$$\mu=\frac{1}{12}\sum_{i=1}^{4}\sum_{j=1}^{3}\mu_{ij},\quad \mu_{i\cdot}=\frac{1}{3}\sum_{j=1}^{3}\mu_{ij},\quad \mu_{\cdot j}=\frac{1}{4}\sum_{i=1}^{4}\mu_{ij},$$

$$\alpha_i=\mu_{i\cdot}-\mu,\quad \beta_j=\mu_{\cdot j}-\mu,$$

其中 $i=1,2,3,4$；$j=1,2,3$.

检验的模型为

$$\begin{cases} y_{ij}=\mu+\alpha_i+\beta_j+\varepsilon_{ij}, \quad i=1,2,3,4;j=1,2,3, \\ \sum_{i=1}^{4}\alpha_i=0, \quad \sum_{j=1}^{3}\beta_j=0, \\ \text{各 } \varepsilon_{ij} \text{ 相互独立，且均服从正态分布 } N(0,\sigma^2). \end{cases}$$

检验的假设为

$$H_{01}:\alpha_1=\alpha_2=\alpha_3=\alpha_4=0,$$

$$H_{02}:\beta_1=\beta_2=\beta_3=0.$$

当 H_{01}，H_{02} 为真时，构造检验统计量分别为

$$F_A=\frac{S_A/3}{S_e/6}\sim F(3,6),$$

$$F_B=\frac{S_B/2}{S_e/6}\sim F(2,6),$$

其中 S_e,S_A,S_B 分别为误差的偏差平方和、因子 A 的偏差平方和、因子 B 的偏差平方和.

对给定的显著性水平 $\alpha=0.05$,分别由

$$P_{H_{01}}\left\{F_A>F_{0.05}(3,6)\right\}=0.05,$$

$$P_{H_{02}}\left\{F_B>F_{0.05}(2,6)\right\}=0.05$$

确定 H_{01},H_{02} 的拒绝域,分别为$W_A=\{F_A>4.8\}$和$W_B=\{F_B>5.1\}$.

可在表 4.2.6 中直接计算 $y_{i\cdot}$, $y_{\cdot j}$, $\sum\limits_i y_{i\cdot}^2$, $\sum\limits_j y_{\cdot j}^2$, $\sum\limits_i\sum\limits_j y_{ij}^2$ 的值,计算结果如表 4.2.7 所示.

表 4.2.7 例 4.2.1 的计算表

B	A				$y_{\cdot j}$	$y_{\cdot j}^2$
	A_1	A_2	A_3	A_4		
B_1	3.5	2.6	2.0	1.4	9.5	90.25
B_2	2.3	2.0	1.5	0.8	6.6	43.56
B_3	2.0	1.9	1.2	0.3	5.4	29.16
$y_{i\cdot}$	7.8	6.5	4.7	2.5	$\sum\limits_i\sum\limits_j y_{ij}=21.5$	$\sum\limits_j y_{\cdot j}^2=162.97$
$y_{i\cdot}^2$	60.84	30.25	22.09	6.25	$\sum\limits_i y_{i\cdot}^2=131.43$	$\sum\limits_i\sum\limits_j y_{ij}^2=46.29$

利用表 4.2.7 中的结果计算各偏差平方和,得

$$S_T=7.77,\quad S_A=5.29,\quad S_B=2.22,\quad S_e=S_T-S_A-S_B=0.26.$$

列方差分析表 4.2.8.

表 4.2.8 例 4.2.1 的方差分析表

来源	平方和	自由度	均方和	F 比
因子 A	5.29	3	1.76	40.9
因子 B	2.22	2	1.11	25.8
误差 e	0.26	6	0.043	
总和	7.77	11		

由于 $40.9>4.8$,$25.8>5.1$,所以在显著性水平 $\alpha=0.05$ 下,因子 A 的不同水平及因子 B 的不同水平都对化验结果有显著影响. 为了获得正确的化验结果,两者均要严格控制.

二、有交互作用的双因子方差分析

若 $\mu_{ij}\neq\mu+\alpha_i+\beta_j$,说明因子 A 与因子 B 之间有交互作用. 我们称

$$\gamma_{ij}=\mu_{ij}-\mu-\alpha_i-\beta_j$$

为因子 A 的第 i 个水平与因子 B 的第 j 个水平的**交互作用**,它们满足关系式:

$$\sum_{i=1}^{r}\gamma_{ij}=0,\quad j=1,2,\cdots,s;$$

$$\sum_{j=1}^{s}\gamma_{ij}=0,\quad i=1,2,\cdots,r.$$

为了研究交互作用是否对结果有显著影响,在(A_i,B_j)水平组合下至少要作$t(\geqslant 2)$次试验,记其结果为y_{ijk},则有

$$\begin{cases} y_{ijk}=\mu+\alpha_i+\beta_j+\gamma_{ij}+\varepsilon_{ijk}, \quad i=1,2,\cdots,r;j=1,2,\cdots s;k=1,2,\cdots,t, \\ \sum_{i=1}^{r}\alpha_i=0, \quad \sum_{j=1}^{s}\beta_j=0, \\ \sum_{i=1}^{r}\gamma_{ij}=0, \quad j=1,2,\cdots,s, \\ \sum_{j=1}^{s}\gamma_{ij}=0, \quad i=1,2,\cdots,r, \\ \varepsilon_{ijk}\text{相互独立,且均服从正态分布 } N(0,\sigma^2). \end{cases} \tag{4.2.4}$$

这就是有交互作用的方差分析模型. 对此模型,除了要检验(4.2.2)中的两个假设外,还要检验假设

$$H_{03}:\text{对一切 } i,j \text{ 有 } \gamma_{ij}=0. \tag{4.2.5}$$

仍然用平方和分解的思想构造检验统计量,先引入下述记号:

$$\overline{y}=\frac{1}{n}\sum_{i=1}^{r}\sum_{j=1}^{s}\sum_{k=1}^{t}y_{ijk}, \quad \overline{\varepsilon}=\frac{1}{n}\sum_{i=1}^{r}\sum_{j=1}^{s}\sum_{k=1}^{t}\varepsilon_{ijk},$$

其中$n=rst$,

$$\overline{y}_{ij\cdot}=\frac{1}{t}\sum_{k=1}^{t}y_{ijk}, \qquad \overline{\varepsilon}_{ij\cdot}=\frac{1}{t}\sum_{k=1}^{t}\varepsilon_{ijk}, \quad i=1,2,\cdots,r;j=1,2,\cdots,s,$$

$$\overline{y}_{i\cdot\cdot}=\frac{1}{st}\sum_{j=1}^{s}\sum_{k=1}^{t}y_{ijk}, \quad \overline{\varepsilon}_{i\cdot\cdot}=\frac{1}{st}\sum_{j=1}^{s}\sum_{k=1}^{t}\varepsilon_{ijk}, \quad i=1,2,\cdots,r,$$

$$\overline{y}_{\cdot j\cdot}=\frac{1}{rt}\sum_{i=1}^{r}\sum_{k=1}^{t}y_{ijk}, \quad \overline{\varepsilon}_{\cdot j\cdot}=\frac{1}{rt}\sum_{i=1}^{r}\sum_{k=1}^{t}\varepsilon_{ijk}, \quad j=1,2,\cdots,s.$$

由模型(4.2.4)可知

$$\begin{cases} \overline{y}=\mu+\overline{\varepsilon}, \\ \overline{y}_{ij\cdot}=\mu+\alpha_i+\beta_j+\gamma_{ij}+\overline{\varepsilon}_{ij\cdot}, \\ \overline{y}_{i\cdot\cdot}=\mu+\alpha_i+\overline{\varepsilon}_{i\cdot\cdot}, \\ \overline{y}_{\cdot j\cdot}=\mu+\beta_j+\overline{\varepsilon}_{\cdot j\cdot}. \end{cases} \tag{4.2.6}$$

总的偏差平方和可作如下分解:

$$\begin{aligned} S_T &= \sum_{i=1}^{r}\sum_{j=1}^{s}\sum_{k=1}^{t}(y_{ijk}-\overline{y})^2 \\ &= \sum_{i=1}^{r}\sum_{j=1}^{s}\sum_{k=1}^{t}(y_{ijk}-\overline{y}_{ij\cdot})^2+\sum_{i=1}^{r}st\,(\overline{y}_{i\cdot\cdot}-\overline{y})^2 \\ &\quad +\sum_{j=1}^{s}rt\,(\overline{y}_{\cdot j\cdot}-\overline{y})^2+\sum_{i=1}^{r}\sum_{j=1}^{s}t\,(\overline{y}_{ij\cdot}-\overline{y}_{i\cdot\cdot}-\overline{y}_{\cdot j\cdot}+\overline{y})^2 \\ &= S_e+S_A+S_B+S_{A\times B}, \end{aligned}$$

其中各偏差平方和表达式如下,且由(4.2.6)式可知

$$S_e=\sum_{i=1}^{r}\sum_{j=1}^{s}\sum_{k=1}^{t}(y_{ijk}-\overline{y}_{ij\cdot})^2=\sum_{i=1}^{r}\sum_{j=1}^{s}\sum_{k=1}^{t}(\varepsilon_{ijk}-\overline{\varepsilon}_{ij\cdot})^2,$$

$$S_A=\sum_{i=1}^{r} st(\overline{y}_{i\cdot\cdot}-\overline{y})^2=\sum_{i=1}^{r} st(\alpha_i+\overline{\varepsilon}_{i\cdot\cdot}-\overline{\varepsilon})^2,$$

$$S_B=\sum_{j=1}^{s} rt(\overline{y}_{\cdot j\cdot}-\overline{y})^2=\sum_{j=1}^{s} rt(\beta_j+\overline{\varepsilon}_{\cdot j\cdot}-\overline{\varepsilon})^2,$$

$$S_{A\times B}=\sum_{i=1}^{r}\sum_{j=1}^{s} t(\overline{y}_{ij\cdot}-\overline{y}_{i\cdot\cdot}-\overline{y}_{\cdot j\cdot}+\overline{y})^2=\sum_{i=1}^{r}\sum_{j=1}^{s} t(\gamma_{ij}+\overline{\varepsilon}_{ij\cdot}-\overline{\varepsilon}_{i\cdot\cdot}-\overline{\varepsilon}_{\cdot j\cdot}+\overline{\varepsilon})^2.$$

由上式可以看出,S_e 反映了误差的波动;$S_A,S_B,S_{A\times B}$ 除了反映误差的波动外,还分别反映了因子 A 的效应的差异、因子 B 的效应的差异、交互效应的差异所引起的波动,我们分别称 $S_e,S_A,S_B,S_{A\times B}$ 为**误差的偏差平方和,因子 A 的偏差平方和,因子 B 的偏差平方和**以及**交互作用 $A\times B$ 的偏差平方和.**

与之前相同,可计算各偏差平方和的自由度,它们分别为

$$f_e=rs(t-1),\quad f_A=r-1,\quad f_B=s-1,\quad f_{A\times B}=(r-1)(s-1).$$

类似地,在 H_{01},H_{02},H_{03} 为真时,分别构造如下统计量:

$$F_A=\frac{S_A/(r-1)}{S_e/rs(t-1)}\sim F(r-1,rs(t-1)),$$

$$F_B=\frac{S_B/(s-1)}{S_e/rs(t-1)}\sim F(s-1,rs(t-1)),$$

$$F_{A\times B}=\frac{S_{A\times B}/(r-1)(s-1)}{S_e/rs(t-1)}\sim F((r-1)(s-1),rs(t-1)),$$

来检验假设 H_{01},H_{02},H_{03}.

经过简单推导,给出常用的各偏差平方和的计算公式如下:

$$S_T=\sum_{i=1}^{r}\sum_{j=1}^{s}\sum_{k=1}^{t} y_{ijk}^2-n\overline{y}^2,\quad S_A=\sum_{i=1}^{r}\frac{y_{i\cdot\cdot}^2}{st}-n\overline{y}^2,\quad S_B=\sum_{j=1}^{s}\frac{y_{\cdot j\cdot}^2}{rt}-n\overline{y}^2,$$

$$S_{A\times B}=\sum_{i=1}^{r}\sum_{j=1}^{s}\frac{y_{ij\cdot}^2}{t}-n\overline{y}^2-S_A-S_B,\quad S_e=S_T-S_A-S_B-S_{A\times B}.$$

通常将上述计算过程列成如表 4.2.9 所示的方差分析表.

表 4.2.9 有交互作用的双因子方差分析表

来源	平方和	自由度	均方和	F 比
因子 A	S_A	$f_A=r-1$	$MS_A=S_A/f_A$	$F_A=MS_A/MS_e$
因子 B	S_B	$f_B=s-1$	$MS_B=S_B/f_B$	$F_B=MS_B/MS_e$
$A\times B$	$S_{A\times B}$	$f_{A\times B}=(r-1)(s-1)$	$MS_{A\times B}=S_{A\times B}/f_{A\times B}$	$F_{A\times B}=MS_{A\times B}/MS_e$
误差 e	S_e	$f_e=rs(t-1)$	$MS_e=S_e/f_e$	
总和	S_T	$f_T=n-1,n=rst$		

对给定的显著性水平 α,当 $F_A\geqslant F_\alpha(r-1,rs(t-1))$时,拒绝原假设 H_{01};当 $F_B\geqslant F_\alpha(s-1,rs(t-1))$时,拒绝原假设 H_{02};当 $F_{A\times B}\geqslant F_\alpha((r-1)(s-1),rs(t-1))$时,拒绝原假设 H_{03}.

例 4.2.2 在某化工生产中,为了提高收率,选了 3 种不同浓度(A)(单位:g/cm^3)、4 种不同温度(B)(单位:°C)作试验. 在同一浓度与温度组合下各作两次试验,其收率数据(单位:%)如表 4.2.10所示 (数据均已减去 75). 假定每一水平组合下收率均服从同方差的正态分布.

试在显著性水平 $\alpha=0.05$ 下检验不同浓度、不同温度以及它们间的交互作用对收率有无影响.

表 4.2.10 某化工产品收率数据(数据均已减去 75)

单位:%

A	B_1	B_2	B_3	B_4
A_1	14,10	11,11	13,9	10,12
A_2	9,7	10,8	7,11	6,10
A_3	5,11	13,14	12,13	14,10

解 设在因子 A 和因子 B 的水平组合 (A_i,B_j), $i=1,2,3$; $j=1,2,3,4$ 下某化工产品的收率为 $Y_{ij}\sim N(\mu_{ij},\sigma^2)$,对总体 Y_{ij} 作两次观测,得观测数据 y_{ijk}, $k=1,2$,它们之间相互独立.令

$$\mu=\frac{1}{12}\sum_{i=1}^{3}\sum_{j=1}^{4}\mu_{ij},\quad \mu_{i\cdot}=\frac{1}{4}\sum_{j=1}^{4}\mu_{ij},\quad \mu_{\cdot j}=\frac{1}{3}\sum_{i=1}^{3}\mu_{ij},$$

$$\alpha_i=\mu_{i\cdot}-\mu,\quad \beta_j=\mu_{\cdot j}-\mu,\quad \gamma_{ij}=\mu_{ij}-\mu-\alpha_i-\beta_j,$$

其中 $i=1,2,3,4$; $j=1,2,3$.

检验的模型为

$$\begin{cases} y_{ijk}=\mu+\alpha_i+\beta_j+\gamma_{ij}+\varepsilon_{ijk}, \quad i=1,2,3; j=1,2,3,4; k=1,2, \\ \sum_{i=1}^{3}\alpha_i=0, \quad \sum_{j=1}^{4}\beta_j=0, \\ \sum_{i=1}^{3}\gamma_{ij}=0, \quad j=1,2,3,4, \\ \sum_{j=1}^{4}\gamma_{ij}=0, \quad i=1,2,3, \\ \text{各 } \varepsilon_{ijk} \text{ 相互独立,且均服从正态分布 } N(0,\sigma^2). \end{cases}$$

检验的假设为

$$H_{01}:\alpha_1=\alpha_2=\alpha_3=\alpha_4=0,$$
$$H_{02}:\beta_1=\beta_2=\beta_3=0,$$
$$H_{03}:\text{对一切 } i,j \text{ 有 } \gamma_{ij}=0.$$

当 H_{01},H_{02},H_{03} 为真时,构造的检验统计量分别为

$$F_A=\frac{S_A/2}{S_e/12}\sim F(2,12),\quad F_B=\frac{S_B/3}{S_e/12}\sim F(3,12),\quad F_{A\times B}=\frac{S_{A\times B}/6}{S_e/12}\sim F(6,12),$$

其中 $S_e,S_A,S_B,S_{A\times B}$ 分别为误差的偏差平方和、因子 A 的偏差平方和、因子 B 的偏差平方和、交互作用 $A\times B$ 的偏差平方和.

对给定的显著性水平 $\alpha=0.05$,分别由

$$P_{H_{01}}\left\{F_A>F_{0.05}(2,12)\right\}=0.05,\quad P_{H_{02}}\left\{F_B>F_{0.05}(3,12)\right\}=0.05,$$

$$P_{H_{03}}\left\{F_{A\times B}>F_{0.05}(6,12)\right\}=0.05$$

确定 H_{01},H_{02},H_{03} 的拒绝域,分别为

$$W_A=\{F_A>3.89\},\quad W_B=\{F_B>3.49\},\quad W_{A\times B}=\{F_{A\times B}>3.00\}.$$

在表 4.2.10 中直接计算 $y_{ij\cdot}$, $y_{i\cdot\cdot}$, $y_{\cdot j\cdot}$ 及有关的平方和 $\sum_i y_{i\cdot\cdot}^2$, $\sum_j y_{\cdot j\cdot}^2$, $\sum_i\sum_j y_{ij\cdot}^2$, $\sum_i\sum_j\sum_k y_{ijk}^2$,计算结果如表 4.2.11 所示.

表 4.2.11　例 4.2.2 的计算表

A	B				$y_{i\cdot\cdot}$	$y_{i\cdot\cdot}^2$
	B_1	B_2	B_3	B_4		
A_1	14,10 (24)	11,11 (22)	13,9 (22)	10,12 (22)	90	8 100
A_2	9,7 (16)	10,8 (18)	7,11 (18)	6,10 (16)	68	4 624
A_3	5,11 (16)	13,14 (27)	12,13 (25)	14,10 (24)	92	8 464
$y_{\cdot j\cdot}$	56	67	65	62	$\sum_i\sum_j\sum_k y_{ijk}=250$	$\sum_i y_{i\cdot\cdot}^2=21\ 188$
$y_{\cdot j\cdot}^2$	3 136	4 489	4 225	3 844	$\sum_j y_{\cdot j\cdot}^2=15\ 694$	$\sum_i\sum_j y_{ij\cdot}^2=5\ 374$

注:括号内的数字为 $y_{ij\cdot}$ 值.

利用上述结果计算各偏差平方和得

$$S_T=147.833\ 3,\quad S_A=44.333\ 3,\quad S_B=11.500\ 0,\quad S_{A\times B}=27.000\ 0,$$
$$S_e=S_T-S_A-S_B-S_{A\times B}=65.000\ 0.$$

列方差分析表 4.2.12.

表 4.2.12　例 4.2.2 的方差分析表

来源	平方和	自由度	均方和	F 比
因子 A	44.333 3	2	22.166 7	4.09
因子 B	11.500 0	3	3.833 3	<1
$A\times B$	27.000 0	6	4.500 0	<1
误差 e	65.000 0	12	5.416 7	
总和	147.833 3	23		

方差分析结果表明,只有 $F_A=4.09\in W_A$,说明因子 A 是显著的,其他因子不显著,即浓度不同将对收率产生显著影响,而温度及交互作用的影响都不显著. 这说明要提高收率必须把浓度控制好.

习　题　4.2

1. 下表给出了在 5 个不同地点(因子 B)、4 个不同时间(因子 A)的空气中颗粒状物含量(单位:mg/m^3)的数据:

单位:mg/m³

A	B				
	1	2	3	4	5
1975 年 10 月	76	67	81	56	51
1976 年 1 月	82	69	96	59	70
1996 年 5 月	68	59	67	54	42
1996 年 8 月	63	56	64	58	37

试在显著性水平 $\alpha=0.05$ 下检验：在不同时间和地点下颗粒状物含量的均值有无显著差异？

2. 为寻求飞机控制板上仪器表的最佳布置，试验了 3 种方案，观察领航员在紧急情况下的反应时间（单位:(1/10)s），随机地选择 28 名领航员，得到他们对于不同布置方案的反应时间如下：

单位:(1/10)s

方案 1	14	13	9	15	11	13	14	11				
方案 2	10	12	7	11	8	12	9	10	13	9	10	9
方案 3	11	5	9	10	6	8	8	7				

试在显著性水平 $\alpha=0.05$ 下检验各个方案的反应时间有无显著差异？如果有差异，试求 $\mu_1-\mu_2,\mu_1-\mu_3,\mu_2-\mu_3$ 的置信度为 0.95 的置信区间.

3. 在某金属材料的生产过程中，对热处理温度（因子 B）与时间（因子 A）各取两个水平，测定产品的强度(单位:HRC)，结果（相对值）如下表所示：

单位:HRC

A	B	
	B_1	B_2
A_1	38.0 38.6	47.0 44.8
A_2	45.0 43.8	42.4 40.8

在同一条件下每个试验重复两次. 设各水平搭配下强度的总体服从正态分布，方差相等，且各样本独立. 问热处理温度、时间以及这两者的交互作用对产品强度是否有显著影响？($\alpha=0.05$)

4. 3 个工人 A_1,A_2,A_3 分别在 4 台不同的机器 B_1,B_2,B_3,B_4 上生产同种产品，得到 3 天的日产量如下表所示：

单位:件

B	A								
	A_1			A_2			A_3		
B_1	15	15	17	19	19	15	16	18	21
B_2	16	16	17	15	15	16	19	22	22

（续表）

B	A								
	A_1			A_2			A_3		
B_3	15	16	17	16	17	19	18	19	19
B_4	18	20	23	18	17	19	17	17	17

试分析：

(1) 工人之间是否有显著性差异？($\alpha=0.05$)

(2) 机器之间是否有显著性差异？($\alpha=0.05$)

(3) 工人和机器之间的交互作用是否有显著性差异？($\alpha=0.05$)

§4.3 正交试验设计

在实际问题中，影响试验结果的因子有时会有两个以上，此时如果按照单因子和双因子方差分析的方法，组合每个因子的每个水平作试验，试验量会非常大. 我们能不能设计一种试验方法，用较少的试验获得更多的信息？先看如下一个例子.

例 4.3.1(提高某化工产品转化率的试验) 某种化工产品的转化率可能与反应温度 A(单位:℃)、反应时间 B(单位 h)、某两种原料的配比 C 以及真空度 D(单位:mmHg)有关. 为寻找最优条件，以提高该化工产品转化率，考虑对 A,B,C,D 这 4 个因子进行试验.根据以往的经验，每个因子只考虑 3 个水平，试验条件如表 4.3.1 所示.

表 4.3.1 某化工产品转化率因子水平表

因子	水平		
	1	2	3
A：反应温度/°C	60	70	80
B：反应时间/h	2.5	3.0	3.5
C：原料配比	1.1∶1	1.15∶1	1.2∶1
D：真空度/mmHg	500	550	600

若不考虑因子间的交互作用，例 4.3.1 需要作 $3^4=81$ 个试验，并且随着因子数和水平数的增大，以及考虑因子间的交互作用，这将使得试验量非常大. 因此，研究如何利用数学和统计学方法合理安排试验方案，使得能够用较少的试验获得较多的信息，提高试验的精度和可靠度的试验设计方法——统计试验设计应运而生.

统计试验设计是 20 世纪初期由英国统计学家费希尔提出并最先应用于农业和生物学方面的. 自 20 世纪 40 年代末期开始，随着科学技术水平的不断提高，统计学家们相继发明了很多非常有效的试验设计技术，使得试验设计方法得到非常广泛的应用. 例如，20 世纪 60 年代，日本统计学家田口玄一将试验设计中应用最广的正交设计表格化，使得正交设计法简便易懂，在日本得到大力普及和广泛应用，产生了巨大的经济效益；再如，由我国数学家方开泰、王元于 1978 年创立的均匀设计法是一种较正交设计等传统方法效果更好的试验设计方法，已在国内外诸如航天、化工、制药、材料、汽车制造等领域得到广泛的应用.

正交试验设计是处理多因子、多水平试验的一种有效方法. 它利用一种规格化的数表——正交表，从所有要作的试验中挑选出部分有代表性的点进行试验，这些有代表性的点具备"均匀分散、齐整可比"的特点，不仅使试验次数大大减少，还便于进行进一步的统计分析.

一个精心设计的试验是我们认识世界的有效方法. 工程实践中最常见的试验设计方法，除正交试验设计法之外，还有析因试验设计法、区组设计法、最优回归设计法等. 本节我们将主要介绍正交试验设计法.

一、正交表

正交表是正交试验设计中安排实验，并对数据进行统计分析的重要工具，通常用符号 $L_p(n^m)$ 表示，其中"L"表示正交表；"p"表示正交表有 p 行，也就是试验的次数；"m"表示正交表有 m 列，正交表的列是用来安排因子以及因子间的交互作用，进行正交设计时，每一列仅能安排一个因子或一个交互作用；"n"表示每列的水平数，并且 m,n,p 满足关系式

$$m(n-1)=p-1.$$

$L_8(2^7)$ 是最常见的二水平正交表，该正交表可安排 7 列，每列均有 2 个水平，总共要作 8 次试验，如表 4.3.2 所示.

表 4.3.2 正交表 $L_8(2^7)$

试验水平		列号						
		1	2	3	4	5	6	7
试验号	1	1	1	1	1	1	1	1
	2	1	1	1	2	2	2	2
	3	1	2	2	1	1	2	2
	4	1	2	2	2	2	1	1
	5	2	1	2	1	2	1	2
	6	2	1	2	2	1	2	1
	7	2	2	1	1	2	2	1
	8	2	2	1	2	1	1	2

说明 表中的数字"1,2"仅表示不同水平的代号，也可以用甲、乙或者任何其他记号代替.

由表 4.3.2 可以看出正交表具有如下两个性质：

(1) 表中任一列，不同数字出现的次数相等，例如表 4.3.2 中任一列两个数字 1 和 2 均出现 4 次；

(2) 表中任意两列，把同一行两个数字看成有序数对时，每种数对出现次数相等，例如表 4.3.2 中任意两列的 4 种有序数对(1,1)，(1,2)，(2,1)，(2,2)均出现两次.

这两个性质称之为正交表的**均衡性**，满足均衡性的表均称为**正交表**.

表 4.3.3 是三水平正交表 $L_9(3^4)$，由该表可看出，每列有 1,2,3 三个不同的数字，各出现 3 次；任意两列中的所有可能有序数对为(1,1),(1,2),(1,3),(2,1),(2,2),(2,3),(3,1),(3,2),(3,3)，共有 9 种，它们各出现一次.

表 4.3.3 正交表 $L_9(3^4)$

试验水平		列号			
		1	2	3	4
试验号	1	1	1	1	1
	2	1	2	2	2
	3	1	3	3	3
	4	2	1	2	3
	5	2	2	3	1
	6	2	3	1	2
	7	3	1	3	2
	8	3	2	1	3
	9	3	3	2	1

常用的二水平正交表有 $L_4(2^3)$，$L_8(2^7)$，$L_{16}(2^{15})$，三水平正交表有 $L_9(3^4)$，$L_{27}(3^{13})$，四水平正交表有 $L_{16}(4^5)$，具体详见附表 6.

有时，各个因子的水平数不完全相同，这样的试验可选用混合正交表，表 4.3.4 给出混合正交表 $L_8(4^1\times2^4)$. 正交表 $L_8(4^1\times2^4)$ 有 1 列是 4 个水平，其余 4 列都是 2 个水平.

表 4.3.4 正交表 $L_8(4^1\times2^4)$

试验水平		列号				
		1	2	3	4	5
试验号	1	1	1	1	1	1
	2	1	2	2	2	2
	3	2	1	1	2	2
	4	2	2	2	1	1
	5	3	1	2	1	2
	6	3	2	1	2	1
	7	4	1	2	2	1
	8	4	2	1	1	2

二、正交试验设计

1. 安排正交试验

这一小节以例 4.3.1 为例，介绍如何应用正交设计方法安排试验.

第一步：**选表**.根据问题的实际情况和需要，选用规格合适的正交表. 例 4.3.1 中 4 个因子都是 3 个水平，可在三水平正交表中选一张. 另外，4 个因子各需占一列，则所选表的列数不少于 4，若不考虑因子间交互作用，可选用 $L_9(3^4)$；若考虑因子间交互作用，则应选用 $L_{27}(3^{13})$. 例 4.3.1 不考虑因子间交互作用，选用正交表 $L_9(3^4)$ 安排试验.

第二步：**表头设计**.将因子和交互作用安排在所选正交表的各列上. 当不考虑交互作用时，诸因子可随机被安排在任一列上；但若考虑两个因子间的交互作用时，安排好这两个因子后，必须紧接着按照相应的交互作用表安排好它们的交互作用列（本节后半部分有详细介绍）. 例 4.3.1 的表头设计如表 4.3.5 所示.

表 4.3.5 例 4.3.1 的表头设计

试验水平	列号			
	A	B	C	D
	1	2	3	4

第三步：**安排试验**. 按照正交表中所列的水平号的组合安排试验. 例 4.3.1 依据正交表 $L_9(3^4)$，可设计如表 4.3.6 所示的试验方案，并根据试验方案安排试验，同时将各次试验的结果记录在表中的最后一列，如表 4.3.6 最后一列所示.

表 4.3.6 例 4.3.1 的试验安排和试验结果

试验水平		列号				试验结果
		A	B	C	D	
		1	2	3	4	转化率/%
试验号	1	1(60)	1(2.5)	1(1.1∶1)	1(500)	38
	2	1	2(3.0)	2(1.15∶1)	2(550)	37
	3	1	3(3.5)	3(1.2∶1)	3(600)	76
	4	2(70)	1	2	3	51
	5	2	2	3	1	50
	6	2	3	1	2	82
	7	3(80)	1	3	2	44
	8	3	2	1	3	55
	9	3	3	2	1	86

说明 在实际应用中，为了减少试验由于先后不匀所带来的干扰以及外界条件所引起的系统误差，试验可以不按照表上的试验序号顺序进行，而是任意打乱顺序，随机地安排先后次序.

例 4.3.1 的目标是寻找某化工产品最高转化率和最优生产条件. 由表 4.3.6 可看出，第 9 次试验的转化率指标最高，对应的生产条件是 $A_3B_3C_2D_1$，它是否就是我们要选的最优水平组合呢？这就要作进一步的分析.

2. 直观分析(极差分析)

令 T_{ij} 表示第 j 列、第 i 水平的试验结果之和,它的大小大致反映了该列所对应因子的第 i 水平对试验指标的"贡献"大小. 令 $T=\sum_{i} T_{ij}$ 表示所有试验结果之和. 令 $R_j=\max_{i} T_{ij}-\min_{i} T_{ij}$,称之为**第 j 列极差**,它反映了第 j 列水平的变化对试验结果的影响大小,R_j 越大,说明第 j 列对试验结果的影响越大.

由表 4.3.6 有

$$T_{11}=38+37+76=151, \quad T_{21}=51+50+82=183, \quad T_{31}=44+55+86=185,$$

则第 1 列的极差

$$R_1=185-151=34.$$

同样方法,可以计算其他各列极差,结果如表 4.3.7 所示.

表 4.3.7 例 4.3.1 的计算结果

试验结果	T_{1j}	151	133	175	174	总和 $T=\sum_{i=1}^{3} T_{ij}=519$, $j=1,2,3,4$
	T_{2j}	183	142	174	163	
	T_{3j}	185	244	170	182	
极差 R_j		34	111	5	19	

由表 4.3.7 中极差的大小顺序,可以排出因子的主次顺序为

$$主 \rightarrow 次:B \rightarrow A \rightarrow D \rightarrow C.$$

由此说明,B 因子即反应时间在 4 个因素中尤为重要.

选择较好的因子水平组合与所要求的指标有关. 若要求试验指标越大越好,则应选取指标大的水平;反之,若希望试验指标越小越好,应选取指标小的水平. 在例 4.3.1 中,希望转化率越高越好,所以第一列选择最大的 $T_{31}=185$,对应的水平即为 A_3,同理可选 B_3,C_1,D_3. 因此最优方案为

$$A_3B_3C_1D_3,$$

即最优方案为反应温度是 80℃,反应时间是 3.5h,原材料配比是 1.1∶1,真空度是 600mmHg.

若我们分析得到的较优水平组合不包括在已作的 9 次试验中,通常需将所得的较优水平组合与已作的 9 次试验中结果较好的水平组合同时试验验证,以确定优劣.

有些实际问题需要考虑因子间的交互作用,这时就需要配合使用交互作用表. 例如,$L_8(2^7)$的交互作用表如表 4.3.8 所示. 其他常见正交表的交互作用表详见附表 6.

表 4.3.8 $L_8(2^7)$两两间交互作用表

试验号	列号						
	1	2	3	4	5	6	7
1	(1)	3	2	5	4	7	6
2		(2)	1	6	7	4	5
3			(3)	7	6	5	4

（续表）

试验号	列号						
	1	2	3	4	5	6	7
4				(4)	1	2	3
5					(5)	3	2
6						(6)	1
7							(7)

从交互作用表上可以查出正交表中任意两列的交互作用列. 例如,要确定 $L_8(2^7)$中第2列和第5列的交互作用,先在表4.3.8的对角线上查出列号(2)和(5),然后从(2)向右横看,同时从(5)向上竖看,交叉处是数字"7",也就是说,第2列和第5列的交互作用列为第7列.

例 4.3.2 某橡胶配方的因子水平表如表4.3.9所示. 试验指标为橡胶的抗弯曲次数(单位:万次)(越多越好),要求考虑三因子间的交互作用,问至少需要作多少次试验,并安排好试验方案?

表 4.3.9 某橡胶配方的因子水平表

水平	因子		
	促进剂总量 A	炭、墨品种 B	硫磺粉量 C
1	1.5	甲	2.5
2	2.5	乙	2.0

解 因各因子的水平为2,故考虑 $L_p(2^m)$型正交表,又因有3个因子及它们之间的交互作用,则列数 $m\geqslant 6$,所以选用正交表 $L_8(2^7)$. 由表4.3.2和交互作用表4.3.8确定的试验方案如表4.3.10所示.

表 4.3.10 例 4.3.2 的试验方案

试验水平		因子							试验结果
		A	B	$A\times B$	C	$A\times C$	$B\times C$	空列	
		1	2	3	4	5	6	7	抗弯曲次数/万次
试验号	1	1(1.5)	1(甲)	1	1(2.5)	1	1	1	
	2	1	1	1	2(2.0)	2	2	2	
	3	1	2(乙)	2	1	1	2	2	
	4	1	2	2	2	2	1	1	
	5	2(2.5)	1	2	1	2	1	2	
	6	2	1	2	2	1	2	1	
	7	2	2	1	1	2	2	1	
	8	2	2	1	2	1	1	2	

例 4.3.3 若按例4.3.2所给方案实施试验,所得试验结果(弯曲次数(单位:万次))按试

验号顺序对应依次为：1.5，2.0，2.0，1.5，2.0，3.0，2.5，2.0.试用极差分析法对该结果作出分析，并确定最佳工艺条件.

解 将试验结果填入表 4.3.10 中的最后一列，并进行极差分析，结果如表 4.3.11 所示.

表 4.3.11 例 4.3.2 的试验结果与极差分析结果

试验水平		因子							试验结果
		A	B	$A\times B$	C	$A\times C$	$B\times C$	空列	
		1	2	3	4	5	6	7	抗弯曲次数/万次
试验号	1	1(1.5)	1(甲)	1	1(2.5)	1	1	1	1.5
	2	1	1	1	2(2.0)	2	2	2	2.0
	3	1	2(乙)	2	1	1	2	2	2.0
	4	1	2	2	2	2	1	1	1.5
	5	2(2.5)	1	2	1	2	1	2	2.0
	6	2	1	2	2	1	2	1	3.0
	7	2	2	1	1	2	2	1	2.5
	8	2	2	1	2	1	1	2	2.0
T_{1j}		7	8.5	8	8	8.5	7	8.5	总和 $T=16.5$
T_{2j}		9.5	8	8.5	8.5	8	9	8	
极差 R_j		2.5	0.5	0.5	0.5	0.5	2.5	0.5	

由表 4.3.11 可以看出，因子 A 与交互作用 $B\times C$ 的极差最大，这说明它们对试验指标的影响最为显著.因 $T_{21}>T_{11}$，弯曲次数越大越好，所以因子 A 选水平 2，即 A_2. 因交互作用 $B\times C$ 重要，此时不能单独考虑 B 和 C，应考虑 B 和 C 不同水平组合的平均试验结果进行比较，看哪组最好.

例如，在第 2 列选 B 因子 1 水平，同时在第 4 列选 C 因子 1 水平，得到试验组合B_1C_1的两个试验结果，分别为 1.5 万次和 2 万次，则B_1C_1组合的试验平均结果为$(1.5+2.0)/2=1.75$ 万次. 用同样的方法可以计算 B，C 两因子的其他水平组合的试验平均结果，结果如表 4.3.12所示.

表 4.3.12 B，C 两因子不同水平组合的平均试验结果

	B_1	B_2
C_1	$(1.5+2.0)/2=1.75$	$(2.0+2.5)/2=2.25$
C_2	$(2.0+3.0)/2=2.5$	$(1.5+2.0)/2=1.75$

由表 4.3.12 可以看出，最佳组合为 B_1C_2.综上分析，由极差分析得到的最佳工艺条件应为 $A_2B_1C_2$.

说明 交互作用所在列的水平数对试验方案不产生任何影响，但对试验结果的分析却尤为重要，这一点在下面的方差分析中也很明显.

由上述分析可以看出直观分析法(极差分析法)简单易懂，应用方便. 运用这种简便的方法，生产实际中的一般问题通常都能得到处理. 但直观分析法不能估计试验过程中以及试验结果测定中所存在的误差的大小,因而不能区分某个因子的不同水平所对应的试验结果间的差异究竟是由因子水平不同引起的,还是由试验误差引起的,因此不能确定分析的精度.为了弥补这些不足,可以采用方差分析的方法进行深入的统计分析.

3. 方差分析

与单因子和双因子方差分析类似,利用平方和分解构建 F 统计量的方法对正交表的试验结果进行方差分析.

利用正交表 $L_p(n^m)$ 安排试验,得到的实验结果为 $y_1, y_2, \cdots, y_p$,这些试验结果总的偏差平方和为

$$S_T=\sum_{i=1}^{p}(y_i-\overline{y})^2=\sum_{i=1}^{p}y_i^2-p\,\overline{y}^2=\sum_{i=1}^{p}y_i^2-\frac{T^2}{p},$$

其中 $\overline{y}=\frac{1}{p}\sum_{i=1}^{p}y_i, T=\sum_{i=1}^{p}y_i$. S_T 的自由度 $f_T=p-1$.

类似一般的方差分析,可以把 S_T 分解成

$$S_T=S_A+S_B+S_{A\times B}+\cdots+S_e,$$

其中 S_j 为因子 j(包括交互作用)相应的偏差平方和.记 $r=\frac{p}{n}$ 为各列各水平(不考虑水平数不同情况)对应试验结果的个数,则有

$$S_j=r\sum_{i=1}^{n}\left(\frac{T_{ij}}{r}-\frac{T}{p}\right)^2=\frac{1}{r}\sum_{i=1}^{n}T_{ij}^2-\frac{T^2}{p}.$$

特别地,当 $n=2$ 时,有

$$S_j=r\sum_{i=1}^{2}\left(\frac{T_{ij}}{r}-\frac{T}{p}\right)^2=\frac{R_j^2}{p},$$

其中 R_j 为正交表第 j 列的极差,也称为**第 j 列的效应**.

类似于方差分析,检验第 j 列因子的作用时,构造统计量

$$F_j=\frac{S_j/f_j}{S_e/f_e},\quad j=1,2,\cdots,$$

其中 f_j 和 f_e 分别为 S_j 和 S_e 的自由度,$f_j=n-1, f_e=f_T-\sum f_j$. 当第 j 个因子作用不显著时,

$$F_j\sim F(f_j, f_e).$$

例 4.3.4　利用方差分析的方法对例 4.3.3 的试验结果进行分析,并给出最佳工艺条件.

解　在表 4.3.11 上继续进行计算,结果如表 4.3.13 所示.

表 4.3.13　例 4.3.2 的试验结果及计算结果

试验水平		因子							试验结果
		A	B	$A\times B$	C	$A\times C$	$B\times C$	空列	
		1	2	3	4	5	6	7	抗弯曲次数/万次
试验号	1	1(1.5)	1(甲)	1	1(2.5)	1	1	1	1.5
	2	1	1	1	2(2.0)	2	2	2	2.0
	3	1	2(乙)	2	1	1	2	2	2.0

（续表）

试验水平		因子 A	B	A×B	C	A×C	B×C	空列	试验结果
		1	2	3	4	5	6	7	抗弯曲次数/万次
试验号	4	1	2	2	2	2	1	1	1.5
	5	2(2.5)	1	2	1	2	1	2	2.0
	6	2	1	2	2	1	2	1	3.0
	7	2	2	1	1	2	2	1	2.5
	8	2	2	1	2	1	1	2	2.0
T_{1j}		7	8.5	8	8	8.5	7	8.5	总和 $T=16.5$
T_{2j}		9.5	8	8.5	8.5	8	9	8	
R_j		2.5	0.5	0.5	0.5	0.5	2.5	0.5	
$S_j=\frac{1}{8}R_j^2$		0.781 25	0.031 25	0.031 25	0.031 25	0.031 25	0.781 25		$\sum y_i^2 = 35.75$

经计算

$$S_T=\sum_{i=1}^{p}y_i^2-\frac{T^2}{p}=35.75-\frac{16.5^2}{8}=1.718\ 75,$$

$$S_e=S_T-S_A-S_B-S_C-S_{A\times B}-S_{A\times C}-S_{B\times C}=0.031\ 25.$$

列方差分析表 4.3.14.

表 4.3.14　例 4.3.3 的方差分析表

来源	平方和	自由度	均方和	F 比
因子 A	0.781 25	1	0.781 25	25
因子 B	0.031 25	1	0.031 25	1
因子 C	0.031 25	1	0.031 25	1
$A\times B$	0.031 25	1	0.031 25	1
$A\times C$	0.031 25	1	0.031 25	1
$B\times C$	0.781 25	1	0.781 25	25
误差 e	0.031 25	1	0.031 25	
总和	1.718 75	7		

查表 $F_{0.05}(1,1)=161.45$，所有结果都不显著. 这是由于方差分解过细导致 F 值相对偏小，为提高精度，把 F 值明显偏小的交互作用合并到误差 S_e 中. 此例将 $S_{A\times B}$ 和 $S_{A\times C}$ 合并到 S_e 中，调整后的方差分析表如表 4.3.15 所示.

表 4.3.15 调整后的方差分析表

来源	平方和	自由度	均方和	F 比
因子 A	0.781 25	1	0.781 25	25
因子 B	0.031 25	1	0.031 25	1
因子 C	0.031 25	1	0.031 25	1
$B\times C$	0.781 25	1	0.781 25	25
误差 e	0.093 75	3	0.031 25	
总和	1.718 75	7		

查表 $F_{0.05}(1,3)=10.13$，认为炭、墨品种和硫磺粉量两个因子对橡胶抗弯曲次数的影响不显著，而促进剂总量的影响比较显著，炭、墨品种和硫磺粉量的交互作用的影响也比较显著. 方差分析结果与极差分析结果相同.

习 题 4.3

1. 简述正交试验设计的基本思想及其特点.

2. 某实验被考查的因子有 3 个：A,B,C，每个因子有 3 个水平，不考虑交互作用，选用正交表 $L_9(3^4)$ 安排试验，试验结果如下简表所示：

	A	B	C	
T_{1j}	120	147	138	147
T_{2j}	147	159	171	150
T_{3j}	183	144	153	153

(1) 试进行极差分析，给出满意的水平组合(指标小为好).

(2) 试进行方差分析，并给出方差分析表.($\alpha=0.05$)

(3) 对以上两种分析结果进行比较.

3. 研究氯乙醇胶在各种硫化系统下的性能(油体膨胀绝对值越小越好)，需要考查补强剂(A)、防老剂(B)、硫化剂(C) 3 个因子(各取 3 个水平)，根据专业理论和经验，交互作用全忽略，选用正交表 $L_9(3^4)$作 9 次试验，试验结果见下表：

(1) 试进行极差分析，给出满意的水平组合(指标小为好).

(2) 试进行方差分析，并给出方差分析表.($\alpha=0.05$)

(3) 对以上两种分析结果进行比较.

试验水平		因子				试验结果
		A	B	C	D	
		1	2	3	4	产量
试验号	1	1	1	1	1	7.25
	2	1	2	2	2	5.48
	3	1	3	3	3	5.35
	4	2	1	2	3	5.40
	5	2	2	3	1	4.42
	6	2	3	1	2	5.90
	7	3	1	3	2	4.68
	8	3	2	1	3	5.90
	9	3	3	2	1	5.63

4. 某农科站进行早稻品种试验(产量越多越好),需要考查品种(A)、施氮肥量(B)、氮磷钾肥比例(C)、插植规格(D)4 个因子,根据专业理论和经验,可忽略交互作用,试验方案结果如下表所示:

试验水平		因子				试验结果
		A	B	C	D	
		1	2	3	4	产量/kg
试验号	1	1(科 6 号)	1(20)	1(2∶2∶1)	1(5×6)	19.0
	2	1	2(25)	2(3∶2∶3)	2(6×6)	20.0
	3	2(科 5 号)	1	1	2	21.9
	4	2	2	2	1	22.3
	5	3(科 7 号)	1	2	1	21.0
	6	3	2	1	2	21.0
	7	4(珍珠矮)	1	2	2	18.0
	8	4	2	1	1	18.2
	9	1(科 6 号)	1(20)	1(2∶2∶1)	1(5×6)	19.0

(1) 试进行极差分析,给出满意的水平组合.

(2) 试进行方差分析,并给出方差分析表.($\alpha=0.05$)

(3) 对以上两种分析结果进行比较.

§4.4　实例分析与计算机实现

一、单因子方差分析的 SPSS 实现

例 4.4.1　为研究咖啡对人体的影响，进行如下试验：咖啡因剂量取 3 个水平：0mg，100mg，200mg，挑选同一年龄、体质大致相同的 30 名健康的男大学生进行手指叩击训练. 训练结束后，对每个水平随机选定 10 个人，在服用咖啡 2 小时后，请每人作手指叩击，并记录每分钟叩击的次数. 该试验采用双盲试验，即试验者和生物学家都不知道他们接受的是哪种剂量的咖啡因，只有统计人员知道. 试验数据如表 4.4.1 所示.

表 4.4.1　咖啡因试验数据

咖啡因含量/mg	手指叩击次数/次/min									
0	242	245	244	248	247	248	242	244	246	242
100	248	246	245	247	248	250	247	246	243	244
200	246	248	250	252	248	250	246	248	245	250

(1) 在给定显著性水平 $\alpha=0.05$ 下，判断试验中咖啡因用量是否对人体神经功能有显著影响？

(2) 如果有显著差异，在显著性水平 $\alpha=0.05$ 下，说明试验中咖啡因用量在哪些水平上有显著差异？

SPSS 操作步骤：

(1)这是一个单因子方差分析问题. 点击“分析→比较均值→单因素”，进入“单因素方差分析”主对话框，如图 4.4.1 所示，将“叩指次数”选为“因变量列表”，将“咖啡因含量”选为“因子”. 点击“选项”，进入“选项”子对话框，如图 4.4.2 所示，在“统计量”下选择“方差同质性检验”，点击“继续”回到主对话框.点击“确定”按钮，执行操作，输出结果如表 4.4.2 和表 4.4.3 所示.

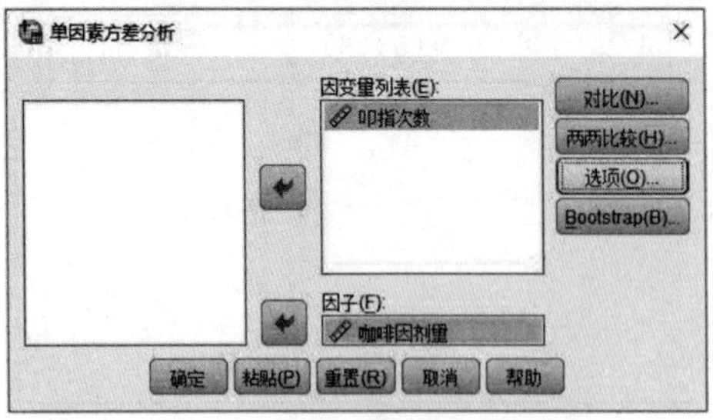

图 4.4.1　“单因素方差分析”主对话框

图 4.4.2　“选项”子对话框

表 4.4.2 咖啡因用量试验的方差一致性检验

方差齐性检验

叩指次数

Levene 统计量	df1	df2	显著性
.292	2	27	.749

表 4.4.2 给出了对样本方差齐性的检验,检验的 p 值(表中显著性)$=0.749>0.05$,因此不能拒绝方差齐性的假设.

表 4.4.3 咖啡因用量试验的方差分析表

单因素方差分析

叩指次数

	平方和	df	均方	F	显著性
组间	61.400	2	30.700	6.181	.006
组内	134.100	27	4.967		
总数	195.500	29			

表 4.4.3 给出了单因子方差分析表,由于 p 值$=0.006<0.05$,因此说明咖啡因服用量对人体神经功能有显著影响.

说明 由表 4.4.3 可知,咖啡因对人体神经系统有显著影响,说明不同剂量或者至少有两种咖啡因对神经系统的影响比较显著,这就需要对不同的剂量进行比较,即多重比较. 具体来说就是比较第 i 组和第 j 组的平均数,即检验

$$H_0: \mu_i=\mu_j, \quad i\neq j, i, j=1,2,3.$$

多重比较有许多种方法,使用较多的有费希尔的 LSD 方法、Turkey 方法、Bonferroni 方法等.

(2) 这是一个多重比较问题. 点击"分析→比较均值→单因素",进入"单因素" 主对话框,将"叩指次数"选为"因变量列表",将"咖啡因含量"选为"因子". 点击"两两比较",进入"两两比较"子对话框,如图 4.4.3 所示,在"假设方差齐性"下选择"Tukey、LSD 和 Bonferroni",点击"继续"回到主对话框.点击 "确定" 按钮,执行操作,输出结果如表 4.4.4 所示.

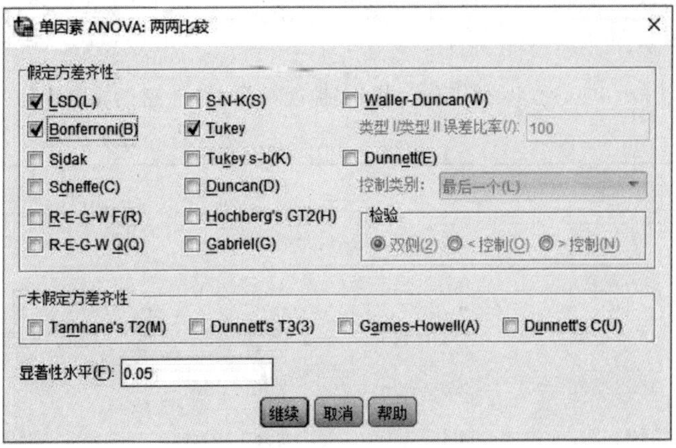

图 4.4.3 "两两比较"子对话框

表 4.4.4　咖啡因用量试验的多重比较输出结果

多重比较

因变量：数据

	(I) 咖啡因剂量	(J) 咖啡因剂量	均值差 (I-J)	标准误	显著性	95% 置信区间 下限	95% 置信区间 上限
Tukey HSD	0mg	100mg	-1.600	.997	.261	-4.07	.87
		200mg	-3.500*	.997	.004	-5.97	-1.03
	100mg	0mg	1.600	.997	.261	-.87	4.07
		200mg	-1.900	.997	.156	-4.37	.57
	200mg	0mg	3.500*	.997	.004	1.03	5.97
		100mg	1.900	.997	.156	-.57	4.37
LSD	0mg	100mg	-1.600	.997	.120	-3.64	.44
		200mg	-3.500*	.997	.002	-5.54	-1.46
	100mg	0mg	1.600	.997	.120	-.44	3.64
		200mg	-1.900	.997	.067	-3.94	.14
	200mg	0mg	3.500*	.997	.002	1.46	5.54
		100mg	1.900	.997	.067	-.14	3.94
Bonferroni	0mg	100mg	-1.600	.997	.360	-4.14	.94
		200mg	-3.500*	.997	.005	-6.04	-.96
	100mg	0mg	1.600	.997	.360	-.94	4.14
		200mg	-1.900	.997	.202	-4.44	.64
	200mg	0mg	3.500*	.997	.005	.96	6.04
		100mg	1.900	.997	.202	-.64	4.44

*. 均值差的显著性水平为 0.05。

表 4.4.4 给出了 3 种咖啡因剂量在 3 种不同方法下的多重比较结果. 3 种方法的结果是一致的. 从检验统计量的 p 值可以看出，咖啡因剂量在 0mg 水平和 200mg 水平上的影响有显著差异(p 值<0.05)，但在 0mg 水平与 100mg 水平和 100mg 水平与 200mg 水平之间的影响没有显著的差异. 从置信区间上来看，在成对比较差异显著时，其对应的置信区间不包含 0.

二、无交互效应的双因子方差分析的 SPSS 实现

例 4.4.2　4 种品牌的运动饮料在 5 个地区销售，在每个地区对每种品牌的运动饮料的销售量观测两次（上半年一次，下半年一次），得到的数据如表 4.4.5 所示. 在显著性水平$\alpha=0.05$下，问品牌及地区对运动饮料的销售量是否有显著影响?

表 4.4.5　4 种饮料在 5 个地区的销售数据

单位：万瓶

A（品牌）	B（地区） 1	2	3	4	5
1	360　375	356　366	367　380	336　356	375　390
2	283　301	303　325	312　333	324　355	295　310
3	375　370	308　325	306　330	366　386	317　330
4	302　312	294　310	288　301	322　340	355　370

SPSS 操作步骤：

点击“分析→一般线性模型→单变量”，进入“单变量”主对话框，如图 4.4.4 所示，将“销售量”选为“因变量”，将“品牌、地区”选为“固定因子”，点击“模型”对话框，进入“模型”子对话框，如图 4.4.5 所示，选择“设定”，在“构建项”中选择“主效应”，再把“品牌、地区”选入“模型”，选择“在模型中包含截距”以确定模型中包含的常数项，点击“继续”回到主对话框. 点击“确定”按钮，执行操作，输出结果如表 4.4.6 所示.

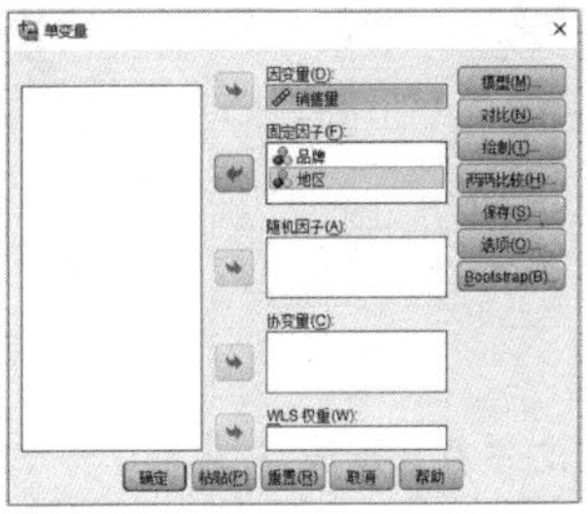

图 4.4.4 “单变量”主对话框

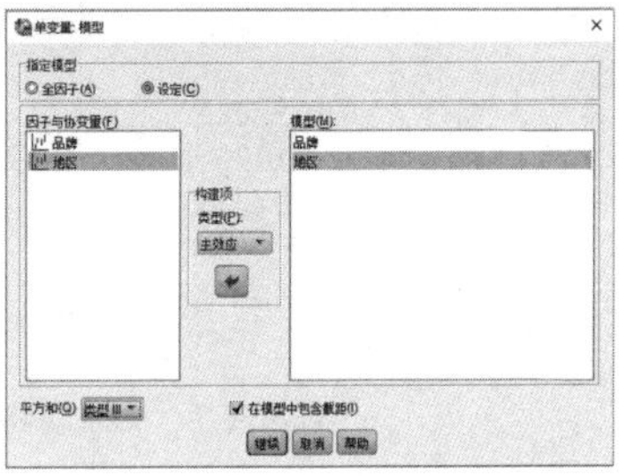

图 4.4.5 “模型”子对话框

表 4.4.6 4 种饮料在 5 个地区销售数据的方差分析表

主体间效应的检验

因变量：销售量

源	III 型平方和	df	均方	F	Sig.
校正模型	20158.125[a]	7	2879.732	5.664	.000
截距	4482972.025	1	4482972.025	8817.778	.000
品牌	16674.275	3	5558.092	10.932	.000
地区	3483.850	4	870.963	1.713	.171
误差	16268.850	32	508.402		
总计	4519399.000	40			
校正的总计	36426.975	39			

a. R 方 = .553（调整 R 方 = .456）

由表 4.4.6 可看出，输出的结果没有交互效应参数. 从检验的 p 值(Sig.)可以看出，在显著性水平 $\alpha=0.05$ 下，品牌效应显著，地区效应不显著. 如果仅考虑主效应模型，那么品牌对销售量有显著影响，而地区对销售量没有显著影响.

三、有交互效应的双因子方差分析的 SPSS 实现

例 4.4.3 仍以例 4.4.2 的数据为例，问品牌和地区是否存在交互效应？

SPSS 操作步骤：

点击“分析→一般线性模型→单变量”，进入“单变量”主对话框，将“销售量”选为“因变量”，将“品牌、地区”选为“固定因子”，点击“模型”对话框，进入“模型”子对话框，如果图 4.4.6 所示，选择“全因子”或选择“设定”，在“构建项”中选择“主效应”，把“品牌、地区”选入“模型”，再在“构建项”中选择“交互”，把“品牌、地区”选入“模型”，出现“品牌 * 地区”项，选择“在模型中包含截距”，点击“继续”回到主对话框.点击“确定”按钮，执行操作，输出结果如表 4.4.7 所示 .

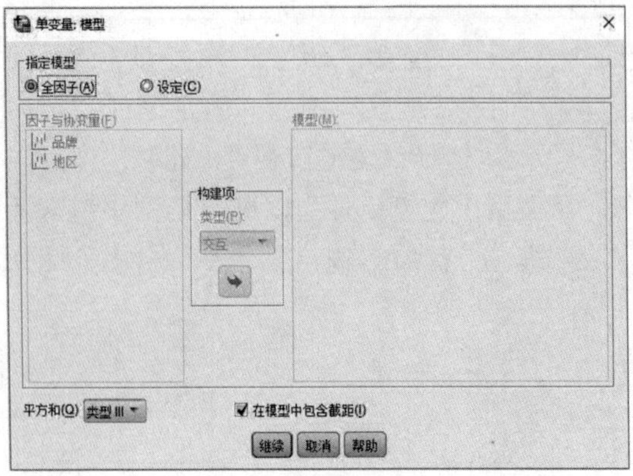

图 4.4.6 “模型”子对话框

表 4.4.7 4 种饮料在 5 个地区销售数据的方差分析表

主体间效应的检验

因变量: 销售量

源	III 型平方和	df	均方	F	Sig.
校正模型	33311.475[a]	19	1753.236	11.255	.000
截距	4482972.025	1	4482972.025	28778.508	.000
品牌	16674.275	3	5558.092	35.680	.000
地区	3483.850	4	870.963	5.591	.003
品牌 * 地区	13153.350	12	1096.113	7.037	.000
误差	3115.500	20	155.775		
总计	4519399.000	40			
校正的总计	36426.975	39			

a. R 方 = .914 (调整 R 方 = .833)

从表 4.4.7 可以看出,有交互效应的出现,所有 p 值明显小于 0.05,因此交互作用显著.与例 4.4.2 比较后可看出,在考虑交互效应影响后,品牌和地区的影响均显著(无交互效应时,地区不显著).因此可以得出结论:品牌和地区对饮料销售量有显著影响,同时不同品牌在不同地区的销售量有显著的差异.

习 题 4.4

1. 为了研究不同促销方式对某种商品销售量的影响,在 3 个商场用 3 种不同的促销方式销售,获得销售数据(单位:件)如下表所示:

单位:件

A(商场)	B(促销方式)		
	B_1	B_2	B_3
A_1	30	60	40
A_2	35	55	45
A_3	40	65	42

给定显著性水平 $\alpha=0.05$,检验不同商场和不同促销方式对该商品的促销量是否有显著

影响?

2. 为了研究不同商场和不同促销方式对该商品的影响,考察 3 种广告方案和 3 种广告媒体,获得的销售量数据(单位:件)如下表所示:

单位:件

A(广告方案)	B(广告媒体)		
	报纸 B_1	报纸 B_2	报纸 B_3
A_1	20,30,26	30,21,34	25,22,24
A_2	50,35,45	55,65,60	43,36,40
A_3	22,40,33	42,32,38	30,28,25

给定显著性水平 $\alpha=0.05$,检验广告方案、广告媒体以及两者的交互作用对该产品销售量的影响是否显著?

3. 将 3 种有毒药物用于动物体,然后采用 4 种医疗急救措施观察它们的生存时间(单位:天),数据如下表所示:

单位:天

A(有毒药物)	B(医疗急救措施)			
	B_1	B_2	B_3	B_4
A_1	0.31,0.46,0.45,0.43	0.82,1.10,0.88,0.72	0.43,0.45,0.63,0.76	0.45,0.71,0.66,0.62
A_2	0.36,0.40,0.29,0.23	0.92,0.61,0.49,1.24	0.44,0.35,0.31,0.40	0.56,1.02,0.71,0.38
A_3	0.22,0.18,0.21,0.23	0.30,0.37,0.38,0.29	0.23,0.25,0.24,0.22	0.30,0.36,0.31,0.33

(1) 绘制方差分析表.

(2) 是否存在交互作用?

(3) 何种医疗急救措施疗效较好?

第五章　回归分析

在现实生活中，有些变量之间存在着一定的关系，而发现特定变量之间是否存在关系以及存在什么样的关系，对于解决很多实际问题起着关键作用. 变量之间存在着关系的例子很多. 例如，真空中初速度为 0 的自由落体物体的下落高度与时间的关系为

$$h=\frac{1}{2}gt^2,$$

其中 h 为下落的高度，t 为下落的时间，g 为重力加速度. 显然下落高度 h 与下落时间 t 之间是函数关系，是一种一一对应的**确定性关系**.

早在 19 世纪，英国生物兼统计学家高尔顿 (Galton) 在研究父与子身高的遗传问题时，观察了 1 078 对父子，若用 x 表示父亲的身高，y 表示成年儿子的身高，我们知道成年儿子的身高 y 与父亲的身高 x 是有关系的，但通过观察发现相同的 x 对应着不同的 y，可见 x 与 y 之间并不是确定性关系. 这种变量之间存在关系，但不能用确定的函数表示的具有不确定性的关系称为**相关关系**. 将点 (x,y) 在直角坐标系中描出，发现这 1 078 个点基本在一条直线附近，并求出该直线的方程（单位：cm）：

$$\hat{y}=85.674\,2+0.516x.$$

这表明：

(1) 父亲身高每增加 1 个单位，其儿子身高增加 0.516 个单位.

(2) 高个子父亲有生高个子儿子的趋势，但是一群高个子父辈的儿子们的平均高度要低于父辈的平均高度. 例如，$x=203.2$ cm，则有 $\hat{y}=190.525\,4$ cm，低于父辈平均高度.

(3) 矮个子父亲有生矮个子儿子的趋势，但其平均身高要比父辈高一些. 例如，$x=152.4$ cm，则有 $\hat{y}=164.312\,6$ cm，高于父辈平均高度.

这便是子代平均高度有向中心回归的趋势，使得一段时间内人的身高相对稳定.

变量间的相关关系不能用完全确定的函数形式表示出来，但在平均意义下有一定的定量关系表达式，寻找这种定量关系表达式就是**回归分析**的主要任务.

回归分析是研究变量间相关关系的一门学科. 它通过对客观事物中变量的大量观察或试验获得数据，去寻找隐藏在数据背后的相关关系，给出它们的表达形式.

§5.1 一元线性回归

一、一元线性回归模型

例 5.1.1 维尼纶纤维的耐热水性能好坏可以用指标“缩醛化度”来衡量，这个指标越高，维尼纶纤维的耐热水性能就越好. 而甲醛浓度是影响缩醛化度的重要因素，在生产中常用甲醛浓度 x（单位：g/L）去控制缩醛化度的浓度 y（单位：mol%）. 为找出它们之间的关系，安排了一批试验，获得如表 5.1.1 所示的数据.

表 5.1.1 甲醛浓度与缩醛化度表

甲醛浓度 x/g/L	18	20	22	24	26	28	30
缩醛化度 y/mol%	26.86	28.35	28.75	28.87	29.75	30.00	30.36

若我们去重复这些试验，在同一甲醛浓度 x 下，所获得的缩醛化度 y 不完全一致. 这表明 x 与 y 之间不能用一个完全确定的函数关系来表达.先画 x 和 y 的散点图，如图 5.1.1 所示，直观判断两者之间的关系.

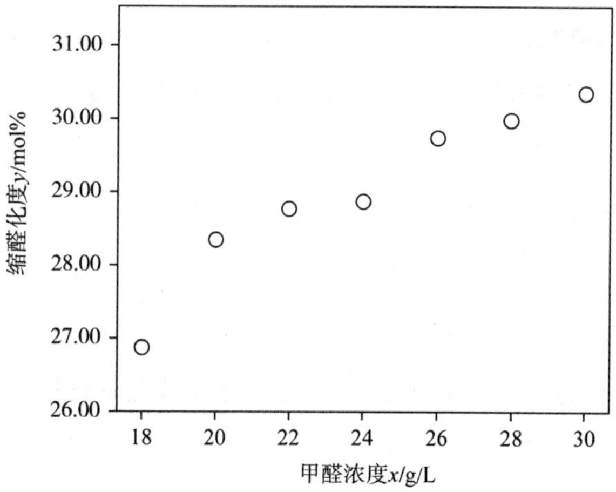

图 5.1.1 缩醛化度与甲醛浓度散点图

由图 5.1.1 可以发现随甲醛浓度 x 的增加，缩醛化度 y 也在增加，且这些点 $(x_i, y_i)(i=1,2,\cdots,7)$ 近似在一条直线附近，但又不完全在一条直线上，这说明两变量之间有线性相关关系. 而引起这些点与直线偏离的原因是由于在生产和测试过程中还存在着一些不可控的因素，它们都在影响着试验结果 y_i.

这样我们可以把试验结果 y 看成是由两部分叠加而成的：一部分是由 x 的线性函数引起的，记为 $\beta_0+\beta_1 x$；另一部分是由随机因素引起的，记为 ε，即

$$y=\beta_0+\beta_1 x+\varepsilon. \tag{5.1.1}$$

由于 ε 是随机误差，一般假定它服从正态分布 $N(0,\sigma^2)$，这意味着

$$y \sim N(\beta_0+\beta_1 x,\sigma^2).$$

在(5.1.1)式中,x 是可以精确测量或可以加以控制的一般变量,y 是可观测的随机变量,β_0,β_1 是未知参数,ε 是不可观测的随机变量.

为了获得 β_0,β_1 的估计,我们就要进行若干次独立试验. 设所有的结果为

$$(y_i,x_i),\quad i=1,2,\cdots,n, \tag{5.1.2}$$

满足(5.1.1)式,可得 y_i 的数据结构式:

$$y_i=\beta_0+\beta_1 x_i+\varepsilon_i,\quad i=1,2,\cdots,n,$$

这里 $\varepsilon_1,\varepsilon_2,\cdots,\varepsilon_n$ 是独立随机变量,它们均服从 $N(0,\sigma^2)$,这就是**一元线性回归模型**,它常表示为

$$\begin{cases} y_i=\beta_0+\beta_1 x_i+\varepsilon_i, & i=1,2,\cdots,n, \\ \text{各 } \varepsilon_i \text{ 相互独立,且同服从正态分布 } N(0,\sigma^2). \end{cases} \tag{5.1.3}$$

由数据(y_i,x_i),$i=1,2,\cdots,n$,可以分别获得 β_0,β_1 的估计 $\hat{\beta}_0,\hat{\beta}_1$,称

$$\hat{y}=\hat{\beta}_0+\hat{\beta}_1 x$$

为 y 关于 x 的**回归方程**,其图形称为**回归直线**. 给定 $x=x_0$ 后,称$\hat{y}_0=\hat{\beta}_0+\hat{\beta}_1 x_0$ 为**回归值**(也称为**拟合值**、**预测值**).

二、参数估计

首先讨论如何由观测数据 (5.1.2) 去估计 (5.1.1) 式中的参数 β_0,β_1. 我们总希望由估计$\hat{\beta}_0,\hat{\beta}_1$ 所确定的回归方程能使一切 y_i 与 $\hat{y}_i$ 之间的偏差达到最小,根据最小二乘法的原理,即要求

$$\min_{\beta_0,\beta_1}\sum_{i=1}^{n}(y_i-\beta_0-\beta_1 x_i)^2=\sum_{i=1}^{n}(y_i-\hat{\beta}_0-\hat{\beta}_1 x_i)^2.$$

所以我们只需求出使

$$Q(\beta_0,\beta_1)=\sum_{i=1}^{n}(y_i-\beta_0-\beta_1 x_i)^2$$

达到极小的 β_0,β_1. 由于 $Q\geqslant 0$,极小值必存在. 根据微积分理论可知,极小值点为 Q 对 β_0,β_1 的一阶偏导数等于 0 的点,即

$$\begin{cases} \dfrac{\partial Q}{\partial \beta_0}=-2\sum_{i=1}^{n}(y_i-\beta_0-\beta_1 x_i)=0, \\ \dfrac{\partial Q}{\partial \beta_1}=-2\sum_{i=1}^{n}(y_i-\beta_0-\beta_1 x_i)x_i=0. \end{cases}$$

经整理得关于 β_0,β_1 的一个线性方程组 (以下“$\sum$”均表示“$\sum_{i=1}^{n}$”):

$$\begin{cases} n\beta_0+\sum x_i\,\beta_1=\sum y_i, \\ \sum x_i\,\beta_0+\sum x_i^2\,\beta_1=\sum x_i y_i, \end{cases} \tag{5.1.4}$$

称方程组(5.1.4)为**正规方程组**. 记

$$\bar{x}=\frac{1}{n}\sum x_i,\quad \bar{y}=\frac{1}{n}\sum y_i,$$

$$l_{xy}=\sum(x_i-\overline{x})(y_i-\overline{y})=\sum x_iy_i-n\,\overline{x}\,\overline{y}=\sum x_iy_i-\frac{1}{n}\sum x_i\sum y_i,$$

$$l_{xx}=\sum(x_i-\overline{x})^2=\sum x_i^2-n\,\overline{x}^2=\sum x_i^2-\frac{1}{n}\left(\sum x_i\right)^2,$$

$$l_{yy}=\sum(y_i-\overline{y})^2=\sum y_i^2-n\,\overline{y}^2=\sum y_i^2-\frac{1}{n}\left(\sum y_i\right)^2.$$

解方程组(5.1.4)可得

$$\begin{cases}\hat{\beta}_1=l_{xy}/l_{xx},\\ \hat{\beta}_0=\overline{y}-\hat{\beta}_1\overline{x}.\end{cases}$$

这就是参数 β_0,β_1 的最小二乘估计,其计算通常可列表进行.

例 5.1.2 利用例 5.1.1 中甲醛浓度与缩醛化度数据,可求得回归方程.计算数据如表 5.1.2所示.

表 5.1.2 例 5.1.2 的计算表

$\sum x_i=168$	$\sum y_i=202.94$	$n=7$
$\overline{x}=24$	$\overline{y}=28.991\ 4$	
$\sum x_i^2=4\ 144$	$\sum y_i^2=5\ 892.013\ 6$	$\sum x_iy_i=4\ 900.16$
$\frac{1}{n}\left(\sum x_i\right)^2=4\ 032$	$\frac{1}{n}\left(\sum y_i\right)^2=5\ 883.520\ 5$	$\frac{1}{n}\left(\sum x_i\right)\left(\sum y_i\right)=4\ 870.56$
$l_{xx}=112$	$l_{yy}=8.493\ 1$	$l_{xy}=29.6$

经计算可得

$$\hat{\beta}_1=\frac{l_{xy}}{l_{xx}}=0.264\ 3,$$

$$\hat{\beta}_0=\overline{y}-\hat{\beta}_1\overline{x}=22.648\ 2.$$

所以缩醛化度与甲醛浓度的回归方程为

$$\hat{y}=22.648\ 2+0.264\ 3x.$$

据此方程可以由甲醛浓度来预测缩醛化度.

下面给出最小二乘估计的一些性质.

定理 5.1.1 在模型 (5.1.3)下,有

(1) $\hat{\beta}_0\sim N\left(\beta_0,\left(\frac{1}{n}+\frac{\overline{x}^2}{l_{xx}}\right)\sigma^2\right)$, $\hat{\beta}_1\sim N\left(\beta_1,\frac{\sigma^2}{l_{xx}}\right)$;

(2) $\operatorname{cov}(\hat{\beta}_0,\hat{\beta}_1)=-\frac{\overline{x}}{l_{xx}}\sigma^2$;

(3) 对给定的 x_0,$\hat{y}_0=\hat{\beta}_0+\hat{\beta}_1x_0\sim N\left(\beta_0+\beta_1x_0,\left(\frac{1}{n}+\frac{(x_0-\overline{x})^2}{l_{xx}}\right)\sigma^2\right)$.

证明 利用 $\sum(x_i-\overline{x})=0$,有

$$\hat{\beta}_1=\frac{l_{xy}}{l_{xx}}=\frac{\sum(x_i-\overline{x})(y_i-\overline{y})}{l_{xx}}=\frac{\sum(x_i-\overline{x})y_i}{l_{xx}},$$

$$\hat{\beta}_0=\overline{y}-\hat{\beta}_1\overline{x}=\frac{1}{n}\sum y_i-\frac{\sum(x_i-\overline{x})y_i}{l_{xx}}\overline{x}=\sum\left[\frac{1}{n}-\frac{(x_i-\overline{x})\overline{x}}{l_{xx}}\right]y_i.$$

因为 $y_1,y_2,\cdots,y_n$ 是独立的正态随机变量,所以$\hat{\beta}_1$ 与$\hat{\beta}_0$ 是正态随机变量,则有

$$E(\hat{\beta}_1)=\sum\frac{(x_i-\overline{x})}{l_{xx}}E(y_i)=\sum\frac{(x_i-\overline{x})}{l_{xx}}(\beta_0+\beta_1x_i)=\beta_1,$$

$$D(\hat{\beta}_1)=\sum\left(\frac{x_i-\overline{x}}{l_{xx}}\right)^2D(y_i)=\sum\left(\frac{x_i-\overline{x}}{l_{xx}}\right)^2\sigma^2=\frac{\sigma^2}{l_{xx}}.$$

$$E(\hat{\beta}_0)=E(\overline{y})-E(\hat{\beta}_1)\overline{x}=\beta_0+\beta_1\overline{x}-\beta_1\overline{x}=\beta_0,$$

$$D(\hat{\beta}_0)=\sum\left[\frac{1}{n}-\frac{(x_i-\overline{x})\overline{x}}{l_{xx}}\right]^2D(y_i)=\left(\frac{1}{n}+\frac{\overline{x}^2}{l_{xx}}\right)\sigma^2.$$

因此(1)成立. 因 $y_1,y_2,\cdots,y_n$ 独立,则有

$$\begin{aligned}\operatorname{cov}(\hat{\beta}_0,\hat{\beta}_1)&=\operatorname{cov}\left(\sum\left[\frac{1}{n}-\frac{(x_i-\overline{x})\overline{x}}{l_{xx}}\right]y_i,\frac{\sum(x_i-\overline{x})y_i}{l_{xx}}\right)\\&=\sum\left[\frac{1}{n}-\frac{(x_i-\overline{x})\overline{x}}{l_{xx}}\right]\frac{(x_i-\overline{x})}{l_{xx}}\sigma^2=-\frac{\overline{x}}{l_{xx}}\sigma^2.\end{aligned}$$

因此(2)成立. $\hat{y}_0=\hat{\beta}_0+\hat{\beta}_1x_0$ 也是 $y_1,y_2,\cdots,y_n$ 的线性组合,所以$\hat{y}_0$ 也服从正态分布,则有

$$E(\hat{y}_0)=E(\hat{\beta}_0)+E(\hat{\beta}_1)x_0=\beta_0+\beta_1x_0=E(y_0),$$

$$\begin{aligned}D(\hat{y}_0)&=D(\hat{\beta}_0)+D(\hat{\beta}_1x_0)+2x_0\operatorname{cov}(\hat{\beta}_0,\hat{\beta}_1)\\&=\left[\left(\frac{1}{n}+\frac{\overline{x}^2}{l_{xx}}\right)+\frac{x_0^2}{l_{xx}}-\frac{2x_0\overline{x}}{l_{xx}}\right]\sigma^2\\&=\left[\frac{1}{n}+\frac{(x_0-\overline{x})^2}{l_{xx}}\right]\sigma^2.\end{aligned}$$

因此$\hat{y}_0=\hat{\beta}_0+\hat{\beta}_1x_0\sim N\left(\beta_0+\beta_1x_0,\left(\frac{1}{n}+\frac{(x_0-\overline{x})^2}{l_{xx}}\right)\sigma^2\right)$.

三、回归方程的显著性检验

由参数的最小二乘估计可知,对于给定的任意数据(y_i,x_i),$i=1,2,\cdots,n$,都可以估计出 $\hat{\beta}_0$,$\hat{\beta}_1$,从而可以写出回归方程 $\hat{y}=E(y)=\hat{\beta}_0+\hat{\beta}_1x$,但是这样的回归方程不一定有意义. 例如,如果 $\hat{\beta}_1=0$,不管 x 如何变化,$E(y)$不随 x 的变化作线性变化,此时一元线性方程就没有意义,或称回归方程**不显著**. 如果 $\hat{\beta}_1\neq0$,当 x 变化时,$E(y)$随 x 的变化作线性变化,这时求得的回归方程就有意义,或者称回归方程是**显著的**. 所以,对回归方程是否有意义作判断就是检验假设

$$H_0:\beta_1=0 \tag{5.1.5}$$

是否成立.

在一元线性回归方程的显著性检验中有 3 种等价的检验方法,使用时只要任选其中之一即可. 下面分别加以介绍.

1. F 检验

采用方差分析的思想,从数据出发研究 y_i 不同的原因. 首先引入记号,并称 $\hat{y}_i=\hat{\beta}_0+\hat{\beta}_1 x_i$ 为 x_i 处的**回归值**,又称 $y_i-\hat{y}_i$ 为 x_i 处的**残差**.

数据总的波动用**总的偏差平方和**

$$S_T=\sum(y_i-\overline{y})^2=l_{yy}$$

表示. 我们知道 $y_1,y_2,\cdots,y_n$ 之所以有差异,一般是由下述两个原因引起的: 一是当 $E(y)=\hat{\beta}_0+\hat{\beta}_1 x$ 时,由于 x 取值的不同,而引起 y_i 取值的不同,即在每个 x 的观测值处回归值不同,其波动用**回归平方和**

$$S_R=\sum(\hat{y}_i-\overline{y})^2$$

表示;另一个是由于除去 $E(y)$ 与 x 的线性关系以外的一切因素引起的,包括 x 对 $E(y)$ 的非线性影响以及其他一切不可控的随机因素的影响. 这样得到回归值以后,y 的观测值与回归值之间还有差距,可用**残差平方和**

$$S_e=\sum(y_i-\hat{y}_i)^2$$

表示.

下面采用平方和分解方法构造检验统计量.因

$$S_T=\sum(y_i-\overline{y})^2=\sum(y_i-\hat{y}_i)^2+\sum(\hat{y}_i-\overline{y})^2+2\sum(y_i-\hat{y}_i)(\hat{y}_i-\overline{y}).$$

利用正规方程组(5.1.4)可知

$$\sum(y_i-\hat{y}_i)(\hat{y}_i-\overline{y})=0,$$

于是有

$$\sum(y_i-\overline{y})^2=\sum(y_i-\hat{y}_i)^2+\sum(\hat{y}_i-\overline{y})^2,$$

即

$$S_T=S_R+S_e. \tag{5.1.6}$$

(5.1.6) 式就是一元线性回归的**平方和分解式**.

定理 5.1.2 $E(S_R)=\sigma^2+\beta_1^2 l_{xx}, E(S_e)=(n-2)\sigma^2$.

证明 已知

$$S_R=\sum\left(\hat{y}_i-\overline{y}\right)^2=\sum\left(\hat{\beta}_0+\hat{\beta}_1 x_i-\hat{\beta}_0-\hat{\beta}_1\overline{x}\right)^2=\hat{\beta}_1^2 l_{xx},$$

从而

$$\begin{aligned}E(S_R)&=E(\hat{\beta}_1^2)l_{xx}=\left[D(\hat{\beta}_1)+\left(E(\hat{\beta}_1)\right)^2\right]l_{xx}\\&=\left(\frac{\sigma^2}{l_{xx}}+\beta_1^2\right)l_{xx}=\sigma^2+\beta_1^2 l_{xx}.\end{aligned}$$

另外,

$$\begin{aligned}S_e&=\sum(y_i-\hat{y}_i)^2=\sum\left(\beta_0+\beta_1 x_i+\varepsilon_i-\hat{\beta}_0-\hat{\beta}_1 x_i\right)^2\\&=\sum\left[(\hat{\beta}_0-\beta_0)^2+x_i^2(\hat{\beta}_1-\beta_1)^2+\varepsilon_i^2+2(\hat{\beta}_0-\beta_0)(\hat{\beta}_1-\beta_1)x_i\right.\\&\quad\left.-2(\hat{\beta}_0-\beta_0)\varepsilon_i-2(\hat{\beta}_1-\beta_1)x_i\varepsilon_i\right],\end{aligned}$$

所以

$$E(S_e)=nD(\hat{\beta}_0)+\sum x_i^2 D(\hat{\beta}_1)+nD(\varepsilon)+2n\bar{x}\,\mathrm{cov}(\hat{\beta}_0,\hat{\beta}_1)$$
$$-2\sum E(\hat{\beta}_0\varepsilon_i)-2\sum x_i E(\hat{\beta}_1\varepsilon_i).$$

由 $\hat{\beta}_0=\sum\left[\frac{1}{n}-\frac{(x_i-\bar{x})\bar{x}}{l_{xx}}\right]y_i,\hat{\beta}_1=\frac{\sum(x_i-\bar{x})y_i}{l_{xx}}$，且 y_j 与 $\varepsilon_i(i\neq j)$ 相互独立，有

$$E(\hat{\beta}_0\varepsilon_i)=\left[\frac{1}{n}-\frac{(x_i-\bar{x})\bar{x}}{l_{xx}}\right]\sigma^2,$$
$$E(\hat{\beta}_1\varepsilon_i)=\frac{x_i-\bar{x}}{l_{xx}}\sigma^2.$$

所以

$$\sum E(\hat{\beta}_0\varepsilon_i)=\sigma^2,\quad \sum x_i E(\hat{\beta}_1\varepsilon_i)=\sigma^2.$$

从而

$$E(S_e)=n\left(\frac{1}{n}+\frac{\bar{x}^2}{l_{xx}}\right)\sigma^2+\sum x_i^2\frac{\sigma^2}{l_{xx}}+n\sigma^2-\frac{2n\,\bar{x}^2}{l_{xx}}\sigma^2-2\sigma^2-2\sigma^2=(n-2)\sigma^2.$$

由定理 5.1.2 可知

$$\hat{\sigma}^2=\frac{S_e}{n-2}$$

是 σ^2 的无偏估计.

定理 5.1.3 (1)$\frac{S_e}{\sigma^2}\sim\chi^2(n-2)$；(2)若 $H_0:\beta_1=0$ 成立，则有$\frac{S_R}{\sigma^2}\sim\chi^2(1)$；(3)$S_R,S_e,\bar{y}$ 相互独立.

证明 取正交矩阵 $\boldsymbol{A}_{n\times n}$，具有如下形式：

$$\boldsymbol{A}=\begin{pmatrix} a_{11} & a_{12} & \cdots & a_{1n} \\ \vdots & \vdots & & \vdots \\ a_{n-2,1} & a_{n-2,2} & \cdots & a_{n-2,n} \\ (x_1-\bar{x})/\sqrt{l_{xx}} & (x_2-\bar{x})/\sqrt{l_{xx}} & \cdots & (x_n-\bar{x})/\sqrt{l_{xx}} \\ 1/\sqrt{n} & 1/\sqrt{n} & \cdots & 1/\sqrt{n} \end{pmatrix}.$$

由正交矩阵的性质，可得如下一些约束条件：

$$\sum_j a_{ij}=0,\quad \sum_j a_{ij}x_j=0,\quad \sum_j a_{ij}^2=0,\quad i=1,2,\cdots,n-2,$$
$$\sum_k a_{ik}a_{jk}=0,\quad 1\leqslant i<j\leqslant n-2,$$

这里矩阵 $\boldsymbol{A}$ 共有 $n(n-2)$ 个未知参数，约束条件有 $3(n-2)+\binom{n-2}{2}=(n-2)(n+3)/2$ 个，只要 $n\geqslant 3$，未知参数的个数就不少于约束条件数，因此正交矩阵 $\boldsymbol{A}$ 必存在. 令

$$\boldsymbol{Z}=\begin{pmatrix} Z_1 \\ Z_2 \\ \vdots \\ Z_n \end{pmatrix}=\boldsymbol{AY}=\boldsymbol{A}\begin{pmatrix} y_1 \\ y_2 \\ \vdots \\ y_n \end{pmatrix}=\begin{pmatrix} \sum a_{1i}y_i \\ \vdots \\ \sum a_{n-2,i}y_i \\ \sum \dfrac{x_i-\overline{x}}{\sqrt{l_{xx}}}y_i \\ \sum \dfrac{1}{\sqrt{n}}y_i \end{pmatrix},$$

其中

$$Z_{n-1}=\frac{\sum(x_i-\overline{x})y_i}{\sqrt{l_{xx}}}=\frac{\sum(x_i-\overline{x})(y_i-\overline{y})}{\sqrt{l_{xx}}}=\frac{l_{xy}}{\sqrt{l_{xx}}}=\sqrt{l_{xx}}\,\hat{\beta}_1,$$

$$Z_n=\frac{1}{\sqrt{n}}\sum y_i=\sqrt{n}\,\overline{y},$$

则 $\boldsymbol{Z}$ 仍然服从 n 维正态分布,且期望与方差分别为

$$E(\boldsymbol{Z})=\begin{pmatrix} 0 \\ \vdots \\ 0 \\ \beta_1\sqrt{l_{xx}} \\ \sqrt{n}(\beta_0+\beta_1\overline{x}) \end{pmatrix},\quad D(\boldsymbol{Z})=\boldsymbol{A}\,D(\boldsymbol{Y})\,\boldsymbol{A}^{\mathrm{T}}=\sigma^2\,\boldsymbol{I}_n.$$

这表明 $Z_1,Z_2,\cdots,Z_n$ 相互独立,$Z_1,Z_2,\cdots,Z_{n-2}$的共同分布为 $N(0,\sigma^2)$,而

$$Z_{n-1}\sim N(\beta_1\sqrt{l_{xx}},\sigma^2),\quad Z_n\sim N\left(\sqrt{n}(\beta_0+\beta_1\overline{x}),\sigma^2\right).$$

由于 $\sum Z_i^2=\sum y_i^2=S_T+n\overline{y}^2=S_R+S_e+n\overline{y}^2$,而 $Z_n=\sqrt{n}\,\overline{y}$,$Z_{n-1}=\sqrt{l_{xx}}\,\hat{\beta}_1=\sqrt{S_R}$,所以有 $Z_1+Z_2+\cdots+Z_{n-2}=S_e$,则 $S_R,S_e,\overline{y}$ 相互独立,并且

$$\frac{S_e}{\sigma^2}=\sum_{i=1}^{n-2}\frac{Z_i^2}{\sigma^2}\sim\chi^2(n-2).$$

当 $\beta_1=0$ 时,$\dfrac{S_R}{\sigma^2}=\left(\dfrac{Z_{n-1}}{\sigma}\right)^2\sim\chi^2(1)$.

由定理 5.1.3 可知,当原假设 H_0 为真时,

$$F=\frac{S_R}{S_e/(n-2)}\sim F(1,n-2).$$

将统计量 F 作为检验假设 (5.1.5) 的检验统计量. 在给定的显著性水平 α 下,当

$$F\geqslant F_\alpha(1,n-2)$$

时,拒绝假设 (5.1.5).

例 5.1.3 在例 5.1.2 中已经求出缩醛化度与甲醛浓度的回归方程,现考虑回归方程的显著性检验. 检验的假设为

$$H_0:\beta_1=0.$$

当 H_0 为真时,构造检验统计量

$$F=\frac{S_R}{S_e/5}\sim F(1,5).$$

在给定的显著性水平 $\alpha=0.05$ 下，由

$$P_{H_0}\{F\geqslant F_{0.05}(1,5)\}=0.05$$

确定拒绝域 $W=\{F\geqslant 6.61\}$.经计算有

$$S_T=l_{yy}=8.493\ 1,\qquad f_T=6,$$

$$S_R=\hat{\beta}_1^2 l_{xx}=0.264\ 3^2\times 112=7.823\ 7,\quad f_R=1,$$

$$S_e=S_T-S_R=0.669\ 4,\qquad f_e=5.$$

由上可得方差分析表 5.1.3.

表 5.1.3　缩醛化度与甲醛浓度回归方程的方差分析表

来源	平方和	自由度	均方和	F 比
回归	$S_R=7.823\ 7$	$f_R=1$	$MS_R=8.493\ 1$	$F=58.43$
残差	$S_e=0.669\ 4$	$f_e=5$	$MS_e=0.133\ 9$	
总计	$S_T=8.493\ 1$	$f_T=6$		

由于统计值 $F=58.43\in W$，故拒绝 H_0，即认为在显著性水平 $\alpha=0.05$ 下，缩醛化度对甲醛浓度的回归方程有显著意义.

2. t 检验

对 $H_0:\beta_1=0$ 的检验也可利用 t 检验. 因 $\hat{\beta}_1\sim N\left(\beta_1,\frac{\sigma^2}{l_{xx}}\right)$，$\frac{S_e}{\sigma^2}\sim\chi^2(n-2)$，且相互独立，当 H_0 为真时，有

$$T=\frac{\dfrac{\hat{\beta}_1-\beta_1}{\sqrt{\dfrac{\sigma^2}{l_{xx}}}}}{\sqrt{\dfrac{S_e}{\sigma^2(n-2)}}}=\frac{\hat{\beta}_1}{\dfrac{\hat{\sigma}}{\sqrt{l_{xx}}}}\sim t(n-2),$$

其中 $\hat{\sigma}=\sqrt{\dfrac{S_e}{n-2}}$. 对给定的显著性水平 α，当 $|T|\geqslant t_{\frac{\alpha}{2}}(n-2)$ 时，拒绝假设 (5.1.5).

以例 5.1.2 中的数据为例，可以计算得到

$$t=\frac{0.264\ 3}{\sqrt{0.133\ 9}/\sqrt{112}}=7.64.$$

若取 $\alpha=0.01$，则 $t_{0.005}(5)=4.032\ 1$，由于 $7.64>4.032\ 1$，拒绝假设 (5.1.5). 因此，在显著性水平 $\alpha=0.01$ 下，回归方程是显著的.

3. 相关系数 r 检验

考查一元线性回归方程能否反映两个随机变量 x 与 y 之间的线性相关关系时，它的显著性检验还可以通过对二维总体相关系数 r 进行检验，检验假设

$$H_0: r=0. \tag{5.1.7}$$

所用的检验统计量为样本相关系数

$$r=\frac{\sum(x_i-\overline{x})(y_i-\overline{y})}{\sqrt{\sum(x_i-\overline{x})^2\cdot\sum(y_i-\overline{y})^2}}=\frac{l_{xy}}{\sqrt{l_{xx}l_{yy}}},\tag{5.1.8}$$

其中(x_i,y_i),$i=1,2,\cdots,n$为容量为n的二维样本.

利用施瓦兹不等式可以证明：样本相关系数满足$|r|\leqslant 1$,其中等号成立的条件是存在两个实数a与b,使得对$i=1,2,\cdots,n$几乎处处有$y_i=a+bx_i$. 由此可见,n个点(x_i,y_i),在散点图上的位置与样本相关系数r有关.

根据样本相关系数的性质,假设(5.1.7)的拒绝域应为$W=\{|r|\geqslant c\}$,其中临界值c可以由假设(5.1.7)成立时样本相关系数的分布确定,该分布的自由度与$n-2$有关.

对给定的显著性水平α,由$P(W)=P\{|r|\geqslant c\}=\alpha$知,临界值$c$应该是在假设(5.1.7)成立下$|r|$的分布的上$\alpha$分位数,故可记为$c=r_\alpha(n-2)$. 为使用方便,对$r_\alpha(n-2)$编制相关系数临界值表,见附表7.

以例5.1.2中数据为例,可以计算得到

$$r=\frac{29.6}{\sqrt{112\times 8.4931}}=0.9597.$$

若取$\alpha=0.01$,则$r_{0.01}(5)=0.874$,由于$0.9597>0.874$,因此,在显著性水平$\alpha=0.01$下,回归方程是显著的.

对于一元线性回归模型,这3种检验的结果是完全一致的.

由$T^2=F$可知,t检验与F检验是等同的.另外,

$$F=\frac{S_R}{S_e/(n-2)}=\frac{r^2S_T}{(1-r^2)S_T/(n-2)}=(n-2)\frac{r^2}{1-r^2}.$$

由此得$F\geqslant F_\alpha(1,n-2)$等价于$(n-2)\dfrac{r^2}{1-r^2}\geqslant F_\alpha(1,n-2)$,即

$$|r|\geqslant\sqrt{\frac{1}{1+(n-2)/F_\alpha(1,n-2)}}\triangleq r_\alpha.$$

因此F检验与r检验的拒绝域是一样的.

由以上讨论可知,3种检验法是一致的.

四、预测和控制

回归方程经过检验是显著的,就可以用来预测和控制. 预测和控制是两类不同的问题：预测是给定$x=x_0$预测它所对应的y_0的估计值以及它所在区间；而控制就是当y在某一范围$[y_1,y_2]$内取值时,如何控制x的取值范围.

1. 预测

预测分为点预测和区间预测两种情况,先来看点预测.

当$x=x_0$时,对应的因变量y的值y_0满足

$$y_0=\beta_0+\beta_1x_0+\varepsilon,$$

其中y_0是随机变量. 利用

$$\hat{y}_0=\hat{\beta}_0+\hat{\beta}_1x_0$$

作为 y_0 的点预测值.

由

$$E(\hat{y}_0)=E(\hat{\beta}_0+\hat{\beta}_1 x_0)=\beta_0+\beta_1 x_0=E(y_0)$$

可知，$\hat{y}_0$ 是 y_0 的数学期望 $E(y_0)$ 的无偏估计，这表明 $\hat{y}_0$ 作为 y_0 的点预测是合理的.

区间预测就是求 y_0 的区间估计问题. 由于 y_0 是随机变量，求一个区间，使 y_0 落在这一区间的概率为 $1-\alpha$，即要求 δ，使 $P\{|y_0-\hat{y}_0|\leqslant\delta\}=1-\alpha$，称区间 $[\hat{y}_0-\delta,\hat{y}_0+\delta]$ 为 y_0 的置信度为 $1-\alpha$ 的预测区间.

由定理 5.1.1 可知，

$$\hat{y}_0=\hat{\beta}_0+\hat{\beta}_1 x_0\sim N\left(\beta_0+\beta_1 x_0,\left(\frac{1}{n}+\frac{(x_0-\bar{x})^2}{l_{xx}}\right)\sigma^2\right).$$

因

$$\begin{aligned}\hat{y}_0&=\hat{\beta}_0+\hat{\beta}_1 x_0=\bar{y}+\hat{\beta}_1(x_0-\bar{x})\\&=\sum_{i=1}^{n}\left[\frac{1}{n}+\frac{(x_i-\bar{x})(x_0-\bar{x})}{l_{xx}}\right]y_i,\end{aligned}$$

且 $y_0,y_1,\cdots,y_n$ 相互独立，所以 y_0 与 $\hat{y}_0$ 独立. 由于 $y_0\sim N(\beta_0+\beta_1 x_0,\sigma^2)$，故有

$$y_0-\hat{y}_0\sim N\left(0,\left[1+\frac{1}{n}+\frac{(x_0-\bar{x})^2}{l_{xx}}\right]\sigma^2\right).$$

因此有

$$\frac{y_0-\hat{y}_0}{\hat{\sigma}\sqrt{1+\dfrac{1}{n}+\dfrac{(x_0-\bar{x})^2}{l_{xx}}}}\sim t(n-2),$$

其中 $\hat{\sigma}^2=\dfrac{S_e}{n-2}$.

y_0 的置信度为 $1-\alpha$ 的预测区间是

$$[\hat{y}_0-\delta,\hat{y}_0+\delta],$$

其中

$$\delta=\delta(x_0)=t_{\frac{\alpha}{2}}(n-2)\hat{\sigma}\sqrt{1+\frac{1}{n}+\frac{(x_0-\bar{x})^2}{l_{xx}}}. \tag{5.1.9}$$

由(5.1.9)式可以看出，预测区间的长度 2δ 与样本量 n，x 的偏差平方和 l_{xx}，x_0 到 $\bar{x}$ 的距离 $|x_0-\bar{x}|$ 有关. x_0 愈远离 $\bar{x}$，预测精度就愈差. 当 $x_0\notin[x_{(1)},x_{(n)}]$ 时，预测精度可能变得很差，在这种情况下的预测称作外推，需要特别注意. 另外，若 $x_1,x_2,\cdots,x_n$ 较为集中时，那么 l_{xx} 就较小，也会导致预测精度的降低. 因此，在收集数据时要使 $x_1,x_2,\cdots,x_n$ 尽量分散，这对提高精度有利. 图 5.1.2(a)给出在不同 x 值上预测区间的示意图：在 $x=\bar{x}$ 处预测区间最短，远离 $\bar{x}$ 的预测区间越来越长，两端呈喇叭状.

当 n 较大时(如 $n>30$)，t 分布可以用正态分布近似.进一步，若 x_0 与 $\bar{x}$ 相差不大时，δ 可以近似取为

$$\delta\approx u_{\frac{\alpha}{2}}\hat{\sigma}, \tag{5.1.10}$$

其中 $u_{\frac{\alpha}{2}}$ 是标准正态分布的上 $\frac{\alpha}{2}$ 分位数，近似的预测区间如图 5.1.2(b)所示.

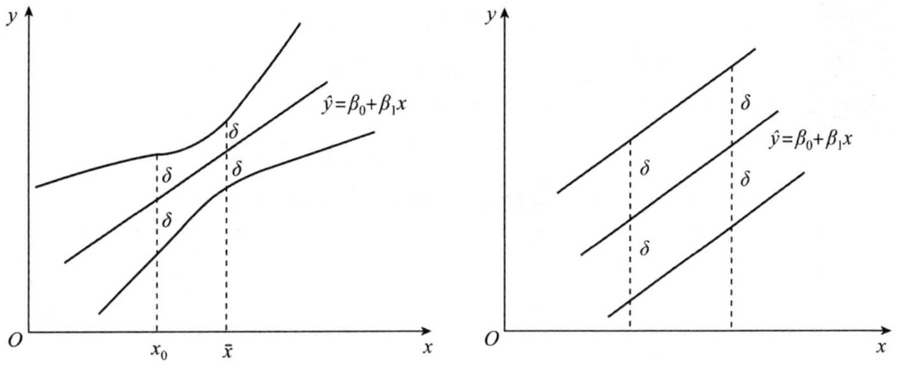

(a) 精确预测区域　　(b) 近似预测区域

图 5.1.2　预测区间示意图

例 5.1.4　在例 5.1.2 中，如果 $x_0=25$，则得预测值为

$$\hat{y}_0=22.648\,6+0.264\,3\times25=29.256\,1.$$

若取 $\alpha=0.05$，则 $t_{0.025}(6)=2.446\,9$，又 $\hat{\sigma}=\sqrt{0.669\,4/(7-2)}=0.365\,8$，应用(5.1.9)式，有

$$\delta=2.446\,9\times0.365\,8\sqrt{1+\frac{1}{7}+\frac{(25-24)^2}{112}}=0.960\,6.$$

y_0 的置信度为 0.95 的预测区间为(28.295 5,30.216 7).

查表得 $u_{0.025}=1.96$，由(5.1.10)式可得 δ 的近似值为

$$\delta\approx1.96\times0.365\,8=0.717,$$

则 y_0 的置信度为 0.95 的近似预测区间为(28.539 1,29.973 1).

2. 控制

控制相当于预测问题的反问题. 控制问题就是求观测值 y 在某区间 $[y_1,y_2]$ 内变化时，相应地控制 x 在什么范围？即如何控制自变量 x 的值才能以 $1-\alpha$ 的概率保证把 y 控制在区间 $[y_1,y_2]$ 内.

通常用近似的预测区间来确定 x，令

$$\begin{cases}\hat{y}-u_{\frac{\alpha}{2}}\hat{\sigma}=\hat{\beta}_0+\hat{\beta}_1x-u_{\frac{\alpha}{2}}\hat{\sigma}\geqslant y_1,\\ \hat{y}+u_{\frac{\alpha}{2}}\hat{\sigma}=\hat{\beta}_0+\hat{\beta}_1x+u_{\frac{\alpha}{2}}\hat{\sigma}\leqslant y_2.\end{cases}$$

当 $\hat{\beta}_1>0$ 时，得

$$\frac{y_1-\hat{\beta}_0+u_{\frac{\alpha}{2}}\hat{\sigma}}{\hat{\beta}_1}\leqslant x\leqslant\frac{y_2-\hat{\beta}_0-u_{\frac{\alpha}{2}}\hat{\sigma}}{\hat{\beta}_1};$$

当 $\hat{\beta}_1<0$ 时，得

$$\frac{y_2-\hat{\beta}_0-u_{\frac{\alpha}{2}}\hat{\sigma}}{\hat{\beta}_1}\leqslant x\leqslant\frac{y_1-\hat{\beta}_0+u_{\frac{\alpha}{2}}\hat{\sigma}}{\hat{\beta}_1}.$$

下面我们以一个完整的例子把本节内容重新梳理一遍.

例 5.1.5　在动物学研究中,有时需要找出某种动物的体积与重量的关系. 因为动物的重量相对而言容易测量,而测量体积比较困难. 因此,人们希望用动物的重量预测体积. 下面是 18 只某种动物的体积与重量的数据. 在这里,动物的重量被看作自变量,用 x 表示,单位为 kg,动物的体积作为因变量,用 y 表示,单位为dm^3,18 组数据列于表 5.1.4.

表 5.1.4　18 只某种动物的重量 x 与体积 y 的数据

x/kg	y/dm^3	x/kg	y/dm^3	x/kg	y/dm^3
10.4	10.2	15.1	14.8	10.4	10.4
10.5	10.4	15.1	15.1	10.5	10.5
11.9	11.6	15.1	14.5	11.9	11.9
12.1	11.9	15.7	15.7	12.1	12.1
13.8	13.5	15.8	15.2	13.8	13.8
15.0	14.5	16.0	15.8	15.0	15.0

解　(1) 我们用这 18 组数据作散点图,如图 5.1.3 所示.

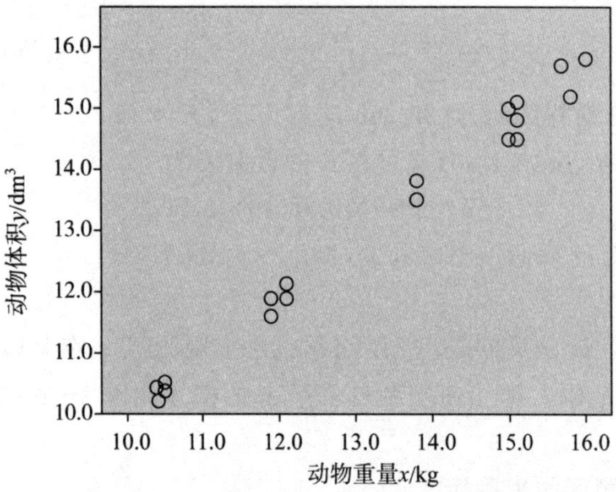

图 5.1.3　动物体积与动物重量的散点图

从图 5.1.3 中可以发现 18 个点基本在一条直线附近,这说明两个变量在体重为 10～20kg 内存在相关关系.

(2) 求线性回归方程.

经计算,

$$\hat{\beta}_1=\frac{l_{xy}}{l_{xx}}=\frac{\sum x_i y_i-\frac{1}{n}\left(\sum x_i\right)\left(\sum y_i\right)}{\sum x_i^2-\frac{1}{n}\left(\sum x_i\right)^2}=\frac{95.237\,8}{96.389\,4}=0.988\,1,$$

$$\hat{\beta}_0=\bar{y}-\hat{\beta}_1\bar{x}=\frac{1}{n}\sum y_i-\hat{\beta}_1\cdot\frac{1}{n}\sum x_i=-0.104\,8,$$

回归方程为

$$\hat{y}=-0.104\,8+0.988\,1x. \tag{5.1.11}$$

(3) 回归方程的显著性检验.

假设检验

$$H_0:\beta_1=0.$$

当 H_0 为真时,构造检验统计量

$$F=\frac{S_R}{S_e/16}\sim F(1,16),$$

其中 S_R 为回归平方和,S_e 为残差平方和. 在给定的显著性水平 $\alpha=0.01$ 下,由

$$P_{H_0}\{F\geqslant F_{0.01}(1,16)\}=0.01$$

确定拒绝域 $W=\{F\geqslant 8.53\}$.

计算得方差分析表 5.1.5.

表 5.1.5 动物体积与重量的回归方程方差分析表

来源	平方和	自由度	均方和	F 比
回归	$S_R=94.751\,1$	$f_R=1$	$MS_R=94.751\,1$	$F=2\,362.9$
残差	$S_e=0.642$	$f_e=16$	$MS_e=0.040\,1$	
总计	$S_T=95.393\,1$	$f_T=17$		

由于 $F=2\,362.9\in W$,故拒绝 H_0,即认为在显著性水平 $\alpha=0.01$ 下,回归方程是显著的.

如果测得某动物的重量为 $x_0=17.6\text{kg}$,由回归方程(5.1.11),该动物的平均体积的估计值为

$$\hat{y}_0=-0.104\,8+0.988\,1\times 17.6=17.285\,8.$$

若取 $\alpha=0.05$,则有 $t_{0.025}(16)=2.119\,9$. 又因为 $n=18$,$\bar{x}=15.005\,6$,$\hat{\sigma}=\sqrt{0.040\,1}=0.200\,2$,由(5.1.9)式得

$$\delta=0.200\,2\times 2.119\,9\times\sqrt{1+\frac{1}{18}+\frac{(17.6-15.005\,6)^2}{96.389\,4}}=0.450\,2.$$

从而该动物体积的预测区间为

$$(17.285\,8-0.450\,2,17.285\,8+0.450\,2)=(16.835\,6,17.736\,0).$$

由(5.1.10)式求近似预测区间,由于 $u_{0.025}=1.96$,故有 $\delta\approx 1.96\times 0.200\,2=0.392\,4$,则所求近似预测区间为

$$(17.285\,8-0.392\,4,17.285\,8+0.392\,4)=(16.893\,4,17.678\,2).$$

此处近似预测区间与精确预测区间的差距已不大,当 n 更大一些,两者差距会更小一些.

习 题 5.1

1. 某厂生产水泥,需对每窑生产的水泥测定其抗压强度以确定水泥的编号,一般以水泥出窑后做成的试块养护 28 天所测定的数据为准,但水泥不可能在工厂堆放 28 天所以考虑用 7 天的抗压强度 x(单位:MPa)去预测 28 天的抗压强度 y(单位:MPa). 现记录了一个月

26 窑的生产数据，且已算得结果如下：

$$\sum_{i=1}^{26} x_i = 628.3,\quad \sum_{i=1}^{26} y_i = 788.4,$$

$$\sum_{i=1}^{26} x_i^2 = 15\ 225.05,\quad \sum_{i=1}^{26} x_i y_i = 19\ 088.54,\quad \sum_{i=1}^{26} y_i^2 = 23\ 972.40.$$

(1) 建立 y 关于 x 的一元线性回归方程 $\hat{y}=\hat{\beta}_0+\hat{\beta}_1 x$.

(2) 写出 $\hat{\beta}_0$ 和 $\hat{\beta}_1$ 的分布.

(3) 求 $\hat{\beta}_0$ 和 $\hat{\beta}_1$ 的相关系数.

(4) 在显著性水平 $\alpha=0.05$ 下，对回归方程的显著性进行检验.

(5) 给出 β_1 的置信度为 0.95 的置信区间.

(6) 在 $x=24\text{MPa}$ 时，求对应的 y 的置信度为 0.95 的预测区间.

2. 请给出一元线性回归方程 $\hat{y}=\hat{\beta}_0+\hat{\beta}_1 x$ 中 $\hat{\beta}_0$ 与 $\hat{\beta}_1$ 的标准差的估计量以及 $\hat{\beta}_0$ 与 $\hat{\beta}_1$ 的相关系数.

3. 对不同的元麦堆测得如下 6 组数据：

堆 号	1	2	3	4	5	6
重量 p/0.5mg	2 813	2 705	11 103	2 590	2 131	5 181
跨度 l/m	3.25	3.20	5.07	3.14	2.90	4.02

试求重量 p 对跨度 l 的回归方程，并求出标准差 σ 的估计值.

4. 设回归模型为

$$\begin{cases} y_i=\beta_0+\beta_1 x_i+\varepsilon_i, i=1,2,\cdots n, \\ \text{各 } \varepsilon_i \text{ 相互独立，且同服从正态分布 } N(0,\sigma^2). \end{cases}$$

试求 β_0,β_1 的最大似然估计，它们与其最小二乘估计一致吗？

5. 在回归分析计算中，常对数据进行如下变换：

$$\tilde{y}_i=\frac{y_i-c_1}{d_1},\quad \tilde{x}_i=\frac{x_i-c_2}{d_2},\quad i=1,2,\cdots,n,$$

其中 $c_1,c_2,d_1(d_1>0),d_2(d_2>0)$ 是恰当选取的常数.

(1) 试建立由原始数据和变换后的数据得到的最小二乘估计、总平方和、回归平方和以及残差平方和之间的关系.

(2) 证明：由原始数据和变换后的数据得到的 F 检验统计量的值保持不变.

6. 设回归模型为

$$\begin{cases} y_i=\beta_0+\beta_1 x_i+\varepsilon_i,\quad i=1,2,\cdots,n, \\ \text{各 } \varepsilon_i \text{ 相互独立，且同服从正态分布 } N(0,\sigma^2). \end{cases}$$

现收集了 15 组数据，经计算有

$$\bar{x}=0.85,\quad \bar{y}=25.60,\quad l_{xx}=19.56,\quad l_{xy}=32.54,\quad l_{yy}=46.74.$$

后经核对，发现有一组数据记录有错误，正确的数据为(1.2,32.6)，记录为(1.5,32.3).

(1) 求 β_0,β_1 的最小二乘估计.

(2) 对回归方程作显著性检验.($\alpha=0.05$)

(3) 若 $x=1.1$,给出 y 的置信水平为 0.95 的预测区间.

7. 对给定的 n 组数据 (x_i, y_i), $i=1,2,\cdots,n$,若我们关心的是 y 如何依赖于 x 的取值而变动,则建立如下回归方程:

$$\hat{y}=a+bx.$$

反之,若我们关心的是 x 如何依赖 y 的取值而变动,则可以建立另一个回归方程

$$\hat{x}=c+dy.$$

试问这两条直线在直角坐标系中是否重合?为什么?若不重合,它们有无交点?若有,试给出交点的坐标.

§5.2 多元线性回归

在实际问题中,影响变量的因子往往不止一个,此时需要考虑多变量的回归分析问题.本节讨论最简单又最具有普遍性的多元线性回归分析问题.多元线性回归的原理与一元线性回归的原理完全相同,但计算量要大很多,通常可借助计算机工具进行计算.下面从模型入手介绍多元线性回归.

一、多元线性回归模型

设 $x_1, x_2, \cdots, x_p$ 共 p 个因子对结果 y 有影响,假设它们之间有线性相关关系:

$$y=\beta_0+\beta_1 x_1+\cdots+\beta_p x_p+\varepsilon, \tag{5.2.1}$$

式中 $x_1, x_2, \cdots, x_p$ 都是可精确测量或可控制的一般变量,y 是可观测的随机变量,$\beta_0, \beta_1, \beta_2, \cdots, \beta_p$ 是未知参数,ε 是服从正态分布 $N(0,\sigma^2)$ 的不可观测的随机误差.假如我们对(5.2.1)式获得了 n 组独立观测值

$$(y_i; x_{i1}, x_{i2}, \cdots, x_{ip}), \quad i=1,2,\cdots,n, \tag{5.2.2}$$

由(5.2.1)式可知,y_i 具有数据结构式:

$$y_i=\beta_0+\beta_1 x_{i1}+\cdots+\beta_p x_{ip}+\varepsilon_i, \quad i=1,2,\cdots,n, \tag{5.2.3}$$

其中 $\varepsilon_1, \varepsilon_2, \cdots, \varepsilon_n$ 相互独立,且均服从正态分布 $N(0,\sigma^2)$,这就是 **p 元线性回归模型**,常表示为

$$\begin{cases} y_i=\beta_0+\beta_1 x_{i1}+\cdots+\beta_p x_{ip}+\varepsilon_i, \quad i=1,2,\cdots,n, \\ \text{各 } \varepsilon_i \text{ 相互独立,且同服从正态分布 } N(0,\sigma^2). \end{cases} \tag{5.2.4}$$

由数据 $(y_i; x_{i1}, x_{i2}, \cdots, x_{ip})$, $i=1,2,\cdots,n$,可以分别获得 $\beta_0, \beta_1, \cdots, \beta_p$ 的估计 $\hat{\beta}_0, \hat{\beta}_1, \hat{\beta}_2, \cdots, \hat{\beta}_p$,称

$$\hat{y}=\hat{\beta}_0+\hat{\beta}_1 x_1+\cdots+\hat{\beta}_p x_p \tag{5.2.5}$$

为 **p 元线性回归方程**,对每组观测值 $(x_{i1}, x_{i2}, \cdots, x_{ip})$,称

$$\hat{y}_i=\hat{\beta}_0+\hat{\beta}_1 x_{i1}+\cdots+\hat{\beta}_p x_{ip} \tag{5.2.6}$$

为**回归值**,也称为**拟合值**、**预测值**.

二、参数估计

我们依然采用最小二乘的原理,由观测值(5.2.2)去估计(5.2.1)式中的参数 $\beta_0, \beta_1, \cdots,$

β_p. 所确定的回归方程能使一切 y_i 与 $\hat{y}_i$ 之间的偏差达到最小，即要求

$$\min_{\beta_0,\beta_1,\cdots,\beta_p} \sum_{i=1}^{n} (y_i - \beta_0 - \beta_1 x_{i1} - \cdots - \beta_p x_{ip})^2 = \sum_{i=1}^{n} (y_i - \hat{\beta}_0 - \hat{\beta}_1 x_{i1} - \cdots - \hat{\beta}_p x_{ip})^2.$$

所以我们只要求使

$$Q(\beta_0,\beta_1,\cdots,\beta_p) = \sum_{i=1}^{n} (y_i - \beta_0 - \beta_1 x_{i1} - \cdots - \beta_p x_{ip})^2$$

达到极小的 $\beta_0,\beta_1,\cdots,\beta_p$. 由于 Q 是 $\beta_0,\beta_1,\cdots,\beta_p$ 的一个非负二次型，故极小值必存在，根据微积分的理论知道，极小值点即为 Q 对 $\beta_0,\beta_1,\cdots,\beta_p$ 的一阶偏导数为 0 的点，则有

$$\begin{cases} \dfrac{\partial Q}{\partial \beta_0} = -2\sum_{i=1}^{n}(y_i - \beta_0 - \beta_1 x_{i1} - \cdots - \beta_p x_{ip}) = 0, \\ \dfrac{\partial Q}{\partial \beta_j} = -2\sum_{i=1}^{n}(y_i - \beta_0 - \beta_1 x_{i1} - \cdots - \beta_p x_{ip}) x_{ij} = 0, \quad j = 1,2,\cdots,p, \end{cases}$$

经整理即得关于 $\beta_0,\beta_1,\cdots,\beta_p$ 的一个线性方程组（以下“$\sum$”均表示“$\sum_{i=1}^{n}$”）：

$$\begin{cases} n\beta_0 + \sum x_{i1}\beta_1 + \cdots + \sum x_{ip}\beta_p = \sum y_i, \\ \sum x_{i1}\beta_0 + \sum x_{i1}^2\beta_1 + \cdots + \sum x_{i1}x_{ip}\beta_p = \sum x_{i1} y_i, \\ \cdots\cdots\cdots \\ \sum x_{ip}\beta_0 + \sum x_{i1}x_{ip}\beta_1 + \cdots + \sum x_{ip}^2\beta_p = \sum x_{ip} y_i, \end{cases} \tag{5.2.7}$$

称(5.2.7)为**正规方程组**，其解称为 $\beta_0,\beta_1,\cdots,\beta_p$ 的**最小二乘估计**.

记方程组(5.2.7)的系数矩阵为 $\boldsymbol{A}$，常数项矩阵为 $\boldsymbol{B}$，令

$$\boldsymbol{X} = \begin{pmatrix} 1 & x_{11} & \cdots & x_{1p} \\ 1 & x_{21} & \cdots & x_{2p} \\ \vdots & \vdots & & \vdots \\ 1 & x_{n1} & \cdots & x_{np} \end{pmatrix}, \quad \boldsymbol{Y} = \begin{pmatrix} y_1 \\ y_2 \\ \vdots \\ y_n \end{pmatrix}, \quad \boldsymbol{\beta} = \begin{pmatrix} \beta_0 \\ \beta_1 \\ \vdots \\ \beta_p \end{pmatrix},$$

则有

$$\boldsymbol{A} = \begin{pmatrix} n & \sum x_{i1} & \cdots & \sum x_{ip} \\ \sum x_{i1} & \sum x_{i1}^2 & \cdots & \sum x_{i1}x_{ip} \\ \vdots & \vdots & & \vdots \\ \sum x_{ip} & \sum x_{ip}x_{i1} & \cdots & \sum x_{ip}^2 \end{pmatrix}$$

$$= \begin{pmatrix} 1 & 1 & \cdots & 1 \\ x_{11} & x_{21} & \cdots & x_{1p} \\ \vdots & \vdots & & \vdots \\ x_{n1} & x_{2p} & \cdots & x_{np} \end{pmatrix} \begin{pmatrix} 1 & x_{11} & \cdots & x_{1p} \\ 1 & x_{21} & \cdots & x_{2p} \\ \vdots & \vdots & & \vdots \\ 1 & x_{n1} & \cdots & x_{np} \end{pmatrix} = \boldsymbol{X}^{\mathrm{T}}\boldsymbol{X},$$

$$\boldsymbol{B}=\begin{pmatrix}\sum y_i\\ \sum x_{i1}y_i\\ \vdots\\ \sum x_{ip}y_i\end{pmatrix}=\begin{pmatrix}1&1&\cdots&1\\ x_{11}&x_{21}&\cdots&x_{n1}\\ \vdots&\vdots&&\vdots\\ x_{1p}&x_{2p}&\cdots&x_{np}\end{pmatrix}\begin{pmatrix}y_1\\ y_2\\ \vdots\\ y_n\end{pmatrix}=\boldsymbol{X}^{\mathrm{T}}\boldsymbol{Y},$$

所以方程组(5.2.7)的矩阵形式为

$$\boldsymbol{X}^{\mathrm{T}}\boldsymbol{X}\boldsymbol{\beta}=\boldsymbol{X}^{\mathrm{T}}\boldsymbol{Y},\tag{5.2.8}$$

称 $\boldsymbol{X}$ 为**结构矩阵**,它说明 $\boldsymbol{Y}$ 的数学期望的结构. 在回归分析中通常 $\boldsymbol{A}^{-1}$ 存在,这时最小二乘估计 $\hat{\boldsymbol{\beta}}$ 可表示为

$$\hat{\boldsymbol{\beta}}=(\boldsymbol{X}^{\mathrm{T}}\boldsymbol{X})^{-1}\boldsymbol{X}^{\mathrm{T}}\boldsymbol{Y}.$$

当我们求得了 $\boldsymbol{\beta}$ 的最小二乘估计 $\hat{\boldsymbol{\beta}}$ 后,就可建立回归方程(5.2.5),进而可以利用它对指标进行预测和控制. 例如,给出任意一组变量 $x_1,x_2,\cdots,x_p$ 的值 $(x_{01},x_{02},\cdots,x_{0p})$ 后就可根据(5.2.6)式求得对应的 y_0 的预测值:

$$\hat{y}_0=\hat{\beta}_0+\hat{\beta}_1x_{01}+\cdots+\hat{\beta}_px_{0p}.$$

为了了解预测的精度及控制生产的需要,通常还需求得 σ^2 的无偏估计.

与一元回归定义相似,称实测值 y_i 与回归值 $\hat{y}_i$ 的差 $y_i-\hat{y}_i$ 为**残差**,称

$$S_e=\sum(y_i-\hat{y}_i)^2$$

为**残差平方和**. 令

$$\boldsymbol{Y}=\begin{pmatrix}y_1\\ y_2\\ \vdots\\ y_n\end{pmatrix},\quad \hat{\boldsymbol{Y}}=\begin{pmatrix}\hat{y}_1\\ \hat{y}_2\\ \vdots\\ \hat{y}_n\end{pmatrix},$$

称

$$\tilde{\boldsymbol{Y}}=\boldsymbol{Y}-\hat{\boldsymbol{Y}}=\boldsymbol{Y}-\boldsymbol{X}\hat{\boldsymbol{\beta}}=[\boldsymbol{I}_n-\boldsymbol{X}(\boldsymbol{X}^{\mathrm{T}}\boldsymbol{X})^{-1}\boldsymbol{X}^{\mathrm{T}}]\boldsymbol{Y}\tag{5.2.9}$$

为**残差向量**,此时

$$\begin{aligned}S_e&=\sum(y_i-\hat{y}_i)^2=\tilde{\boldsymbol{Y}}^{\mathrm{T}}\tilde{\boldsymbol{Y}}=(\boldsymbol{Y}-\boldsymbol{X}\hat{\boldsymbol{\beta}})^{\mathrm{T}}(\boldsymbol{Y}-\boldsymbol{X}\hat{\boldsymbol{\beta}})\\ &=\boldsymbol{Y}^{\mathrm{T}}\boldsymbol{Y}-\boldsymbol{Y}^{\mathrm{T}}\boldsymbol{X}\hat{\boldsymbol{\beta}}-\boldsymbol{Y}^{\mathrm{T}}\boldsymbol{Y}-\hat{\boldsymbol{\beta}}^{\mathrm{T}}\boldsymbol{X}^{\mathrm{T}}\boldsymbol{Y}\\ &=\boldsymbol{Y}^{\mathrm{T}}[\boldsymbol{I}_n-\boldsymbol{X}(\boldsymbol{X}^{\mathrm{T}}\boldsymbol{X})^{-1}\boldsymbol{X}^{\mathrm{T}}]\boldsymbol{Y}.\end{aligned}\tag{5.2.10}$$

(5.2.10)式中各表达式是残差平方和的不同表示形式.

为了给出 σ^2 的无偏估计,先证明一个定理.

定理 5.2.1 $E(S_e)=(n-p-1)\sigma^2$.

证明 由(5.2.10)式知

$$E(S_e)=E(\tilde{\boldsymbol{Y}}^{\mathrm{T}}\tilde{\boldsymbol{Y}})=E(\mathrm{tr}\,\tilde{\boldsymbol{Y}}^{\mathrm{T}}\tilde{\boldsymbol{Y}})=E(\mathrm{tr}\,\tilde{\boldsymbol{Y}}\tilde{\boldsymbol{Y}}^{\mathrm{T}})=\mathrm{tr}\,E(\tilde{\boldsymbol{Y}}\tilde{\boldsymbol{Y}}^{\mathrm{T}}).$$

由(5.2.9)式可得

$$E(\tilde{\boldsymbol{Y}})=E(\boldsymbol{Y}-\boldsymbol{X}\hat{\boldsymbol{\beta}})=E[\boldsymbol{Y}-\boldsymbol{X}(\boldsymbol{X}^{\mathrm{T}}\boldsymbol{X})^{-1}\boldsymbol{X}^{\mathrm{T}}\boldsymbol{Y}]=\boldsymbol{X}\boldsymbol{\beta}-\boldsymbol{X}(\boldsymbol{X}^{\mathrm{T}}\boldsymbol{X})^{-1}\boldsymbol{X}^{\mathrm{T}}\boldsymbol{X}\boldsymbol{\beta}=\boldsymbol{0},$$

故

$$\begin{aligned}E(\widetilde{\boldsymbol{Y}}\widetilde{\boldsymbol{Y}}^{\mathrm{T}})&=D(\widetilde{\boldsymbol{Y}})=D[(\boldsymbol{I}_n-\boldsymbol{X}(\boldsymbol{X}^{\mathrm{T}}\boldsymbol{X})^{-1}\boldsymbol{X}^{\mathrm{T}})\boldsymbol{Y}]\\&=[\boldsymbol{I}_n-\boldsymbol{X}(\boldsymbol{X}^{\mathrm{T}}\boldsymbol{X})^{-1}\boldsymbol{X}^{\mathrm{T}}]D(\boldsymbol{Y})[\boldsymbol{I}_n-\boldsymbol{X}(\boldsymbol{X}^{\mathrm{T}}\boldsymbol{X})^{-1}\boldsymbol{X}^{\mathrm{T}}]^{\mathrm{T}}\\&=[\boldsymbol{I}_n-\boldsymbol{X}(\boldsymbol{X}^{\mathrm{T}}\boldsymbol{X})^{-1}\boldsymbol{X}^{\mathrm{T}}][\boldsymbol{I}_n-\boldsymbol{X}(\boldsymbol{X}^{\mathrm{T}}\boldsymbol{X})^{-1}\boldsymbol{X}^{\mathrm{T}}]\sigma^2\\&=\sigma^2[\boldsymbol{I}_n-\boldsymbol{X}(\boldsymbol{X}^{\mathrm{T}}\boldsymbol{X})^{-1}\boldsymbol{X}^{\mathrm{T}}].\end{aligned}$$

将它代入 $E(S_e)$ 的表达式,得

$$\begin{aligned}E(S_e)&=\mathrm{tr}\,\sigma^2[\boldsymbol{I}_n-\boldsymbol{X}(\boldsymbol{X}^{\mathrm{T}}\boldsymbol{X})^{-1}\boldsymbol{X}^{\mathrm{T}}]=\sigma^2[\mathrm{tr}\,\boldsymbol{I}_n-\mathrm{tr}\,\boldsymbol{X}(\boldsymbol{X}^{\mathrm{T}}\boldsymbol{X})^{-1}\boldsymbol{X}^{\mathrm{T}}]\\&=\sigma^2(n-\mathrm{tr}\,\boldsymbol{I}_{p+1})=\sigma^2(n-p-1).\end{aligned}$$

由定理 5.2.1 可知,

$$\widehat{\sigma^2}=\frac{S_e}{n-p-1}\tag{5.2.11}$$

是 σ^2 的无偏估计.

例 5.2.1　求 p 元中心化回归模型

$$y_i-\overline{y}=\mu_0+\beta_1(x_{i1}-\overline{x}_1)+\cdots+\beta_p(x_{ip}-\overline{x}_p)+\varepsilon_i,\quad i=1,2,\cdots,n\tag{5.2.12}$$

中参数 $\mu_0,\beta_1,\cdots,\beta_p$ 的最小二乘估计与 σ^2 的无偏估计,其中

$$\overline{y}=\frac{1}{n}\sum y_i,\quad \overline{x}_i=\frac{1}{n}\sum_{j=1}^{n}x_{ji},\quad i=1,2,\cdots,p.$$

解　令

$$\boldsymbol{X}=\begin{pmatrix}1&x_{11}-\overline{x}_1&\cdots&x_{1p}-\overline{x}_p\\1&x_{21}-\overline{x}_1&\cdots&x_{2p}-\overline{x}_p\\\vdots&\vdots&&\vdots\\1&x_{n1}-\overline{x}_1&\cdots&x_{np}-\overline{x}_p\end{pmatrix},\quad \boldsymbol{Y}=\begin{pmatrix}y_1-\overline{y}\\y_2-\overline{y}\\\vdots\\y_n-\overline{y}\end{pmatrix},\quad \boldsymbol{\beta}=\begin{pmatrix}\mu_0\\\beta_1\\\vdots\\\beta_p\end{pmatrix},$$

则有

$$\boldsymbol{X}^{\mathrm{T}}\boldsymbol{X}=\begin{pmatrix}n&0&\cdots&0\\0&l_{11}&\cdots&l_{1p}\\\vdots&\vdots&&\vdots\\0&l_{p1}&\cdots&l_{pp}\end{pmatrix},\quad \boldsymbol{X}^{\mathrm{T}}\boldsymbol{Y}=\begin{pmatrix}0\\l_{1y}\\\vdots\\l_{py}\end{pmatrix},$$

其中

$$l_{uv}=\sum_i(x_{iu}-\overline{x}_u)(x_{iv}-\overline{x}_v)=\sum_i x_{iu}x_{iv}-n\,\overline{x}_u\,\overline{x}_v,\quad u,v=1,2,\cdots,p;$$

$$l_{uy}=\sum_i(x_{iu}-\overline{x}_u)(y_i-\overline{y})=\sum_i x_{iu}y_i-n\,\overline{x}_u\overline{y},\quad u=1,2,\cdots,p.$$

由正规方程组的矩阵表示形式(5.2.8)式可得

$$\begin{pmatrix}n&0&\cdots&0\\0&l_{11}&\cdots&l_{1p}\\\vdots&\vdots&&\vdots\\0&l_{p1}&\cdots&l_{pp}\end{pmatrix}\begin{pmatrix}\mu_0\\\beta_1\\\vdots\\\beta_p\end{pmatrix}=\begin{pmatrix}0\\l_{1y}\\\vdots\\l_{py}\end{pmatrix},$$

从而 $\widehat{\mu}_0=0$.

另外记

$$L=\begin{pmatrix} l_{11} & l_{12} & \cdots & l_{1p} \\ l_{21} & l_{22} & \cdots & l_{2p} \\ \vdots & \vdots & & \vdots \\ l_{p1} & l_{p2} & \cdots & l_{pp} \end{pmatrix}, \quad \boldsymbol{\beta}^{(1)}=\begin{pmatrix} \beta_1 \\ \beta_2 \\ \vdots \\ \beta_p \end{pmatrix}, \quad C=\begin{pmatrix} l_{1y} \\ l_{2y} \\ \vdots \\ l_{py} \end{pmatrix},$$

则$\hat{\beta}_1,\hat{\beta}_2,\cdots,\hat{\beta}_p$ 即为下列方程组的解

$$L\boldsymbol{\beta}^{(1)}=C. \tag{5.2.13}$$

若 L 可逆,则有

$$\hat{\boldsymbol{\beta}}^{(1)}=L^{-1}Y.$$

为利用(5.2.11)式求$\hat{\sigma}^2$,先求出 S_e,由(5.2.10)式可算得

$$S_e=Y^{\mathrm{T}}Y-\hat{\boldsymbol{\beta}}^{\mathrm{T}}X^{\mathrm{T}}Y=l_{yy}-\hat{\beta}_1 l_{1y}-\cdots-\hat{\beta}_p l_{py}, \tag{5.2.14}$$

其中 $l_{yy}=\sum(y_i-\bar{y})^2$.从而

$$\hat{\sigma}^2=\frac{1}{n-p-1}(l_{yy}-\hat{\beta}_1 l_{1y}-\cdots-\hat{\beta}_p l_{py}).$$

比较(5.2.12)式与(5.2.3)式可见,(5.2.12)式中的 $\beta_1,\beta_2,\cdots,\beta_p$ 与(5.2.3)式中的 $\beta_1,\beta_2,\cdots,\beta_p$ 一致,而(5.2.3)式中的 β_0 可表示为

$$\beta_0=\bar{y}+\mu_0-\beta_1\bar{x}_1-\cdots-\beta_p\bar{x}_p.$$

若我们求得了(5.2.12)式中各参数的估计,立即可得(5.2.3)式中各参数的估计. (5.2.3)式中 $\hat{\beta}_1,\hat{\beta}_2,\cdots,\hat{\beta}_p$ 均可用(5.2.12)式中所得的估计,$\hat{\beta}_0$ 的估计为

$$\hat{\beta}_0=\bar{y}-\hat{\beta}_1\bar{x}_1-\cdots-\hat{\beta}_p\bar{x}_p. \tag{5.2.15}$$

用(5.2.12)式去求 $\hat{\beta}_1,\hat{\beta}_2,\cdots,\hat{\beta}_p$ 比用(5.2.3)式直接求可将求逆矩阵的阶数降低一阶,这将减少工作量,所以通常求 p 元线性回归方程时,常通过中心化的方法进行.

例 5.2.2 在平炉炼钢中,由于矿石与炉气的氧化作用,铁水的总含碳量在不断降低. 一炉钢在冶炼初期总的去碳量 y(单位:t)与所加的两种矿石的量 x_1,x_2(单位:槽)及熔化时间 x_3(单位:5min)有关. 经实测某型号平炉的 49 组数据如表 5.2.1 所示,由经验知 y 与 x_1,x_2,x_3 之间有下述数据结构式:

$$y_i=\beta_0+\beta_1x_{i1}+\beta_2x_{i2}+\beta_3x_{i3}+\varepsilon_i, \quad i=1,2,\cdots,49.$$

表 5.2.1 平炉炼钢 49 组数据

编号	x_1/槽	x_2/槽	x_3/5min	y/t	编号	x_1/槽	x_2/槽	x_3/5min	y/t
1	2	18	50	4.330 2	26	9	6	39	2.706 6
2	7	9	40	3.648 5	27	12	5	51	5.631 4
3	5	14	46	4.483 0	28	6	13	41	5.815 2
4	12	3	43	5.546 8	29	12	7	49	5.130 2
5	1	20	64	5.497 0	30	0	24	61	5.391 0
6	3	12	40	3.112 5	31	5	12	37	4.453 3
7	3	17	64	5.118 2	32	4	15	49	4.656 9

(续表)

编号	x_1/槽	x_2/槽	x_3/5min	y/t	编号	x_1/槽	x_2/槽	x_3/5min	y/t
8	6	5	39	3.875 9	33	0	20	45	4.521 2
9	7	8	37	4.670 0	34	6	16	42	4.865 0
10	0	23	55	4.953 6	35	4	17	48	5.356 6
11	3	16	60	5.006 0	36	10	4	48	4.609 8
12	0	18	49	5.270 1	37	4	14	36	2.381 5
13	8	4	50	5.377 2	38	5	13	36	3.874 6
14	6	14	51	5.484 9	39	9	8	51	4.591 9
15	0	21	51	4.596 0	40	6	13	54	5.158 8
16	3	14	51	5.664 5	41	5	8	100	5.437 3
17	7	12	56	6.079 5	42	5	11	44	3.996 0
18	16	0	48	3.219 4	43	8	6	63	4.397 0
19	6	16	45	5.807 6	44	2	13	55	4.062 2
20	0	15	52	4.730 6	45	7	8	50	2.290 5
21	9	0	40	4.680 5	46	4	10	45	4.711 5
22	4	6	32	3.127 2	47	10	5	40	4.531 0
23	0	17	47	2.610 4	48	3	17	64	5.363 7
24	9	0	44	3.717 4	49	4	15	72	6.077 1
25	2	16	39	3.894 6					

试由给出的数据求出$\beta_0,\beta_1,\beta_2,\beta_3$的最小二乘估计,写出回归方程,并求出$\sigma^2$的估计.

解 经计算可得

$$\boldsymbol{L}=\begin{pmatrix} l_{11} & l_{12} & l_{13} \\ l_{21} & l_{22} & l_{23} \\ l_{31} & l_{32} & l_{33} \end{pmatrix}=\begin{pmatrix} 662.000 & -918.143 & -388.857 \\ -918.143 & 1\,753.959 & 776.041 \\ -388.857 & 776.041 & 6\,247.959 \end{pmatrix},$$

$$\boldsymbol{C}=\begin{pmatrix} l_{1y} \\ l_{2y} \\ l_{3y} \end{pmatrix}=\begin{pmatrix} -6.433 \\ 69.130 \\ 245.571 \end{pmatrix},\quad \boldsymbol{\beta}^{(1)}=\begin{pmatrix} \beta_1 \\ \beta_2 \\ \beta_3 \end{pmatrix}.$$

由(5.2.13)式$\boldsymbol{L}\boldsymbol{\beta}^{(1)}=\boldsymbol{C}$,可解得

$$\hat{\beta}_1=0.160\,4,\quad \hat{\beta}_2=0.107\,6,\quad \hat{\beta}_3=0.035\,9.$$

再由(5.2.15)式可解得

$$\hat{\beta}_0=\bar{y}-\hat{\beta}_1\bar{x}_1-\hat{\beta}_2\bar{x}_2-\hat{\beta}_3\bar{x}_3=0.701\,4.$$

所以回归方程为

$$\hat{y}=0.701\,4+0.160\,4x_1+0.107\,6x_2+0.035\,9x_3.$$

由(5.2.14)式得

$S_e=44.905-0.1604\times(-6.433)-0.1076\times69.130-0.0359\times245.571=29.684$,

再由(5.2.11)式得 σ^2 的估计

$$\widehat{\sigma^2}=\frac{29.684}{49-3-1}=0.660.$$

下面进一步研究最小二乘估计 $\hat{\boldsymbol{\beta}}$ 的性质.

定理 5.2.2 $\hat{\boldsymbol{\beta}}$ 是 $\boldsymbol{\beta}$ 的线性无偏估计,其协差阵为

$$D(\hat{\boldsymbol{\beta}})=(\boldsymbol{X}^{\mathrm{T}}\boldsymbol{X})^{-1}\sigma^2. \tag{5.2.16}$$

证明 由 $\hat{\boldsymbol{\beta}}=(\boldsymbol{X}^{\mathrm{T}}\boldsymbol{X})^{-1}\boldsymbol{X}^{\mathrm{T}}\boldsymbol{Y}$ 可知,$\hat{\boldsymbol{\beta}}$ 是 $y_1,y_2,\cdots,y_n$ 的线性函数,所以 $\hat{\boldsymbol{\beta}}$ 是一个线性估计.由

$$E(\hat{\boldsymbol{\beta}})=E[(\boldsymbol{X}^{\mathrm{T}}\boldsymbol{X})^{-1}\boldsymbol{X}^{\mathrm{T}}\boldsymbol{Y}]=(\boldsymbol{X}^{\mathrm{T}}\boldsymbol{X})^{-1}\boldsymbol{X}^{\mathrm{T}}E(\boldsymbol{Y})=(\boldsymbol{X}^{\mathrm{T}}\boldsymbol{X})^{-1}\boldsymbol{X}^{\mathrm{T}}\boldsymbol{X}\boldsymbol{\beta}=\boldsymbol{\beta}$$

可知,$\hat{\boldsymbol{\beta}}$是 $\boldsymbol{\beta}$ 的无偏估计,且

$$\begin{aligned}D(\hat{\boldsymbol{\beta}})&=D[(\boldsymbol{X}^{\mathrm{T}}\boldsymbol{X})^{-1}\boldsymbol{X}^{\mathrm{T}}\boldsymbol{Y}]\\&=(\boldsymbol{X}^{\mathrm{T}}\boldsymbol{X})^{-1}\boldsymbol{X}^{\mathrm{T}}D(\boldsymbol{Y})[(\boldsymbol{X}^{\mathrm{T}}\boldsymbol{X})^{-1}\boldsymbol{X}]^{\mathrm{T}}\\&=(\boldsymbol{X}^{\mathrm{T}}\boldsymbol{X})^{-1}\boldsymbol{X}^{\mathrm{T}}\boldsymbol{X}\ (\boldsymbol{X}^{\mathrm{T}}\boldsymbol{X})^{-1}\sigma^2\\&=(\boldsymbol{X}^{\mathrm{T}}\boldsymbol{X})^{-1}\sigma^2.\end{aligned}$$

由(5.2.16)式可知$\hat{\boldsymbol{\beta}}$的方差阵等于$(\boldsymbol{X}^{\mathrm{T}}\boldsymbol{X})^{-1}$乘以 σ^2,故常称$(\boldsymbol{X}^{\mathrm{T}}\boldsymbol{X})^{-1}$为**相关矩阵**.

由定理 5.2.2 可知,$\hat{\boldsymbol{\beta}}$ 的各分量之间一般不独立.

定理 5.2.3 $\mathrm{cov}(\tilde{\boldsymbol{Y}},\hat{\boldsymbol{\beta}})=\boldsymbol{0}$.

证明 由(5.2.9)式和(5.2.16)式知,

$$\begin{aligned}\mathrm{cov}(\tilde{\boldsymbol{Y}},\hat{\boldsymbol{\beta}})&=\mathrm{cov}(\boldsymbol{Y}-\boldsymbol{X}\hat{\boldsymbol{\beta}},\hat{\boldsymbol{\beta}})=\mathrm{cov}(\boldsymbol{Y},\hat{\boldsymbol{\beta}})-\mathrm{cov}(\boldsymbol{X}\hat{\boldsymbol{\beta}},\hat{\boldsymbol{\beta}})\\&=\mathrm{cov}(\boldsymbol{Y},(\boldsymbol{X}^{\mathrm{T}}\boldsymbol{X})^{-1}\boldsymbol{X}^{\mathrm{T}}\boldsymbol{Y})-\boldsymbol{X}D(\hat{\boldsymbol{\beta}})\\&=D(\boldsymbol{Y})[(\boldsymbol{X}^{\mathrm{T}}\boldsymbol{X})^{-1}\boldsymbol{X}^{\mathrm{T}}]^{\mathrm{T}}-\boldsymbol{X}D(\hat{\boldsymbol{\beta}})\\&=\boldsymbol{X}(\boldsymbol{X}^{\mathrm{T}}\boldsymbol{X})^{-1}\sigma^2-\boldsymbol{X}(\boldsymbol{X}^{\mathrm{T}}\boldsymbol{X})^{-1}\sigma^2\\&=\boldsymbol{0}.\end{aligned}$$

下面我们将在假设 $\varepsilon\sim N(0,\sigma^2)$的条件下,导出有关估计的分布.

定理 5.2.4 当$\boldsymbol{Y}\sim N_n(\boldsymbol{X}\boldsymbol{\beta},\sigma^2\boldsymbol{I}_n)$时,$\hat{\boldsymbol{\beta}}$ 与 S_e 相互独立,且

$$\hat{\boldsymbol{\beta}}\sim N\left(\boldsymbol{\beta},\sigma^2\ (\boldsymbol{X}^{\mathrm{T}}\boldsymbol{X}^{-1})\right),\quad \frac{S_e}{\sigma^2}\sim\chi^2(n-q),\quad \text{其中 } q \text{ 为矩阵 } \boldsymbol{X} \text{ 的秩}.$$

证明 由定理 5.2.2 知,$\hat{\boldsymbol{\beta}}$ 是独立正态变量 $y_1,y_2,\cdots,y_n$ 的线性组合,故 $\hat{\boldsymbol{\beta}}$ 仍服从正态分布.在定理 5.2.2 中已证明

$$E(\hat{\boldsymbol{\beta}})=\boldsymbol{\beta},\quad D(\hat{\boldsymbol{\beta}})=\sigma^2\ (\boldsymbol{X}^{\mathrm{T}}\boldsymbol{X})^{-1},$$

所以 $\hat{\boldsymbol{\beta}}\sim N(\boldsymbol{\beta},\sigma^2\ (\boldsymbol{X}^{\mathrm{T}}\boldsymbol{X})^{-1})$.

由定理 5.2.3 知,$\hat{\boldsymbol{\beta}}$ 与 $\tilde{\boldsymbol{Y}}$ 不相关且都为正态变量,故 $\hat{\boldsymbol{\beta}}$ 与 $\tilde{\boldsymbol{Y}}$ 相互独立,又 S_e 仅为 $\tilde{\boldsymbol{Y}}$ 的函数,所以 $\hat{\boldsymbol{\beta}}$ 与 S_e 相互独立.

由(5.2.10)式知

$$S_e=\boldsymbol{Y}^{\mathrm{T}}[\boldsymbol{I}_n-\boldsymbol{X}(\boldsymbol{X}^{\mathrm{T}}\boldsymbol{X})^{-1}\boldsymbol{X}^{\mathrm{T}}]\boldsymbol{Y}.$$

为证明$\dfrac{S_e}{\sigma^2}$服从$\chi^2(n-q)$分布,只要设法将S_e变换成$n-q$个服从正态分布$N(0,\sigma^2)$的独立变量的平方和即可. 为此令

$$\boldsymbol{G}=\boldsymbol{X}(\boldsymbol{X}^{\mathrm{T}}\boldsymbol{X}^{-1})\boldsymbol{X}^{\mathrm{T}},$$

这是一个非负定矩阵,其秩与$\boldsymbol{X}$的秩相同,故必存在正交矩阵$\boldsymbol{C}$,使

$$\boldsymbol{C}\boldsymbol{G}\boldsymbol{C}^{\mathrm{T}}=\begin{pmatrix}\lambda_1 & & & & & & \\ & \lambda_2 & & & & 0 & \\ & & \ddots & & & & \\ & & & \lambda_q & & & \\ & 0 & & & 0 & & \\ & & & & & \ddots & \\ & & & & & & 0\end{pmatrix},$$

其中$\lambda_i>0, i=1,2,\cdots,q$. 又

$$\boldsymbol{G}^2=\boldsymbol{G}\cdot\boldsymbol{G}=\boldsymbol{X}(\boldsymbol{X}^{\mathrm{T}}\boldsymbol{X})^{-1}\boldsymbol{X}^{\mathrm{T}}\cdot\boldsymbol{X}(\boldsymbol{X}^{\mathrm{T}}\boldsymbol{X})^{-1}\boldsymbol{X}^{\mathrm{T}}=\boldsymbol{X}(\boldsymbol{X}^{\mathrm{T}}\boldsymbol{X})^{-1}\boldsymbol{X}^{\mathrm{T}}=\boldsymbol{G},$$

故

$$\boldsymbol{C}\boldsymbol{G}\boldsymbol{C}^{\mathrm{T}}=\boldsymbol{C}\boldsymbol{G}^2\boldsymbol{C}^{\mathrm{T}}=\boldsymbol{C}\boldsymbol{G}\boldsymbol{C}^{\mathrm{T}}\cdot\boldsymbol{C}\boldsymbol{G}\boldsymbol{C}^{\mathrm{T}}=\begin{pmatrix}\lambda_1^2 & & & & & \\ & \ddots & & 0 & & \\ & & \lambda_q^2 & & & \\ & & & 0 & & \\ & 0 & & & \ddots & \\ & & & & & 0\end{pmatrix},$$

则有

$$\lambda_i^2=\lambda_i,\quad i=1,2,\cdots,q,$$

所以

$$\lambda_i=1,\quad i=1,2,\cdots,q.$$

从而

$$\boldsymbol{C}\boldsymbol{G}\boldsymbol{C}^{\mathrm{T}}=\begin{pmatrix}\boldsymbol{I}_q & \boldsymbol{0}\\ \boldsymbol{0} & \boldsymbol{0}\end{pmatrix}.$$

作变换

$$\boldsymbol{Z}=\boldsymbol{C}(\boldsymbol{Y}-\boldsymbol{X}\boldsymbol{\beta}),$$

则$\boldsymbol{Z}$仍服从正态分布,且

$$E(\boldsymbol{Z})=E[\boldsymbol{C}(\boldsymbol{Y}-\boldsymbol{X}\boldsymbol{\beta})]=\boldsymbol{C}(E(\boldsymbol{Y})-\boldsymbol{X}\boldsymbol{\beta})=\boldsymbol{0},$$

$$D(\boldsymbol{Z})=D[\boldsymbol{C}(\boldsymbol{Y}-\boldsymbol{X}\boldsymbol{\beta})]=D(\boldsymbol{C}\boldsymbol{Y})=\boldsymbol{C}D(\boldsymbol{Y})\boldsymbol{C}^{\mathrm{T}}=\sigma^2\boldsymbol{C}\boldsymbol{C}^{\mathrm{T}}=\sigma^2\boldsymbol{I}_n.$$

这说明$\boldsymbol{Z}$的分量$Z_1,Z_2,\cdots,Z_n$相互独立,且均服从正态分布$N(0,\sigma^2)$.

$$S_e=\boldsymbol{Y}^{\mathrm{T}}[\boldsymbol{I}_n-\boldsymbol{X}(\boldsymbol{X}^{\mathrm{T}}\boldsymbol{X})^{-1}\boldsymbol{X}^{\mathrm{T}}]\boldsymbol{Y}$$

$$=(\boldsymbol{C}^{\mathrm{T}}\boldsymbol{Z}+\boldsymbol{X\beta})[\boldsymbol{I}_n-\boldsymbol{X}(\boldsymbol{X}^{\mathrm{T}}\boldsymbol{X})^{-1}\boldsymbol{X}^{\mathrm{T}}](\boldsymbol{C}^{\mathrm{T}}\boldsymbol{Z}+\boldsymbol{X\beta})$$

$$=\boldsymbol{Z}^{\mathrm{T}}\boldsymbol{C}(\boldsymbol{I}_n-\boldsymbol{G})\boldsymbol{C}^{\mathrm{T}}\boldsymbol{Z}=\boldsymbol{Z}^{\mathrm{T}}\boldsymbol{Z}-\boldsymbol{Z}^{\mathrm{T}}\boldsymbol{CGC}^{\mathrm{T}}\boldsymbol{Z}=\boldsymbol{Z}^{\mathrm{T}}\boldsymbol{Z}-\boldsymbol{Z}^{\mathrm{T}}\begin{pmatrix}\boldsymbol{I}_q & \boldsymbol{0}\\ \boldsymbol{0} & \boldsymbol{0}\end{pmatrix}\boldsymbol{Z}$$

$$=(Z_1^2+Z_2^2+\cdots+Z_n^2)-(Z_1^2+Z_2^2+\cdots+Z_q^2)=Z_{q+1}^2+Z_{q+2}^2+\cdots+Z_n^2.$$

所以 S_e 是 $n-q$ 个服从正态分布 $N(0,\sigma^2)$ 的独立变量的平方和，从而

$$\frac{S_e}{\sigma^2}\sim\chi^2(n-q).$$

三、回归方程的显著性检验

在 p 元线性回归模型(5.2.4)中，除了参数估计问题外，还有如下的一些显著性检验问题：

(1) 变量 y 的数学期望与 $x_1,x_2,\cdots,x_p$ 之间是否有线性关系？如果它们之间没有线性关系，那么一切 $\beta_i(i=1,2,\cdots,p)$ 均应为0. 这相当于检验假设

$$H_0:\beta_1=\beta_2=\cdots=\beta_p=0 \tag{5.2.17}$$

是否成立.

(2) 假设变量 y 的数学期望与 $x_1,x_2,\cdots,x_p$ 之间确有线性关系，但是否每个变量都起着显著作用呢？如果因子 x_j 对 y 作用不显著，那么 β_j 应该是0. 因此要检验因子 x_j 是否有显著影响，就相当于要检验假设

$$H_{0j}:\beta_j=0,\quad j=1,2,\cdots,p \tag{5.2.18}$$

是否成立.

检验假设(5.2.17)依然采用平方和分解的 F 检验法.

与一元线性回归相同，数据 $y_1,y_2,\cdots,y_n$ 的波动用**总的偏差平方和** $S_T=\sum(y_i-\overline{y})^2$ 表示. 当 $E(y)$ 与 $x_1,x_2,\cdots,x_p$ 之间确有线性关系时，变量 $x_1,x_2,\cdots,x_p$ 的变化引起的 y_i 间波动用**回归平方和** $S_R=\sum(\hat{y}_i-\overline{y})^2$ 表示；除去 $E(y)$ 与 $x_1,x_2,\cdots,x_p$ 的线性关系以外的一切因素引起的，包括 $x_1,x_2,\cdots,x_p$ 对 y 的非线性影响以及其他一切未加控制的随机因素用**残差平方和** $S_e=\sum(y_i-\hat{y}_i)^2$ 表示. 利用正规方程组(5.2.7)，可得

$$S_T=S_e+S_R.$$

由(5.2.14)式知，回归平方和 S_R 还可以表示为

$$S_R=S_T-S_e=\hat{\beta}_1 l_{1y}+\hat{\beta}_2 l_{2y}+\cdots+\hat{\beta}_p l_{py}.$$

在 p 元线性回归模型(5.2.4)中，当假设(5.2.17)为真时，一切 $y_i\sim N(\beta_0,\sigma^2)$，$i=1,2,\cdots,n$，且相互独立，则有

$$\frac{S_T}{\sigma^2}\sim\chi^2(n-1).$$

又由定理 5.2.4 可知

$$\frac{S_e}{\sigma^2}\sim\chi^2(n-p-1)$$

(这是由于矩阵 $\boldsymbol{X}$ 的秩为 $p+1$，而 S_R 是正态变量的平方和，可证明其自由度为 p)，故

$$(n-p-1)+p=n-1.$$

从而由定理 4.1.1(柯赫伦定理)知,在假设(5.2.17)为真时,$\frac{S_e}{\sigma^2}$与$\frac{S_R}{\sigma^2}$相互独立,且

$$\frac{S_R}{\sigma^2}\sim\chi^2(p),$$

构造检验统计量

$$F=\frac{S_R/p}{S_e/(n-p-1)}\sim F(p,n-p-1),$$

列方差分析表计算 F 值,如表 5.2.2 所示.

表 5.2.2 多元线性回归方程的方差分析表

来源	平方和	自由度	均方	F 值
回归	S_R	$f_R=p$	$MS_R=S_R/f_R$	$F=MS_R/MS_e$
残差	$S_e=S_T-S_R$	$f_e=n-p-1$	$MS_e=S_e/f_e$	
总计	S_T	$f_T=n-1$		

表中 $S_T=l_{yy}$,$S_R=\hat{\beta}_1 l_{1y}+\hat{\beta}_2 l_{2y}+\cdots+\hat{\beta}_p l_{py}$.

在给定显著性水平 α 下,当检验统计量的值 $F\geqslant F_\alpha(p,n-p-1)$时,拒绝原假设(5.2.17),认为回归方程是显著的.

例 5.2.3 在例 5.2.2 中,要检验假设

$$H_0: \beta_1=\beta_2=\beta_3=0.$$

当 H_0 为真时,构造检验统计量

$$F=\frac{S_R/3}{S_e/45}\sim F(3,45).$$

给定显著性水平 $\alpha=0.01$,由

$$P_{H_0}\left\{F>F_{0.01}(3,45)\right\}=0.01$$

确定拒绝域 $W=\{F>7.24\}$.

经计算得方差分析表 5.2.3.

表 5.2.3 去碳量与 3 个变量回归方程的方差分析表

来源	平方和	自由度	均方	F 比
回归	$S_R=15.221$	$f_R=3$	$MS_R=5.0737$	$F=7.69$
残差	$S_e=29.684$	$f_e=45$	$MS_e=0.6596$	
总计	$S_T=44.905$	$f_T=48$		

由于 $F=7.69>7.24$,故拒绝 H_0,即去碳量关于这 3 个变量的回归方程在显著性水平 $\alpha=0.01$下有显著意义.

下面我们再来讨论假设(5.2.18)的检验问题.

由定理 5.2.4 知$\hat{\beta}_j\sim N(\beta_j,c_{jj}\sigma^2)$,其中 c_{jj} 为$(\boldsymbol{X}^{\mathrm{T}}\boldsymbol{X})^{-1}$中第 $j+1$ 个对角元素,且 $\hat{\beta}_j$ 与 $\hat{\sigma}^2$ 相互独立,因此在假设(5.2.18)为真时,

$$T_j=\frac{\hat{\beta}_j-\beta_j}{\sqrt{c_{jj}}\sqrt{\frac{S_e}{n-p-1}}}=\frac{\hat{\beta}_j}{\sqrt{c_{jj}}\,\hat{\sigma}}\sim t(n-p-1).$$

这就是用来检验第 j 个因子是否显著的统计量. 对给定的显著性水平 α，当 $|T_j|\geqslant t_{\frac{\alpha}{2}}(n-p-1)$时，拒绝假设(5.2.18).

例 5.2.4 在例 5.2.2 中，要检验假设

$$H_{0j}:\beta_j=0,\quad j=1,2,3.$$

当 H_{0j}，$j=1,2,3$ 为真时，分别构造检验统计量

$$T_j=\frac{\hat{\beta}_j}{\sqrt{c_{jj}}\,\hat{\sigma}}\sim t(45),\quad j=1,2,3,$$

其中 c_{jj} 为$(\boldsymbol{X}^{\mathrm{T}}\boldsymbol{X})^{-1}$中第 $j+1$ 个对角元素. 给定显著性水平 $\alpha=0.01$，由

$$P_{H_{0j}}\left\{|T_j|>t_{0.005}(45)\right\}=0.01,\quad j=1,2,3,$$

确定拒绝域 $W_j=\{|T_j|>2.70\}$，$j=1,2,3$.

利用例 5.2.2 的结果可计算，

$$c_{11}=0.005\ 515,\quad c_{22}=0.002\ 122,\quad c_{33}=0.000\ 169\ 4.$$

又由(5.2.11)式知

$$\hat{\sigma}=\sqrt{\frac{S_e}{n-p-1}}=0.81.$$

计算统计量 T_j 的值分别为

$$t_1=\frac{\hat{\beta}_1}{\sqrt{c_{11}}\,\hat{\sigma}}=2.84,\quad t_2=\frac{\hat{\beta}_2}{\sqrt{c_{22}}\,\hat{\sigma}}=2.88,\quad t_3=\frac{\hat{\beta}_3}{\sqrt{c_{33}}\,\hat{\sigma}}=3.42.$$

由于$|t_j|>2.70$，$j=1,2,3$，所以对 $j=1,2,3$ 均拒绝 H_{0j}，即 3 个变量在显著性水平 $\alpha=0.01$ 下对去碳量都有显著影响.

习 题 5.2

1.设

$$y_i=\beta_0+\beta_1x_i+\beta_2(3x_i^2-2)+\varepsilon_i,\quad i=1,2,3,$$
$$x_1=-1,\quad x_2=0,\quad x_3=1,$$

$\varepsilon_1,\varepsilon_2,\varepsilon_3$ 相互独立，均服从正态分布 $N(0,\sigma^2)$.

(1) 写出结构矩阵 $\boldsymbol{X}$.

(2) 求 β_0,β_1,β_2 的最小二乘估计.

(3) 证明当 $\beta_2=0$ 时，β_0 与 β_1 的最小二乘估计不变.

2. 设

$$\begin{cases}y_i=\theta+\varepsilon_i, & i=1,2,\cdots,m,\\ y_{m+i}=\theta+\varphi+\varepsilon_{m+i}, & i=1,2,\cdots,m,\\ y_{2m+i}=\theta-2\varphi+\varepsilon_{2m+i}, & i=1,2,\cdots,m,\end{cases}$$

其中各 ε_i 相互独立,且均服从正态分布 $N(0,\sigma^2)$.求 θ,φ 的最小二乘估计,并证明当 $m=2n$ 时,$\hat{\theta}$ 与$\hat{\varphi}$不相关.

3. 若 x 与 y 之间有下述关系:

$$y=\beta_0+\beta_1 x+\cdots+\beta_p x^p+\varepsilon,$$

其中 ε 服从正态分布 $N(0,\sigma^2)$, 从中获得了 n 组独立观测值(x_i,y_i),能否检验假设

$$H_0:\beta_i=0,\quad i=1,2,\cdots,p,$$

并给出检验的拒绝域?

4. 研究同一地区土壤内所含植物可给态磷的情况,得到 18 组数据,见下表,其中

x_1 表示土壤内所含无机磷的浓度,单位:g/L;

x_2 表示土壤内溶于 K_2CO_3 溶液并受溴化物水解的有机磷的浓度,单位:g/L;

x_3 表示土壤内溶于 K_2CO_3 溶液但不溶于溴化物水解的有机磷的浓度,单位:g/L;

Y 表示栽在20℃土壤内的玉米中可给态磷的浓度,单位:g/L;

已知 y 与 x_1,x_2,x_3 之间有下述关系:

$$y_i=\beta_0+\beta_1 x_{i1}+\beta_2 x_{i2}+\beta_3 x_{i3}+\varepsilon_i,\quad i=1,2,\cdots,18,$$

其中各 ε_i 相互独立,且均服从正态分布 $N(0,\sigma^2)$,试求回归方程,并对方程及各变量的显著性进行检验.

单位:g/L

土壤样本	x_1	x_2	x_3	y
1	0.4	53	158	64
2	0.4	23	163	60
3	3.1	19	37	71
4	0.6	34	157	61
5	4.7	24	59	54
6	1.7	65	123	77
7	9.4	44	46	81
8	10.1	31	117	93
9	11.6	29	173	93
10	12.6	58	112	51
11	10.9	37	111	76
12	23.1	46	114	96
13	23.1	50	134	77
14	21.6	44	73	93
15	23.1	56	168	95
16	1.9	36	143	54
17	26.8	58	58	168
18	29.9	51	124	99

§5.3 实例分析与计算机实现

我们知道回归分析是研究变量间相关关系的一门学科，有时我们需要对多变量之间进行相关性分析.

一、相关性分析的 SPSS 实现

例 5.3.1 为研究小学毕业男生的身高 x(单位:cm)、体重 z(单位:kg)和肺活量 y(单位:L)的关系，随机抽取了 16 名小学毕业男生，经测量得到有关数据，如表 5.3.1 所示.

表 5.3.1 小学毕业男生身高 x、体重 y 和肺活量 z 数据

身高 x/cm	体重 z/kg	肺活量 y/L	身高 x/cm	体重 z/kg	肺活量 y/L
140.1	37.0	2.25	162.5	48.3	2.75
151.5	38.5	3.0	165.5	42.5	2.50
161.2	42.1	3.25	148.0	36.5	2.25
172.8	46.5	3.25	165.8	45.4	3.25
150.0	38.0	3.0	164.0	43.5	3.00
153.5	42.2	2.75	149.5	39.7	2.75
170.5	54.5	3.5	159.6	44.5	3.00
157.0	37.0	2.25	162.5	45.0	3.20

(1) 绘制散点图，分析身高、体重和肺活量之间是否存在相关关系.

(2) 计算相关系数，分析身高、体重和肺活量之间是否存在直线相关关系.

(3) 计算偏相关系数，分析身高、体重和肺活量之间的偏相关关系.

SPSS 操作步骤：

(1) 点击"图形→图表构建程序→散点图/点图"，进入"散点图/点图"主对话框，如图 5.3.1所示，将"散点图矩阵"选入"图表预览使用实例数据"，将 3 个变量"身高、体重和肺活量"选入矩阵变量中，点击"确定"按钮，执行操作. 输出结果如图 5.3.2 所示.

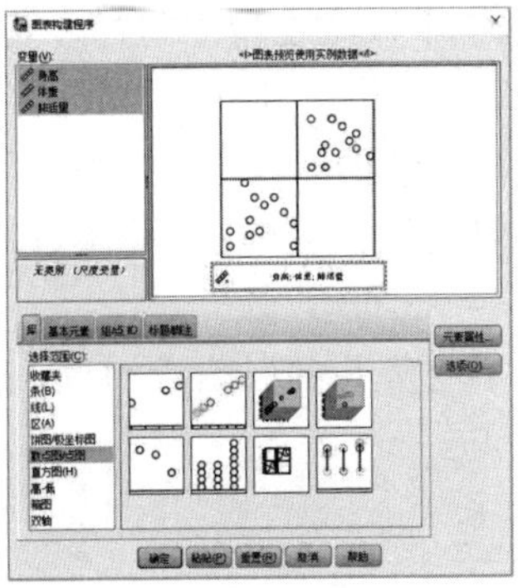

图 5.3.1 "散点图/点图"主对话框

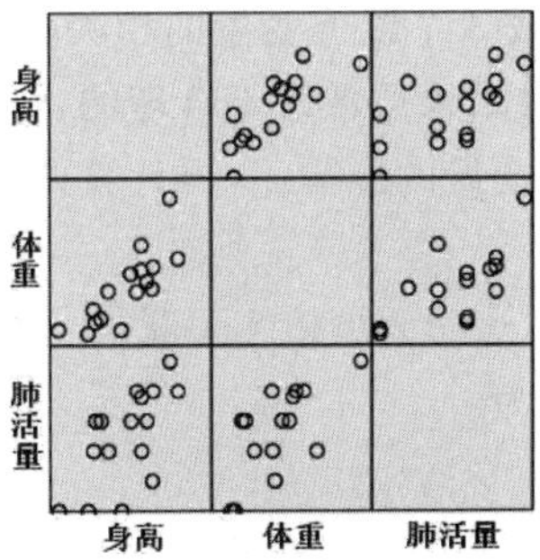

图 5.3.2 身高、体重和肺活量相互关系散点图

由图 5.3.2 可直观看出：身高、体重和肺活量两两之间存在线性相关关系.

(2) 点击“分析→相关→双变量”,进入“双变量相关”主对话框,如图 5.3.3 所示,将“身高、体重和肺活量”3 个变量同时选入“变量”列表框中,在“相关系数”栏选“Pearson”,点击“确定”按钮,执行操作. 输出结果如表 5.3.2 所示.

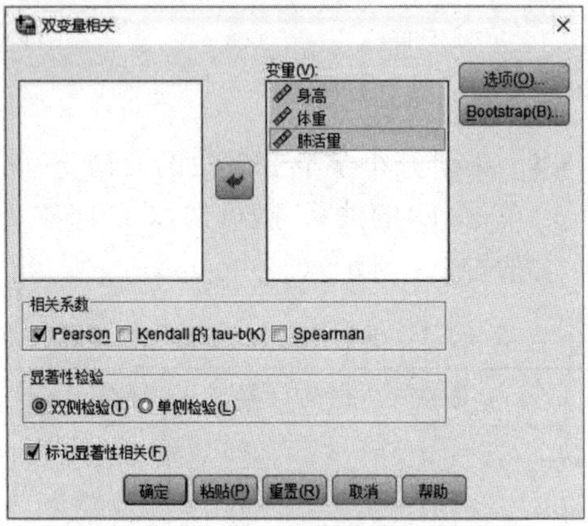

图 5.3.3　“双变量相关”主对话框

表 5.3.2　身高、体重和肺活量相关系数表

相关性

		身高	体重	肺活量
身高	Pearson 相关性	1	.810**	.650**
	显著性（双侧）		.000	.006
	N	16	16	16
体重	Pearson 相关性	.810**	1	.707**
	显著性（双侧）	.000		.002
	N	16	16	16
肺活量	Pearson 相关性	.650**	.707**	1
	显著性（双侧）	.006	.002	
	N	16	16	16

**. 在 .01 水平（双侧）上显著相关。

由表 5.3.2 可以看出,身高与体重的相关系数为 0.810,身高与肺活量的相关系数为 0.650,体重与肺活量的相关系数为 0.707,在 $\alpha=0.01$ 水平下 3 个变量之间都显著相关.

3 个或 3 个以上变量的相关称为复相关,在此情况下,如果采用相关系数的公式直接计算,得到的结果通常是不合理的,这是因为受到第三个变量的影响. 此时,必须剔除其中一个或若干个变量的影响后,再计算两个变量之间的相关系数,这样得到的相关系数称为**偏相关系数**.

设 x,y 和 z 是相互关联的一组变量,那么,在控制了变量 z 的影响后,变量 x 和 y 的**偏相关系数**为

$$r_{xy,z}=\frac{r_{xy}-r_{xz}r_{yz}}{\sqrt{1-r_{xz}^2}\cdot\sqrt{1-r_{yz}^2}},$$

其中 $r_{..}$ 是样本相关系数.

(3) 点击“分析→相关→偏相关”,进入“偏相关”主对话框,如图 5.3.4 所示,先将“身高、肺活量”两变量同时选入“变量”列表框中,再将“体重”选入“控制”列表框中,点击“确定”按钮,执行操作,即得身高和肺活量偏相关系数表,结果如表 5.3.3 所示. 确定其他两个变量的偏相关系数方法同上. 表 5.3.4 给出了身高和体重的偏相关系数表.

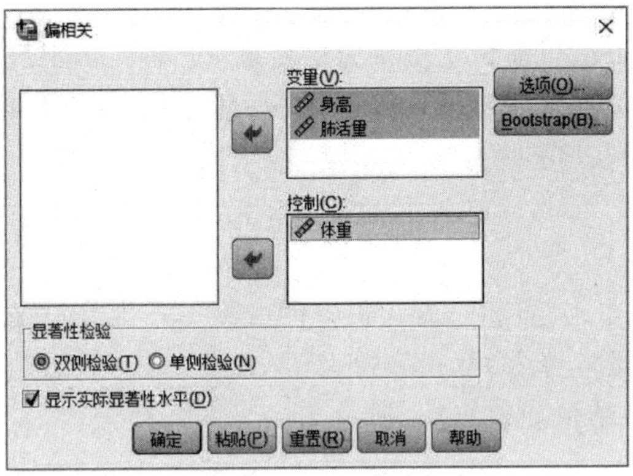

图 5.3.4 “偏相关”主对话框

表 5.3.3 身高和肺活量的偏相关系数表

相关性

控制变量			身高	肺活量
体重	身高	相关性	1.000	.186
		显著性(双侧)	.	.508
		df	0	13
	肺活量	相关性	.186	1.000
		显著性(双侧)	.508	.
		df	13	0

由表 5.3.3 可以看出,剔除体重的影响,身高和肺活量的偏相关系数为 $r_{xy,z}=0.186$,这个系数比较小,说明剔除体重影响后,肺活量和体重的相关程度低.

表 5.3.4 身高和体重的偏相关系数表

相关性

控制变量			身高	体重
肺活量	身高	相关性	1.000	.652
		显著性(双侧)	.	.008
		df	0	13
	体重	相关性	.652	1.000
		显著性(双侧)	.008	.
		df	13	0

由表 5.3.4 可以看出,剔除肺活量的影响,身高和体重的偏相关系数为 $r_{xz,y}=0.652$,说明身高和体重的相关程度比肺活量和体重的相关程度高.

二、一元线性回归分析的 SPSS 实现

例 5.3.2　下表是《华尔街日报 1999 年年鉴》中公布的美国各航空公司业绩的统计数据：航班正点到达比率和每 10 万名乘客投诉的次数，数据见例 1.5.5.

(1) 试以航班正点率为自变量、投诉率为因变量建立回归方程.

(2) 如果航班正点率为 80%，估计每 10 万名乘客投诉的次数是多少？

SPSS 操作步骤：

(1) 首先绘制变量散点图，分析航班正点率 x 与投诉率 y 之间是否存在相关关系. 操作方法及结果见例 1.5.5.

(2) 计算相关系数. 点击"分析→相关性→两变量"，进入"两变量" 主对话框，将"航班正点率、投诉率"两个变量同时选入"变量" 列表框中，在"相关系数"栏选"Pearson"，点击"确定"按钮，执行操作. 输出结果如表 5.3.5 所示.

表 5.3.5　航班正点到达比率和每 10 万名乘客投诉次数的相关系数表

相关性

		航班正点率	投诉率
航班正点率	Pearson 相关性	1	-.883**
	显著性（双侧）		.002
	N	9	9
投诉率	Pearson 相关性	-.883**	1
	显著性（双侧）	.002	
	N	9	9

**. 在 .01 水平（双侧）上显著相关。

由表 5.3.5 可知航班正点率与投诉率之间的相关系数为 −0.883，这表明两者之间存在着高度线性相关关系.

(3) 进行一元线性回归. 点击"分析→回归→线性回归"，进入"线性回归"主对话框，将"投诉率"选为"因变量"，将"航班正点率"选为"自变量"，点击"确定"按钮，执行操作. 输出结果如表 5.3.6、表 5.3.7、表 5.3.8 所示.

表 5.3.6　投诉率问题的决定系数

模型汇总

模型	R	R 方	调整 R 方	标准 估计的误差
1	.883[a]	.779	.747	.16082

a. 预测变量：(常量)，航班正点率。

表 5.3.6 是投诉率问题的决定系数表. 表中的"R"表示两变量的复相关系数，"R^2"就是 R 的平方，它反映回归方程能够解释的方差占因变量方差的百分比，用来评价方程的拟合效果，故也称为**拟合系数**或**决定系数**. 表中 $R^2=0.779$，可见方程的拟合度较好.

表 5.3.7 航班正点率和投诉率的方差分析表

Anova[a]

模型		平方和	df	均方	F	Sig.
1	回归	.638	1	.638	24.674	.002[b]
	残差	.181	7	.026		
	总计	.819	8			

a. 因变量: 投诉率

b. 预测变量: (常量), 航班正点率。

由表 5.3.7 中回归模型的方差分析表可以看出 F 值为 24.674，对应的 p 值为 $0.002<0.05$，故拒绝原假设，认为航班误点率和投诉率之间的线性关系非常显著.

表 5.3.8 航班正点率和投诉率的回归方程系数表

系数[a]

模型		非标准化系数		标准系数	t	Sig.
		B	标准 误差	试用版		
1	(常量)	6.018	1.052		5.719	.001
	航班正点率	-.070	.014	-.883	-4.967	.002

a. 因变量: 投诉率

由表 5.3.8 可以建立如下线性回归模型：

$$\hat{y}=6.018-0.070x.$$

(4) 如果航班正点率为 80%，估计每 10 万名乘客投诉的次数：打开例 5.3.2 的数据，在航班正点率那一列的末尾处输入 80，如图 5.3.5 所示. 点击“分析→回归→线性回归”，进入“线性回归”主对话框.点击“保存”按钮，进入“保存”子对话框，如图 5.3.6 所示，在“预测值”列表框中选“未标准化”，“预测区间”列表框中选“单值”，点击“继续”回到主对话框.点击“确定”按钮，执行操作，输出结果如图 5.3.7 所示.

图 5.3.5 例 5.3.2 的数据

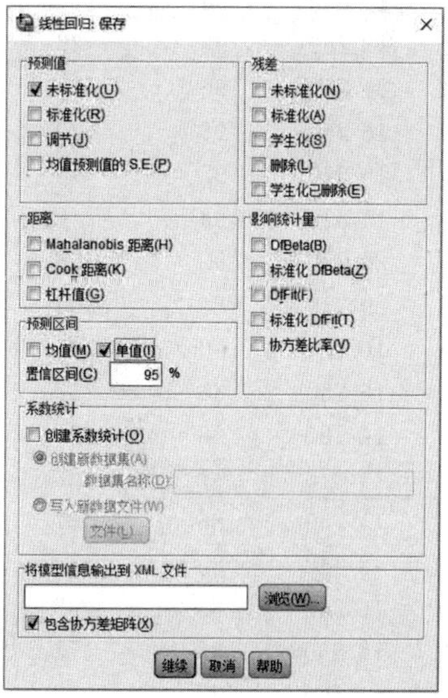

图 5.3.6 “保存”子对话框

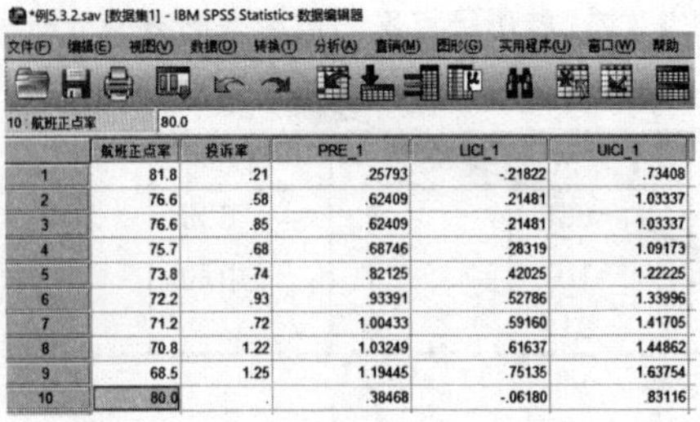
*例5.3.2.sav [数据集1] - IBM SPSS Statistics 数据编辑器

文件(F) 编辑(E) 视图(V) 数据(D) 转换(T) 分析(A) 直销(M) 图形(G) 实用程序(U) 窗口(W) 帮助

10 : 航班正点率　80.0

	航班正点率	投诉率	PRE_1	LICI_1	UICI_1
1	81.8	.21	.25793	-.21822	.73408
2	76.6	.58	.62409	.21481	1.03337
3	76.6	.85	.62409	.21481	1.03337
4	75.7	.68	.68746	.28319	1.09173
5	73.8	.74	.82125	.42025	1.22225
6	72.2	.93	.93391	.52786	1.33996
7	71.2	.72	1.00433	.59160	1.41705
8	70.8	1.22	1.03249	.61637	1.44862
9	68.5	1.25	1.19445	.75135	1.63754
10	80.0	.	.38468	-.06180	.83116

图 5.3.7　乘客投诉率预测值

由图 5.3.7 可以看出，如果航班的正点率为 80%，用回归方程预测的投诉率为 0.384 68，投诉率的置信度为 95%的预测区间为[−0.618 0，0.831 16]，由于投诉区间不能为负，所以投诉率的预测区间应为[0，0.831 16]. 因此，如果航班的正点率为 80%，则每 10 万名乘客投诉的次数为 0.384 68 次.

三、多元线性回归分析的 SPSS 实现

例 5.3.3　某公司经理想研究公司员工的年薪问题，根据初步分析，他认为员工的当前年薪 y（单位：元）与员工的开始年薪 x_1（单位：元）、在公司的工作时间 x_2（单位：月）、先前的工作经验 x_3（单位：月）和受教育年限 x_4（单位：月）有关系. 他随机抽样调查了 36 名员工，收集到的数据如表 5.3.9 所示. 经理想根据表 5.3.9 的样本数据，构建一个模型来反映 y 与 x_1，x_2，x_3，x_4 的关系，并希望利用该模型在给定一个员工的 x_1，x_2，x_3，x_4 的条件下，预测该员工当年的年薪 y.

表 5.3.9　抽样调查所得 36 名员工的数据资料

y/元	x_1/元	x_2/月	x_3/月	x_4/月	y/元	x_1/元	x_2/月	x_3/月	x_4/月
29 220	14 010	98	115	15	21 120	11 460	83	75	8
29 670	13 260	98	26	8	41 520	22 260	81	3	16
136 320	81 240	96	199	19	26 220	12 510	81	0	12
111 945	46 260	96	120	19	24 420	12 510	81	13	12
24 570	15 510	95	46	12	35 220	17 760	79	94	12
36 120	15 810	93	8	16	48 570	22 500	74	45	16
41 250	20 760	92	168	17	27 420	12 810	74	2	12
32 820	20 010	90	205	12	60 720	35 010	74	272	12
25 620	16 260	90	191	15	19 020	11 460	72	184	8
32 220	16 260	88	252	12	37 920	19 260	71	12	16
28 020	14 760	88	38	12	25 770	13 710	69	12	12
26 370	14 010	87	123	16	26 520	20 010	68	344	8
28 020	14 760	86	367	12	31 620	17 010	68	155	8
70 570	43 740	85	134	20	36 570	14 760	67	6	15
33 270	16 260	85	438	8	22 170	14 760	67	181	12
27 570	16 860	85	171	8	87 570	46 260	66	50	18
18 420	11 460	85	72	12	71 320	23 010	65	19	16
25 320	14 010	85	59	15	27 570	17 010	64	69	12

SPSS 操作步骤：

(1) 首先绘制变量散点图，分析 y 与 x_1, x_2, x_3, x_4 之间是否存在线性关系. 点击"图形→图表构建形式→散点图/点图"，进入"散点图/点图"对话框，将"简单散点图"选入"图表预览使用实例数据"，将变量"x_1"选入横轴，将变量"y"选入纵轴，点击"确定"按钮，执行操作. 输出结果如图 5.3.8 所示.

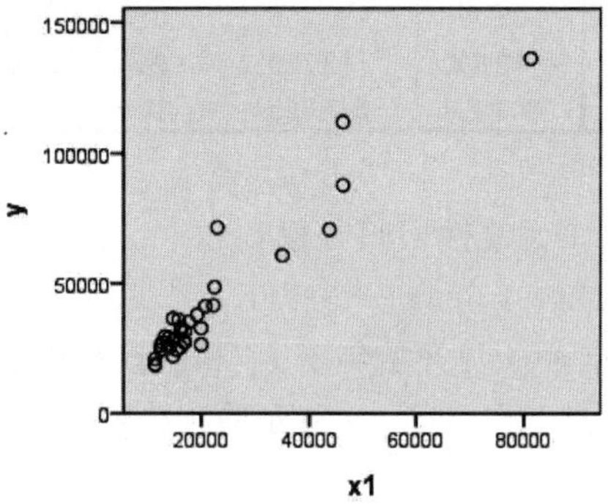

图 5.3.8 当前年薪 y 与开始年薪 x_1 的散点图

由图 5.3.8 可以看出开始年薪 x_1 与当前年薪 y 之间呈线性关系，同样可以绘制 y 与其他变量之间的散点图并作出判断(略).

(2) 进行多元线性回归分析. 点击"分析→回归→线性回归"，进入"线性回归"主对话框，将"y"选为"因变量"，将"x_1, x_2, x_3, x_4"选为"自变量"，点击"确定"按钮，执行操作. 输出结果如表 5.3.10，表 5.3.11，表 5.3.12 所示.

表 5.3.10 员工年薪问题的回归方程的决定系数

模型汇总

模型	R	R 方	调整 R 方	标准 估计的误差
1	.959[a]	.919	.909	7858.516

a. 预测变量: (常量), x4, x2, x3, x1。

表 5.3.10 给出方程拟合优度检验：决定系数 $R^2=0.919$，方程的拟合度很好.

表 5.3.11 员工年薪问题的方差分析表

Anova[a]

模型		平方和	df	均方	F	Sig.
1	回归	21722576850	4	5430644212	87.937	.000[b]
	残差	1914444425	31	61756271.76		
	总计	23637021274	35			

a. 因变量: y

b. 预测变量: (常量), x4, x2, x3, x1。

表 5.3.11 给出方程显著性检验(F 检验)：检验 p 值为 $0<0.05$，所以认为回归方程是显著的.

表 5.3.12　员工年薪问题的多元线性回归方程的回归系数表

系数[a]

模型		非标准化系数		标准系数	t	Sig.
		B	标准 误差	试用版		
1	(常量)	-1519.049	11237.768		-.135	.893
	x1	1.684	.130	.898	12.936	.000
	x2	-35.067	130.266	-.014	-.269	.790
	x3	-13.090	13.789	-.057	-.949	.350
	x4	803.038	547.825	.107	1.466	.153

a. 因变量: y

由表 5.3.12 可建立如下多元线性回归方程：

$$\hat{y}=-1\ 519.049+1.684x_1-35.067x_2-13.090x_3+803.038x_4.$$

从回归方程可以看出，当前年薪 y 与开始年薪 x_1 和受教育年限 x_4 正相关（回归系数为正），这是合理的；但当前年薪 y 与工作时间 x_2 和先前工作经验 x_3 负相关（回归系数为负），这是不合理的.

表 5.3.12 也给出了回归系数显著性检验（t 检验）：β_1 的检验 p 值为 $0<0.05$，而 β_2,β_3,β_4 检验的 p 值分别为 0.793，0.350，0.153，都大于 0.05.因此在显著性水平 $\alpha=0.05$ 下，认为自变量 x_1 显著，而 x_2，x_3 和 x_4 不显著.

以上分析说明回归模型存在多重共线问题，模型不成立，可以采取逐步回归方法，得到最优模型.

（3）逐步回归方法. 点击“分析→回归→线性回归”，进入“线性回归”主对话框，如图 5.3.9所示，将“y”选为“因变量”，将“x_1，x_2，x_3，x_4”选为“自变量”，然后“方法”选择“逐步回归”. 点击“确定”按钮，执行操作，输出结果如表 5.3.13，表 5.3.14，表 5.3.15 所示.

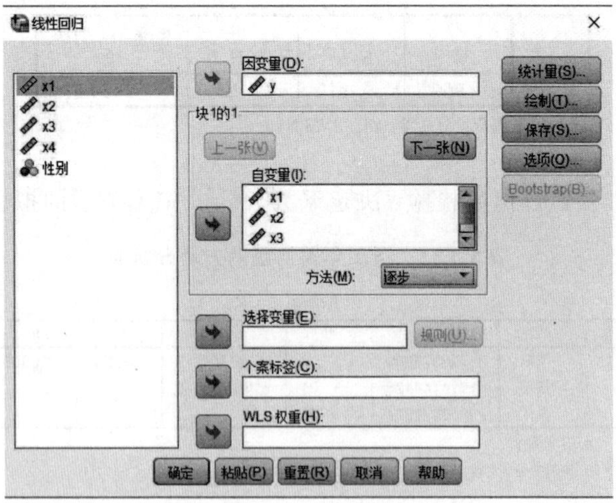

图 5.3.9　逐步回归操作界面图

表 5.3.13 逐步回归方程的可决系数表

模型汇总

模型	R	R 方	调整 R 方	标准 估计的误差
1	.951[a]	.904	.901	8181.994
2	.957[b]	.916	.911	7749.685

a. 预测变量: (常量), x1。

b. 预测变量: (常量), x1, x4。

表 5.3.13 给出了两个模型的方程拟合优度检验，它们的可决系数 R^2 分别为 0.904 和 0.916,可见两个方程的拟合度很好.

表 5.3.14 逐步回归的方差分析表

Anova[a]

模型		平方和	df	均方	F	Sig.
1	回归	21360890282	1	21360890282	319.081	.000[b]
	残差	2276130992	34	66945029.18		
	总计	23637021274	35			
2	回归	21655119949	2	10827559974	180.286	.000[c]
	残差	1981901326	33	60057615.93		
	总计	23637021274	35			

a. 因变量: y

b. 预测变量: (常量), x1。

c. 预测变量: (常量), x1, x4。

表 5.3.14 分别给出了两个模型的显著性检验(F 检验):模型 1 和模型 2 的检验 p 值为 $0<0.05$,认为这两个回归模型都是显著的.

表 5.3.15 逐步回归的回归系数表

Anova[a]

模型		平方和	df	均方	F	Sig.
1	回归	21360890282	1	21360890282	319.081	.000[b]
	残差	2276130992	34	66945029.18		
	总计	23637021274	35			
2	回归	21655119949	2	10827559974	180.286	.000[c]
	残差	1981901326	33	60057615.93		
	总计	23637021274	35			

a. 因变量: y

b. 预测变量: (常量), x1。

c. 预测变量: (常量), x1, x4。

表 5.3.15 给出了两个方程回归系数的显著性检验(t 检验)：第一个方程是一元线性回归方程,只有一个自变量 x_1,其系数 β_1 的检验 p 值为 $0<0.05$,认为自变量 x_1 是显著的；第二个方程是二元线性回归方程,有两个自变量 x_1 和 x_4,其系数 β_1 和 β_4 的检验 p 值都小于 0.05,所以 x_1 和 x_4 也是显著的.

由上,可以选择模型 2 作为最优模型,得到如下回归模型：

$$\hat{y}=-7\ 872.045+1.631x_1+1\ 035.453x_4.$$

(4) 预测员工年薪. 以某人开始年薪为 20 000 元,受教育的年限为 16 年,进行预测. 打开例 5.3.3 的数据,在变量 x_1 这一列数据最后增加一个值 20 000,在变量 x_4 这一列数据最后增加一个值 16,如图 5.3.10 所示. 点击"分析→回归→线性回归",进入"线性回归"主对话框,将"y"选为"因变量",将"x_1, x_2, x_3, x_4"选为"自变量",然后"方法"选择"逐步回归",在"保存"对话框中"预测值"选项中点击"未标准化",在"预测区间"中选中"单值",点"继续"回主对话框,点击"确定"按钮,执行操作. 输出结果如图 5.3.11 所示.

*例5.3.3.sav [数据集1] - IBM SPSS Statistics 数据编辑器

文件(F) 编辑(E) 视图(V) 数据(D) 转换(T) 分析(A) 直销(M) 图形(G) 实用

40 : 受教育年限

	当前年薪	开始年薪	工作时间	先前工作经验	受教育年限
25	27420	12810	74	2	12
26	60720	35010	74	272	12
27	19020	11460	72	184	8
28	37920	19260	71	12	16
29	25770	13710	69	12	12
30	26520	20010	68	344	8
31	31620	17010	68	155	8
32	36570	14760	67	6	15
33	22170	14760	67	181	12
34	87570	46260	66	50	18
35	71320	23010	65	19	16
36	27570	17010	64	69	12
37	.	20000	.	.	16

图 5.3.10　例 5.3.3 添加数据

*例5.3.3.sav [数据集1] - IBM SPSS Statistics 数据编辑器

文件(F) 编辑(E) 视图(V) 数据(D) 转换(T) 分析(A) 直销(M) 图形(G) 实用程序(U) 窗口(W) 帮助

40 : 受教育年限

	当前年薪	开始年薪	工作时间	先前工作经验	受教育年限	PRE_1	LICI_1	UICI_1
25	27420	12810	74	2	12	25447.77920	9389.36096	41506.19744
26	60720	35010	74	272	12	61658.19212	45153.03381	78163.35042
27	19020	11460	72	184	8	19103.98236	2625.33190	35582.63283
28	37920	19260	71	12	16	40110.18441	23854.75725	56365.61157
29	25770	13710	69	12	12	26915.76891	10872.84516	42958.69267
30	26520	20010	68	344	8	33049.88464	16365.92986	49733.83941
31	31620	17010	68	155	8	28156.58559	11572.82297	44740.34821
32	36570	14760	67	6	15	31734.78278	15495.18789	47974.37766
33	22170	14760	67	181	12	28628.42358	12599.97305	44656.87410
34	87570	46260	66	50	18	86220.78193	69469.93556	102971.62830
35	71320	23010	65	19	16	46226.80821	30055.53657	62398.07986
36	27570	17010	64	69	12	32298.39786	16287.84996	48308.94576
37	.	20000	.	.	16	41317.19817	25082.23302	57552.16332

图 5.3.11　当前年薪预测值

由图 5.3.11 可以看出,当 $x_1=20\ 000$, $x_4=16$ 时,当前年薪 y 的预测值为41 317.198 17,当前年薪 y 的置信度为 95%的预测区间为[25 082.233 02,57 552.163 32].

习 题 5.3

1.为分析父亲和儿子身高之间的相关性，现抽取 12 对父子身高(单位：cm)，数据如下表所示，请对其进行相关分析.

单位：cm

父亲身高	165	160	170	162	172	157	177	167	172	170	175	180
儿子身高	172	167	172	165	175	167	172	165	180	170	172	177

2. 下表是绵阳地区 3 年生中山柏的数据，分析月生长量 y(单位：cm)与月平均气温 x_1(单位：°C)、月降雨量 x_2(单位：mm)、月平均日照时数 x_3(单位：h)、月平均湿度 x_4(单位：g/cm^3)4 个气候因素中的哪些因素有关？

月份	y/cm	x_1/°C	x_2/mm	x_3/h	x_4/g/cm^3	月份	y/cm	x_1/°C	x_2/mm	x_3/h	x_4/g/cm^3
1	0.01	4.2	17.0	54.5	81	7	18.0	24.7	96.6	101.6	83
2	0.5	7.4	10.8	73.8	79	8	19.3	24.5	269.5	164.6	86
3	1.5	10.0	17.4	84.7	75	9	14.8	22.0	194.8	81.6	83
4	10.8	16.1	19.7	137.0	75	10	10.3	18.0	58.1	84.0	82
5	13.0	21.1	248.7	149.6	77	11	8.0	13.1	4.9	79.3	81
6	16.3	23.9	72.2	109.5	79	12	1.0	6.8	12.6	66.5	82

3. 现有 1992～2006 年中国财政收入(单位：亿元)和国内生产总值(单位：亿元)的数据，如下表所示，试分析财政收入和国内生产总值之间的线性关系.

单位：亿元

年份	国内生产总值	财政收入	年份	国内生产总值	财政收入
1992	26 932.5	3 483.37	2000	99 214.6	13 395.23
1993	35 333.9	4 348.95	2001	109 655.2	16 386.04
1994	48 197.9	5 218.10	2002	120 332.7	18 903.64
1995	60 793.7	6 242.20	2003	135 822.8	21 715.25
1996	71 176.6	7 407.99	2004	159 878.3	26 396.47
1997	78 973.0	8 651.14	2005	183 867.9	31 649.29
1998	84 402.3	9 875.95	2006	210 871.0	38 760.20
1999	89 677.1	11 444.08			

4. 下表是 1980～2001 年中国保费收入(单位：亿元)与国民生产总值(单位：亿元)的数据，请分析保费收入与国民生产总值的关系.

单位:亿元

年份	保费收入	国民生产总值	年份	保费收入	国民生产总值
1980	4.6	4 517.8	1991	239.7	21 662.5
1981	7.8	4 860.3	1992	378.0	26 651.9
1982	10.3	5 301.8	1993	525.0	34 560.5
1983	13.2	5 957.4	1994	630.0	46 670.0
1984	20.0	7 206.7	1995	683.0	57 494.9
1985	33.1	8 989.1	1996	776.0	66 850.5
1986	45.8	10 201.4	1997	1 080.0	73 142.7
1987	71.04	11 954.5	1998	1 247.3	76 967.2
1988	109.5	14 922.3	1999	1 393.22	80 579.4
1989	142.6	16 917.8	2000	1 595.9	88 228.1
1999	178.5	18 598.4	2001	2 109.36	94 346.4

第六章 多元正态分布的参数估计与假设检验

多元统计分析是数理统计学的一个重要分支,它是运用数理统计的方法来解决多指标问题的理论和方法,是一元统计学的推广. 近年来随着计算机科学的发展,多元统计分析被广泛地应用于经济、农业、医学、水文、气象等诸多领域,已成为解决实际问题的有效方法.

本章从多元正态分布入手,后面各章将逐步介绍一些重要的多元统计方法.

§6.1 多元统计基本概念

在多元统计中,研究对象的全体仍称为总体,它是由许多个体组成的集合,如果构成总体的每个个体需要观测 p 个指标,称这样的总体为 p **维总体**(或 p **元总体**). 这 p 个指标分别用随机变量 $X_1, X_2, \cdots, X_p$ 来表示,常用 p **维随机向量**

$$\boldsymbol{X}=\begin{pmatrix} X_1 \\ X_2 \\ \vdots \\ X_p \end{pmatrix}$$

及其分布来描绘 p 维总体. 若在总体中抽取了 n 个个体进行观测,就会得到如表 6.1.1 所示的数据,称抽取的每个个体为一个**样品**,n 个样品组成一个**样本**.

表 6.1.1 数 据 表

序号	变量			
	X_1	X_2	$\cdots$	X_p
1	x_{11}	x_{12}	$\cdots$	x_{1p}
2	x_{21}	x_{22}	$\cdots$	x_{2p}
$\vdots$	$\vdots$	$\vdots$		$\vdots$
n	x_{n1}	x_{n2}	$\cdots$	x_{np}

横看表 6.1.1,记

$$\boldsymbol{X}_{(i)}=(x_{i1}, x_{i2}, \cdots, x_{ip})^{\mathrm{T}}, \qquad i=1,2,\cdots,n,$$

表示第 i 个样品的观测值;竖看表 6.1.1,记

$$\boldsymbol{X}_j=(x_{1j}, x_{2j}, \cdots, x_{nj})^{\mathrm{T}}, \qquad j=1,2,\cdots,p,$$

表示第 j 个变量的 n 次观测值.

表 6.1.1 的数据可以用矩阵

$$\boldsymbol{X}_{n\times p}=\begin{pmatrix} x_{11} & x_{12} & \cdots & x_{1p} \\ x_{21} & x_{22} & \cdots & x_{2p} \\ \vdots & \vdots & & \vdots \\ x_{n1} & x_{n2} & \cdots & x_{np} \end{pmatrix}=(\boldsymbol{X}_1,\boldsymbol{X}_2,\cdots,\boldsymbol{X}_p)=\begin{pmatrix} \boldsymbol{X}^{\mathrm{T}}_{(1)} \\ \boldsymbol{X}^{\mathrm{T}}_{(2)} \\ \vdots \\ \boldsymbol{X}^{\mathrm{T}}_{(n)} \end{pmatrix} \tag{6.1.1}$$

来表示.

若无特殊说明,本书所称向量均指列向量.

定义 6.1.1　设随机向量 $\boldsymbol{X}=(X_1,X_2,\cdots,X_p)^{\mathrm{T}}$,若 $E(X_i),i=1,2,\cdots,p$ 存在,则称

$$E(\boldsymbol{X})=E\begin{pmatrix} X_1 \\ X_2 \\ \vdots \\ X_p \end{pmatrix}=\begin{pmatrix} E(X_1) \\ E(X_2) \\ \vdots \\ E(X_p) \end{pmatrix}$$

为随机向量 $\boldsymbol{X}$ 的**均值向量**或**数学期望**. 有时把 $E(\boldsymbol{X})$和 $E(X_i)$分别记为 $\boldsymbol{\mu}$ 和 μ_i,即

$$\boldsymbol{\mu}=(\mu_1,\mu_2,\cdots,\mu_p)^{\mathrm{T}}.$$

很容易推出均值向量具有以下性质:

(1) $E(\boldsymbol{AX})=\boldsymbol{A}E(\boldsymbol{X})$,

(2) $E(\boldsymbol{AXB})=\boldsymbol{A}E(\boldsymbol{X})\boldsymbol{B}$,

(3) $E(\boldsymbol{AX}+\boldsymbol{BY})=\boldsymbol{A}E(\boldsymbol{X})+\boldsymbol{B}E(\boldsymbol{Y})$,

其中,$\boldsymbol{X},\boldsymbol{Y}$ 为随机向量,$\boldsymbol{A},\boldsymbol{B}$ 为适维常数矩阵.

定义 6.1.2　设随机向量 $\boldsymbol{X}=(X_1,X_2,\cdots,X_p)^{\mathrm{T}}$,$\boldsymbol{Y}=(Y_1,Y_2,\cdots,Y_p)^{\mathrm{T}}$,称

$$\begin{aligned} D(\boldsymbol{X})&=E[(\boldsymbol{X}-E(\boldsymbol{X}))(\boldsymbol{X}-E(\boldsymbol{X}))^{\mathrm{T}}] \\ &=\begin{pmatrix} D(X_1) & \mathrm{cov}(X_1,X_2) & \cdots & \mathrm{cov}(X_1,X_p) \\ \mathrm{cov}(X_2,X_1) & D(X_2) & \cdots & \mathrm{cov}(X_2,X_p) \\ \vdots & \vdots & & \vdots \\ \mathrm{cov}(X_p,X_1) & \mathrm{cov}(X_p,X_2) & \cdots & D(X_p) \end{pmatrix} \end{aligned}$$

为随机向量 $\boldsymbol{X}$ 的**方差**. 有时把 $D(\boldsymbol{X})$简写为 $\boldsymbol{\Sigma}$,$\mathrm{cov}(X_i,X_j)$简记为 σ_{ij},从而有$\boldsymbol{\Sigma}=(\sigma_{ij})_{p\times p}$,并称

$$\begin{aligned} \mathrm{cov}(\boldsymbol{X},\boldsymbol{Y})&=E\left[(\boldsymbol{X}-E(\boldsymbol{X}))(\boldsymbol{Y}-E(\boldsymbol{Y}))^{\mathrm{T}}\right] \\ &=\begin{pmatrix} \mathrm{cov}(X_1,Y_1) & \mathrm{cov}(X_1,Y_2) & \cdots & \mathrm{cov}(X_1,Y_p) \\ \mathrm{cov}(X_2,Y_1) & \mathrm{cov}(X_2,Y_2) & \cdots & \mathrm{cov}(X_2,Y_p) \\ \vdots & \vdots & & \vdots \\ \mathrm{cov}(X_p,Y_1) & \mathrm{cov}(X_p,Y_2) & \cdots & \mathrm{cov}(X_p,Y_p) \end{pmatrix} \end{aligned}$$

为随机向量 $\boldsymbol{X}$ 和 $\boldsymbol{Y}$ 的**协差阵**.特别地,当 $\boldsymbol{X}=\boldsymbol{Y}$ 时,$\mathrm{cov}(\boldsymbol{X},\boldsymbol{Y})=D(\boldsymbol{X})$.

定义 6.1.3　若 $\mathrm{cov}(\boldsymbol{X},\boldsymbol{Y})=\boldsymbol{0}$,则称 $\boldsymbol{X}$ 和 $\boldsymbol{Y}$ **不相关**.

当 $\boldsymbol{A},\boldsymbol{B}$ 为适维常数矩阵,由定义可得协差阵有如下性质:

(1) 对于常数向量 $\boldsymbol{a}$,有 $D(\boldsymbol{X}+\boldsymbol{a})=D(\boldsymbol{X})$;

(2) $D(\boldsymbol{AX})=\boldsymbol{A}D(\boldsymbol{X})\boldsymbol{A}^{\mathrm{T}}$；

(3) $\operatorname{cov}(\boldsymbol{AX},\boldsymbol{BY})=\boldsymbol{A}\operatorname{cov}(\boldsymbol{X},\boldsymbol{Y})\boldsymbol{B}^{\mathrm{T}}$；

(4) 设 $\boldsymbol{X}$ 为 n 维随机向量，它的数学期望和协差阵都存在，记 $\boldsymbol{\mu}=E(\boldsymbol{X})$，$\boldsymbol{\Sigma}=D(\boldsymbol{X})$，$\boldsymbol{A}$ 为$n\times n$ 常数矩阵，则

$$E(\boldsymbol{X}^{\mathrm{T}}\boldsymbol{AX})=\operatorname{tr}(\boldsymbol{A\Sigma})+\boldsymbol{\mu}^{\mathrm{T}}\boldsymbol{A\mu}.$$

我们应该注意到，对任何随机向量 $\boldsymbol{X}=(X_1,X_2,\cdots,X_p)^{\mathrm{T}}$，其协差阵 $\boldsymbol{\Sigma}$ 都是非负定对称矩阵.

若 $\boldsymbol{X}=(X_1,X_2,\cdots,X_p)^{\mathrm{T}}$ 的协差阵存在，且 $D(X_i)>0,i=1,2,\cdots,p$，则称随机向量 $\boldsymbol{X}$ 的**相关阵**为 $\boldsymbol{R}=(\rho_{ij})_{p\times p}$，其中

$$\rho_{ij}=\frac{\operatorname{cov}(X_i,X_j)}{\sqrt{D(X_i)D(X_j)}}=\frac{\sigma_{ij}}{\sqrt{\sigma_{ii}}\sqrt{\sigma_{jj}}},\quad i,j=1,2,\cdots,p$$

为 X_i 与 X_j 的相关系数.

在处理数据时，为了克服由于指标的量纲不同对统计结果带来的影响，在统计分析之前，常需要将每个指标标准化，即

$$X_j^*=\frac{X_j-E(X_j)}{\sqrt{D(X_j)}},\quad j=1,2,\cdots,p,\tag{6.1.2}$$

则由(6.1.2)式可构成随机向量 $\boldsymbol{X}^*=(X_1^*,X_2^*,\cdots,X_p^*)^{\mathrm{T}}$.

令 $\boldsymbol{C}=\operatorname{diag}(\sqrt{\sigma_{11}},\sqrt{\sigma_{22}},\cdots,\sqrt{\sigma_{pp}})$，则有

$$\boldsymbol{X}^*=\boldsymbol{C}^{-1}(\boldsymbol{X}-E(\boldsymbol{X})).$$

标准化后的随机向量 $\boldsymbol{X}^*$ 的数学期望和协差阵分别为

$$E(\boldsymbol{X}^*)=E[\boldsymbol{C}^{-1}(\boldsymbol{X}-E(\boldsymbol{X}))]=\boldsymbol{C}^{-1}E(\boldsymbol{X}-E(\boldsymbol{X}))=\boldsymbol{0},$$

$$\begin{aligned}D(\boldsymbol{X}^*)&=\boldsymbol{D}[\boldsymbol{C}^{-1}(\boldsymbol{X}-E(\boldsymbol{X}))]=\boldsymbol{C}^{-1}D(\boldsymbol{X}-E(\boldsymbol{X}))\boldsymbol{C}^{-1}\\&=\boldsymbol{C}^{-1}D(\boldsymbol{X})\boldsymbol{C}^{-1}=\boldsymbol{C}^{-1}\boldsymbol{\Sigma}\boldsymbol{C}^{-1}=\boldsymbol{R}.\end{aligned}$$

设 $\boldsymbol{X}_{(1)},\boldsymbol{X}_{(2)},\cdots,\boldsymbol{X}_{(n)}$ 为来自 p 维总体的样本，其中 $\boldsymbol{X}_{(i)}=(x_{i1},x_{i2},\cdots,x_{ip})^{\mathrm{T}},i=1,2,\cdots,n$ 为第 i 个样品，下面给出常见的多元样本统计量.

统计量

$$\overline{\boldsymbol{X}}=\frac{1}{n}\sum_{i=1}^{n}\boldsymbol{X}_{(i)}=(\overline{x}_1,\overline{x}_2,\cdots,\overline{x}_p)^{\mathrm{T}}$$

称为**样本均值向量**，其中$\overline{x}_j=\frac{1}{n}\sum\limits_{i-1}^{n}x_{ij},j=1,2,\cdots,p$. 统计量

$$\boldsymbol{S}_{p\times p}=\sum_{i=1}^{n}(\boldsymbol{X}_{(i)}-\overline{\boldsymbol{X}})(\boldsymbol{X}_{(i)}-\overline{\boldsymbol{X}})^{\mathrm{T}}=(s_{ij})_{p\times p}$$

称为**样本离差阵**，其中 $s_{ij}=\sum\limits_{k=1}^{n}(x_{ki}-\overline{x}_i)(x_{kj}-\overline{x}_j),i,j=1,2,\cdots,p$. 统计量

$$\boldsymbol{V}_{p\times p}=\frac{1}{n}\boldsymbol{S}=(v_{ij})_{p\times p}$$

称为**样本协差阵**，其中 $v_{ij}=\frac{1}{n}\sum\limits_{k=1}^{n}(x_{ki}-\overline{x}_i)(x_{kj}-\overline{x}_j)$，$i,j=1,2,\cdots,p$.统计量

$$\widehat{\boldsymbol{R}}_{p\times p}=(r_{ij})_{p\times p}\tag{6.1.3}$$

称为**样本相关阵**,其中 $r_{ij}=\frac{v_{ij}}{\sqrt{v_{ii}}\sqrt{v_{jj}}}=\frac{s_{ij}}{\sqrt{s_{ii}}\sqrt{s_{jj}}}$, $i,j=1,2,\cdots,p$.

§6.2 多元正态分布参数估计

先回顾一元正态分布的概率密度函数

$$f(x)=\frac{1}{\sqrt{2\pi}\sigma}\mathrm{e}^{-\frac{(x-\mu)^2}{2\sigma^2}},$$

上式可以改写为

$$f(x)=\frac{1}{(2\pi)^{1/2}(\sigma^2)^{1/2}}\exp\left\{-\frac{1}{2}(x-\mu)^{\mathrm{T}}(\sigma^2)^{-1}(x-\mu)\right\},$$

其中 $(x-\mu)^{\mathrm{T}}$ 表示 $(x-\mu)$ 的转置.

将上述定义形式推广到多元情形,得到多元正态分布的定义.

定义 6.2.1 若 p 维随机向量 $\boldsymbol{X}=(X_1,X_2,\cdots,X_p)^{\mathrm{T}}$ 的概率密度函数为

$$f(x_1,x_2,\cdots,x_p)=\frac{1}{(2\pi)^{p/2}|\boldsymbol{\Sigma}|^{1/2}}\exp\left\{-\frac{1}{2}(\boldsymbol{x}-\boldsymbol{\mu})^{\mathrm{T}}\boldsymbol{\Sigma}^{-1}(\boldsymbol{x}-\boldsymbol{\mu})\right\},$$

其中 $\boldsymbol{x}=(x_1,x_2,\cdots,x_p)^{\mathrm{T}}$,$\boldsymbol{\mu}$ 为 p 维常数向量,$\boldsymbol{\Sigma}$ 为 p 阶正定矩阵,则称 $\boldsymbol{X}$ 服从 **p 元正态分布**,也称 $\boldsymbol{X}$ 为 **p 维正态随机变量**,简记为 $\boldsymbol{X}\sim N_p(\boldsymbol{\mu},\boldsymbol{\Sigma})$.

定义 6.2.1 要求 $\boldsymbol{\Sigma}$ 为 p 阶正定矩阵,即有 $|\boldsymbol{\Sigma}|>0$,因此 $\boldsymbol{\Sigma}^{-1}$ 存在. 但在一般情况下,$\boldsymbol{\Sigma}$ 是非负定的.

同一元正态分布类似,多元正态分布也有如下定理.

定理 6.2.1 设 $\boldsymbol{X}\sim N_p(\boldsymbol{\mu},\boldsymbol{\Sigma})$,则 $E(\boldsymbol{X})=\boldsymbol{\mu}$,$D(\boldsymbol{X})=\boldsymbol{\Sigma}$.

多元正态分布有如下重要性质:

性质 1 若 $\boldsymbol{X}=(X_1,X_2,\cdots,X_p)^{\mathrm{T}}\sim N_p(\boldsymbol{\mu},\boldsymbol{\Sigma})$,$\boldsymbol{\Sigma}$ 为对角矩阵,则 $X_1,X_2,\cdots,X_p$ 相互独立.

性质 2 若 $\boldsymbol{X}\sim N_p(\boldsymbol{\mu},\boldsymbol{\Sigma})$,$\boldsymbol{A}$ 为 $s\times p$ 常数矩阵,$\boldsymbol{d}$ 为 s 维常数向量,则

$$\boldsymbol{AX}+\boldsymbol{d}\sim N_s(\boldsymbol{A\mu}+\boldsymbol{d},\boldsymbol{A\Sigma A}^{\mathrm{T}}),$$

即正态随机向量的线性函数还是正态的.

性质 3 设随机向量

$$\boldsymbol{X}=\begin{pmatrix}\boldsymbol{X}_1\\ \boldsymbol{X}_2\end{pmatrix}\sim N_p\left(\begin{pmatrix}\boldsymbol{\mu}_1\\ \boldsymbol{\mu}_2\end{pmatrix},\begin{pmatrix}\boldsymbol{\Sigma}_{11} & \boldsymbol{\Sigma}_{12}\\ \boldsymbol{\Sigma}_{21} & \boldsymbol{\Sigma}_{22}\end{pmatrix}\right),$$

其中,$\boldsymbol{X}_1$ 是 k 维随机向量,$\boldsymbol{X}_2$ 是 $p-k$ 维随机向量,$\boldsymbol{\mu}_1$ 是 k 维常数向量,$\boldsymbol{\mu}_2$ 是 $p-k$ 维常数向量,$\boldsymbol{\Sigma}_{11}$ 是 k 阶方阵,$\boldsymbol{\Sigma}_{12}$ 为 $k\times(p-k)$ 矩阵,$\boldsymbol{\Sigma}_{21}$ 为 $(p-k)\times p$ 矩阵,$\boldsymbol{\Sigma}_{22}$ 是 $p-k$ 阶方阵,且 $|\boldsymbol{\Sigma}_{11}|,|\boldsymbol{\Sigma}_{22}|\neq 0$,则

(1) $\boldsymbol{X}_1\sim N_k(\boldsymbol{\mu}_1,\boldsymbol{\Sigma}_{11})$,$\boldsymbol{X}_2\sim N_{p-k}(\boldsymbol{\mu}_2,\boldsymbol{\Sigma}_{22})$,

(2) $\boldsymbol{X}_1$ 与 $\boldsymbol{X}_2$ 独立的充要条件是 $\boldsymbol{\Sigma}_{12}=\boldsymbol{0}$,

(3) 在给定 $\boldsymbol{X}_2=\boldsymbol{x}_2$ 条件下,$\boldsymbol{X}_1$ 的条件分布为

$$N_k(\boldsymbol{\mu}_1+\boldsymbol{\Sigma}_{12}\boldsymbol{\Sigma}_{22}^{-1}(\boldsymbol{x}_2-\boldsymbol{\mu}_2),\boldsymbol{\Sigma}_{11}-\boldsymbol{\Sigma}_{12}\boldsymbol{\Sigma}_{22}^{-1}\boldsymbol{\Sigma}_{12}^{\mathrm{T}}).$$

在给定 $\boldsymbol{X}_1=\boldsymbol{x}_1$ 条件下,$\boldsymbol{X}_2$ 的条件分布为

$$N_{p-k}(\boldsymbol{\mu}_2+\boldsymbol{\Sigma}_{21}\boldsymbol{\Sigma}_{11}^{-1}(\boldsymbol{x}_2-\boldsymbol{\mu}_2),\boldsymbol{\Sigma}_{11}-\boldsymbol{\Sigma}_{21}\boldsymbol{\Sigma}_{11}^{-1}\boldsymbol{\Sigma}_{21}^{\mathrm{T}}).$$

由性质 3 可知,多元正态分布的低维边际分布仍然是多元或一元正态分布;两组多元正态变量相互独立的充要条件是其协差阵的非对角线元素全部为 0;多元正态变量中,在一部分变量给定条件下另一部分变量仍然是正态分布.

性质 4 随机向量 $\boldsymbol{X}\sim N_p(\boldsymbol{\mu},\boldsymbol{\Sigma})$的充要条件是对任一 p 维向量$\boldsymbol{C}=(C_1,C_2,\cdots,C_p)^{\mathrm{T}}$,随机变量 $Y=\boldsymbol{C}^{\mathrm{T}}\boldsymbol{X}$ 服从一维正态分布.

性质 4 说明一个随机向量 $\boldsymbol{X}=(X_1,X_2,\cdots,X_p)^{\mathrm{T}}\sim N_p(\boldsymbol{\mu},\boldsymbol{\Sigma})$的充要条件是 $\boldsymbol{X}$ 的任一分量的线性组合均服从一元正态分布.

性质 5 设 $\boldsymbol{X}=\begin{pmatrix}\boldsymbol{X}_1\\ \boldsymbol{X}_2\end{pmatrix}$为多维正态随机向量,$\boldsymbol{X}_1$ 与 $\boldsymbol{X}_2$ 不相关的充要条件是 $\boldsymbol{X}_1$ 与 $\boldsymbol{X}_2$ 独立.

性质 6 设 $\boldsymbol{X}\sim N_p(\boldsymbol{\mu},\boldsymbol{\Sigma})$,且$|\boldsymbol{\Sigma}|\neq 0$,则

$$Y=(\boldsymbol{X}-\boldsymbol{\mu})^{\mathrm{T}}\boldsymbol{\Sigma}^{-1}(\boldsymbol{X}-\boldsymbol{\mu})\sim\chi^2(p).$$

例 6.2.1 设二维随机向量 $\boldsymbol{X}=(X_1,X_2)^{\mathrm{T}}\sim N_2(\boldsymbol{\mu},\boldsymbol{\Sigma})$,其中

$$\boldsymbol{\mu}=\begin{pmatrix}\mu_1\\ \mu_2\end{pmatrix},\quad \boldsymbol{\Sigma}=\begin{pmatrix}\sigma_{11} & \sigma_{12}\\ \sigma_{21} & \sigma_{22}\end{pmatrix}=\begin{pmatrix}\sigma_1^2 & \rho\sigma_1\sigma_2\\ \rho\sigma_1\sigma_2 & \sigma_2^2\end{pmatrix}\text{为正定矩阵},$$

这里 $\sigma_1>0,\sigma_2>0,|\rho|<1$.

(1) 试写出 $\boldsymbol{X}$ 的概率密度函数以及 X_1,X_2 所服从的分布.

(2) 给出 ρ 的统计意义.

(3) 试求在 $X_2=x_2$ 条件下,X_1 的条件分布,以及在 $X_1=x_1$ 条件下,X_2 的条件分布.

解 (1) 因$|\boldsymbol{\Sigma}|=\sigma_1^2\sigma_2^2(1-\rho^2)$以及

$$\boldsymbol{\Sigma}^{-1}=\frac{1}{\sigma_1^2\sigma_2^2(1-\rho^2)}\begin{pmatrix}\sigma_2^2 & -\rho\sigma_1\sigma_2\\ -\rho\sigma_1\sigma_2 & \sigma_1^2\end{pmatrix},$$

所以 $\boldsymbol{X}$ 的概率密度函数为

$$\begin{aligned}f(x_1,x_2)&=\frac{1}{(2\pi)^{\frac{2}{2}}|\boldsymbol{\Sigma}|^{\frac{1}{2}}}\exp\left\{-\frac{1}{2}(\boldsymbol{x}-\boldsymbol{\mu})^{\mathrm{T}}\boldsymbol{\Sigma}^{-1}(\boldsymbol{x}-\boldsymbol{\mu})\right\}\\&=\frac{1}{2\pi\sigma_1\sigma_2\sqrt{1-\rho^2}}\exp\left\{-\frac{1}{2(1-\rho^2)}\left[\left(\frac{x_1-\mu_1}{\sigma_1}\right)^2\right.\right.\\&\qquad\left.\left.-2\rho\left(\frac{x_1-\mu_1}{\sigma_1}\right)\left(\frac{x_2-\mu_2}{\sigma_2}\right)+\left(\frac{x_2-\mu_2}{\sigma_2}\right)^2\right]\right\}.\end{aligned}$$

由性质 3,可得

$$X_1\sim N(\mu_1,\sigma_1^2),\quad X_2\sim N(\mu_2,\sigma_2^2).$$

(2) 因为 $\mathrm{cov}(X_1,X_2)=\rho\sigma_1\sigma_2$,$X_1,X_2$ 的相关系数为

$$\rho_{X_1,X_2}=\frac{\mathrm{cov}(X_1,X_2)}{\sqrt{D(X_1)\cdot D(X_2)}}=\rho,$$

因此二元正态分布的参数 ρ 就是两个分量 X_1,X_2 的相关系数,且当 $\rho=0$ 时,

$$f(x_1,x_2)=f_{X_1}(x_1)\cdot f_{X_2}(x_2),$$

即 X_1,X_2 相互独立.因此二维正态分布中两个分量相互独立与不相关等价.

(3) 由性质3,可得如下条件分布:

$$X_1|(X_2=x_2)\sim N\left(\mu_1+\rho\frac{\sigma_1}{\sigma_2}(x_2-\mu_2),\sigma_1^2(1-\rho^2)\right),$$
$$X_2|(X_1=x_1)\sim N\left(\mu_2+\rho\frac{\sigma_2}{\sigma_1}(x_1-\mu_1),\sigma_2^2(1-\rho^2)\right).$$

多元正态变量 $\boldsymbol{X}\sim N_p(\boldsymbol{\mu},\boldsymbol{\Sigma})$,其中 $\boldsymbol{\mu},\boldsymbol{\Sigma}$ 是未知的,如何通过样本观测值估计参数呢?参数估计的方法有很多,这里介绍最常见的具有很多优良性质的最大似然估计法.

设 $\boldsymbol{X}_{(1)},\boldsymbol{X}_{(2)},\cdots,\boldsymbol{X}_{(n)}$ 是来自正态总体 $N_p(\boldsymbol{\mu},\boldsymbol{\Sigma})$、容量为 n 的样本,由于 $\boldsymbol{X}_{(1)},\boldsymbol{X}_{(2)},\cdots,\boldsymbol{X}_{(n)}$ 相互独立且与总体同分布,建立似然函数

$$\begin{aligned}L(\boldsymbol{\mu},\boldsymbol{\Sigma})&=\prod_{i=1}^{n}f(\boldsymbol{X}_{(i)},\boldsymbol{\mu},\boldsymbol{\Sigma})\\&=\frac{1}{(2\pi)^{pn/2}\,|\boldsymbol{\Sigma}|^{n/2}}\exp\left\{-\frac{1}{2}\sum_{i=1}^{n}(\boldsymbol{X}_{(i)}-\boldsymbol{\mu})^{\mathrm{T}}\boldsymbol{\Sigma}^{-1}(\boldsymbol{X}_{(i)}-\boldsymbol{\mu})\right\}.\end{aligned}\tag{6.2.1}$$

对(6.2.1)式两边取对数得

$$\ln L(\boldsymbol{\mu},\boldsymbol{\Sigma})=-\frac{1}{2}pn\ln(2\pi)-\frac{n}{2}\ln|\boldsymbol{\Sigma}|-\frac{1}{2}\sum_{i=1}^{n}(\boldsymbol{X}_{(i)}-\boldsymbol{\mu})^{\mathrm{T}}\boldsymbol{\Sigma}^{-1}(\boldsymbol{X}_{(i)}-\boldsymbol{\mu}).\tag{6.2.2}$$

因对数函数为严格单增函数,所以可以通过对 $\ln L(\boldsymbol{\mu},\boldsymbol{\Sigma})$ 求极大值而得到 $\boldsymbol{\mu}$ 和 $\boldsymbol{\Sigma}$ 的估计量.

这里我们需要注意,根据矩阵代数理论,对于实对称矩阵 $\boldsymbol{A}$,有

$$\frac{\partial(\boldsymbol{X}^{\mathrm{T}}\boldsymbol{A}\boldsymbol{X})}{\partial\boldsymbol{X}}=2\boldsymbol{A}\boldsymbol{X},\quad\frac{\partial(\boldsymbol{X}^{\mathrm{T}}\boldsymbol{A}\boldsymbol{X})}{\partial\boldsymbol{A}}=\boldsymbol{X}\boldsymbol{X}^{\mathrm{T}},\quad\frac{\partial\ln|\boldsymbol{A}|}{\partial\boldsymbol{A}}=\boldsymbol{A}^{-1}.$$

(6.2.2)式两边分别对 $\boldsymbol{\mu}$ 和 $\boldsymbol{\Sigma}$ 求偏导数,并令其等于零,则有

$$\begin{cases}\dfrac{\partial\ln L(\boldsymbol{\mu},\boldsymbol{\Sigma})}{\partial\boldsymbol{\mu}}=\displaystyle\sum_{i=1}^{n}\boldsymbol{\Sigma}^{-1}(\boldsymbol{X}_{(i)}-\boldsymbol{\mu})=\boldsymbol{0},\\\dfrac{\partial\ln L(\boldsymbol{\mu},\boldsymbol{\Sigma})}{\partial\boldsymbol{\Sigma}}=-\dfrac{n}{2}\boldsymbol{\Sigma}^{-1}+\dfrac{1}{2}\displaystyle\sum_{i=1}^{n}(\boldsymbol{X}_{(i)}-\boldsymbol{\mu})(\boldsymbol{X}_{(i)}-\boldsymbol{\mu})^{\mathrm{T}}\boldsymbol{\Sigma}^{-2}=\boldsymbol{0}.\end{cases}\tag{6.2.3}$$

解等式(6.2.3),得 $\boldsymbol{\mu}$ 和 $\boldsymbol{\Sigma}$ 的最大似然估计量分别为

$$\begin{cases}\hat{\boldsymbol{\mu}}=\dfrac{1}{n}\displaystyle\sum_{i=1}^{n}\boldsymbol{X}_{(i)}=\overline{\boldsymbol{X}},\\\hat{\boldsymbol{\Sigma}}=\dfrac{1}{n}\displaystyle\sum_{i=1}^{n}(\boldsymbol{X}_{(i)}-\boldsymbol{\mu})(\boldsymbol{X}_{(i)}-\boldsymbol{\mu})^{\mathrm{T}}=\dfrac{1}{n}\boldsymbol{S}.\end{cases}$$

由此可见,多元正态总体的均值向量 $\boldsymbol{\mu}$ 的最大似然估计量为样本均值向量 $\overline{\boldsymbol{X}}$,其协差阵 $\boldsymbol{\Sigma}$ 的最大似然估计量就是样本协差阵 $\frac{1}{n}\boldsymbol{S}$.

$\boldsymbol{\mu}$ 和 $\boldsymbol{\Sigma}$ 的估计量有如下重要性质:

性质 1　$E(\overline{\boldsymbol{X}})=\boldsymbol{\mu},E\left(\frac{1}{n}\boldsymbol{S}\right)=\frac{n-1}{n}\boldsymbol{\Sigma}.$

性质1说明,$\overline{\boldsymbol{X}}$ 是 $\boldsymbol{\mu}$ 的无偏估计,$\frac{1}{n}\boldsymbol{S}$ 不是 $\boldsymbol{\Sigma}$ 的无偏估计,但 $E\left(\frac{1}{n-1}\boldsymbol{S}\right)=\boldsymbol{\Sigma}$,所以

$\frac{1}{n-1}\boldsymbol{S}$是$\boldsymbol{\Sigma}$的无偏估计.

性质 2 $\overline{\boldsymbol{X}},\frac{1}{n-1}\boldsymbol{S}$ 分别是$\boldsymbol{\mu}$和$\boldsymbol{\Sigma}$的相合估计.

在实际应用中,常采用$\hat{\boldsymbol{\mu}}=\overline{\boldsymbol{X}},\hat{\boldsymbol{\Sigma}}=\frac{1}{n-1}\boldsymbol{S}$来分别估计$\boldsymbol{\mu}$和$\boldsymbol{\Sigma}$. 统计量$\overline{\boldsymbol{X}}$和$\boldsymbol{S}$分别服从什么分布呢? 我们先要定义随机矩阵的分布. 随机矩阵的分布有不同的定义,这里利用向量分布的定义给出矩阵分布的定义.

给定随机矩阵

$$\boldsymbol{X}=\begin{pmatrix} X_{11} & X_{12} & \cdots & X_{1p} \\ X_{21} & X_{22} & \cdots & X_{2p} \\ \vdots & \vdots & & \vdots \\ X_{n1} & X_{n2} & \cdots & X_{np} \end{pmatrix},$$

将该矩阵的列向量(或行向量)一个一个连接起来,组成一个长向量

$$(X_{11},X_{21},\cdots,X_{n1},X_{12},X_{22},\cdots,X_{n2},\cdots,X_{np}).$$

长向量的分布就定义为随机矩阵的分布.

定理 6.2.2 设$\overline{\boldsymbol{X}}$和$\boldsymbol{S}$分别是正态总体$N_p(\boldsymbol{\mu},\boldsymbol{\Sigma})$的样本均值向量和离差阵,则

(1) $\overline{\boldsymbol{X}}\sim N_p\left(\boldsymbol{\mu},\frac{1}{n}\boldsymbol{\Sigma}\right)$;

(2) 离差阵$\boldsymbol{S}$可以写成

$$\boldsymbol{S}=\sum_{i=1}^{n-1}\boldsymbol{Z}_i\boldsymbol{Z}_i^{\mathrm{T}},$$

其中$\boldsymbol{Z}_1,\boldsymbol{Z}_2,\cdots,\boldsymbol{Z}_{n-1}$独立同分布于$N_p(\boldsymbol{0},\boldsymbol{\Sigma})$;

(3) $\overline{\boldsymbol{X}}$和$\boldsymbol{S}$相互独立;

(4) $\boldsymbol{S}$为正定矩阵的充要条件是$n>p$.

定理 6.2.2 只给出了样本均值$\overline{\boldsymbol{X}}$的分布,要给出离差阵$\boldsymbol{S}$的分布,需要介绍多元统计中一个非常重要的分布——威沙特(Wishart)分布,它是构成其他重要分布的基础.威沙特分布是威沙特在 1928 年推导出来的,该分布的名称由他的名字命名.

定义 6.2.2 设$\boldsymbol{X}_{(i)}=(x_{i1},x_{i2},\cdots,x_{ip})^{\mathrm{T}}\sim N_p(\boldsymbol{\mu}_i,\boldsymbol{\Sigma}),i=1,2,\cdots,n$相互独立,则由$\boldsymbol{X}_{(i)}$构成的随机矩阵

$$\boldsymbol{W}_{p\times p}=\sum_{i=1}^{n}\boldsymbol{X}_{(i)}\boldsymbol{X}_{(i)}^{\mathrm{T}} \tag{6.2.4}$$

的分布称为**非中心威沙特分布**,记为$W_p(n,\boldsymbol{\Sigma},\boldsymbol{Z})$,其中$\boldsymbol{Z}=\sum_{i=1}^{n}\boldsymbol{\mu}_i\boldsymbol{\mu}_i^{\mathrm{T}}$,$\boldsymbol{\mu}_i$称为**非中心参数**. 当$\boldsymbol{\mu}_i=\boldsymbol{0}$时,称$\boldsymbol{W}_{p\times p}$的分布为(**中心**) **威沙特分布**,记为$W_p(n,\boldsymbol{\Sigma})$.当$n\geqslant p$时,$\boldsymbol{\Sigma}$为正定矩阵,$W_p(n,\boldsymbol{\Sigma})$的概率密度函数为

$$f(\boldsymbol{w})=\begin{cases}\dfrac{|\boldsymbol{w}|^{\frac{1}{2}(n-p-1)}\exp\left\{-\dfrac{1}{2}\mathrm{tr}\,\boldsymbol{\Sigma}^{-1}\boldsymbol{w}\right\}}{2^{\frac{np}{2}}\pi^{\frac{p(p-1)}{4}}|\boldsymbol{\Sigma}|^{\frac{n}{2}}\prod\limits_{i=1}^{p}\Gamma\left(\dfrac{n-i+1}{2}\right)}, & \text{当 } \boldsymbol{w} \text{ 为正定矩阵},\\ 0, & \text{其他}.\end{cases}$$

说明 当 $p=1,\boldsymbol{\Sigma}=\sigma^2$ 时，$f(\boldsymbol{w})$即为 $\sigma^2\chi^2(n)$的概率密度函数，此时(6.2.4)式为

$$\boldsymbol{W}=\sum_{i=1}^{n}\boldsymbol{X}_{(i)}\boldsymbol{X}_{(i)}^{\mathrm{T}}=\sum_{i=1}^{n}X_{(i)}^2,$$

则有$\dfrac{1}{\sigma^2}\sum\limits_{i=1}^{n}\boldsymbol{X}_{(i)}^2\sim\chi^2(n)$. 由此可见，威沙特分布是 χ^2 分布在 p 维正态时的推广.

威沙特分布的基本性质：

性质 1 若 $\boldsymbol{X}_{(i)}=(x_{i1},x_{i2},\cdots,x_{ip})^{\mathrm{T}}\sim N_p(\boldsymbol{\mu}_i,\boldsymbol{\Sigma}),i=1,2,\cdots,n$ 相互独立，则离差阵

$$\boldsymbol{S}\sim W_p(n-1,\boldsymbol{\Sigma}).$$

性质 2 若 $\boldsymbol{S}_i\sim W_p(n_i,\boldsymbol{\Sigma}),i=1,2,\cdots,k$，且相互独立，则

$$\sum_{i=1}^{k}\boldsymbol{S}_i\sim W_p\left(\sum_{i=1}^{k}n_i,\boldsymbol{\Sigma}\right).$$

性质 3 若 $\boldsymbol{X}_{p\times p}\sim \boldsymbol{W}_p(n,\boldsymbol{\Sigma}),\boldsymbol{C}_{p\times p}$ 为非奇异阵，则

$$\boldsymbol{C}\boldsymbol{X}\boldsymbol{C}^{\mathrm{T}}\sim W_p(n,\boldsymbol{C}\boldsymbol{\Sigma}\boldsymbol{C}^{\mathrm{T}}).$$

习 题 6.2

1. 设随机向量 $\boldsymbol{X}=(X_1,X_2)^{\mathrm{T}}$ 服从二元正态分布，写出其联合分布的概率密度函数和 X_1,X_2 各自的边缘概率密度函数.

2. 已知向量 $\boldsymbol{X}=(X_1,X_2)^{\mathrm{T}}$ 的联合概率密度函数为

$$f(x_1,x_2)=\frac{2[(d-c)(x_1-a)+(b-a)(x_2-c)-2(x_1-a)(x_2-c)]}{(b-a)^2(d-c)^2},$$

其中，$a\leqslant x_1\leqslant b,c\leqslant x_2\leqslant d$. 求：

(1) 随机变量 X_1 和 X_2 各自的边缘概率密度函数、均值和方差.

(2) 随机变量 X_1 和 X_2 的协方差和相关系数.

(3) 判断 X_1 和 X_2 是否相互独立.

3. 设随机变量 $\boldsymbol{X}=(X_1,X_2,\cdots,X_p)^{\mathrm{T}}$ 服从多元正态分布，已知其协差阵 $\boldsymbol{\Sigma}$ 为对角阵，证明 $\boldsymbol{X}$ 的分量相互独立.

4. 多元正态总体的均值向量和协差阵的最大似然估计有哪些优良性质?

5. 多元正态总体 $\boldsymbol{X}\sim N_p(\boldsymbol{\mu},\boldsymbol{\Sigma})$，证明样本均值向量 $\overline{\boldsymbol{X}}\sim N_p\left(\boldsymbol{\mu},\dfrac{1}{n}\boldsymbol{\Sigma}\right)$.

6. 设 $\boldsymbol{X}_{(1)},\boldsymbol{X}_{(2)},\cdots,\boldsymbol{X}_{(n)}$ 是来自正态总体$N_p(\boldsymbol{\mu},\boldsymbol{\Sigma})$、容量为 n 的样本，试求样本协差阵 $\dfrac{1}{n-1}\boldsymbol{S}$ 的分布.

7. 设$(\boldsymbol{X}_i)_{n_i\times p}$是来自$N_p(\boldsymbol{\mu}_i,\boldsymbol{\Sigma}_i)$的数据矩阵，$i=1,2,\cdots,k$.

(1) 已知 $\boldsymbol{\mu}_1=\boldsymbol{\mu}_2=\cdots=\boldsymbol{\mu}_k=\boldsymbol{\mu}$ 且 $\boldsymbol{\Sigma}_1=\boldsymbol{\Sigma}_2=\cdots=\boldsymbol{\Sigma}_k=\boldsymbol{\Sigma}$，求 $\boldsymbol{\mu}$ 和 $\boldsymbol{\Sigma}$ 的估计.

(2) 已知 $\boldsymbol{\Sigma}_1=\boldsymbol{\Sigma}_2=\cdots=\boldsymbol{\Sigma}_k=\boldsymbol{\Sigma}$，求 $\boldsymbol{\mu}_1,\boldsymbol{\mu}_2,\cdots,\boldsymbol{\mu}_k$ 和 $\boldsymbol{\Sigma}$ 的估计.

§ 6.3 多元正态分布参数假设检验

在第三章我们给出了正态总体 $N(\mu,\sigma^2)$ 的两参数 μ 和 σ^2 的各种检验，本节相应地对多元正态总体 $N_p(\boldsymbol{\mu},\boldsymbol{\Sigma})$ 的均值向量 $\boldsymbol{\mu}$ 和协差阵 $\boldsymbol{\Sigma}$ 进行各种假设检验. 多元正态分布参数的假设检验的基本思想和步骤与一元正态分布参数的假设检验是一致的. 由于多变量问题的复杂性，我们只侧重于选取统计量的合理性，而不给推导过程.

一、单个多元正态总体均值向量的检验

设 $\boldsymbol{X}_{(1)},\boldsymbol{X}_{(2)},\cdots,\boldsymbol{X}_{(n)}$ 是来自正态总体 $N_p(\boldsymbol{\mu},\boldsymbol{\Sigma})$、容量为 n 的样本，$\overline{\boldsymbol{X}}=\dfrac{1}{n}\sum\limits_{i=1}^{n}\boldsymbol{X}_{(i)}$ 为样本均值，$\boldsymbol{S}=\sum\limits_{i=1}^{n}(\boldsymbol{X}_{(i)}-\overline{\boldsymbol{X}})(\boldsymbol{X}_{(i)}-\overline{\boldsymbol{X}})^{\mathrm{T}}$ 为样本离差阵.检验假设

$$H_0: \boldsymbol{\mu}=\boldsymbol{\mu}_0,\quad H_1: \boldsymbol{\mu}\neq\boldsymbol{\mu}_0,$$

其中 $\boldsymbol{\mu}_0$ 为已知的 p 维向量.

1. 协差阵 $\boldsymbol{\Sigma}=\boldsymbol{\Sigma}_0$（$\boldsymbol{\Sigma}_0$ 为正定矩阵）已知时，均值向量的检验

回顾一元正态总体 $N(\mu,\sigma^2)$，要检验

$$H_0: \mu=\mu_0,\quad H_1: \mu\neq\mu_0.$$

当 σ^2 已知时，若 H_0 为真，构造的统计量为

$$Z=\frac{\overline{X}-\mu_0}{\sigma/\sqrt{n}}\sim N(0,1), \tag{6.3.1}$$

其中 $\overline{X}$ 为样本均值.

将(6.3.1)式改写为

$$Z^2=(\overline{X}-\mu_0)^{\mathrm{T}}(\sigma^2/n)^{-1}(\overline{X}-\mu_0),$$

当 H_0 为真时，$Z^2\sim\chi^2(1)$.

多元情况时，可构造类似的检验统计量

$$\chi^2=(\overline{\boldsymbol{X}}-\boldsymbol{\mu}_0)^{\mathrm{T}}(\boldsymbol{\Sigma}/n)^{-1}(\overline{\boldsymbol{X}}-\boldsymbol{\mu}_0). \tag{6.3.2}$$

由定理 6.2.2 知，$\overline{\boldsymbol{X}}\sim N_p\left(\boldsymbol{\mu},\dfrac{1}{n}\boldsymbol{\Sigma}\right)$.当 H_0 为真时，由 § 6.1 多元正态分布性质 6 知，

$$\chi^2\sim\chi^2(p).$$

对给定的显著性水平 α，根据检验法则，拒绝域可由 $P\{\chi^2>\chi^2_\alpha(p)\}=\alpha$ 确定，当统计量的观测值 $\chi^2>\chi^2_\alpha(p)$ 时，拒绝原假设 H_0.

2. 协差阵 $\boldsymbol{\Sigma}$（$\boldsymbol{\Sigma}$ 为正定矩阵）未知时，均值向量的检验

在构造统计量之前，先来介绍霍特林(Hotelling)T^2 分布.

定义 6.3.1 设 $\boldsymbol{X}\sim N_p(\boldsymbol{\mu},\boldsymbol{\Sigma})$，$\boldsymbol{S}\sim W_p(n,\boldsymbol{\Sigma})$，且 $\boldsymbol{X}$ 与 $\boldsymbol{S}$ 相互独立，$n\geqslant p$，则称统计量

$$T^2=n\boldsymbol{X}^{\mathrm{T}}\boldsymbol{S}^{-1}\boldsymbol{X}$$

的分布为**非中心霍特林 T^2 分布**，记为 $T^2 \sim T^2(p,n,\boldsymbol{\mu})$. 当 $\boldsymbol{\mu}=\mathbf{0}$ 时，称 T^2 服从（**中心**）**霍特林** T^2 分布，记为 $T^2 \sim T^2(p,n)$.

在一元变量统计分析中，若统计量 $T \sim t(n-1)$ 分布，则 $T^2 \sim F(1,n-1)$，即把服从 t 分布的统计量转化为服从 F 分布的统计量，对霍特林统计量 T^2 来说，也有类似的性质.

定理 6.3.1　若 $\boldsymbol{X} \sim N_p(\mathbf{0},\boldsymbol{\Sigma})$，$\boldsymbol{S} \sim W_p(n,\boldsymbol{\Sigma})$，且 $\boldsymbol{X}$ 与 $\boldsymbol{S}$ 相互独立，令 $T^2=n\boldsymbol{X}^{\mathrm{T}}\boldsymbol{S}^{-1}\boldsymbol{X}$，则有

$$\frac{n-p+1}{np}T^2 \sim F(p,n-p+1).$$

若协差阵 $\boldsymbol{\Sigma}$ 未知时，可将(6.3.2)式中的 $\boldsymbol{\Sigma}$ 用它的无偏估计 $\hat{\boldsymbol{\Sigma}}=\frac{1}{n-1}\boldsymbol{S}$ 代替，令其为

$$T^2=(\overline{\boldsymbol{X}}-\boldsymbol{\mu}_0)^{\mathrm{T}}\left[\boldsymbol{S}/\big(n(n-1)\big)\right]^{-1}(\overline{\boldsymbol{X}}-\boldsymbol{\mu}_0),$$

整理得

$$T^2=(n-1)\left[\sqrt{n}(\overline{\boldsymbol{X}}-\boldsymbol{\mu}_0)^{\mathrm{T}}\boldsymbol{S}^{-1}\sqrt{n}(\overline{\boldsymbol{X}}-\boldsymbol{\mu}_0)\right].$$

当 H_0 为真时，$\overline{\boldsymbol{X}} \sim N_p\left(\boldsymbol{\mu}_0,\frac{1}{n}\boldsymbol{\Sigma}\right)$，则有 $\sqrt{n}(\overline{\boldsymbol{X}}-\boldsymbol{\mu}_0) \sim N_p(\mathbf{0},\boldsymbol{\Sigma})$，且多元正态总体的离差阵 $\boldsymbol{S} \sim W_p(n-1,\boldsymbol{\Sigma})$，由定义 6.3.1 可得，$T^2 \sim T^2(p,n-1)$.

当 H_0 为真时，构造检验统计量

$$F=\frac{(n-1)-p+1}{(n-1)p}T^2 \sim F(p,n-p),$$

其中 $T^2=(n-1)\left[\sqrt{n}(\overline{\boldsymbol{X}}-\boldsymbol{\mu}_0)^{\mathrm{T}}\boldsymbol{S}^{-1}\sqrt{n}(\overline{\boldsymbol{X}}-\boldsymbol{\mu}_0)\right]$.

对给定的显著性水平 α，根据检验法则，拒绝域可由 $P\{F>F_\alpha(p,n-p)\}=\alpha$ 确定，当统计量的观测值 $F>F_\alpha(p,n-p)$ 时，拒绝原假设 H_0.

在处理实际问题时，一元正态变量的检验和多元正态变量的检验可以联合使用，多元正态变量的检验具有概括和全面考察的特点，而一元正态变量的检验容易发现各变量之间的关系和差异，能给人们提供更多的统计分析信息.

二、两个多元正态总体均值向量的检验

设 $\boldsymbol{X}_{(1)},\boldsymbol{X}_{(2)},\cdots,\boldsymbol{X}_{(n)}$ 是来自正态总体 $N_p(\boldsymbol{\mu}_1,\boldsymbol{\Sigma}_1)$、容量为 n 的样本，$\boldsymbol{Y}_{(1)},\boldsymbol{Y}_{(2)},\cdots,\boldsymbol{Y}_{(m)}$ 是来自正态总体 $N_p(\boldsymbol{\mu}_2,\boldsymbol{\Sigma}_2)$、容量为 m 的样本，两样本相互独立，且 $n>p$，$m>p$. $\overline{\boldsymbol{X}}$，$\overline{\boldsymbol{Y}}$，$\boldsymbol{S}_x$，$\boldsymbol{S}_y$ 分别表示两个总体的样本均值向量和样本离差阵. 检验假设

$$H_0: \boldsymbol{\mu}_1=\boldsymbol{\mu}_2,\quad H_1: \boldsymbol{\mu}_1 \neq \boldsymbol{\mu}_2.$$

1. 当 $\boldsymbol{\Sigma}_1=\boldsymbol{\Sigma}_2=\boldsymbol{\Sigma}_0$（$\boldsymbol{\Sigma}_0$ 为正定矩阵）已知时，两正态总体均值向量的检验

两个一元正态总体 $N(\mu_1,\sigma_1^2)$ 和 $N(\mu_2,\sigma_2^2)$，当 $\sigma_1^2=\sigma_2^2=\sigma_0^2$ 已知时，检验假设

$$H_0: \mu_1=\mu_2,\quad H_1: \mu_1 \neq \mu_2.$$

当 H_0 为真时，构造检验统计量

$$Z=\frac{\overline{X}-\overline{Y}}{\sqrt{\dfrac{\sigma^2}{n}+\dfrac{\sigma^2}{m}}} \sim N(0,1).$$

显然，

$$Z^2=\frac{(\overline{X}-\overline{Y})^2}{\frac{\sigma^2}{n}+\frac{\sigma^2}{m}}=\frac{n\,m}{n+m}(\overline{X}-\overline{Y})^{\mathrm{T}}(\sigma^2)^{-1}(\overline{X}-\overline{Y})\sim\chi^2(1).$$

多元情况时，可构造类似的检验统计量

$$\chi^2=\frac{n\,m}{n+m}(\overline{\boldsymbol{X}}-\overline{\boldsymbol{Y}})^{\mathrm{T}}\boldsymbol{\Sigma}_0^{-1}(\overline{\boldsymbol{X}}-\overline{\boldsymbol{Y}}).\tag{6.3.3}$$

由定理 6.2.2 知，$\overline{\boldsymbol{X}}\sim N_p\left(\boldsymbol{\mu}_1,\frac{1}{n}\boldsymbol{\Sigma}_1\right)$，$\overline{\boldsymbol{Y}}\sim N_p\left(\boldsymbol{\mu}_2,\frac{1}{m}\boldsymbol{\Sigma}_2\right)$. 当 H_0 为真，且 $\boldsymbol{\Sigma}_1=\boldsymbol{\Sigma}_2=\boldsymbol{\Sigma}_0$ 已知时，

$$\overline{\boldsymbol{X}}-\overline{\boldsymbol{Y}}\sim N_p\left(\boldsymbol{0},\frac{n+m}{nm}\boldsymbol{\Sigma}_0\right).$$

当 H_0 为真时，由 § 6.1 多元正态分布性质 6 知，$\chi^2\sim\chi^2(p)$.

2. 当 $\boldsymbol{\Sigma}_1=\boldsymbol{\Sigma}_2=\boldsymbol{\Sigma}$ 未知时，两正态总体均值向量的检验

当两正态总体的协差阵未知时，自然想到用每个正态总体的协差阵 $\frac{1}{n-1}\boldsymbol{S}_x$ 和 $\frac{1}{m-1}\boldsymbol{S}_y$ 去代替，此时(6.3.3)式中的 $\boldsymbol{\Sigma}_0$ 可用它的无偏估计 $\frac{1}{n+m-2}(\boldsymbol{S}_x+\boldsymbol{S}_y)$ 代替，即构造的统计量为

$$T^2=(n+m-2)\left[\sqrt{\frac{nm}{n+m}}(\overline{\boldsymbol{X}}-\overline{\boldsymbol{Y}})^{\mathrm{T}}\boldsymbol{S}^{-1}\sqrt{\frac{nm}{n+m}}(\overline{\boldsymbol{X}}-\overline{\boldsymbol{Y}})\right],$$

其中 $\boldsymbol{S}=\boldsymbol{S}_x+\boldsymbol{S}_y$. 因 $\boldsymbol{S}_x\sim W_p(n-1,\boldsymbol{\Sigma})$，$\boldsymbol{S}_y\sim W_p(m-1,\boldsymbol{\Sigma})$，故 $\boldsymbol{S}_x+\boldsymbol{S}_y\sim W_p(n+m-2,\boldsymbol{\Sigma})$. 当 H_0 为真时，

$$\sqrt{\frac{nm}{n+m}}(\overline{\boldsymbol{X}}-\overline{\boldsymbol{Y}})\sim N_p(\boldsymbol{0},\boldsymbol{\Sigma}),$$

所以

$$F=\frac{(n+m-2)-p+1}{(n+m-2)p}T^2\sim F(p,n+m-p-1).$$

由于篇幅限制，下述假设检验统计量的选取思路与之前相同，这里直接给出统计量及分布.

3. 当 $\boldsymbol{\Sigma}_1\neq\boldsymbol{\Sigma}_2$、样本容量 $n=m$ 时，两正态总体均值向量的检验

当 H_0 为真时，构造检验统计量

$$F=\frac{(n-p)n}{p}\overline{\boldsymbol{Z}}^{\mathrm{T}}\boldsymbol{S}^{-1}\overline{\boldsymbol{Z}}\sim F(p,n-p),$$

其中 $\overline{\boldsymbol{Z}}=\overline{\boldsymbol{X}}-\overline{\boldsymbol{Y}}$，$\boldsymbol{S}=\sum_{i=1}^{n}(\boldsymbol{Z}_{(i)}-\overline{\boldsymbol{Z}})(\boldsymbol{Z}_{(i)}-\overline{\boldsymbol{Z}})^{\mathrm{T}}$，$\boldsymbol{Z}_{(i)}=\boldsymbol{X}_{(i)}-\boldsymbol{Y}_{(i)}$，$i=1,2,\cdots,n$.

4. 当 $\boldsymbol{\Sigma}_1\neq\boldsymbol{\Sigma}_2$、样本容量 $n\neq m$ 时，两正态总体均值向量的检验

当 H_0 为真时，构造检验统计量

$$F=\frac{(n-p)n}{p}\overline{\boldsymbol{Z}}^{\mathrm{T}}\boldsymbol{S}^{-1}\overline{\boldsymbol{Z}}\sim F(p,n-p),$$

其中

$$\overline{\boldsymbol{Z}}=\overline{\boldsymbol{X}}-\overline{\boldsymbol{Y}},\quad \boldsymbol{S}=\sum_{i=1}^{n}(\boldsymbol{Z}_{(i)}-\overline{\boldsymbol{Z}})(\boldsymbol{Z}_{(i)}-\overline{\boldsymbol{Z}})^{\mathrm{T}},$$

$$\boldsymbol{Z}_{(i)}=\boldsymbol{X}_{(i)}-\sqrt{\frac{n}{m}}\boldsymbol{Y}_{(i)}+\frac{1}{\sqrt{nm}}\sum_{j=1}^{n}\boldsymbol{Y}_{(j)}-\frac{1}{m}\sum_{j=1}^{m}\boldsymbol{Y}_{(j)},\quad i=1,2,\cdots,n,m>n.$$

三、多个多元正态总体均值向量的检验

利用方差分析方法解决多个多元正态总体均值向量的检验问题,可以看成单因素方差分析的推广.

设有 k 个 p 维正态总体 $N_p(\boldsymbol{\mu}_1,\boldsymbol{\Sigma}),N_p(\boldsymbol{\mu}_2,\boldsymbol{\Sigma}),\cdots,N_p(\boldsymbol{\mu}_k,\boldsymbol{\Sigma})$,从每个总体中抽取独立样本,样本容量分别为 $n_1,n_2,\cdots,n_k$,其中 $n_1+n_2+\cdots+n_k=n$,每个样品观测 p 个指标得观测数据如下:

第 1 个总体: $\boldsymbol{X}_{(i)}^{(1)}=(x_{i1}^{(1)},x_{i2}^{(1)},\cdots,x_{ip}^{(1)})^{\mathrm{T}},\quad i=1,2,\cdots,n_1,$

第 2 个总体: $\boldsymbol{X}_{(i)}^{(2)}=(x_{i1}^{(2)},x_{i2}^{(2)},\cdots,x_{ip}^{(2)})^{\mathrm{T}},\quad i=1,2,\cdots,n_2,$

……

第 k 个总体: $\boldsymbol{X}_{(i)}^{(k)}=(x_{i1}^{(k)},x_{i2}^{(k)},\cdots,x_{ip}^{(k)})^{\mathrm{T}},\quad i=1,2,\cdots,n_k.$

全部样品总的均值向量为

$$\overline{\boldsymbol{X}}=\frac{1}{n}\sum_{r=1}^{k}\sum_{i=1}^{n_r}\boldsymbol{X}_{(i)}^{(r)}=(\overline{x}_1,\overline{x}_2,\cdots,\overline{x}_p)^{\mathrm{T}},$$

其中 $\overline{x}_j=\frac{1}{n}\sum_{r=1}^{k}\sum_{i=1}^{n_r}x_{ij}^{(r)},j=1,2,\cdots,p$.各总体样本的均值向量为

$$\overline{\boldsymbol{X}}^{(r)}=\frac{1}{n_r}\sum_{i=1}^{n_r}\boldsymbol{X}_{(i)}^{(r)}=(\overline{x}_1^{(r)},\overline{x}_2^{(r)},\cdots,\overline{x}_p^{(r)}),\quad r=1,2,\cdots,k,$$

其中 $\overline{x}_j^{(r)}=\frac{1}{n_r}\sum_{i=1}^{n_r}x_{ij}^{(r)},j=1,2,\cdots,p.$

类似于单因素方差分析的方法,将各平方和写成离差阵形式,令

$$\boldsymbol{T}=\sum_{r=1}^{k}\sum_{i=1}^{n_r}(\boldsymbol{X}_{(i)}^{(r)}-\overline{\boldsymbol{X}})(\boldsymbol{X}_{(i)}^{(r)}-\overline{\boldsymbol{X}})^{\mathrm{T}},$$

称 $\boldsymbol{T}$ 为**总的离差阵**,$\boldsymbol{T}\sim W_p(n-1,\boldsymbol{\Sigma})$;称

$$\boldsymbol{A}=\sum_{r=1}^{k}n_r(\overline{\boldsymbol{X}}^{(r)}-\overline{\boldsymbol{X}})(\overline{\boldsymbol{X}}^{(r)}-\overline{\boldsymbol{X}})^{\mathrm{T}}$$

为**组间离差阵**,$\boldsymbol{A}\sim W_p(k-1,\boldsymbol{\Sigma})$;称

$$\boldsymbol{E}=\sum_{r=1}^{k}\sum_{i=1}^{n_r}(\boldsymbol{X}_{(i)}^{(r)}-\overline{\boldsymbol{X}}^{(r)})(\boldsymbol{X}_{(i)}^{(r)}-\overline{\boldsymbol{X}}^{(r)})^{\mathrm{T}}$$

为**组内离差阵**,$\boldsymbol{E}\sim W_p(n-k,\boldsymbol{\Sigma})$. 很显然,有 $\boldsymbol{T}=\boldsymbol{A}+\boldsymbol{E}$.

我们的问题是检验假设

$$H_0:\boldsymbol{\mu}_1=\boldsymbol{\mu}_2=\cdots=\boldsymbol{\mu}_k. \tag{6.3.4}$$

为构造检验统计量,先介绍几个定义.

定义 6.3.2 若 $\boldsymbol{X}\sim N_p(\boldsymbol{0},\boldsymbol{\Sigma})$,则称协差阵的行列式 $|\boldsymbol{\Sigma}|$ 为 $\boldsymbol{X}$ 的**广义方差**,称 $\left|\frac{1}{n}\boldsymbol{S}\right|$ 为

样本广义方差,其中 $\boldsymbol{S}=\sum_{i=1}^{n}(\boldsymbol{X}_{(i)}-\overline{\boldsymbol{X}})(\boldsymbol{X}_{(i)}-\overline{\boldsymbol{X}})^{\mathrm{T}}$.

定义 6.3.3 若 $\boldsymbol{A}_1\sim W_p(n_1,\boldsymbol{\Sigma})$,$\boldsymbol{A}_2\sim W_p(n_2,\boldsymbol{\Sigma})$,$n_1\geqslant p$,$\boldsymbol{\Sigma}$ 为正定矩阵,且 $\boldsymbol{A}_1$ 和 $\boldsymbol{A}_2$ 相互独立,则称

$$\Lambda=\frac{|\boldsymbol{A}_1|}{|\boldsymbol{A}_1+\boldsymbol{A}_2|}$$

为**威尔克斯**(Wilks) **统计量**,Λ 的分布称为**威尔克斯分布**,简记为 $\Lambda\sim\Lambda(p,n_1,n_2)$,其中 n_1,n_2 为自由度.

在实际应用中,常把统计量 Λ 转化为统计量 T^2,进而化为 F 统计量来解决多元统计分析的有关检验问题. 表 6.3.1 列举了一些常见情形.

表 6.3.1 Λ 与 F 统计量的关系

p	n_1	n_2	F 统计量及分布
任意	任意	1	$\dfrac{n_1-p+1}{p}\cdot\dfrac{1-\Lambda(p,n_1,1)}{\Lambda(p,n_1,1)}\sim F(p,n_1-p+1)$
任意	任意	2	$\dfrac{n_1-p}{p}\cdot\dfrac{1-\sqrt{\Lambda(p,n_1,2)}}{\sqrt{\Lambda(p,n_1,2)}}\sim F(2p,2(n_1-p))$
1	任意	任意	$\dfrac{n_1}{n_2}\cdot\dfrac{1-\Lambda(1,n_1,n_2)}{\Lambda(1,n_1,n_2)}\sim F(n_2,n_1)$
2	任意	任意	$\dfrac{n_1-1}{n_2}\cdot\dfrac{1-\sqrt{\Lambda(2,n_1,n_2)}}{\sqrt{\Lambda(2,n_1,n_2)}}\sim F(2n_2,2(n_1-1))$

当假设 (6.3.4) 为真时,$|\boldsymbol{E}|$ 和 $|\boldsymbol{A}+\boldsymbol{E}|$ 应该相差不大,即 $\dfrac{|\boldsymbol{E}|}{|\boldsymbol{A}+\boldsymbol{E}|}$ 不会过多地小于 1,若 $\dfrac{|\boldsymbol{E}|}{|\boldsymbol{A}+\boldsymbol{E}|}$ 比 1 小很多,应该拒绝 H_0. 构造检验统计量

$$\Lambda=\frac{|\boldsymbol{E}|}{|\boldsymbol{A}+\boldsymbol{E}|}.$$

由定义 6.3.3 可知,当 H_0 为真时,$\Lambda\sim\Lambda(p,n-k,k-1)$. 对给定的显著性水平 α,查威尔克斯分布表,确定临界值,当统计量 Λ 的观测值小于临界值,拒绝原假设. 在作统计判断时,经常用 χ^2 分布或 F 分布近似.

巴特利特(Bartlett) 提出了用 χ^2 分布近似. 设 $\Lambda\sim\Lambda(p,n,m)$,令

$$V=-\left(n+m-\frac{p+m+1}{2}\right)\ln\Lambda.$$

当 H_0 为真时,V 近似服从 $\chi^2(pm)$ 分布.

劳(Rao) 后来研究用 F 分布近似. 设 $\Lambda\sim\Lambda(p,n,m)$,令

$$R=\frac{1-\Lambda^{1/L}}{\Lambda^{1/L}}\cdot\frac{tL-2\lambda}{pm},$$

其中

$$t=n+m-\frac{p+m+1}{2},\quad L=\left(\frac{p^2m^2-4}{p^2+m^2-5}\right)^{\frac{1}{2}},\quad \lambda=\frac{pm-2}{4}.$$

当 H_0 为真时,R 近似服从 $F(pm,tL-2\lambda)$ 分布,这里 $tL-2\lambda$ 不一定为整数,可用与它最接近的整数来作为 F 的自由度,且 $\min(p,m)>2$.

四、一个多元正态总体协差阵的检验

设 $\boldsymbol{X}_{(1)},\boldsymbol{X}_{(2)},\cdots,\boldsymbol{X}_{(n)}$ 是来自正态总体 $N_p(\boldsymbol{\mu},\boldsymbol{\Sigma})$、容量为 n 的样本,$\boldsymbol{\Sigma}$ 未知,且 $\boldsymbol{\Sigma}$ 为正定矩阵,$\boldsymbol{S}=\sum_{i=1}^{n}(\boldsymbol{X}_{(i)}-\overline{\boldsymbol{X}})(\boldsymbol{X}_{(i)}-\overline{\boldsymbol{X}})^{\mathrm{T}}$ 为样本离差阵.

首先,考虑检验假设

$$H_0:\boldsymbol{\Sigma}=\boldsymbol{I}_p,\quad H_1:\boldsymbol{\Sigma}\neq\boldsymbol{I}_p.$$

构造统计量

$$\lambda=\frac{\left|\dfrac{\boldsymbol{S}}{n}\right|^{n/2}}{\mathrm{e}^{\frac{1}{2}(\mathrm{tr}\boldsymbol{S}-np)}}.$$

当 H_0 成立时,$-2\ln\lambda$ 的极限分布是 $\chi^2\left(\dfrac{p(p+1)}{2}\right)$ 分布. 因此当 $n\gg p$ 时,由样本值计算出 λ 值,若 $-2\ln\lambda>\chi^2_\alpha\left(\dfrac{p(p+1)}{2}\right)$ 时,拒绝 H_0.

然后,我们再考虑检验假设

$$H_0:\boldsymbol{\Sigma}=\boldsymbol{\Sigma}_0\neq\boldsymbol{I}_p,\quad H_1:\boldsymbol{\Sigma}\neq\boldsymbol{\Sigma}_0\neq\boldsymbol{I}_p.$$

因为 $\boldsymbol{\Sigma}_0$ 为正定矩阵,所以存在可逆矩阵 $\boldsymbol{D}$,使得 $\boldsymbol{D}\boldsymbol{\Sigma}_0\boldsymbol{D}^{\mathrm{T}}=\boldsymbol{I}_p$.

令

$$\boldsymbol{Y}_{(i)}=\boldsymbol{D}\boldsymbol{X}_{(i)},\quad i=1,2,\cdots,n,$$

则

$$\boldsymbol{Y}_{(i)}\sim N_p(\boldsymbol{D}\boldsymbol{\mu},\boldsymbol{D}\boldsymbol{\Sigma}\boldsymbol{D}^{\mathrm{T}})=N_p(\boldsymbol{\mu}^*,\boldsymbol{\Sigma}^*).$$

因此,检验 $\boldsymbol{\Sigma}=\boldsymbol{\Sigma}_0$ 等价于检验 $\boldsymbol{\Sigma}^*=\boldsymbol{I}_p$.

五、多个正态总体协差阵相等的检验

设有 k 个 p 维正态总体 $N_p(\boldsymbol{\mu}_1,\boldsymbol{\Sigma}_1),N_p(\boldsymbol{\mu}_2,\boldsymbol{\Sigma}_2),\cdots,N_p(\boldsymbol{\mu}_k,\boldsymbol{\Sigma}_k)$,$\boldsymbol{\Sigma}_i$ 未知,$i=1,2,\cdots,k$,从这 k 个总体中分别抽取容量为 n_i,$i=1,2,\cdots,k$ 个样本,即

$$\boldsymbol{X}_{(i)}^{(j)}=\left(x_{i1}^{(j)},x_{i2}^{(j)},\cdots,x_{ip}^{(j)}\right)^{\mathrm{T}},\quad i=1,2,\cdots,n_j;j=1,2,\cdots,k,$$

且相互独立,$\overline{\boldsymbol{X}}^{(i)}$,$\boldsymbol{S}_i$ 分别为第 i 个总体的均值和离差阵,$i=1,2,\cdots,k$.令 $n=\sum_{i=1}^{k}n_i$ 为总样本容量.

考虑检验假设

$$H_0:\boldsymbol{\Sigma}_1=\boldsymbol{\Sigma}_2=\cdots=\boldsymbol{\Sigma}_k.$$

当 H_0 成立时,构造检验统计量

$$\lambda_k=\frac{\prod\limits_{i=1}^{k}\left|\dfrac{\boldsymbol{S}_i}{n_i}\right|^{\frac{n_i}{2}}}{\left|\dfrac{\boldsymbol{S}}{n}\right|^{\frac{n}{2}}},$$

其中 $\boldsymbol{S}=\sum\limits_{i=1}^{k}\boldsymbol{S}_i$. 当 λ_k 过小时,拒绝原假设.

巴特利特建议,将 n_i 改为 n_i-1,从而 n 变为 $n-k$,变换以后的 λ_k 记为 λ_k',称为修正的统计量,则 $-2\ln\lambda_k'$ 近似服从 $\chi^2\left(\frac{1}{2}p(p+1)(k-1)/(1-D)\right)$ 分布,其中

$$D=\begin{cases}\dfrac{2p^2+3p-1}{6(p+1)(k-1)}\sum\limits_{i=1}^{k}\left(\dfrac{1}{n_i-1}-\dfrac{1}{n-k}\right), & \text{至少有一对 } n_i\neq n_j,\\ \dfrac{(2p^2+3p-1)(k+1)}{6(p+1)(n-k)}, & n_1=n_2=\cdots=n_k.\end{cases}$$

习　题　6.3

1. 试叙多元统计分析中各种均值向量和协差阵检验的基本思想和步骤.

2. 试叙多元统计分析中霍特林 T^2 分布和威尔克斯 Λ 分布分别与一元统计中 t 分布和 F 分布的关系.

3. 设 $\boldsymbol{X}\sim N_p(\boldsymbol{\mu}_1,\boldsymbol{\Sigma})$,$\boldsymbol{Y}\sim N_p(\boldsymbol{\mu}_2,\boldsymbol{\Sigma})$ 是相互独立的两个总体,$\boldsymbol{\mu}_1,\boldsymbol{\mu}_2\in\mathbf{R}^p$,$\boldsymbol{\Sigma}$ 为正定矩阵. $\boldsymbol{X}_{(1)},\boldsymbol{X}_{(2)},\cdots,\boldsymbol{X}_{(m)}$ 和 $\boldsymbol{Y}_{(1)},\boldsymbol{Y}_{(2)},\cdots,\boldsymbol{Y}_{(n)}$ 分别是来自总体 $\boldsymbol{X}$ 和 $\boldsymbol{Y}$ 的样本,$m+n\geqslant p+2$. 将均值 $\boldsymbol{\mu}_1,\boldsymbol{\mu}_2$ 剖分为两部分:

$$\boldsymbol{\mu}_1=\begin{pmatrix}\boldsymbol{\mu}_{11}\\ \boldsymbol{\mu}_{12}\end{pmatrix}\begin{matrix}q\\ p-q\end{matrix},\quad \boldsymbol{\mu}_2=\begin{pmatrix}\boldsymbol{\mu}_{21}\\ \boldsymbol{\mu}_{22}\end{pmatrix}\begin{matrix}q\\ p-q\end{matrix}.$$

试检验两总体均值向量的子向量是否相等,即

$$H_0:\boldsymbol{\mu}_{11}=\boldsymbol{\mu}_{21},\quad H_1:\boldsymbol{\mu}_{11}\neq\boldsymbol{\mu}_{21}.$$

4. 设有 k 个相互独立的总体 $\boldsymbol{X}_j\sim N_p(\boldsymbol{\mu}_j,\boldsymbol{\Sigma})$,$\boldsymbol{\mu}_j\in\mathbf{R}^p$,$\boldsymbol{\Sigma}$ 为正定矩阵,$\boldsymbol{X}_{(j1)},\boldsymbol{X}_{(j2)},\cdots,\boldsymbol{X}_{(jn_j)}$ 是来自总体 $\boldsymbol{X}_j$,$j=1,2,\cdots,k$ 的样本. 记 $n=\sum\limits_{j=1}^{k}n_j$,$n\geqslant p+k$,且有

$$\overline{\boldsymbol{X}}_j=\sum_{i=1}^{n_j}\frac{\boldsymbol{X}_{(ji)}}{n_j}\text{ 是第 } j \text{ 个总体的样本均值},\quad j=1,2,\cdots,k,$$

$$\overline{\boldsymbol{X}}=\sum_{j=1}^{k}\frac{n_j\overline{\boldsymbol{X}}_j}{n}=\sum_{j=1}^{k}\sum_{i=1}^{n_j}\frac{\boldsymbol{X}_{(ji)}}{n}\text{ 是总体的样本均值},$$

$$\boldsymbol{SSB}=\sum_{j=1}^{k}n_j(\overline{\boldsymbol{X}}_j-\overline{\boldsymbol{X}})(\overline{\boldsymbol{X}}_j-\overline{\boldsymbol{X}})^{\mathrm{T}}\text{ 是组间离差阵},$$

$$\boldsymbol{SSW}=\sum_{j=1}^{k}\sum_{i=1}^{n_j}(\boldsymbol{X}_{(ji)}-\overline{\boldsymbol{X}}_j)(\boldsymbol{X}_{(ji)}-\overline{\boldsymbol{X}}_j)^{\mathrm{T}}\text{ 是组内离差阵},$$

$$\boldsymbol{SST}=\sum_{j=1}^{k}\sum_{i=1}^{n_j}(\boldsymbol{X}_{(ji)}-\overline{\boldsymbol{X}})(\boldsymbol{X}_{(ji)}-\overline{\boldsymbol{X}})^{\mathrm{T}}\text{ 是总的离差阵}.$$

试证明：

(1) $\boldsymbol{SST}=\boldsymbol{SSB}+\boldsymbol{SSW}$；

(2) $\boldsymbol{SSW}$ 与 $\boldsymbol{SSB}$ 相互独立；

(3) $\boldsymbol{SSW}\sim W_p(n-k,\boldsymbol{\Sigma})$；

(4) 在 $\boldsymbol{\mu}_1=\boldsymbol{\mu}_2=\cdots=\boldsymbol{\mu}_k$ 时，$\boldsymbol{SSB}\sim W_p(k-1,\boldsymbol{\Sigma})$，$\boldsymbol{SST}\sim W_p(n-1,\boldsymbol{\Sigma})$.

5. 美国威斯康星州的卫生和社会服务部欲考察小型医院的所有制对医疗费用的影响. 小型医院的所有制有 3 种形式：私立、非营利组织经营和政府开办等. 考察的变量有 4 个：

$X_1=$护理费用， $X_2=$膳食服务费用，

$X_3=$设备使用及维修费用， $X_4=$房产管理和洗衣费用.

来自私立医院有 $n_1=90$ 个样本，经计算有

$$\overline{\boldsymbol{x}}_1=\begin{pmatrix}2.066\\0.480\\0.082\\0.360\end{pmatrix},$$

$$\boldsymbol{s}_1=\frac{\sum_{j=1}^{n_1}(\boldsymbol{x}_{(j)}^{(1)}-\overline{\boldsymbol{x}}_1)(\boldsymbol{x}_{(j)}^{(1)}-\overline{\boldsymbol{x}}_1)^{\mathrm{T}}}{n_1-1}=\begin{pmatrix}0.291&-0.001&0.002&0.010\\-0.001&0.011&0.000&0.003\\0.002&0.000&0.001&0.000\\0.010&0.003&0.000&0.001\end{pmatrix},$$

其中 $\overline{\boldsymbol{x}}_1$ 表示私立医院的样本均值，$\boldsymbol{x}_{(j)}^{(1)},j=1,2,\cdots,90$ 表示私立医院第 j 个样本观测值.

来自非营利组织经营的医院有 $n_2=46$ 个样本，经计算有

$$\overline{\boldsymbol{x}}_2=\begin{pmatrix}2.167\\0.596\\0.124\\0.418\end{pmatrix},$$

$$\boldsymbol{s}_2=\frac{\sum_{j=1}^{n_2}(\boldsymbol{x}_{(j)}^{(2)}-\overline{\boldsymbol{x}}_2)(\boldsymbol{x}_{(j)}^{(2)}-\overline{\boldsymbol{x}}_2)^{\mathrm{T}}}{n_2-1}=\begin{pmatrix}0.561&0.011&0.001&0.037\\0.011&0.025&0.004&0.007\\0.001&0.004&0.005&0.002\\0.037&0.007&0.002&0.019\end{pmatrix},$$

其中$\overline{\boldsymbol{x}}_2$ 表示非营利组织经营的医院的样本均值，$\boldsymbol{x}_{(j)}^{(2)},j=1,2,\cdots,46$ 表示非营利组织经营的医院的第 j 个样本观测值.

来自政府开办的医院有 $n_3=36$ 个样本，经计算有

$$\overline{\boldsymbol{x}}_3=\begin{pmatrix}2.273\\0.521\\0.125\\0.383\end{pmatrix},$$

$$\boldsymbol{s}_3=\frac{\sum_{j=1}^{n_3}\left(\boldsymbol{x}_{(j)}^{(3)}-\overline{\boldsymbol{x}}_3\right)\left(\boldsymbol{x}_{(j)}^{(3)}-\overline{\boldsymbol{x}}_3\right)^{\mathrm{T}}}{n_3-1}=\begin{pmatrix}0.261&0.030&0.003&0.018\\0.030&0.017&0.000&0.006\\0.003&0.000&0.004&0.001\\0.018&0.006&0.001&0.013\end{pmatrix},$$

其中$\overline{x}_3$表示政府开办的医院的样本均值，$x_{(j)}^{(3)}, j=1,2,\cdots,36$表示政府开办的医院的第$j$个样本观测值.

假设来自私立医院、非营利组织经营的医院和政府开办的医院的样本分别服从正态分布$N_4(\boldsymbol{\mu}_1,\boldsymbol{\Sigma}), N_4(\boldsymbol{\mu}_2,\boldsymbol{\Sigma}), N_4(\boldsymbol{\mu}_3,\boldsymbol{\Sigma})$. 在显著性水平$\alpha=0.05$时，检验

$$H_0:\boldsymbol{\mu}_1=\boldsymbol{\mu}_2=\boldsymbol{\mu}_3,\quad H_1:\boldsymbol{\mu}_1,\boldsymbol{\mu}_2,\boldsymbol{\mu}_3\text{ 不全相等}.$$

6. 已知$\boldsymbol{X}_{(1)},\boldsymbol{X}_{(2)},\cdots,\boldsymbol{X}_{(n)}$是来自多元正态总体分布$\boldsymbol{X}\sim N_p(\boldsymbol{\mu},\boldsymbol{\Sigma})$的样本，其中$n>p$，$\boldsymbol{\mu}\in\mathbf{R}^p$已知，$\boldsymbol{\Sigma}$未知且为正定矩阵.在显著性水平$\alpha$下，检验

$$H_0:\boldsymbol{\Sigma}=\boldsymbol{\Sigma}_0,\quad H_1:\boldsymbol{\Sigma}\neq\boldsymbol{\Sigma}_0,$$

并计算p值.

7. 有两个二元正态总体，样本容量分别为$n_1=16, n_2=11$. 经计算，样本均值和样本协差阵分别为

$$\overline{\boldsymbol{x}}_1=\begin{pmatrix}9.82\\15.06\end{pmatrix},\quad \overline{\boldsymbol{x}}_2=\begin{pmatrix}13.05\\22.57\end{pmatrix},$$

$$\boldsymbol{V}_1=\begin{pmatrix}120.00 & -16.304\\ -16.304 & 17.792\end{pmatrix},\quad \boldsymbol{V}_2=\begin{pmatrix}81.796 & 32.098\\ 32.098 & 53.801\end{pmatrix}.$$

试检验这两个二元正态分布的协差阵是否相等.

§6.4　实例分析与计算机实现

一、多元正态分布的参数估计的 SPSS 实现

例 6.4.1　以海峡西岸经济区的 20 个城市为研究对象，选取海峡西岸经济区的主要经济指标进行均值和协方差的估计. 主要包括 7 个经济指标：

地区总产值X_1(单位：万元)；

固定资产投资额X_2(单位：万元)；

社会消费品零售总额X_3(单位：万元)；

货物进出口总额X_4(单位：万美元)；

实际利用外商直接投资X_5(单位：万美元)；

规模以上工业总产值X_6(单位：万元)；

公共财政预算收入X_7(单位：亿元).

表 6.4.1 中的数据来源于 2013 年《中国城市统计年鉴》和 2013 年《中国区域经济统计年鉴》.

表 6.4.1　海峡西岸经济区 20 个城市的主要经济指标

城市	X_1/万元	X_2/万元	X_3/万元	X_4/万元	X_5/万美元	X_6/万元	X_7/亿元
温州市	36 691 842	21 103 395	19 292 876	2 043 792	39 836	42 486 249	289.64
衢州市	9 722 460	5 661 276	3 963 577	301 818.8	5 067	13 309 992	63.42
丽水市	8 941 046	4 719 756	3 710 850	222 935	10 386	15 629 872	64.61
福州市	42 182 887	32 347 772	23 198 231	3 105 087	133 877	59 548 900	382.02

（续表）

城市	X_1/万元	X_2/万元	X_3/万元	X_4/万元	X_5/万美元	X_6/万元	X_7/亿元
厦门市	28 170 697	13 229 846	8 819 062	7 449 656	177 453	44 863 499	432.27
莆田市	12 027 880	9 007 135	3 947 863	442 147	25 550	16 766 191	77.45
三明市	13 392 862	10 928 616	3 414 803	318 738	10 300	22 486 484	77.44
泉州市	47 264 953	19 634 212	17 066 381	2 508 724	131 960	83 784 938	293.46
漳州市	20 177 971	14 440 850	6 610 842	983 086	89 025	27 223 742	131.71
南平市	9 967 580	8 750 287	3 573 000	191 484	8 733	11 329 625	59.18
龙岩市	13 746 498	9 742 588	4 235 256	349 870	19 908	12 665 151	101.51
宁德市	10 777 262	6 137 228	3 224 189	245 004	12 007	18 291 120	70.64
鹰潭市	4 821 747	3 279 948	1 180 454	433 180	16 855	16 658 535	58.83
赣州市	15 084 851	10 359 054	4 924 205	329 238	97 684	21 800 747	141.28
抚州市	8 250 400	6 614 052	3 006 747	105 490	19 625	10 283 391	87.25
上饶市	12 653 897	9 792 325	4 269 426	270 495	67 516	18 292 019	134.16
汕头市	14 250 138	6 119 167	10 298 207	880 242.2	13 051	21 115 419	96.34
梅州市	7 459 800	2 301 442	4 035 021	150 306.3	11 877	5 017 332	56.27
潮州市	7 066 543	2 241 572	3 170 386	423 109	14 208	8 916 311	31.93
揭阳市	13 967 948	6 635 126	5 210 505	427 521.7	19 166	28 287 888	56.7

SPSS 操作步骤：

（1）点击“分析 → 描述统计 → 描述”，进入“描述性”主对话框，如图 6.4.1 所示，将 7 个变量选入“变量”列表框中. 点击主对话框 “选项” 按钮，选择“均值”，即可计算样本均值向量，如图 6.4.2 所示. 点击 “继续” 返回主对话框. 点击“确定” 按钮，执行操作，结果如表 6.4.2 所示.

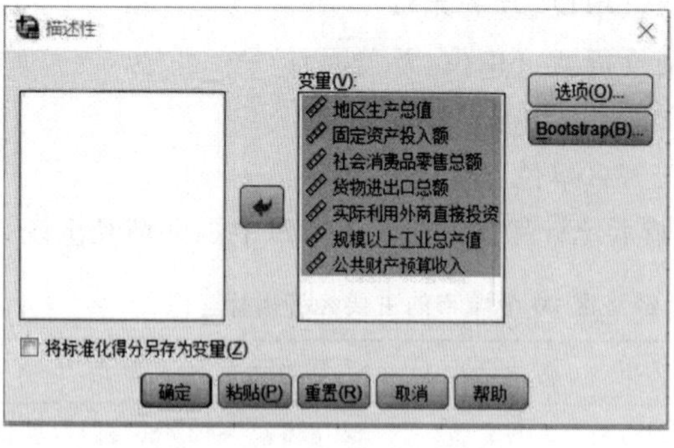

图 6.4.1 “描述性” 主对话框

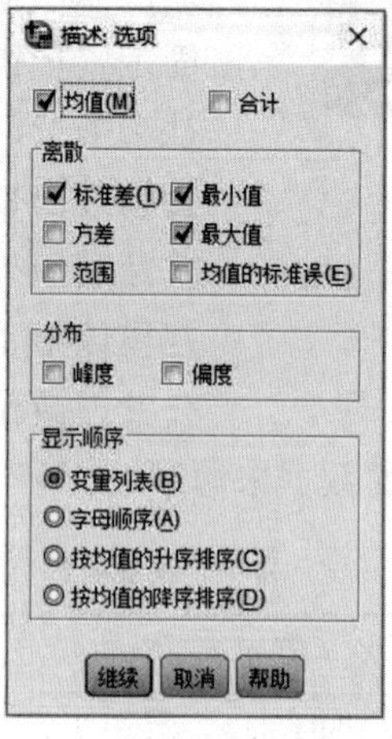

图 6.4.2 “选项” 子对话框

表 6.4.2 描述统计表

描述统计量

	N	均值
x1	20	16830963.10
x2	20	10152282.35
x3	20	6857594.05
x4	20	1059096.200
x5	20	46204.20
x6	20	24937870.25
x7	20	135.3055
有效的 N (列表状态)	20	

(2) 点击"分析→相关性→双变量",进入"双变量相关"主对话框,如图 6.4.3 所示,将 7 个变量同时选入"变量"列表框中. 点击主对话框"选项"按钮,进入"选项"子对话框,如图 6.4.4 所示,在"统计量"中选择"叉积偏差和协方差"选项,即可得到样本离差阵和协差阵. 点击"继续"返回主对话框. 点击"确定"按钮,执行操作,结果如表 6.4.3 所示.

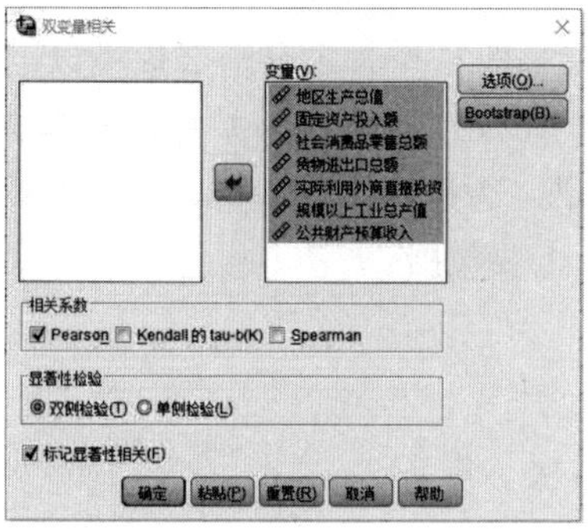

图 6.4.3 "双变量相关"主对话框

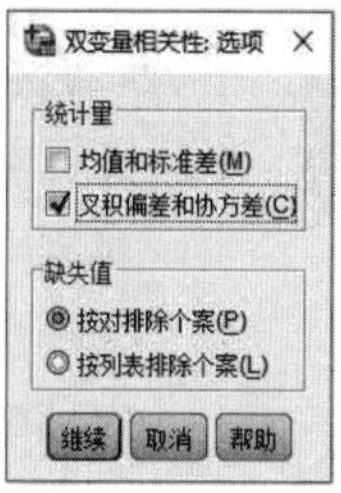

图 6.4.4 "选项"子对话框

表 6.4.3 样本相关系数矩阵、离差阵和协差阵

		x1	x2	x3	x4	x5	x6	x7
x1	Pearson 相关性	1	.903**	.930**	.646**	.747**	.954**	.874**
	显著性 (双侧)		.000	.000	.002	.000	.000	.000
	平方与叉积的和	2.780E+15	1.516E+15	1.291E+15	2.556E+14	8.879E+12	4.228E+15	23453214990
	协方差	1.463E+14	7.980E+13	6.794E+13	1.345E+13	4.673E+11	2.225E+14	1234379736
	N	20	20	20	20	20	20	20
x2	Pearson 相关性	.903**	1	.893**	.523*	.683**	.803**	.818**
	显著性 (双侧)	.000		.000	.018	.001	.000	.000
	平方与叉积的和	1.516E+15	1.013E+15	7.481E+14	1.250E+14	4.903E+12	2.148E+15	13241766778
	协方差	7.980E+13	5.331E+13	3.937E+13	6.582E+12	2.580E+11	1.130E+14	696935093.6
	N	20	20	20	20	20	20	20
x3	Pearson 相关性	.930**	.893**	1	.536*	.584**	.833**	.801**
	显著性 (双侧)	.000	.000		.015	.007	.000	.000
	平方与叉积的和	1.291E+15	7.481E+14	6.929E+14	1.059E+14	3.467E+12	1.843E+15	10730571780
	协方差	6.794E+13	3.937E+13	3.647E+13	5.572E+12	1.825E+11	9.698E+13	564766935.8
	N	20	20	20	20	20	20	20
x4	Pearson 相关性	.646**	.523*	.536*	1	.813**	.640**	.891**
	显著性 (双侧)	.002	.018	.015		.000	.002	.000
	平方与叉积的和	2.556E+14	1.250E+14	1.059E+14	5.634E+13	1.376E+12	4.035E+14	3403223534
	协方差	1.345E+13	6.582E+12	5.572E+12	2.965E+12	72433398552	2.124E+13	179117028.1
	N	20	20	20	20	20	20	20

（续表）

		x1	x2	x3	x4	x5	x6	x7
x5	Pearson 相关性	.747**	.683**	.584**	.813**	1	.759**	.881**
	显著性（双侧）	.000	.001	.007	.000		.000	.000
	平方与叉积的和	8.879E+12	4.903E+12	3.467E+12	1.376E+12	50801453605	1.437E+13	100989566.9
	协方差	4.673E+11	2.580E+11	1.825E+11	72433398552	2673760716	7.565E+11	5315240.365
	N	20	20	20	20	20	20	20
x6	Pearson 相关性	.954**	.803**	.833**	.640**	.759**	1	.816**
	显著性（双侧）	.000	.000	.000	.002	.000		.000
	平方与叉积的和	4.228E+15	2.148E+15	1.843E+15	4.035E+14	1.437E+13	7.062E+15	34894871574
	协方差	2.225E+14	1.130E+14	9.698E+13	2.124E+13	7.565E+11	3.717E+14	1836572188
	N	20	20	20	20	20	20	20
x7	Pearson 相关性	.874**	.818**	.801**	.891**	.881**	.816**	1
	显著性（双侧）	.000	.000	.000	.000	.000	.000	
	平方与叉积的和	23453214990	13241766778	10730571780	3403223534	100989566.9	34894871574	258705.857
	协方差	1234379736	696935093.6	564766935.8	179117028.1	5315240.365	1836572188	13616.098
	N	20	20	20	20	20	20	20

**. 在 .01 水平（双侧）上显著相关。

*. 在 0.05 水平（双侧）上显著相关。

二、多元正态总体均值和协差阵检验的 SPSS 实现

例 6.4.2 为研究我国东、中、西部 31 个省市自治区规模以上企业的发展状况，这里拟通过多元正态分布的均值向量和协差阵的检验来比较东、中、西部这 3 个总体的企业发展状况. 选择规模以上企业 5 个主要经济指标来反映区域经济企业的发展状况，主要包括：

总资产贡献率 X_1（单位：%）；

资产负债率 X_2（单位：%）；

流动资产周转次数 X_3（单位：次 / 年）；

工业成本费用利润率 X_4（单位：%）；

产品销售率 X_5（单位：%）.

数据如表 6.4.4 所示. 表 6.4.4 的数据来源于 2013 年《中国区域经济统计年鉴》，其中“类别”为“1”表明是东部地区，“类别”为“2”表示中部地区，“类别”为“3”表示西部地区.

表 6.4.4 我国东、中、西部 31 个省市自治区规模以上企业主要经济指标（2012 年）

地区	类别	X_1/%	X_2/%	X_3/ 次 / 年	X_4/%	X_5/%
北京市	1	7.56	51.85	1.50	7.77	99.04
天津市	1	17.41	63.47	2.26	9.41	98.89
河北省	1	13.83	59.40	3.27	6.19	97.79
山西省	2	9.54	69.61	1.71	5.71	97.34
内蒙古自治区	3	14.90	61.25	2.29	12.12	97.10
辽宁省	1	14.45	57.93	3.09	5.37	97.79
吉林省	2	17.25	53.96	3.53	6.42	98.28
黑龙江省	2	20.98	57.36	2.31	12.28	97.52
上海市	1	12.61	50.62	1.93	6.61	98.94

（续表）

地区	类别	X_1/%	X_2/%	X_3/次/年	X_4/%	X_5/%
江苏省	1	15.43	57.26	2.62	6.39	98.82
浙江省	1	11.32	60.22	1.81	5.61	97.45
安徽省	2	15.25	59.71	2.95	6.87	97.74
福建省	1	16.70	53.39	2.58	7.40	97.83
江西省	2	21.41	55.60	4.12	7.29	99.27
山东省	1	19.66	55.19	3.58	7.34	98.61
河南省	2	18.88	51.42	3.35	8.32	98.32
湖北省	2	14.53	58.63	2.71	6.60	97.08
湖南省	2	22.41	55.22	3.80	7.14	98.45
广东省	1	13.94	58.18	2.33	6.13	98.07
广西壮族自治区	3	16.60	62.46	2.83	6.64	95.49
海南省	1	16.04	51.52	2.15	8.86	103.00
重庆市	3	12.30	63.02	2.45	5.24	97.84
四川省	3	15.10	61.66	2.38	8.07	97.40
贵州省	3	15.97	64.90	1.89	11.89	94.30
云南省	3	15.06	63.13	1.83	7.18	95.21
西藏自治区	3	4.79	32.23	0.60	14.23	101.96
陕西省	3	17.93	56.91	1.90	14.66	96.34
甘肃省	3	10.03	62.34	2.21	3.89	93.14
青海省	3	9.26	65.73	1.58	9.57	92.99
宁夏回族自治区	3	8.08	66.59	1.73	4.54	97.77
新疆维吾尔自治区	3	14.35	57.18	2.11	13.50	97.55

SPSS 操作步骤：

(1) 变量服从正态分布的检验. 该例题拟通过多元正态分布的均值向量和协差阵的检验来比较这 3 个总体的企业发展状况，因此在进行多元正态分布均值向量和协差阵的检验之前需要对各变量是否服从正态分布进行检验. 原假设为

$$H_0\text{：变量不服从正态分布.}$$

点击"分析 → 描述统计 → 探索"，进入"探索"主对话框，将 5 个变量选入"因变量"列表框中. 点击主对话框"绘制"按钮，进入"绘制"子对话框，如图 6.4.5 所示，选择"带检验的正态图"，对各变量进行正态性检验. 点击"继续"返回主对话框. 点击"确定"按钮，执行操作，结果如表 6.4.5 所示.

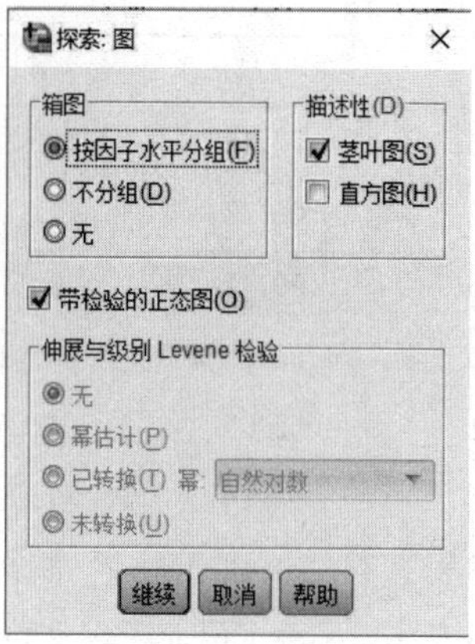

图 6.4.5 “绘制”子对话框

表 6.4.5 各变量服从正态分布的检验结果

正态性检验

	Kolmogorov-Smirnov[a]			Shapiro-Wilk		
	统计量	df	Sig.	统计量	df	Sig.
总资产贡献率	.133	31	.173	.977	31	.713
资产负债率	.114	31	.200*	.875	31	.002
流动资产周转次数	.108	31	.200*	.973	31	.618
工业成本费用利润率	.201	31	.002	.883	31	.003
产品销售率	.196	31	.004	.905	31	.010

*. 这是真实显著水平的下限。

a. Lilliefors 显著水平修正

从表 6.4.5 可以看出,“总资产贡献率”和“流动资产周转次数”检验的 p 值大于 0.05,接受原假设,认为它们不服从正态分布. 其他 3 个变量的检验 p 值小于 0.05,说明它们服从正态分布.

(2) 数据转化. 将“总资产贡献率”和“流动资产周转次数”转化成对数数据,并验证它们是否服从正态分布.

点击“转换 → 计算变量”,进入“计算变量”主对话框,如图 6.4.6 所示,在“目标变量”处定义新变量名称,在“函数组”选择“全部”,则在“函数和特殊变量”栏里会出现所有函数并选择“LG10”,然后点击“向上”按钮,在“数字表达式”出现“LG10(?)”. 将要转换的变量“总资产贡献率”选入“LG10(?)”中“? ”的位置,点击“确定 ”按钮,执行操作. 对变量“流动资产周转次数”作同样的操作,输出结果是在数据视图增加两列变量,如图 6.4.7 所示.

(3) 转化后的数据再次进行正态性检验.5 个变量中的“总资产贡献率”和“流动资产周转次数”分别用“总资产贡献率对数”和“流动资产周转次数对数”替换,重复步骤(1) 的操作,结果如表 6.4.6 所示.

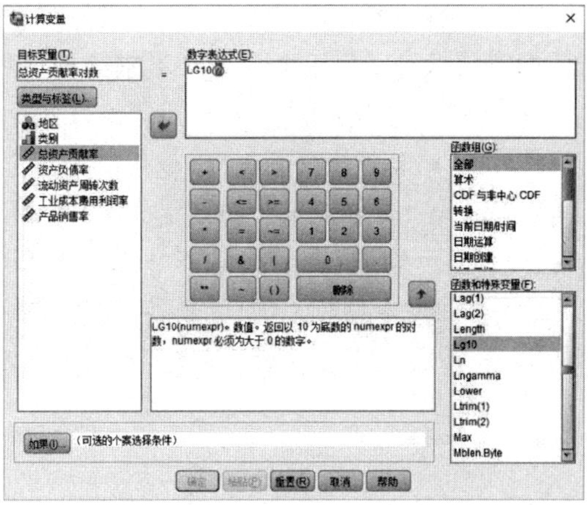

图 6.4.6 “计算变量”主对话框

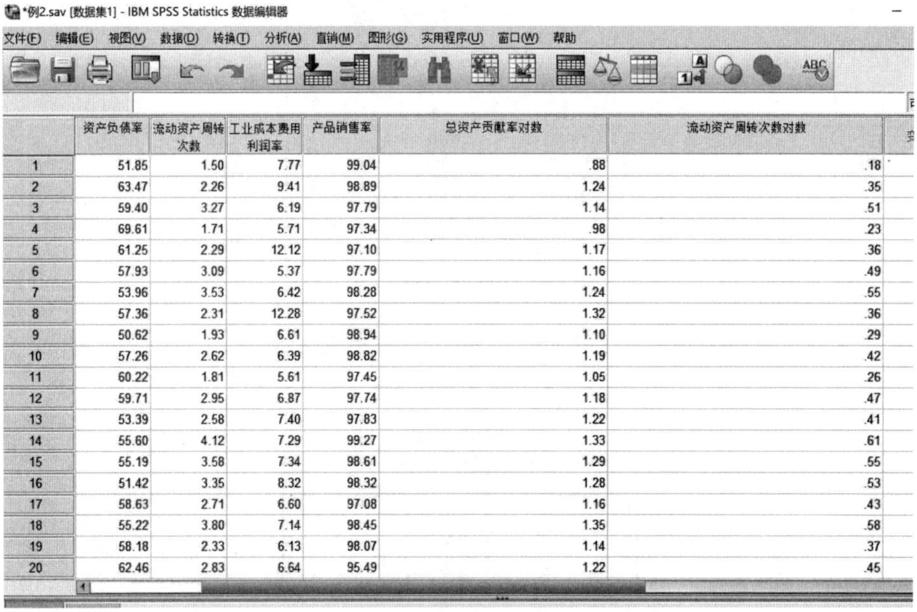

	资产负债率	流动资产周转次数	工业成本费用利润率	产品销售率	总资产贡献率对数	流动资产周转次数对数
1	51.85	1.50	7.77	99.04	.88	.18
2	63.47	2.26	9.41	98.89	1.24	.35
3	59.40	3.27	6.19	97.79	1.14	.51
4	69.61	1.71	5.71	97.34	.98	.23
5	61.25	2.29	12.12	97.10	1.17	.36
6	57.93	3.09	5.37	97.79	1.16	.49
7	53.96	3.53	6.42	98.28	1.24	.55
8	57.36	2.31	12.28	97.52	1.32	.36
9	50.62	1.93	6.61	98.94	1.10	.29
10	57.26	2.62	6.39	98.82	1.19	.42
11	60.22	1.81	5.61	97.45	1.05	.26
12	59.71	2.95	6.87	97.74	1.18	.47
13	53.39	2.58	7.40	97.83	1.22	.41
14	55.60	4.12	7.29	99.27	1.33	.61
15	55.19	3.58	7.34	98.61	1.29	.55
16	51.42	3.35	8.32	98.32	1.28	.53
17	58.63	2.71	6.60	97.08	1.16	.43
18	55.22	3.80	7.14	98.45	1.35	.58
19	58.18	2.33	6.13	98.07	1.14	.37
20	62.46	2.83	6.64	95.49	1.22	.45

图 6.4.7 两变量取对数后输出结果示意图

表 6.4.6 部分变量取对数后服从正态分布的检验结果

正态性检验

	Kolmogorov-Smirnov[a]			Shapiro-Wilk		
	统计量	df	Sig.	统计量	df	Sig.
资产负债率	.114	31	.200*	.875	31	.002
工业成本费用利润率	.201	31	.002	.883	31	.003
产品销售率	.196	31	.004	.905	31	.010
总资产贡献率对数	.200	31	.003	.900	31	.007
流动资产周转次数对数	.113	31	.200*	.893	31	.005

*. 这是真实显著水平的下限。

a. Lilliefors 显著水平修正

由表 6.4.6 可以看出,所有变量的检验 p 值都小于 0.05,说明它们都服从正态分布.

(4) 对 3 个类别的均值向量检验(原假设 H_0: 3 个类别的均值相同)及协差阵齐性检验(原假设 H_0: 3 个类别的协差阵相等).

点击“分析 → 一般线性模型 → 多变量”,进入“多变量”主对话框,将 5 个正态分布变量选入“因变量”列表中,“类别”选为“固定因子”. 点击“选项”按钮,进入“选项”子对话框,如图 6.4.8 所示,将“类别”选入“显示均值”对话框,在“输出”选择“方差齐性检验”,进行多个协差阵的检验. 点击“继续”返回主对话框. 点击“确定”按钮,执行操作,结果如表 6.4.7,表 6.4.8,表 6.4.9,表 6.4.10 所示.

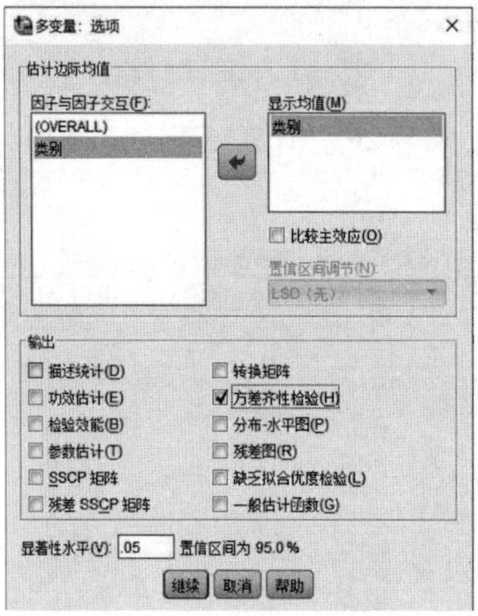

图 6.4.8 “选项”子对话框

表 6.4.7 3 类样本个数汇总

主体间因子

		值标签	N
类别	1	东部地区	11
	2	中部地区	8
	3	西部地区	12

表 6.4.7 是来自 3 类样本个数的汇总.

表 6.4.8 协差阵方差齐性检验

协方差矩阵等同性的 Box 检验[a]

Box 的 M	71.755
F	1.720
df1	30
df2	1874.705
Sig.	.009

检验零假设,即观测到的因变量的协方差矩阵在所有组中均相等。

a. 设计:截距 + 类别

表6.4.8是协差阵齐性的检验.检验的p值为$0.009<0.05$,拒绝原假设,说明3个类别的协差阵差别很显著.

表6.4.9　多变量检验表

多变量检验[a]

效应		值	F	假设 df	误差 df	Sig.
截距	Pillai 的跟踪	1.000	33002.834[b]	5.000	24.000	.000
	Wilks 的 Lambda	.000	33002.834[b]	5.000	24.000	.000
	Hotelling 的跟踪	6875.590	33002.834[b]	5.000	24.000	.000
	Roy 的最大根	6875.590	33002.834[b]	5.000	24.000	.000
类别	Pillai 的跟踪	.663	2.477	10.000	50.000	.017
	Wilks 的 Lambda	.403	2.759[b]	10.000	48.000	.009
	Hotelling 的跟踪	1.317	3.028	10.000	46.000	.005
	Roy 的最大根	1.178	5.890[c]	5.000	25.000	.001

a. 设计：截距 + 类别

b. 精确统计量

c. 该统计量是 F 的上限，它产生了一个关于显著性级别的下限。

表6.4.9是5个因变量（总资产贡献率对数、资产负债率、流动资产周转次数对数、工业成本费用利润率、产品销售率）与"类别"这个固定因素作为自变量的线性模型的显著性检验.该表的最后一列检验的p值都小于显著性水平,拒绝原假设,说明3个类别的均值存在显著差异,即我国东、中、西部31个省市自治区之间的企业发展状况不均衡.

表6.4.10　主体间效应检验表

源	因变量	Ⅲ 型平方和	df	均方	F	Sig.
校正模型	资产负债率	71.653[a]	2	35.826	0.770	0.472
	工业成本费用利润率	32.309[b]	2	16.155	2.126	0.138
	产品销售率	32.277[c]	2	16.139	4.847	0.016
	总资产贡献率对数	0.103[d]	2	0.051	2.676	0.086
	流动资产周转次数对数	0.192[e]	2	0.096	4.760	0.017
截距	资产负债率	100 882.109	1	100 882.109	2 169.336	0.000
	工业成本费用利润率	1 905.691	1	1 905.691	250.768	0.000
	产品销售率	287 225.403	1	287 225.403	86 264.926	0.000
	总资产贡献率对数	40.059	1	40.059	2 091.388	0.000
	流动资产周转次数对数	4.210	1	4.210	208.398	0.000
类别	资产负债率	71.653	2	35.826	0.770	0.472
	工业成本费用利润率	32.309	2	16.155	2.126	0.138
	产品销售率	32.277	2	16.139	4.847	0.016
	总资产贡献率对数	0.103	2	0.051	2.676	0.086
	流动资产周转次数对数	0.192	2	0.096	4.760	0.017

（续表）

源	因变量	Ⅲ 型平方和	df	均方	F	Sig.
误差	资产负债率	1 302.103	28	46.504		
	工业成本费用利润率	212.784	28	7.599		
	产品销售率	93.228	28	3.330		
	总资产贡献率对数	0.536	28	0.019		
	流动资产周转次数对数	0.566	28	0.020		
总计	资产负债率	105 650.796	31			
	工业成本费用利润率	2 248.982	31			
	产品销售率	295 759.905	31			
	总资产贡献率对数	41.244	31			
	流动资产周转次数对数	4.809	31			
校正的总计	资产负债率	1 373.756	30			
	工业成本费用利润率	245.093	30			
	产品销售率	125.505	30			
	总资产贡献率对数	0.639	30			
	流动资产周转次数对数	0.758	30			

a. $R^2 = 0.052$(调整 $R^2 = -0.016$),

b. $R^2 = 0.132$(调整 $R^2 = 0.070$),

c. $R^2 = 0.257$(调整 $R^2 = 0.204$),

d. $R^2 = 0.160$(调整 $R^2 = 0.100$),

e. $R^2 = 0.254$(调整 $R^2 = 0.200$).

表 6.4.10 是主体间效应检验表. 该表“类别”行反映的是固定因素“类别”对 5 个变量的单因素分析结果. 通过检验 p 值可知变量“产品销售率”及“流动资产周转次数对数”p 值小于显著性水平,说明这两个变量在不同类别（即 3 个经济带）中差异显著；变量“资产负债率”“工业成本费用利润率”及“总资产贡献率对数”的 p 值均大于显著性水平,说明这 3 个变量在 3 个类别中的差异不显著.

习 题 6.4

1. 从某企业全部职工中随机抽取一个容量为 6 的样本,该样本中各职工的目前工资(单位:美元)、受教育年限(单位:年)、初始工资(单位:美元) 和工作经验(单位:月) 资料见下表：

职工编号	目前工资 / 美元	受教育年限 / 年	初始工资 / 美元	工作经验 / 月
1	57 000	15	27 000	144
2	40 200	16	18 750	36
3	21 450	12	12 000	381
4	21 900	8	13 200	190

（续表）

职工编号	目前工资 / 美元	受教育年限 / 年	初始工资 / 美元	工作经验 / 月
5	45 000	15	21 000	138
6	28 350	8	12 000	26

检验职工总体关于以上变量是否服从多元正态分布？并根据样本数据求出均值向量和协差阵的最大似然估计值.

2. 大学生的素质高低受各方面因素的影响，其中包括家庭环境与家庭教育(X_1)、学校生活环境(X_2)、学校周围环境(X_3)及个人向上发展心理动机(X_4)等. 从某大学在校学生中抽取了20人对以上因素在自己成长和发展过程中的影响程度给予评分（9分制），数据如下表所示：

单位：分

学生序号	X_1	X_2	X_3	X_4
1	5	6	9	8
2	8	5	3	6
3	9	6	7	9
4	9	2	2	8
5	9	4	3	7
6	9	5	3	7
7	6	9	5	5
8	8	5	4	4
9	8	4	3	7
10	9	4	3	6
11	9	3	2	8
12	9	6	3	4
13	8	6	7	8
14	9	3	8	6
15	9	3	4	6
16	9	6	2	8
17	7	4	3	9
18	6	8	4	9
19	9	6	8	9
20	8	7	6	8

要求计算样本均值向量、样本离差阵、样本协差阵和样本相关阵.

3. 1992年美国总统选举的3位候选人为布什、佩罗特和克林顿. 从支持3位候选人的选民中分别抽取了20人，登记他们的年龄段(X_1)、受教育程度(X_2)和性别(X_3)，资料如下表所示：

编号	布什			佩罗特			克林顿		
	X_1	X_2	X_3	X_1	X_2	X_3	X_1	X_2	X_3
1	2	1	1	2	1	1	4	1	1
2	1	3	2	1	2	1	4	1	2
3	3	3	1	1	0	2	2	1	2
4	1	3	2	1	3	2	4	1	2
5	3	1	2	3	1	2	2	3	2
6	3	1	2	2	4	1	4	0	2
7	1	1	2	1	1	1	3	2	1
8	2	3	1	1	3	2	4	0	1
9	2	1	2	4	1	2	2	1	1
10	3	1	1	3	3	2	3	1	2
11	1	1	2	2	1	1	3	1	2
12	4	1	2	1	3	2	2	3	1
13	4	0	2	2	1	1	4	0	1
14	3	4	2	1	1	2	2	1	2
15	3	3	2	2	1	1	4	1	1
16	2	3	1	3	1	1	2	2	1
17	2	1	1	1	1	2	3	3	1
18	3	1	1	3	1	1	3	2	2
19	1	3	2	4	3	1	3	1	1
20	1	1	2	2	1	1	4	0	2

注：1. 年龄段 X_1——1 为青年组，2 为中青年组，3 为中年组，4 为中老年组.

2. 受教育程度 X_2——1 为初中及以下教育程度，2 为高中教育程度，3 为大学本科教育程度，4 为大学本科以上教育程度.

3. 性别 X_3——1 为男性，2 为女性.

假定 3 组数据都服从多元正态分布，在给定显著性水平 $\alpha = 0.05$ 下，检验这 3 组的总体均值是否有显著性差异，以及 3 位候选人的协差阵是否相等.

第七章　判别分析

在实际中，我们常会遇到这样的问题. 例如，一个人体检发现肺部有阴影，医生如何判断他是患肺结核、肺部良性肿瘤还是肺癌？通常医生会进一步检查病人的多项指标，进而判断他生的什么病. 这是典型的分类问题，可用判别分析来解决. 判别分析的本质就是通过研究样品的一些指标来判断它属于哪个总体. 再如，根据已经掌握的气象资料，如气温、气压、湿度、风向等(指标)判断明天是晴天、阴天还是有雨(总体). 这也是判别分析问题. 又如，在地质勘探中，可根据野外采到矿石的物理性状、化学成分等多种特征指标来判断该地含矿还是不含矿，以及是富矿还是贫矿等. 这些都是根据不同总体的统计特性判断样品的归属，都可用判别分析解决. 判别分析是应用性很强的一种多元统计方法.

判别分析的数学描述如下：设有 k 个类别(或总体) $G_1, G_2, \cdots, G_k$，其分布函数分别为 $F_1(x), F_2(x), \cdots, F_k(x)$，其中 $F_i(x), i=1,2,\cdots,k$ 都是 p 维分布函数，现有 n 个属于这 k 个类别的 p 维样品. 我们希望利用这些样品数据，找出一个判别函数，使得这一函数具有某种最优性质，把属于不同类别的样品尽可能地区别开来，并能对测得同样 p 项指标数据的一个新样品，判定这个样品归属哪一类.

解决这类问题的方法很多，本章仅介绍常用的几种判别分析方法：距离判别法、费希尔判别法和贝叶斯(Bayes)判别法.

§7.1　判别分析

一、距离判别法

进行距离判别先要定义一个样品到总体的“距离”，然后根据样品到各总体“距离”的远近来判断其归属.

我们知道距离需要满足 3 条公理. 设 x 与 y 之间的距离为 $d(x,y)$，要满足

(1) 非负性：$d(x,y) \geqslant 0$，且 $d(x,y)=0$ 的充要条件是 $x=y$；

(2) 三角不等式：任意 3 点 x,y,z，满足 $d(x,z) \leqslant d(x,y)+d(y,z)$；

(3) 对称性：$d(x,y)=d(y,x)$.

多元统计分析中最著名的一个距离是由印度统计学家马哈拉诺比斯(Mahalanobis) 在 1936 年提出的马氏距离，定义如下.

定义 7.1.1　设 $\boldsymbol{X}$ 和 $\boldsymbol{Y}$ 是来自均值向量为 $\boldsymbol{\mu}$，协方差为 $\boldsymbol{\Sigma}$(正定矩阵) 的总体 G 中的 p 维样本，则总体 G 内**两点 $\boldsymbol{X}$ 与 $\boldsymbol{Y}$ 之间的马氏距离**定义为

$$D^2(\boldsymbol{X},\boldsymbol{Y}) = (\boldsymbol{X}-\boldsymbol{Y})^{\mathrm{T}}\boldsymbol{\Sigma}^{-1}(\boldsymbol{X}-\boldsymbol{Y}), \tag{7.1.1}$$

定义点 $\boldsymbol{X}$ 到总体 G 的马氏距离为

$$D^2(\boldsymbol{X},G) = (\boldsymbol{X}-\boldsymbol{\mu})^{\mathrm{T}}\boldsymbol{\Sigma}^{-1}(\boldsymbol{X}-\boldsymbol{\mu}). \tag{7.1.2}$$

我们可以很容易验证(7.1.1) 式和(7.1.2) 式满足距离的 3 条基本公理.

特别地,当(7.1.1) 式中 $\boldsymbol{\Sigma}=\boldsymbol{I}$ 时,

$$D^2(\boldsymbol{X},\boldsymbol{Y}) = (\boldsymbol{X}-\boldsymbol{Y})^{\mathrm{T}}(\boldsymbol{X}-\boldsymbol{Y}),$$

马氏距离即为通常的欧氏距离.

由于马氏距离不受变量量纲的影响,并且能刻画变量间的相关程度. 因此,在判别分析中马氏距离的使用更常见,也更合理.

1. 两个总体的距离判别问题

设有协差阵 $\boldsymbol{\Sigma}$ 相等的两个总体G_1 和G_2,其均值向量分别是 $\boldsymbol{\mu}_1$ 和 $\boldsymbol{\mu}_2$,对于一个新的样品 $\boldsymbol{X}$,要判断它来自哪个总体.

计算新样品 $\boldsymbol{X}$ 到两个总体 G_1 和 G_2 的马氏距离$D^2(\boldsymbol{X},G_1)$ 和$D^2(\boldsymbol{X},G_2)$,并按照如下的判别规则进行判断:

$$\begin{cases}\boldsymbol{X}\in G_1, & \text{如果 } D^2(\boldsymbol{X},G_1)\leqslant D^2(\boldsymbol{X},G_2),\\ \boldsymbol{X}\in G_2, & \text{如果 } D^2(\boldsymbol{X},G_1)> D^2(\boldsymbol{X},G_2),\end{cases} \tag{7.1.3}$$

即判别 $\boldsymbol{X}$ 归属最近的总体. 为了得到更简单的判别规则,我们考虑

$$\begin{aligned}
&D^2(\boldsymbol{X},G_1)-D^2(\boldsymbol{X},G_2)\\
&= (\boldsymbol{X}-\boldsymbol{\mu}_1)^{\mathrm{T}}\boldsymbol{\Sigma}^{-1}(X-\boldsymbol{\mu}_1)-(\boldsymbol{X}-\boldsymbol{\mu}_2)^{\mathrm{T}}\boldsymbol{\Sigma}^{-1}(\boldsymbol{X}-\boldsymbol{\mu}_2)\\
&= \boldsymbol{X}^{\mathrm{T}}\boldsymbol{\Sigma}^{-1}\boldsymbol{X}-2\boldsymbol{X}^{\mathrm{T}}\boldsymbol{\Sigma}^{-1}\boldsymbol{\mu}_1+\boldsymbol{\mu}_1^{\mathrm{T}}\boldsymbol{\Sigma}^{-1}\boldsymbol{\mu}_1-(\boldsymbol{X}^{\mathrm{T}}\boldsymbol{\Sigma}^{-1}\boldsymbol{X}-2\boldsymbol{X}^{\mathrm{T}}\boldsymbol{\Sigma}^{-1}\boldsymbol{\mu}_2+\boldsymbol{\mu}_2^{\mathrm{T}}\boldsymbol{\Sigma}^{-1}\boldsymbol{\mu}_2)\\
&= 2\boldsymbol{X}^{\mathrm{T}}\boldsymbol{\Sigma}^{-1}(\boldsymbol{\mu}_2-\boldsymbol{\mu}_1)+\boldsymbol{\mu}_1^{\mathrm{T}}\boldsymbol{\Sigma}^{-1}\boldsymbol{\mu}_1-\boldsymbol{\mu}_2^{\mathrm{T}}\boldsymbol{\Sigma}^{-1}\boldsymbol{\mu}_2\\
&= 2\boldsymbol{X}^{\mathrm{T}}\boldsymbol{\Sigma}^{-1}(\boldsymbol{\mu}_2-\boldsymbol{\mu}_1)+(\boldsymbol{\mu}_1+\boldsymbol{\mu}_2)^{\mathrm{T}}\boldsymbol{\Sigma}^{-1}(\boldsymbol{\mu}_1-\boldsymbol{\mu}_2)\\
&= -2\left(\boldsymbol{X}-\frac{\boldsymbol{\mu}_1+\boldsymbol{\mu}_2}{2}\right)^{\mathrm{T}}\boldsymbol{\Sigma}^{-1}(\boldsymbol{\mu}_1-\boldsymbol{\mu}_2)\\
&= -2(\boldsymbol{X}-\overline{\boldsymbol{\mu}})^{\mathrm{T}}\boldsymbol{\alpha} = -2\boldsymbol{\alpha}^{\mathrm{T}}(\boldsymbol{X}-\overline{\boldsymbol{\mu}}),
\end{aligned}$$

其中 $\overline{\boldsymbol{\mu}}=\dfrac{\boldsymbol{\mu}_1+\boldsymbol{\mu}_2}{2}$ 是两个总体均值的平均值,$\boldsymbol{\alpha}=\boldsymbol{\Sigma}^{-1}(\boldsymbol{\mu}_1-\boldsymbol{\mu}_2)$,记

$$W(\boldsymbol{X})=\boldsymbol{\alpha}^{\mathrm{T}}(\boldsymbol{X}-\overline{\boldsymbol{\mu}}),$$

则判别规则(7.1.3) 式可表示为

$$\begin{cases}\boldsymbol{X}\in G_1, & \text{如果 } W(\boldsymbol{X})\geqslant 0,\\ \boldsymbol{X}\in G_2, & \text{如果 } W(\boldsymbol{X})<0.\end{cases} \tag{7.1.4}$$

称 $W(\boldsymbol{X})$ 为两总体距离判别的**判别函数**,由于它是 $\boldsymbol{X}$ 的线性函数,故又称为**线性判别函数**,$\boldsymbol{\alpha}$ 称为**判别系数**.

在实际应用中,总体的均值向量和协差阵一般是未知的,可由样本均值和样本协差阵分别进行估计. 设 $\boldsymbol{X}_{(1)}^{(1)},\cdots,\boldsymbol{X}_{(n_1)}^{(1)}$ 是来自总体G_1 的样品,$\boldsymbol{X}_{(1)}^{(2)},\cdots,\boldsymbol{X}_{(n_2)}^{(2)}$ 是来自总体G_2 的样本,$\boldsymbol{\mu}_1$ 和 $\boldsymbol{\mu}_2$ 的一个无偏估计分别为

$$\overline{\boldsymbol{X}}^{(1)}=\frac{1}{n_1}\sum_{i=1}^{n_1}\boldsymbol{X}_{(i)}^{(1)},\quad \overline{\boldsymbol{X}}^{(2)}=\frac{1}{n_2}\sum_{i=1}^{n_2}\boldsymbol{X}_{(i)}^{(2)}.$$

$\boldsymbol{\Sigma}$ 的一个联合无偏估计为

$$\hat{\boldsymbol{\Sigma}} = \frac{1}{n_1 + n_2 - 2}(\boldsymbol{S}_1 + \boldsymbol{S}_2),$$

这里 $\boldsymbol{S}_i = \sum_{j=1}^{n_i}\left(\boldsymbol{X}_{(j)}^{(i)} - \overline{\boldsymbol{X}}^{(i)}\right)\left(\boldsymbol{X}_{(j)}^{(i)} - \overline{\boldsymbol{X}}^{(i)}\right)^{\mathrm{T}},\quad i = 1,2.$

此时,两总体距离判别的判别函数为

$$\hat{W}(\boldsymbol{X}) = \hat{\boldsymbol{\alpha}}^{\mathrm{T}}(\boldsymbol{X} - \overline{\boldsymbol{X}}), \tag{7.1.5}$$

其中 $\overline{\boldsymbol{X}} = \frac{1}{2}(\overline{\boldsymbol{X}}^{(1)} + \overline{\boldsymbol{X}}^{(2)})$,$\hat{\boldsymbol{\alpha}} = \hat{\boldsymbol{\Sigma}}^{-1}(\overline{\boldsymbol{X}}^{(1)} - \overline{\boldsymbol{X}}^{(2)})$. 这样,判别规则为

$$\begin{cases} \boldsymbol{X} \in G_1, & \text{如果 } \hat{W}(\boldsymbol{X}) \geqslant 0, \\ \boldsymbol{X} \in G_2, & \text{如果 } \hat{W}(\boldsymbol{X}) < 0. \end{cases} \tag{7.1.6}$$

说明 1 当 $p = 1$,G_1 和 G_2 的分布分别为 $N(\mu_1,\sigma^2)$ 和 $N(\mu_2,\sigma^2)$ 时,μ_1,μ_2,σ^2 均为已知,且 $\mu_1 < \mu_2$,则判别系数为 $\alpha = \frac{\mu_1 - \mu_2}{\sigma^2}$,判别函数为

$$W(x) = \alpha(x - \bar{\mu}),$$

判别规则为

$$\begin{cases} x \in G_1, & \text{如果 } x \leqslant \bar{\mu}, \\ x \in G_2, & \text{如果 } x > \bar{\mu}. \end{cases}$$

说明 2 当 $\boldsymbol{\mu}_1 \neq \boldsymbol{\mu}_2$,$\boldsymbol{\Sigma}_1 \neq \boldsymbol{\Sigma}_2$ 时,我们采用(7.1.3)式作为判别规则的形式. 选择判别函数为

$$\begin{aligned} W^*(\boldsymbol{X}) &= D^2(\boldsymbol{X},G_1) - D^2(\boldsymbol{X},G_2) \\ &= (\boldsymbol{X} - \boldsymbol{\mu}_1)^{\mathrm{T}}\boldsymbol{\Sigma}_1^{-1}(\boldsymbol{X} - \boldsymbol{\mu}_1) - (\boldsymbol{X} - \boldsymbol{\mu}_2)^{\mathrm{T}}\boldsymbol{\Sigma}_2^{-1}(\boldsymbol{X} - \boldsymbol{\mu}_2), \end{aligned}$$

它是 $\boldsymbol{X}$ 的二次函数,相应的判别规则为

$$\begin{cases} \boldsymbol{X} \in G_1, & \text{如果 } W^*(\boldsymbol{X}) \leqslant 0, \\ \boldsymbol{X} \in G_2, & \text{如果 } W^*(\boldsymbol{X}) > 0. \end{cases}$$

2. 多个总体的距离判别问题

设有 k 个总体 $G_1,G_2,\cdots,G_k$,其均值向量和协差阵分别为 $\boldsymbol{\mu}_1,\boldsymbol{\mu}_2,\cdots,\boldsymbol{\mu}_k$ 和 $\boldsymbol{\Sigma}_1,\boldsymbol{\Sigma}_2,\cdots,\boldsymbol{\Sigma}_k$,其中 $\boldsymbol{\Sigma}_1 = \boldsymbol{\Sigma}_2 = \cdots = \boldsymbol{\Sigma}_k = \boldsymbol{\Sigma}$. 对于一个新的样品 $\boldsymbol{X}$,如何判断它来自哪个总体?

计算新样品 $\boldsymbol{X}$ 到每一个总体的距离

$$\begin{aligned} D^2(\boldsymbol{X},G_i) &= (\boldsymbol{X} - \boldsymbol{\mu}_i)^{\mathrm{T}}\boldsymbol{\Sigma}^{-1}(\boldsymbol{X} - \boldsymbol{\mu}_i) \\ &= \boldsymbol{X}^{\mathrm{T}}\boldsymbol{\Sigma}^{-1}\boldsymbol{X} - 2\boldsymbol{\mu}_i^{\mathrm{T}}\boldsymbol{\Sigma}^{-1}\boldsymbol{X} + \boldsymbol{\mu}_i^{\mathrm{T}}\boldsymbol{\Sigma}^{-1}\boldsymbol{\mu}_i \\ &= \boldsymbol{X}^{\mathrm{T}}\boldsymbol{\Sigma}^{-1}\boldsymbol{X} - 2(\boldsymbol{I}_i^{\mathrm{T}}\boldsymbol{X} + \boldsymbol{C}_i), \end{aligned} \tag{7.1.7}$$

这里 $\boldsymbol{I}_i = \boldsymbol{\Sigma}^{-1}\boldsymbol{\mu}_i$,$\boldsymbol{C}_i = -\frac{1}{2}\boldsymbol{\mu}_i^{\mathrm{T}}\boldsymbol{\Sigma}^{-1}\boldsymbol{\mu}_i$,$i = 1,2,\cdots,k$. 由(7.1.7)式可以取线性判别函数为

$$W_i(\boldsymbol{X}) = \boldsymbol{I}_i^{\mathrm{T}}\boldsymbol{X} + \boldsymbol{C}_i,\quad i = 1,2,\cdots,k,$$

相应的判别规则为

$$\boldsymbol{X} \in G_j,\quad \text{如果 } W_j(\boldsymbol{X}) = \max_{1\leqslant i\leqslant k}(\boldsymbol{I}_i^{\mathrm{T}}\boldsymbol{X} + \boldsymbol{C}_i).$$

在处理实际问题时,一般 $\boldsymbol{\mu}_1,\boldsymbol{\mu}_2,\cdots,\boldsymbol{\mu}_k$ 和 $\boldsymbol{\Sigma}$ 均未知,可以通过相应的样本值来替代,设 $\boldsymbol{X}_{(1)}^{(i)},\cdots,\boldsymbol{X}_{(n_i)}^{(i)}$ 是来自总体中的样品($i = 1,2,\cdots,k$),则 $\boldsymbol{\mu}_i$($i = 1,2,\cdots,k$)和 $\boldsymbol{\Sigma}$ 可估计为

$$\hat{\boldsymbol{\mu}}_i=\overline{\boldsymbol{X}}^{(i)}=\frac{1}{n_i}\sum_{j=1}^{n_i}\boldsymbol{X}_{(j)}^{(i)},\quad i=1,2,\cdots,k,\quad \hat{\boldsymbol{\Sigma}}=\frac{1}{n-k}\sum_{i=1}^{k}\boldsymbol{S}_i,$$

其中 $n=\sum_{i=1}^{k}n_i,\boldsymbol{S}_i=\sum_{j=1}^{n_i}(\boldsymbol{X}_{(j)}^{(i)}-\overline{\boldsymbol{X}}^{(i)})(\boldsymbol{X}_{(j)}^{(i)}-\overline{\boldsymbol{X}}^{(i)})^{\mathrm{T}},i=1,2,\cdots,k$.

如果总体$G_1,G_2,\cdots,G_k$ 的协差阵分别是$\boldsymbol{\Sigma}_1,\boldsymbol{\Sigma}_2,\cdots,\boldsymbol{\Sigma}_k$，而且它们不全相等，则 $\boldsymbol{X}$ 到各总体的马氏距离为

$$D^2(\boldsymbol{X},G_i)=(\boldsymbol{X}-\boldsymbol{\mu}_i)^{\mathrm{T}}\boldsymbol{\Sigma}_i^{-1}(\boldsymbol{X}-\boldsymbol{\mu}_i),\quad i=1,2,\cdots,k,$$

判别规则为

$$\boldsymbol{X}\in G_j,\quad 如果D^2(\boldsymbol{X},G_j)=\min_{1\leqslant i\leqslant k}D^2(\boldsymbol{X},G_i).$$

当$\boldsymbol{\mu}_1,\boldsymbol{\mu}_2,\cdots,\boldsymbol{\mu}_k$ 和$\boldsymbol{\Sigma}_1,\boldsymbol{\Sigma}_2,\cdots,\boldsymbol{\Sigma}_k$ 均未知时，$\boldsymbol{\mu}_i(i=1,2,\cdots,k)$的估计同前，而$\boldsymbol{\Sigma}_i(i=1,2,\cdots,k)$的估计为

$$\hat{\boldsymbol{\Sigma}}_i=\frac{1}{n_i-1}\boldsymbol{S}_i,\quad i=1,2,\cdots,k.$$

例 7.1.1　人类发展指数(HDI)是联合国开发计划署于1990年5月发表的第一份《人类发展报告》中公布的. 该报告建议，目前对人类发展的衡量应当以人生的三大要素为重点，衡量人生三大要素的指示指标分别采用出生时的预期寿命(单位:年)、成人识字率(单位:%)和实际人均国内生产总值(GDP)(单位:美元)，将以上 3 个指示指标的数值合成为一个复合指数，即为人类发展指数. 表 7.1.1 (数据选自《世界经济统计研究》1996 年第 1 期) 是从 1995 年世界各国人类发展指数的排序中，选取高发展水平、中等发展水平的国家各 5 个作为两组样本，试对另选的 4 个国家为待判样品作距离判别分析 (假定两总体协差阵相等).

表 7.1.1　联合国开发计划署发布的 1995 年人类发展指数的部分数据

类别	序号	国家名称	出生时的预期寿命 X_1/年	成人识字率 X_2/%	人均 GDP X_3/美元
第一类(高发展水平国家)	1	美国	76	99	5 374
	2	日本	79.6	99	5 359
	3	瑞士	78	99	5 372
	4	阿根廷	72.1	95.9	5 242
	5	阿联酋	73.8	77.7	7 370
第二类(中等发展水平国家)	6	保加利亚	71.2	93	4 250
	7	古巴	75.3	94.9	3 412
	8	巴拉圭	70	91.2	3 390
	9	格鲁吉亚	72.8	99	2 300
	10	南非	62.9	80.6	3 799
待判	11	中国	68.5	79.3	1 950
	12	罗马尼亚	69.9	96.9	2 840
	13	希腊	77.6	93.8	5 233
	14	哥伦比亚	69.3	90.3	5 158

解　(1) 求线性判别函数$\hat{W}(\boldsymbol{X})$.

第一类高发展水平国家的人类发展指数看成总体G_1，其均值向量为$\boldsymbol{\mu}_1$，协差阵为$\boldsymbol{\Sigma}$，样

本容量 $n_1=5$；第二类中等发展水平国家的人类发展指数看成总体G_2，其均值向量为$\boldsymbol{\mu}_2$，协差阵为$\boldsymbol{\Sigma}$，样本容量 $n_2=5$.

经计算

$$\hat{\boldsymbol{\mu}}_1=\overline{\boldsymbol{X}}_1=\begin{pmatrix}75.88\\94.08\\5\,343.40\end{pmatrix},\quad \hat{\boldsymbol{\mu}}_2=\overline{\boldsymbol{X}}_2=\begin{pmatrix}70.44\\91.74\\3\,430.20\end{pmatrix},$$

总体G_1 的样本离差阵为

$$\boldsymbol{S}_1=\sum_{i=1}^{5}(\boldsymbol{X}_{(i)}^{(1)}-\overline{\boldsymbol{X}}_1)(\boldsymbol{X}_{(i)}^{(1)}-\overline{\boldsymbol{X}}_1)^{\mathrm{T}}=\begin{pmatrix}36.228 & 56.022 & 448.74\\56.022 & 344.228 & -252.24\\448.740 & -252.240 & 12\,987.20\end{pmatrix},$$

总体G_2 的样本离差阵为

$$\boldsymbol{S}_2=\sum_{i=1}^{5}(\boldsymbol{X}_{(i)}^{(2)}-\overline{\boldsymbol{X}}_2)(\boldsymbol{X}_{(i)}^{(2)}-\overline{\boldsymbol{X}}_2)^{\mathrm{T}}=\begin{pmatrix}86.812 & 117.682 & -4\,895.74\\117.682 & 188.672 & -11\,316.54\\-4\,895.740 & -11\,316.540 & 2\,087\,384.80\end{pmatrix}.$$

则有

$$\hat{\boldsymbol{\Sigma}}=\frac{1}{n_1+n_2-2}(\boldsymbol{S}_1+\boldsymbol{S}_2)=\begin{pmatrix}15.380 & 21.713\,0 & -555.875\\21.713 & 66.612\,5 & -1\,446.098\\-555.875 & -1\,446.097\,5 & 262\,546.500\end{pmatrix},$$

$\hat{\boldsymbol{\Sigma}}$ 的逆矩阵为

$$\hat{\boldsymbol{\Sigma}}^{-1}=\begin{pmatrix}0.120\,896 & -0.038\,450 & 0.000\,044\\-0.038\,450 & 0.029\,278 & 0.000\,080\\0.000\,044 & 0.000\,080 & 0.000\,004\end{pmatrix}.$$

因此，对任一样品 $\boldsymbol{X}=(x_1,x_2,x_3)^{\mathrm{T}}$，由线性判别函数(7.1.5) 可得

$$\begin{aligned}\hat{W}(\boldsymbol{X})&=\boldsymbol{\alpha}^{\mathrm{T}}(\boldsymbol{X}-\overline{\boldsymbol{X}})=[\hat{\boldsymbol{\Sigma}}^{-1}(\overline{\boldsymbol{X}}_1-\overline{\boldsymbol{X}}_2)]^{\mathrm{T}}\left(\boldsymbol{X}-\frac{\overline{\boldsymbol{X}}_1+\overline{\boldsymbol{X}}_2}{2}\right)\\&=0.652\,3x_1+0.012\,2x_2+0.008\,73x_3-87.152\,5.\end{aligned}$$

(2) 对已知类别的样品进行回判.

对已知类别的样品(也称**训练样品**) 用所得线性判别函数$\hat{W}(\boldsymbol{X})$ 进行回判，由判别规则(7.1.6) 式可知，判别函数$\hat{W}(\boldsymbol{X})\geqslant 0$，样品属于第一类；判别函数$\hat{W}(\boldsymbol{X})<0$，样品属于第二类，判别结果如表 7.1.2 所示. 由表 7.1.2 可以看出判别函数全部判对，回判率为 100%.

表 7.1.2 训练样品回判结果

序号	国家名称	判别函数$\hat{W}(\boldsymbol{X})$ 的值	原类号	判别归类
1	美国	10.545 1	1	1
2	日本	12.697 2	1	1
3	瑞士	11.832 3	1	1
4	阿根廷	6.811	1	1

（续表）

序号	国家名称	判别函数$\widehat{W}(\boldsymbol{X})$的值	原类号	判别归类
5	阿联酋	8.815 3	1	1
6	保加利亚	−2.471 6	2	2
7	古巴	−7.089 8	2	2
8	巴拉圭	−10.784 2	2	2
9	格鲁吉亚	−18.378 3	2	2
10	南非	−11.974 2	2	2

注：原类号和判别归类中，"1"表示第一类（高发展水平国家），"2"表示第二类（中等发展水平国家）.

（3）对判别效果进行检验，即检验两总体均值向量是否相同（略，第3部分有说明）.

（4）对待判样品进行判别归类，结果如表7.1.3所示. 由表7.1.3可知，希腊和哥伦比亚属于高发展水平国家，中国和罗马尼亚属于中等发展水平国家.

表7.1.3 待判样品的判别结果

序号	国家名称	判别函数$\widehat{W}(\boldsymbol{X})$的值	原类号	判别归类
11	中国	−24.478 99	待判	2
12	罗马尼亚	−15.581 35	待判	2
13	希腊	10.294 43	待判	1
14	哥伦比亚	4.182 89	待判	1

3. 判别分析的实质

由距离判别法可知，我们要判断一个新样品属于哪个总体，就看这个新样品到哪个总体的马氏距离最近，它就属于那个总体. 在这里距离是判别函数，距离最短是这个函数具有的最优性质. 由此可见，判别分析就是利用样品的数据，找出一个判别函数，使得这一函数具有某种最优性质，能把属于不同类别的样品尽可能地区别开来.

为了更清楚地认识判别分析的实质，我们先了解划分的概念.

定义7.1.2 设$R_1,R_2,\cdots,R_k$是p维空间$\mathbf{R}^p$的k个子集，如果它们互不相交，且它们的和集为$\mathbf{R}^p$，则称$R_1,R_2,\cdots,R_k$为$\mathbf{R}^p$的一个**划分**.

例如，在两个总体的距离判别问题中，(7.1.4)式可以改为空间$\mathbf{R}^p$的一个划分，即

$$\begin{cases} R_1=\{\boldsymbol{X}:W(\boldsymbol{X})\geqslant 0\}, \\ R_2=\{\boldsymbol{X}:W(\boldsymbol{X})<0\}. \end{cases}$$

新的样品$\boldsymbol{X}$落入R_1可推断$\boldsymbol{X}\in G_1$，落入R_2可推断$\boldsymbol{X}\in G_2$.

由此可见，判别分析的实质是在某种意义上，以最优的性质对p维空间$\mathbf{R}^p$构造一个划分，这个划分就构成了一个判别规则.

例7.1.2 设两个一维正态总体G_1,G_2，其分布分别为$N(\mu_1,\sigma_1^2),N(\mu_2,\sigma_2^2)$，其中$\mu_1,\mu_2\in\mathbf{R},\sigma_1,\sigma_2>0$都已知，给定一个样品$x$，它到$G_1,G_2$的马氏距离分别为

$$D^2(x,G_1)=\frac{(x-\mu_1)^2}{\sigma_1^2},\quad D^2(x,G_2)=\frac{(x-\mu_2)^2}{\sigma_2^2}.$$

当$\mu_1 < x < \mu_2$时,

$$D^2(x,G_1) \leqslant D^2(x,G_2) \Leftrightarrow x \leqslant x_0 = \frac{\sigma_1\mu_2 + \sigma_2\mu_1}{\sigma_1 + \sigma_2},$$

因此 **R** 划分为

$$\begin{cases} R_1 = \{x : x \leqslant x_0\}, \\ R_2 = \{x : x > x_0\}. \end{cases}$$

例 7.1.3 设两个一维正态总体G_1,G_2,其分布分别为$N(\mu_1,\sigma^2)$,$N(\mu_2,\sigma^2)$,其中μ_1,$\mu_2 \in \mathbf{R}$,$\sigma > 0$都已知,不失一般性,设$\mu_1 < \mu_2$. 给定一个样品x,判别函数为

$$W(x) = \left(x - \frac{\mu_1 + \mu_2}{2}\right)\frac{1}{\sigma^2}(\mu_1 - \mu_2).$$

得到 **R** 的划分为

$$\begin{cases} R_1 = \left\{x : x \leqslant \dfrac{\mu_1 + \mu_2}{2}\right\}, \\ R_2 = \left\{x : x > \dfrac{\mu_1 + \mu_2}{2}\right\}. \end{cases} \tag{7.1.8}$$

任何一种判别方法都有错判的可能. 图 7.1.1 是两个一元正态总体$N(4,1)$和$N(8,1)$的概率密度函数的曲线. 从图上可以看出,若一个样品x来自正态总体$N(4,1)$,但是却落在$\frac{\mu_1 + \mu_2}{2}$的右边,由判别准则(7.1.8)式可知,会被误判来自正态总体$N(8,1)$,误判的概率为图形中阴影右半部分的面积. 这种误判是由于两总体靠得很近. 若选用其他的判别方法,误判的概率也会很大,这时用判别分析的意义不大.

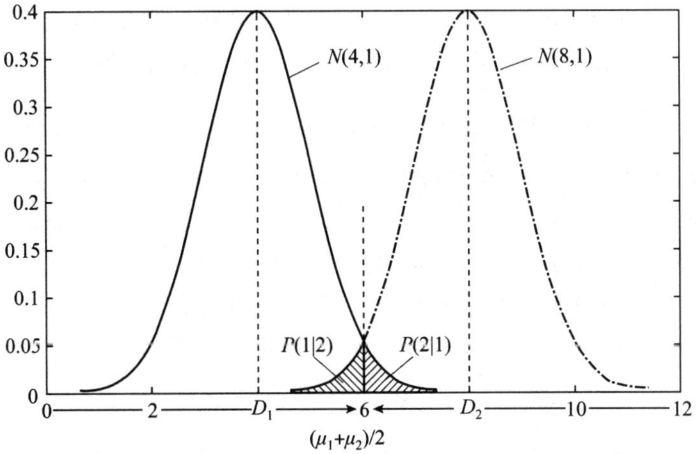

图 7.1.1 $N(4,1)$ 和 $N(8,1)$ 的概率密度函数曲线

图 7.1.2 给出了两个一元正态总体$N(4,1)$和$N(12,1)$的概率密度函数的曲线. 从图中可以看出,这两个总体有明显差异,基本不会产生误判,这时判别分析才有意义. 因此在判别分析之前应对两总体的均值是否有显著差异进行检验.

距离判别法的优点是它的判别函数和判别规则不涉及具体分布类型,只要二阶矩存在

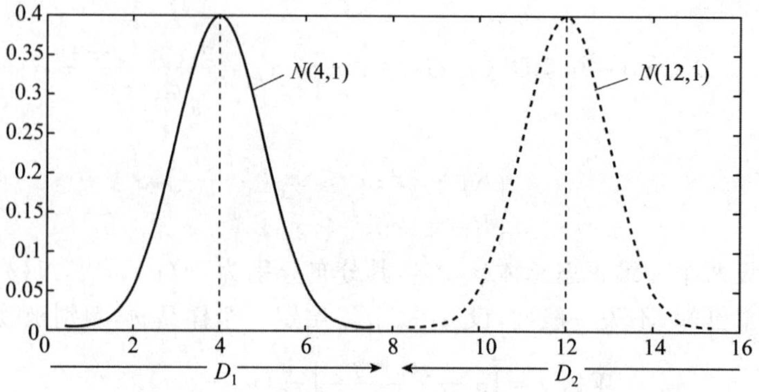

图 7.1.2 $N(4,1)$ 和 $N(12,1)$ 的概率密度函数曲线

就可以,并且计算简单、实用性强,适合面较广;缺点是未考虑各个总体出现的概率以及错判所造成的损失.贝叶斯判别法就是为了解决这些问题而提出的一种判别方法.

二、贝叶斯判别法

贝叶斯统计的思想是:假定对所研究对象(总体)有一定的认识,常用先验概率来描述这种认识,然后从总体中抽取样本,用样本来修正已有的认识,求得后验概率分布,各种统计推断都是建立在后验概率分布的基础上.将贝叶斯统计的思想用于判别分析,就得到贝叶斯判别方法.

贝叶斯判别法既考虑了总体出现的概率,也考虑了错判造成的损失,是目前使用最多的方法之一.下面介绍其基本方法.

设有 k 个 p 维总体 $G_1,G_2,\cdots,G_k$,各自的概率密度函数为 $f_1(\boldsymbol{X}),f_2(\boldsymbol{X}),\cdots,f_k(\boldsymbol{X})$,且互不相同,假设 k 个总体出现的概率分别为 $q_1,q_2,\cdots,q_k$(先验概率),满足 $q_i\geqslant 0,i=1,2,\cdots,k,\sum_{i=1}^{k} q_i=1$.若已知将属于总体 G_i 的样品错判到总体 G_j 时造成的损失为 $C(j\mid i),i,j=1,2,\cdots,k$.在这样的情形下,我们希望建立判别准则,判断新的样品 $\boldsymbol{x}$ 来自哪个总体.

对于任意的 $i,j=1,2,\cdots,k$,有 $C(i\mid i)=0,C(j\mid i)\geqslant 0$.设 k 个总体 $G_1,G_2,\cdots,G_k$ 相应的 p 维空间的划分为 $R_1,R_2,\cdots,R_k$,可以简记一个判别规则为 $R=(R_1,R_2,\cdots,R_k)$.如果原来属于总体 G_i 且概率密度函数为 $f_i(X)$ 的样品,正好取值落入了 R_j,就会将该样品错判为属于总体 G_j.故在规则 R 下,将属于 G_i 的样品错判为 G_j 的概率为

$$P(j\mid i,R)=\int_{R_j} f_i(\boldsymbol{X})\mathrm{d}\boldsymbol{X},\quad i,j=1,2,\cdots,k,i\neq j.$$

若属于总体 G_i 的样品,错判到其他总体 $G_1,\cdots,G_{i-1},G_{i+1},\cdots,G_k$ 所造成的损失分别为 $C(1\mid i),\cdots,C(i-1\mid i),C(i+1\mid i),\cdots,C(k\mid i)$,则这种判别规则 R 对总体 G_i 而言,样品错判后造成的平均损失为

$$r(i,R)=\sum_{j=1}^{k}\Big(C(j\mid i)P(j\mid i,R)\Big),\quad i=1,2,\cdots,k,$$

其中 $C(i\mid i)=0$.

由于 k 个总体 $G_1,G_2,\cdots,G_k$ 出现的先验概率分别为 $q_1,q_2,\cdots,q_k$,用规则 R 进行判别所

造成的总平均损失为

$$\begin{aligned} g(R) &= \sum_{i=1}^{k} q_i r(i,R) = \sum_{i=1}^{k} q_i \sum_{j=1}^{k} C(j \mid i) P(j \mid i,R) \\ &= \sum_{i=1}^{k} q_i \sum_{j=1}^{k} C(j \mid i) \int_{R_j} f_i(\boldsymbol{X}) \mathrm{d}\boldsymbol{X} \\ &= \sum_{j=1}^{k} \int_{R_j} \left(\sum_{i=1}^{k} q_i C(j \mid i) f_i(\boldsymbol{X}) \right) \mathrm{d}\boldsymbol{X}. \end{aligned} \tag{7.1.9}$$

贝叶斯判别的目标就是要选择 $R_1, R_2, \cdots, R_k$ 使得(7.1.9)式表示的总平均损失 $g(R)$ 达到最小，称使 $g(R)$ 达到最小的划分 $\{R_1, R_2, \cdots, R_k\}$ 为**贝叶斯解**或**贝叶斯判别**.

下面给出求解 $\{R_1, R_2, \cdots, R_k\}$ 的方法.

定理 7.1.1 设有 k 个 p 维总体 $G_1, G_2, \cdots, G_k$，其各自的概率密度函数为 $f_1(\boldsymbol{X})$, $f_2(\boldsymbol{X}), \cdots, f_k(\boldsymbol{X})$，且先验概率分别为 $q_1, q_2, \cdots, q_k$，则贝叶斯判别的解 $\{R_1, R_2, \cdots, R_k\}$ 为

$$R_t = \left\{ \boldsymbol{X}: h_t(\boldsymbol{X}) < h_j(X), j \neq t, j = 1,2,\cdots,k \right\}, \quad t = 1,2,\cdots,k,$$

其中 $h_t(\boldsymbol{X}) = \sum_{i=1}^{k} q_i C(t \mid i) f_i(\boldsymbol{X})$.

证明 由(7.1.9)式，可得总平均损失为

$$g(R) = \sum_{j=1}^{k} \int_{R_j} \left(\sum_{i=1}^{k} q_i C(j \mid i) f_i(\boldsymbol{X}) \right) \mathrm{d}\boldsymbol{X} = \sum_{j=1}^{k} \int_{R_j} h_j(\boldsymbol{X}) \mathrm{d}\boldsymbol{X}.$$

如果空间 $\mathbf{R}^p$ 有另一种划分 $R^* = (R_1^*, R_2^*, \cdots, R_k^*)$，则它的总平均损失为

$$g(R^*) = \sum_{j=1}^{k} \int_{R_j^*} h_j(\boldsymbol{X}) \mathrm{d}\boldsymbol{X},$$

那么，在两种划分下的总平均损失之差为

$$g(R) - g(R^*) = \sum_{t=1}^{k} \sum_{j=1}^{k} \int_{R_t \cap R_j^*} \left(h_t(\boldsymbol{X}) - h_j(\boldsymbol{X}) \right) \mathrm{d}\boldsymbol{X}.$$

由 R_t 的定义，在 R_t 上 $h_t(\boldsymbol{X}) \leqslant h_j(\boldsymbol{X})$ 对一切 j 成立，故 $g(R) - g(R^*) \leqslant 0$，这说明 $\{R_1, R_2, \cdots, R_k\}$ 的确能使总平均损失达到最小，它是贝叶斯判别的解.

当抽取了一个未知总体的样品 $\boldsymbol{X}$，要判断它属于哪个总体，只要先计算出 k 个按先验概率加权的误判平均损失

$$h_j(\boldsymbol{X}) = \sum_{i=1}^{k} q_i C(j \mid i) f_i(\boldsymbol{X}), \quad j = 1,2,\cdots,k, \tag{7.1.10}$$

然后再比较这 k 个误判平均损失 $h_1(\boldsymbol{X}), h_2(\boldsymbol{X}), \cdots, h_k(\boldsymbol{X})$ 的大小，选取其中最小的，就可判定样品 $\boldsymbol{X}$ 来自该总体.

例 7.1.4 有两个总体 G_1 和 G_2，其概率密度函数分别为 $f_1(\boldsymbol{X})$ 和 $f_2(\boldsymbol{X})$，先验概率分别为 q_1 和 q_2，由(7.1.10)式有

$$h_1(\boldsymbol{X}) = q_2 C(1 \mid 2) f_2(\boldsymbol{X}),$$
$$h_2(\boldsymbol{X}) = q_1 C(2 \mid 1) f_1(\boldsymbol{X}).$$

从而

$$R_1 = \left\{ \boldsymbol{X} \,\middle|\, q_2 C(1 \mid 2) f_2(\boldsymbol{X}) \leqslant q_1 C(2 \mid 1) f_1(\boldsymbol{X}) \right\},$$

$$R_2=\left\{\boldsymbol{X}\,\middle|\, q_2C(1\mid 2)f_2(\boldsymbol{X})>q_1C(2\mid 1)f_1(\boldsymbol{X})\right\}.$$

若令

$$V(\boldsymbol{X})=\frac{f_1(\boldsymbol{X})}{f_2(\boldsymbol{X})},\quad d=\frac{q_2C(1\mid 2)}{q_1C(2\mid 1)},\tag{7.1.11}$$

则判别规则可表示为

$$\begin{cases}\boldsymbol{X}\in G_1, & \text{当 } V(\boldsymbol{X})\geqslant d,\\ \boldsymbol{X}\in G_2, & \text{当 } V(\boldsymbol{X})<d.\end{cases}\tag{7.1.12}$$

例 7.1.5 在例 7.1.4 中,若G_1 和G_2 分别为$N_p(\boldsymbol{\mu}_1,\boldsymbol{\Sigma})$ 和$N_p(\boldsymbol{\mu}_2,\boldsymbol{\Sigma})$,则有

$$\begin{aligned}V(\boldsymbol{X})&=\frac{f_1(\boldsymbol{X})}{f_2(\boldsymbol{X})}\\&=\exp\left\{-\frac{1}{2}(\boldsymbol{X}-\boldsymbol{\mu}_1)^{\mathrm{T}}\boldsymbol{\Sigma}^{-1}(\boldsymbol{X}-\boldsymbol{\mu}_1)+\frac{1}{2}(\boldsymbol{X}-\boldsymbol{\mu}_2)^{\mathrm{T}}\boldsymbol{\Sigma}^{-1}(\boldsymbol{X}-\boldsymbol{\mu}_2)\right\}\\&=\exp\left\{\left(\boldsymbol{X}-\frac{\boldsymbol{\mu}_1+\boldsymbol{\mu}_2}{2}\right)^{\mathrm{T}}\boldsymbol{\Sigma}^{-1}(\boldsymbol{\mu}_1-\boldsymbol{\mu}_2)\right\}\\&=\exp\{W(\boldsymbol{X})\},\end{aligned}$$

其中 $W(\boldsymbol{X})=\boldsymbol{\alpha}^{\mathrm{T}}(\boldsymbol{X}-\boldsymbol{\mu})$,$\boldsymbol{\alpha}=\boldsymbol{\Sigma}^{-1}(\boldsymbol{\mu}_1-\boldsymbol{\mu}_2)$,$\boldsymbol{\mu}=\dfrac{\boldsymbol{\mu}_1+\boldsymbol{\mu}_2}{2}$.于是,判定样品 $\boldsymbol{X}$ 来自哪个总体时,判别规则(7.1.12) 变成

$$\begin{cases}\boldsymbol{X}\in G_1, & \text{如果 } W(\boldsymbol{X})\geqslant \ln d,\\ \boldsymbol{X}\in G_2, & \text{如果 } W(\boldsymbol{X})<\ln d.\end{cases}\tag{7.1.13}$$

判别规则(7.1.13) 对比判别规则(7.1.4) 唯一的差别仅在于阈值点(一个总体到另外一个总体转换的点),(7.1.4) 式用 0 作为阈值点,而(7.1.13) 式用 $\ln d$ 作为阈值点. 当$q_1=q_2$,$C(1\mid 2)=C(2\mid 1)$ 时,有 $d=1$,于是 $\ln d=0$,这时(7.1.4) 式与(7.1.13) 式完全一致. 这样,从某种意义上讲,距离判别是贝叶斯判别的特殊情形.

例 7.1.6 设有两个总体G_1 和G_2,它们的概率密度函数分别为

$$f_1(x_1,x_2)=\begin{cases}\mathrm{e}^{-(x_1+x_2)}, & x_1>0,x_2>0,\\ 0, & \text{其他};\end{cases}$$

$$f_2(x_1,x_2)=\begin{cases}4\mathrm{e}^{-2(x_1+x_2)}, & x_1>0,x_2>0,\\ 0, & \text{其他}.\end{cases}$$

设G_1,G_2 的先验概率分别为0.4 和0.6,错判损失分别为 $C(2\mid 1)=3$,$C(1\mid 2)=2$.试求:

(1) 贝叶斯判别的解;

(2) 判断 $\boldsymbol{X}=(2,6)^{\mathrm{T}}$ 属于哪个总体?

(3) 求出贝叶斯判别的错判概率.

解 (1) 由(7.1.11) 式,有

$$V(\boldsymbol{X})=\frac{f_1(x_1,x_2)}{f_2(x_1,x_2)}=\frac{1}{4}\mathrm{e}^{x_1+x_2},\quad d=\frac{q_2C(1\mid 2)}{q_1C(2\mid 1)}=\frac{0.6\times 2}{0.4\times 3}=1.$$

由判别规则(7.1.12)知,当$\dfrac{1}{4}\mathrm{e}^{x_1+x_2}\geqslant 1$时,判定 $\boldsymbol{X}\in G_1$;当$\dfrac{1}{4}\mathrm{e}^{x_1+x_2}<1$时,判定 $\boldsymbol{X}\in G_2$,即

贝叶斯判别为

$$\begin{cases} \boldsymbol{X} \in G_1, & \text{若 } x_1 + x_2 \geqslant 2\ln 2, \\ \boldsymbol{X} \in G_2, & \text{若 } x_1 + x_2 < 2\ln 2. \end{cases}$$

(2) 由于 $2+6 > 2\ln 2$,因此 $\boldsymbol{X} = (2,6)^{\mathrm{T}} \in G_1$.

(3) 来自总体 G_1,错判为 G_2 的概率为

$$\begin{aligned} \iint_{D_2} f_1(x_1, x_2) \mathrm{d}x_1 \mathrm{d}x_2 &= \iint_{0 < x_1 + x_2 < 2\ln 2} \mathrm{e}^{-(x_1+x_2)} \mathrm{d}x_1 \mathrm{d}x_2 \\ &= \int_0^{2\ln 2} \mathrm{e}^{-x_1} \mathrm{d}x_1 \int_0^{2\ln 2 - x_1} \mathrm{e}^{-x_2} \mathrm{d}x_2 \\ &= \frac{3}{4} - \frac{1}{2}\ln 2. \end{aligned}$$

同理可得来自总体G_2,错判为G_1 的概率为

$$\iint_{D_1} f_2(x_1, x_2) \mathrm{d}x_1 \mathrm{d}x_2 = \frac{1}{4}\ln 2 + \frac{1}{16}.$$

三、费希尔判别法

费希尔判别法是费希尔于 1936 年提出的,该方法的基本思想是投影,即通过将 k 组 p 维数据投影到某个方向上,使得投影后不同总体的数据尽可能分开,然后利用方差分析的思想推导出判别函数. 这个判别函数可以是线性函数,也可以是非线性函数,本书只讨论线性判别函数. 先介绍费希尔判别模型.

设有 k 个总体$G_1, G_2, \cdots, G_k$,其均值和协差阵分别是 $\boldsymbol{\mu}_i$ 和$\boldsymbol{\Sigma}_i$,且$\boldsymbol{\Sigma}_i$ 为正定矩阵,$i=1,2,\cdots,k$. 考虑线性判别函数 $\boldsymbol{u}^{\mathrm{T}}\boldsymbol{X}$,在 $\boldsymbol{X} \in G_i$ 的条件下,有

$$E(\boldsymbol{u}^{\mathrm{T}}\boldsymbol{X}) = E(\boldsymbol{u}^{\mathrm{T}}\boldsymbol{X} \mid G_i) = \boldsymbol{u}^{\mathrm{T}} E(\boldsymbol{X} \mid G_i) = \boldsymbol{u}^{\mathrm{T}}\boldsymbol{\mu}_i, \quad i = 1,2,\cdots,k,$$

$$D(\boldsymbol{u}^{\mathrm{T}}\boldsymbol{X}) = D(\boldsymbol{u}^{\mathrm{T}}\boldsymbol{X} \mid G_i) = \boldsymbol{u}^{\mathrm{T}} D(\boldsymbol{X} \mid G_i)\, \boldsymbol{u} = \boldsymbol{u}^{\mathrm{T}} \boldsymbol{\Sigma}_i\, \boldsymbol{u}, \quad i = 1,2,\cdots,k.$$

令

$$b = \sum_{i=1}^{k} (\boldsymbol{u}^{\mathrm{T}}\boldsymbol{\mu}_i - \boldsymbol{u}^{\mathrm{T}}\overline{\boldsymbol{\mu}})^2, \quad e = \sum_{i=1}^{k} \boldsymbol{u}^{\mathrm{T}} \boldsymbol{\Sigma}_i\, \boldsymbol{u} = \boldsymbol{u}^{\mathrm{T}} \Big(\sum_{i=1}^{k} \boldsymbol{\Sigma}_i \Big) \boldsymbol{u} = \boldsymbol{u}^{\mathrm{T}} \boldsymbol{E}\, \boldsymbol{u},$$

其中 $\overline{\boldsymbol{\mu}} = \frac{1}{k}\sum_{i=1}^{k} \boldsymbol{\mu}_i$,$\boldsymbol{E} = \sum_{i=1}^{k} \boldsymbol{\Sigma}_i$. 这里 b 相当于方差分析中的组间平方和,e 相当于组内平方和,由费希尔判别思想,选择 $\boldsymbol{u}$ 使得目标函数

$$\Phi(\boldsymbol{u}) = \frac{b}{e} \tag{7.1.14}$$

达到最大.

令

$$\boldsymbol{M} = \begin{pmatrix} \mu_{11} & \mu_{21} & \cdots & \mu_{p1} \\ \mu_{12} & \mu_{22} & \cdots & \mu_{p2} \\ \vdots & \vdots & & \vdots \\ \mu_{1k} & \mu_{2k} & \cdots & \mu_{pk} \end{pmatrix} = \begin{pmatrix} \boldsymbol{\mu}_1^{\mathrm{T}} \\ \boldsymbol{\mu}_2^{\mathrm{T}} \\ \vdots \\ \boldsymbol{\mu}_k^{\mathrm{T}} \end{pmatrix}, \quad \boldsymbol{1} = \begin{pmatrix} 1 \\ 1 \\ \vdots \\ 1 \end{pmatrix},$$

则有

$$\overline{\boldsymbol{\mu}}=\frac{1}{k}\sum_{i=1}^{k}\boldsymbol{\mu}_i=\frac{1}{k}\boldsymbol{M}^{\mathrm{T}}\mathbf{1}.$$

注意到

$$\boldsymbol{M}^{\mathrm{T}}\boldsymbol{M}=(\boldsymbol{\mu}_1,\boldsymbol{\mu}_2,\cdots,\boldsymbol{\mu}_k)\begin{pmatrix}\boldsymbol{\mu}_1^{\mathrm{T}}\\ \boldsymbol{\mu}_2^{\mathrm{T}}\\ \vdots\\ \boldsymbol{\mu}_k^{\mathrm{T}}\end{pmatrix}=\sum_{i=1}^{k}\boldsymbol{\mu}_i\boldsymbol{\mu}_i^{\mathrm{T}}.$$

从而

$$\begin{aligned}b&=\sum_{i=1}^{k}(\boldsymbol{u}^{\mathrm{T}}\boldsymbol{\mu}_i-\boldsymbol{u}^{\mathrm{T}}\overline{\boldsymbol{\mu}})^2=\boldsymbol{u}^{\mathrm{T}}\sum_{i=1}^{k}(\boldsymbol{\mu}_i-\overline{\boldsymbol{\mu}})(\boldsymbol{\mu}_i-\overline{\boldsymbol{\mu}})^{\mathrm{T}}\boldsymbol{u}\\&=\boldsymbol{u}^{\mathrm{T}}\left(\sum_{i=1}^{k}\boldsymbol{\mu}_i\boldsymbol{\mu}_i^{\mathrm{T}}-k\overline{\boldsymbol{\mu}}\,\overline{\boldsymbol{\mu}}\right)\boldsymbol{u}=\boldsymbol{u}^{\mathrm{T}}\left(\boldsymbol{M}^{\mathrm{T}}\boldsymbol{M}-\frac{1}{k}\boldsymbol{M}^{\mathrm{T}}\mathbf{1}\mathbf{1}^{\mathrm{T}}\boldsymbol{M}\right)\boldsymbol{u}\\&=\boldsymbol{u}^{\mathrm{T}}\boldsymbol{M}^{\mathrm{T}}\left(\boldsymbol{I}-\frac{1}{k}\boldsymbol{J}\right)\boldsymbol{M}\boldsymbol{u}=\boldsymbol{u}^{\mathrm{T}}\boldsymbol{B}\boldsymbol{u},\end{aligned}$$

其中 $\boldsymbol{B}=\boldsymbol{M}^{\mathrm{T}}\left(\boldsymbol{I}-\frac{1}{k}\boldsymbol{J}\right)\boldsymbol{M}$，$\boldsymbol{I}$ 为 $k\times k$ 单位阵，$\boldsymbol{J}=\begin{pmatrix}1&\cdots&1\\ \vdots&&\vdots\\ 1&\cdots&1\end{pmatrix}$.

此时，(7.1.14) 式可以写为

$$\Phi(\boldsymbol{u})=\frac{\boldsymbol{u}^{\mathrm{T}}\boldsymbol{B}\boldsymbol{u}}{\boldsymbol{u}^{\mathrm{T}}\boldsymbol{E}\boldsymbol{u}}. \tag{7.1.15}$$

我们就是要求使(7.1.15) 式达到最大的 $\boldsymbol{u}$.

为了确保解的唯一性，不妨设 $\boldsymbol{u}^{\mathrm{T}}\boldsymbol{E}\boldsymbol{u}=1$. 问题转化为，在 $\boldsymbol{u}^{\mathrm{T}}\boldsymbol{E}\boldsymbol{u}=1$ 的条件下，求 $\boldsymbol{u}$ 使得 $\boldsymbol{u}^{\mathrm{T}}\boldsymbol{B}\boldsymbol{u}$ 达到最大.

考虑目标函数

$$\varphi(\boldsymbol{u})=\boldsymbol{u}^{\mathrm{T}}\boldsymbol{B}\boldsymbol{u}-\lambda(\boldsymbol{u}^{\mathrm{T}}\boldsymbol{E}\boldsymbol{u}-1), \tag{7.1.16}$$

其中 λ 为未知参数. (7.1.16) 式分别对 $\boldsymbol{u}$ 和 λ 求偏导，并令其为 0，则

$$\begin{cases}\dfrac{\partial\varphi}{\partial\boldsymbol{u}}=2(\boldsymbol{B}-\lambda\boldsymbol{E})\boldsymbol{u}=\mathbf{0},\\[2mm] \dfrac{\partial\varphi}{\partial\lambda}=\boldsymbol{u}^{\mathrm{T}}\boldsymbol{E}\boldsymbol{u}-1=0.\end{cases} \tag{7.1.17}$$

(7.1.17) 的第一式两边左乘 $\boldsymbol{u}^{\mathrm{T}}$，有

$$\boldsymbol{u}^{\mathrm{T}}\boldsymbol{B}\boldsymbol{u}=\lambda\boldsymbol{u}^{\mathrm{T}}\boldsymbol{E}\boldsymbol{u}=\lambda.$$

这说明 $\boldsymbol{u}^{\mathrm{T}}\boldsymbol{B}\boldsymbol{u}$ 的极大值为 λ. 再用 $\boldsymbol{E}^{-1}$ 左乘(7.1.17) 的第一式并化简得

$$(\boldsymbol{E}^{-1}\boldsymbol{B}-\lambda\boldsymbol{I})\boldsymbol{u}=\mathbf{0}. \tag{7.1.18}$$

(7.1.18) 式说明 λ 为 $\boldsymbol{E}^{-1}\boldsymbol{B}$ 的特征值，$\boldsymbol{u}$ 为 λ 所对应的特征向量. 要使 $\boldsymbol{u}^{\mathrm{T}}\boldsymbol{B}\boldsymbol{u}$ 达到最大，则 λ 取 $\boldsymbol{E}^{-1}\boldsymbol{B}$ 最大的特征值，最大特征值 λ 所对应的特征向量 $\boldsymbol{u}=(u_1,u_2,\cdots,u_p)^{\mathrm{T}}$ 为我们所求的结果.

这样我们就得到线性判别函数 $\boldsymbol{u}^{\mathrm{T}}\boldsymbol{X}$，对于一个新的样品 $\boldsymbol{X}$，如果

$$|\boldsymbol{u}^{\mathrm{T}}\boldsymbol{X}-\boldsymbol{u}^{\mathrm{T}}\boldsymbol{\mu}_j|=\min_{1\leqslant i\leqslant k}|\boldsymbol{u}^{\mathrm{T}}\boldsymbol{X}-\boldsymbol{u}^{\mathrm{T}}\boldsymbol{\mu}_i|,$$

则判定样品 $\boldsymbol{X}$ 来自总体 G_j.

在解决实际问题时,当总体参数 $\boldsymbol{u}_i,\boldsymbol{\Sigma}_i,i=1,2,\cdots,k$ 未知,而此时 $\boldsymbol{B},\boldsymbol{E}$ 也未知时,需要通过样本来估计. 下面仅对 $k=2$ 的情形加以说明.

设总体 G_1, G_2 的样本分别为 $\boldsymbol{X}_{(1)}^{(1)},\boldsymbol{X}_{(2)}^{(1)},\cdots,\boldsymbol{X}_{(n_1)}^{(1)}$ 和 $\boldsymbol{X}_{(1)}^{(2)},\boldsymbol{X}_{(2)}^{(2)},\cdots,\boldsymbol{X}_{(n_2)}^{(2)}$, 令 $\overline{\boldsymbol{X}}^{(i)}=\dfrac{1}{n_i}\sum\limits_{j=1}^{n_i}\boldsymbol{X}_{(j)}^{(i)},i=1,2,\overline{\boldsymbol{X}}=\dfrac{1}{n_1+n_2}\sum\limits_{i=1}^{2}\sum\limits_{j=1}^{n_i}\boldsymbol{X}_{(j)}^{(i)}$ 分别表示两样本均值向量和总的样本均值向量,$\boldsymbol{S}^{(i)}=\sum\limits_{j=1}^{n_i}\left(\boldsymbol{X}_{(j)}^{(i)}-\overline{\boldsymbol{X}}^{(i)}\right)\left(\boldsymbol{X}_{(j)}^{(i)}-\overline{\boldsymbol{X}}^{(i)}\right)^{\mathrm{T}},i=1,2$ 分别表示两样本离差阵,则有

$$\begin{aligned}\hat{\boldsymbol{B}}&=(\overline{\boldsymbol{X}}^{(1)}-\overline{\boldsymbol{X}})(\overline{\boldsymbol{X}}^{(1)}-\overline{\boldsymbol{X}})^{\mathrm{T}}+(\overline{\boldsymbol{X}}^{(2)}-\overline{\boldsymbol{X}})(\overline{\boldsymbol{X}}^{(2)}-\overline{\boldsymbol{X}})^{\mathrm{T}}\\&=\frac{n_1^2+n_2^2}{(n_1+n_2)^2}(\overline{\boldsymbol{X}}^{(1)}-\overline{\boldsymbol{X}}^{(2)})(\overline{\boldsymbol{X}}^{(1)}-\overline{\boldsymbol{X}}^{(2)})^{\mathrm{T}},\end{aligned}$$

$$\hat{\boldsymbol{E}}=\frac{1}{n_1-1}\boldsymbol{S}^{(1)}+\frac{1}{n_2-1}\boldsymbol{S}^{(2)}.$$

习 题 7.1

1. 简述欧氏距离与马氏距离的区别和联系.
2. 试述判别分析的实质.
3. 简述距离判别法的基本思想和方法.
4. 简述贝叶斯判别法的基本思想和方法.
5. 简述费希尔判别法的基本思想和方法.
6. 试析距离判别法、贝叶斯判别法和费希尔判别法的异同.
7. 设有两个二维总体 G_1 和 G_2,从中分别抽取样本计算得到

$$\overline{\boldsymbol{X}}^{(1)}=\begin{pmatrix}5\\1\end{pmatrix},\quad \overline{\boldsymbol{X}}^{(2)}=\begin{pmatrix}3\\-2\end{pmatrix},\quad \boldsymbol{\Sigma}_2=\begin{pmatrix}5.8&2.1\\2.1&7.6\end{pmatrix}.$$

假设 $\boldsymbol{\Sigma}_1=\boldsymbol{\Sigma}_2$,试用距离判别法建立判别函数和判别规则,并判断样品 $\boldsymbol{X}=(6,0)^{\mathrm{T}}$ 应属于哪个总体?

8. 设有两个三维总体 G_1 和 G_2,它们分别服从正态分布 $N_3(\boldsymbol{\mu}_1,\boldsymbol{I})$ 和 $N_3(\boldsymbol{\mu}_2,\boldsymbol{I})$,其概率密度函数分别为

$$f_1(x)=\frac{1}{(2\pi)^{\frac{3}{2}}}\exp\left\{-\frac{1}{2}(\boldsymbol{x}-\boldsymbol{\mu}_1)^{\mathrm{T}}(\boldsymbol{x}-\boldsymbol{\mu}_1)\right\},$$

$$f_2(x)=\frac{1}{(2\pi)^{\frac{3}{2}}}\exp\left\{-\frac{1}{2}(\boldsymbol{x}-\boldsymbol{\mu}_2)^{\mathrm{T}}(\boldsymbol{x}-\boldsymbol{\mu}_2)\right\},$$

其中 $\boldsymbol{\mu}_1=(4,2,9)^{\mathrm{T}},\boldsymbol{\mu}_2=(2,8,7)^{\mathrm{T}},\boldsymbol{I}$ 为单位矩阵,设 G_1 和 G_2 的先验概率分别为 0.4 和 0.6,错判损失分别为 $L(2\mid 1)=6,L(1\mid 2)=4$.试求:

(1) 贝叶斯判别的解.

(2) 判断 $\boldsymbol{x}=(5,3,7)^{\mathrm{T}}$ 及 $\boldsymbol{x}=(4,5,3)^{\mathrm{T}}$ 属于哪个总体?

(3) 求出贝叶斯判别的错判概率.

9. 设有3个总体 G_1,G_2,G_3，其概率密度函数分别为 $f_1(x),f_2(x),f_3(x)$，且各个总体的先验概率分别为 $q_1=0.05,q_2=0.60,q_3=0.35$，误判的损失如下表所示：

实际为	判定为		
	G_1	G_2	G_3
G_1	$C(1 \mid 1)=0$	$C(2 \mid 1)=10$	$C(3 \mid 1)=50$
G_2	$C(1 \mid 2)=500$	$C(2 \mid 2)=0$	$C(3 \mid 2)=200$
G_3	$C(1 \mid 3)=100$	$C(2 \mid 3)=50$	$C(3 \mid 3)=0$

现有一样品 x_0，使得 $f_1(x_0)=0.01,f_2(x_0)=0.85,f_3(x_0)=2$，按照贝叶斯判别准则，应该判别 x_0 属于哪个总体？若假定误判损失都相同，情况又如何？

§7.2 实例分析与计算机实现

例 7.2.1 人类发展指数是由联合国开发计划署在1990年发表的《人类发展报告》中提出的用以衡量世界各国或地区经济社会发展水平的指标. 其指标构成如下：出生时预期寿命 X_1(单位:年)、平均受教育年限 X_2(单位:年)、预期受教育年限 X_3(单位:年)以及人均国民总收入 X_4(2011年购买力平价,单位:美元)4个指标. 这里选取了5个发达国家和5个发展中国家的指标作为训练样本，用以对4个待判国家进行判别分析("类别"中"1"为发达国家,"2"为发展中国家). 表7.2.1的数据来源于联合国开发计划署网站.

表 7.2.1 联合国开发计划署发布的2014年人类发展指数的部分数据

国家	出生时预期寿命 X_1/年	平均受教育年限 X_2/年	预期受教育年限 X_3/年	人均国民总收入 X_4/美元	类别
瑞士	82.6	12.2	15.7	53 762	1
美国	78.9	12.9	16.5	52 308	1
日本	83.6	11.5	15.3	36 747	1
阿联酋	76.9	9.1	13.3	58 068	1
古巴	79.3	10.2	14.5	19 844	2
阿根廷	76.3	9.8	16.4	17 297	1
保加利亚	73.5	10.6	14.3	15 402	2
巴西	73.9	7.2	15.2	14 275	2
格鲁吉亚	74.3	12.1	13.2	6 890	2
乌克兰	68.5	11.3	15.1	8 215	2
中国	75.3	7.5	12.9	11 477	待判
罗马尼亚	73.8	10.7	14.1	17 433	待判

（续表）

国家	出生时预期寿命 X_1/年	平均受教育年限 X_2/年	预期受教育年限 X_3/年	人均国民总收入 X_4/美元	类别
希腊	80.8	10.2	16.5	24 658	待判
哥伦比亚	74.0	7.1	13.2	11 527	待判

SPSS 操作步骤：

(1) 点击"分析 → 分类 → 判别"，进入"判别分析"主对话框，如图 7.2.1 所示. 将"类别"变量选入"分组变量"列表框中，"定义范围"选项将被激活. 点击"定义范围"选项，将本例类别的变量的最小值 1 和最大值 2 填入此选项，点击"继续"按钮，即确定"类别"范围. 将剩余 4 个变量选入"自变量"列表框中，选择"一起输入自变量"，该项表示所有自变量都能对观测量的特性提供丰富的信息且彼此独立，此时用所有自变量进行判别分析，建立全模型.

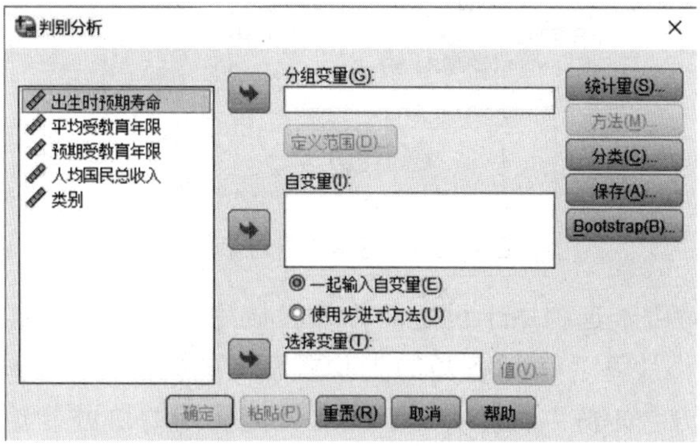

图 7.2.1 "判别分析"主对话框

(2) 点击主对话框中的"统计量"选项，进入"统计量"子对话框，如图 7.2.2 所示，在"描述性"对话框中选择"均值、单变量 ANOVA、Box's M"；在"函数系数"对话框中选择"Fisher、未标准化". 点击"继续"按钮，回到主对话框.

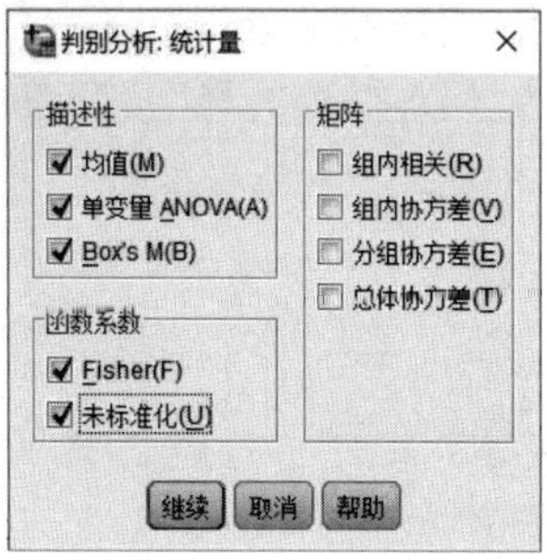

图 7.2.2 "统计量"子对话框

说明 1 "描述性"对话框中的"均值"表示各类变量样本均值和标准差；"单变量 ANOVA"表示对各类中同一变量均值都相等的假设进行检验，输出单变量方差分析的结果；"Box's M"表示对各类协方差矩阵相等的假设进行检验.

说明 2　“函数系数”对话框中的“Fisher”表示输出可以直接用于对新样本进行判别分类的 Fisher's 系数(即为贝叶斯判别函数,并不是费希尔判别方法的判别函数,只因该判别思想是由费希尔提出的),对每一类给出一组系数,并给出该组中判别分数最大的观测值;“未标准化”表示输出未标准化的费希尔判别方法的判别函数.

(3) 点击主对话框“分类”选项,用于设置分类参数和判别结果,进入“分类”子对话框,如图 7.2.3 所示,在“先验概率”中选择“所有组相等”,在“使用协方差矩阵”中选择“在组内”,在“输出”中选择“个案结果、摘要表”. 点击“继续”按钮,回到主对话框.

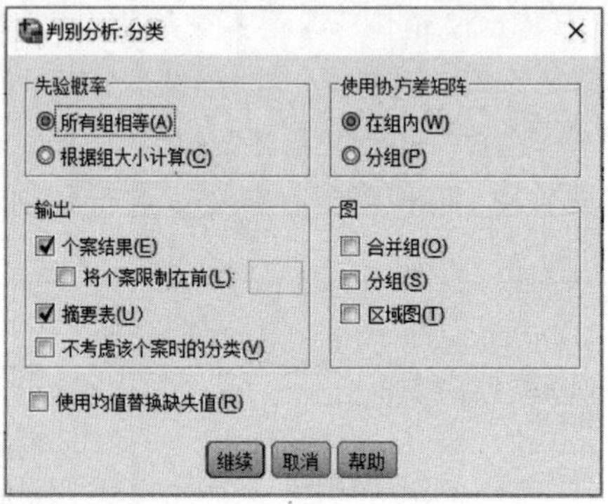

图 7.2.3　“分类”子对话框

说明 1　“先验概率”子选项用于设定两种先验概率,其中“所有组相等”表示各类先验概率相等;“根据组大小计算”表示各类的先验概率与各类的样本量成正比.

说明 2　“使用协方差矩阵”子选项用于设定分类使用的协方差矩阵,其中“在组内”表示使用合并组内协方差矩阵进行分类;“分组”表示使用各组协方差矩阵进行分类.

说明 3　“输出”子选项用于设定生成到输出窗口的分类结果,其中“个案结果”表示对每个观测量输出判别分数、实际类、预测类、后验概率等;“摘要表”表示输出分类小结,给出正确分类样品数、错分样品数和错分率;“不考虑该个案时的分类”表示输出每个样品进行分类的结果,也称为交互校验结果.

(4) 点击主对话框“保存”选项,用于指定生成并保存在数据文件中的新变量,进入“保存”子对话框,如图 7.2.4 所示,在“保存”中选择“预测组成员、判别得分、组成员概率”. 点击“继续”按钮,回到主对话框.

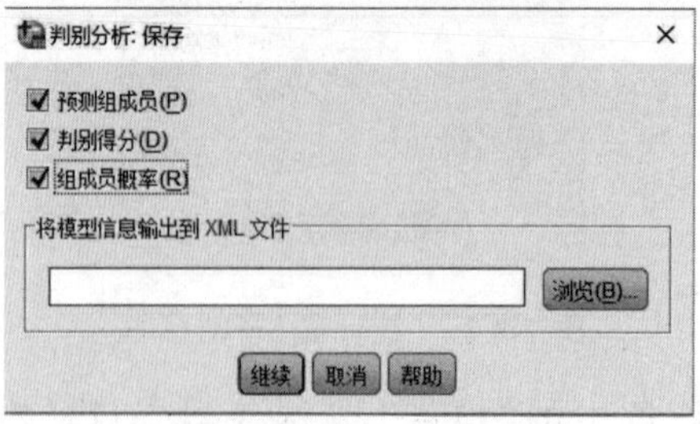

图 7.2.4　“保存”子对话框

说明　“保存”选项中“预测组成员”表示要建立新变量,根据判别分数,按照后验概率最大指派所属的类别；"判别得分"表示建立表明判别分数的新变量；"组成员概率"表示要求建立新变量，表明样品属于某一类的概率.

(5) 点击"确定"按钮，执行操作，输出结果如表 7.2.2 ～ 表 7.2.13 所示.

表 7.2.2 分析案例处理摘要

分析案例处理摘要

未加权案例		N	百分比
有效		10	71.4
排除的	缺失或越界组代码	4	28.6
	至少一个缺失判别变量	0	.0
	缺失或越界组代码还有至少一个缺失判别变量	0	.0
	合计	4	28.6
合计		14	100.0

表 7.2.2 为分析案例处理摘要，反映的是有效样本量及变量缺失情况. 本例中有 4 个样品类别待判，所以表中显示有 4 个样品变量值缺失.

表 7.2.3 分组统计量表

组统计量

类别		均值	标准差	有效的 N（列表状态）	
				未加权的	已加权的
发达国家	出生时预期寿命	79.660	3.3035	5	5.000
	平均受教育年限	11.100	1.6047	5	5.000
	预期受教育年限	15.440	1.2954	5	5.000
	人均国民总收入	43636.400	16787.0733	5	5.000
发展中国家	出生时预期寿命	73.900	3.8288	5	5.000
	平均受教育年限	10.280	1.8674	5	5.000
	预期受教育年限	14.460	.8019	5	5.000
	人均国民总收入	12925.200	5348.7362	5	5.000
合计	出生时预期寿命	76.780	4.5367	10	10.000
	平均受教育年限	10.690	1.6974	10	10.000
	预期受教育年限	14.950	1.1394	10	10.000
	人均国民总收入	28280.800	19998.8993	10	10.000

表 7.2.3 为分组统计量表，是各组变量的描述统计分析. 从表中可以看出 4 个变量在两组中的均值差别还是比较大的.

表 7.2.4 组均值的齐性检验

组均值的均等性的检验

	Wilks 的 Lambda	F	df1	df2	Sig.
出生时预期寿命	.552	6.487	1	8	.034
平均受教育年限	.935	.555	1	8	.478
预期受教育年限	.795	2.069	1	8	.188
人均国民总收入	.345	15.192	1	8	.005

表 7.2.4 是组均值的齐性检验. 从表中可以看出出生时预期寿命和人均国民总收入两组有显著的差异，其他两组均值没有显著的差异.

表 7.2.5 协方差矩阵的均等性检验

检验结果

箱的 M		31.442
F	近似。	1.351
	df1	10
	df2	305.976
	Sig.	.202

对相等总体协方差矩阵的零假设进行检验。

表 7.2.5 为协方差矩阵的均等性检验，是对两组总体进行的协方差矩阵是否相等的统计检验. 表中的 p 值为 $0.202 > 0.05$，说明两组总体的协方差矩阵无显著的差异.

表 7.2.6 典型的判别函数分析结果

特征值

函数	特征值	方差的 %	累积 %	正则相关性
1	3.242[a]	100.0	100.0	.874

a. 分析中使用了前 1 个典型判别式函数。

Wilks 的 Lambda

函数检验	Wilks 的 Lambda	卡方	df	Sig.
1	.236	8.671	4	.070

表 7.2.6 是典型的判别函数分析结果，其中“特征值”表反映判别函数的特征值、解释方差的比例和典型的相关系数，从表中可以看出，判别函数解释了 100% 的方差；“Wilks 的 Lambda”表是对判别函数的显著性检验，表中的 p 值为 $0.070 > 0.05$，因此判别函数是显著的.

表 7.2.7 标准化的典型判别函数系数

标准化的典型判别式函数系数

	函数
	1
出生时预期寿命	.267
平均受教育年限	.004
预期受教育年限	.615
人均国民总收入	.904

表 7.2.7 是标准化的典型判别函数，由其可知判别函数为

$$Y = 0.267X_1^* + 0.004X_2^* + 0.615X_3^* + 0.904X_4^*,$$

其中 $X_1^*, X_2^*, X_3^*, X_4^*$ 分别表示 X_1, X_2, X_3, X_4 标准化后的变量值，标准化变量的系数又称为判别权重. 通过判别权重和判别载荷可以看出哪些解释变量的贡献比较大.

表 7.2.8 结构矩阵

结构矩阵

	函数
	1
人均国民总收入	.765
出生时预期寿命	.500
预期受教育年限	.282
平均受教育年限	.146

判别变量和标准化典型判别式函数之间的汇聚组间相关性
按函数内相关性的绝对大小排序的变量。

表 7.2.8 是结构矩阵,又称为判别载荷.

表 7.2.9 费希尔判别函数系数

典型判别式函数系数

	函数
	1
出生时预期寿命	.075
平均受教育年限	.002
预期受教育年限	.571
人均国民总收入	.000
(常量)	-16.350

非标准化系数

表 7.2.9 为未标准化的典型判别函数系数,即费希尔判别函数系数.将样本观测值直接带入该函数,以求出判别得分. 本例费希尔判别函数为

$$Y = -16.35 + 0.075X_1 + 0.002X_2 + 0.571X_3.$$

表 7.2.10 类重心的费希尔判别函数值

组质心处的函数

	函数
类别	1
发达国家	1.611
发展中国家	-1.611

在组均值处评估的非标准化典型判别式函数

表 7.2.10 为类重心的费希尔判别函数值.

表 7.2.11 贝叶斯判别函数系数

分类函数系数

	类别	
	发达国家	发展中国家
出生时预期寿命	6.181	5.940
平均受教育年限	.790	.783
预期受教育年限	15.160	13.320
人均国民总收入	.000	-1.410E-005
(常量)	-373.081	-320.416

Fisher 的线性判别式函数

表 7.2.11 为贝叶斯判别函数系数. 这里是将各样品的变量值代入贝叶斯各类判别函数中,按判别函数值最大的一组进行归类. 由表 7.2.11 可知两类贝叶斯判别函数分别为

$$Y_1 = -373.081 + 6.181X_1 + 0.79X_2 + 15.16X_3,$$

$$Y_2 = -320.416 + 5.94X_1 + 0.783X_2 + 13.32X_3.$$

表 7.2.12　按照案例顺序排列的统计表

按照案例顺序的统计量

	案例数目	实际组	最高组					第二最高组			判别式得分
			预测组	P(D>d | G=g) p	P(D>d | G=g) df	P(G=g | D=d)	到质心的平方 Mahalanobis 距离	组	P(G=g | D=d)	到质心的平方 Mahalanobis 距离	函数 1
初始	1	1	1	.269	1	1.000	1.222	2	.000	18.720	2.716
	2	1	1	.237	1	1.000	1.398	2	.000	19.388	2.793
	3	1	1	.776	1	.986	.081	2	.014	8.621	1.326
	4	1	1	.700	1	.981	.148	2	.019	8.041	1.225
	5	2	2	.353	1	.900	.862	1	.100	5.257	-.682
	6	1	2**	.109	1	.506	2.571	1	.494	2.617	-.007
	7	2	2	.953	1	.993	.004	1	.007	9.997	-1.551
	8	2	2	.608	1	.972	.264	1	.028	7.331	-1.097
	9	2	2	.261	1	1.000	1.263	1	.000	18.876	-2.734
	10	2	2	.706	1	.998	.142	1	.002	12.949	-1.988
	11	未分组的	2	.369	1	1.000	.806	1	.000	16.965	-2.508
	12	未分组的	2	.908	1	.992	.013	1	.008	9.647	-1.495
	13	未分组的	1	.491	1	.951	.475	2	.049	6.411	.921
	14	未分组的	2	.412	1	1.000	.674	1	.000	16.337	-2.431

**. 错误分类的案例

表 7.2.12 为按照案例顺序排列的统计表,该表给出了样品判别结果.表中各列的内容分别为: 实际所属类别(实际组)、预测所属类别(预测组)、贝叶斯判别第一大后验概率、与预测所属类别的重心的马氏距离,以及费希尔判别得分(函数 1). 从表中可以看出: 4 个待判样品分别属于第 2,2,1,2 类. 另外,已知样品中第 6 个样品阿根廷被判错了,由发展中国家错判成发达国家.

表 7.2.13　SPSS 数据编辑窗口的新变量

*例7.1.1.sav [数据集1] - IBM SPSS Statistics 数据编辑器

文件(F) 编辑(E) 视图(V) 数据(D) 转换(T) 分析(A) 直销(M) 图形(G) 实用程序(U) 窗口(W) 帮助

18 : Dis1_1

	国家	出生时预期寿命	平均受教育年限	预期受教育年限	人均国民总收入	类别	Dis_1	Dis1_1	Dis1_2	Dis2_2
1	瑞士	82.6	12.2	15.7	53762	1	1	2.71613	.99984	.00016
2	美国	78.9	12.9	16.5	52308	1	1	2.79269	.99988	.00012
3	日本	83.6	11.5	15.3	36747	1	1	1.32570	.98621	.01379
4	阿联酋	76.9	9.1	13.3	58068	1	1	1.22522	.98104	.01896
5	古巴	79.3	10.2	14.5	19844	2	2	-.68229	.09996	.90004
6	阿根廷	76.3	9.8	16.4	17297	1	2	-.00709	.49429	.50571
7	保加利亚	73.5	10.6	14.3	15402	2	2	-1.55127	.00671	.99329
8	巴西	73.9	7.2	15.2	14275	2	2	-1.09697	.02838	.97162
9	格鲁吉亚	74.3	12.1	13.2	6890	2	2	-2.73416	.00015	.99985
10	乌克兰	68.5	11.3	15.1	8215	2	2	-1.98795	.00165	.99835
11	中国	75.3	7.5	12.9	11477	3	2	-2.50834	.00031	.99969
12	罗马尼亚	73.8	10.7	14.1	17433	3	2	-1.49542	.00803	.99197
13	希腊	80.8	10.2	16.5	24658	3	1	.92138	.95110	.04890
14	哥伦比亚	74.0	7.1	13.2	11527	3	2	-2.43140	.00040	.99960

表 7.2.13 为在 SPSS 的数据编辑窗口保存的新变量. 由于 SPSS 操作在“保存”中选择

了生成判别结果新变量,所以在SPSS的数据编辑窗口可以观察到新变量.其中“Dis_1”表示存放判别样品所属组别的数值,“Dis1_1”表示样品各变量值代入判别函数所得的判别得分,“Dis1_2,Dis2_2”分别表示样品属于第一组、第二组的贝叶斯后验概率.

习 题 7.2

1. 某超市经销10种品牌饮料,其中有4种畅销、3种滞销、3种平销.下表是这10种品牌饮料的销售价格(单位:元)和顾客对各种饮料的口味评分(单位:分)、信任度评分(单位:分)的平均数.

销售情况	产品序号	销售价格 / 元	口味评分 / 分	信任度评分 / 分
畅销	1	2.2	5	8
畅销	2	2.5	6	7
畅销	3	3.0	3	9
畅销	4	3.2	8	6
平销	5	2.8	7	6
平销	6	3.5	8	7
平销	7	4.8	9	8
滞销	8	1.7	3	4
滞销	9	2.2	4	2
滞销	10	2.7	4	3

(1) 根据数据建立贝叶斯判别函数,并据此判别函数对原样品进行回判.

(2) 现有一新品牌的饮料在该超市试销,其销售价格是3.0元,顾客对其口味的评分平均为8分,信任度评分平均为5分,试预测该饮料的销售情况.

2. 银行的贷款部门需要判别每个客户的信用好坏(是否未履行还贷责任),以决定是否给予贷款.可以根据贷款申请人的年龄 X_1(单位:年)、受教育程度 X_2(单位:年)、现在所从事工作的年数 X_3(单位:年)、未变更住址的年数 X_4(单位:年)、收入 X_5(单位:元)、负债收入比例 X_6(单位:%)、信用卡债务 X_7(单位:万元)、其他债务 X_8(单位:元)等来判断其信用情况.下表是从某银行的客户资料中抽取的部分数据:

目前信用好坏	客户序号	X_1/年	X_2/年	X_3/年	X_4/年	X_5/元	X_6/%	X_7/万元	X_8/元
已还贷	1	23	1	7	2	31	6.60	0.34	1.71
	2	34	1	17	3	59	8.00	1.81	2.91
	3	42	2	7	23	41	4.60	0.94	0.94
	4	39	1	19	5	48	13.10	1.93	4.36
	5	35	1	9	1	34	5.00	0.40	1.30

（续表）

目前信用好坏	客户序号	X_1/年	X_2/年	X_3/年	X_4/年	X_5/元	X_6/%	X_7/万元	X_8/元
未还贷	6	37	1	1	3	24	15.10	1.80	1.82
	7	29	1	13	1	42	7.40	1.46	1.65
	8	32	2	11	6	75	23.30	7.76	9.72
	9	28	2	2	3	23	6.40	0.19	1.29
	10	26	1	4	3	27	10.50	2.47	0.36

(1) 根据样本资料分别用距离判别法、贝叶斯判别法和费希尔判别法建立判别函数和判别规则.

(2) 某客户的如上情况资料为(53,1,9,18,50,11.20,2.02,3.58)，对其进行信用好坏的判别.

3. 从胃癌患者、萎缩性胃炎和非胃炎患者中分别抽取 5 个患者进行 4 项生化指标化验(单位：mg/L)：血清铜蛋白 X_1、蓝色反应 X_2、尿吲哚乙酸 X_3）和中性硫化物(X_4)，数据见下表：

单位：mg/L

类别	病人序号	X_1	X_2	X_3	X_4
胃癌患者	1	228	134	20	11
	2	245	134	10	40
	3	200	167	12	27
	4	170	150	7	8
	5	100	167	20	14
萎缩性胃炎患者	6	225	125	7	14
	7	130	100	6	12
	8	150	117	7	6
	9	120	133	10	26
	10	160	100	5	10
非胃炎患者	11	185	115	5	19
	12	170	125	6	4
	13	165	142	5	3
	14	135	108	2	12
	15	100	117	7	2

试用距离判别法建立判别函数，并根据此判别函数对原样本进行回判.

第八章 聚类分析

"物以类聚,人以群分". 对事物进行分类,是人们认识事物的出发点,也是人们认识世界的一种重要方法.

在生物、经济、社会、人口等领域的研究中,存在着大量量化分类问题. 例如,在生物学中,为了研究生物的演变,生物学家需要根据各种生物的不同特征对生物进行分类. 在经济研究中,为了研究不同地区城镇居民的收入和消费情况,有时需要根据地区划分不同的类型进行研究. 在地质学中,为了研究矿物勘探,需要根据各种矿石的化学和物理性质以及所含化学成分把它们归于不同的矿石类. 在人口学研究中,为研究人口的生育和死亡规律,需要构造人口生育分类模式、人口死亡分类状况. 在历史上这些问题的分类方法大多是人们依靠经验作定性分类,致使许多分类带有主观性和任意性,不能很好地揭示客观事物内在的本质差别和联系,特别是多因素、多指标的分类问题,定性分类的准确性不好把握. 为了克服定性分类存在的不足,人们把数学方法引入分类中,形成了数值分类学. 后来随着多元统计分析的发展,从数值分类学中逐渐分离出了聚类分析方法. 随着计算机技术的不断发展,利用数学方法研究分类不仅非常必要而且完全可能,聚类分析的理论和应用得到了迅速的发展.

§8.1 聚类分析

聚类分析就是分析如何对样品或变量进行量化分类,分为Q型聚类和R型聚类. Q型聚类是对样品进行分类处理,R型聚类是对变量进行分类处理. 在介绍聚类分析方法之前先来介绍样品和变量的相似性度量.

一、相似性度量

1. 样品相似性的度量

我们通常用距离来测度样品之间的相似程度. 每个样品有 p 个指标(变量) 从不同方面描述其性质,形成一个 p 维的向量. 如果把 n 个样品看成 p 维空间中的 n 个点,则两个样品间的相似程度就可以用 p 维空间中的两点距离公式来度量. 令 d_{ij} 表示样品 X_i 与 X_j 的距离, $i,j=1,2,\cdots,n$,下面介绍几种常见的距离公式.

定义 8.1.1 样品 $\boldsymbol{X}_i=(x_{i1},x_{i2},\cdots,x_{ip})^{\mathrm{T}}$ 与 $\boldsymbol{X}_j=(x_{j1},x_{j2},\cdots,x_{jp})^{\mathrm{T}}$, $i,j=1,2,\cdots,n$, 的**闵可夫斯基**(Minkowski) **距离**定义为

$$d_{ij}(q)=\left(\sum_{k=1}^{p}|x_{ik}-x_{jk}|^{q}\right)^{1/q},$$

简称为**闵氏距离**. 当 $q=1$ 时,

$$d_{ij}(1)=\sum_{k=1}^{p}|x_{ik}-x_{jk}|$$

称为**绝对距离**; 当 $q=2$ 时,

$$d_{ij}(2)=\left(\sum_{k=1}^{p}|x_{ik}-x_{jk}|^{2}\right)^{1/2}$$

称为**欧几里得距离**,简称为**欧氏距离**; 当 $q=\infty$ 时,

$$d_{ij}(\infty)=\max_{1\leqslant k\leqslant p}|x_{ik}-x_{jk}|$$

称为**切比雪夫距离**.

闵氏距离在实际中的应用很多,但是存在两点不足: 一是受变量量纲的影响; 二是没有考虑指标间的相关性.

定义 8.1.2 样品 $\boldsymbol{X}_i=(x_{i1},x_{i2},\cdots,x_{ip})^{\mathrm{T}}$ 与 $\boldsymbol{X}_j=(x_{j1},x_{j2},\cdots,x_{jp})^{\mathrm{T}},i,j=1,2,\cdots,n$ 间的**兰氏距离**定义为

$$d_{ij}(L)=\frac{1}{p}\sum_{k=1}^{p}\frac{|x_{ik}-x_{jk}|}{x_{ik}+x_{jk}}.$$

兰氏距离仅适用于一切 $x_{ij}>0$ 的情况,但它克服了变量间量纲的影响,是一个自身标准化的量. 它对大的奇异值不敏感,特别适合于高度偏倚的数据. 兰氏距离克服了闵氏距离的第一个缺点,但它也没有考虑指标之间的相关性.

另一个改进的距离就是定义 7.1.1 介绍过的**马氏距离**. 可以证明马氏距离对一切线性变换是不变的,即它不受变量量纲的影响,同时也考虑了指标之间的相关性.

例 8.1.1 已知二维正态总体 G 的分布为 $N_2\left(\begin{pmatrix}0\\0\end{pmatrix},\begin{pmatrix}1 & 0.9\\0.9 & 1\end{pmatrix}\right)$,求点 $A=\begin{pmatrix}1\\1\end{pmatrix}$ 和点 $B=\begin{pmatrix}1\\-1\end{pmatrix}$ 到总体均值 $\boldsymbol{\mu}=\begin{pmatrix}0\\0\end{pmatrix}$ 的距离.

点 A 到 $\boldsymbol{\mu}$ 的欧氏距离的平方为 $d_{A\boldsymbol{\mu}}^2=2$,点 B 到 $\boldsymbol{\mu}$ 的欧氏距离的平方为 $d_{B\boldsymbol{\mu}}^2=2$,即 A,B 两点到 $\boldsymbol{\mu}$ 的欧氏距离相等.

二维正态总体 G 的协差阵 $\boldsymbol{\Sigma}=\begin{pmatrix}1 & 0.9\\0.9 & 1\end{pmatrix}$,则 $\boldsymbol{\Sigma}^{-1}=\dfrac{1}{0.19}\begin{pmatrix}1 & -0.9\\-0.9 & 1\end{pmatrix}$,从而点 A 到 $\boldsymbol{\mu}$ 的马氏距离的平方为

$$d_{A\boldsymbol{\mu}}^2=(1,1)\boldsymbol{\Sigma}^{-1}\begin{pmatrix}1\\1\end{pmatrix}=\frac{0.2}{0.19},$$

点 B 到 $\boldsymbol{\mu}$ 的马氏距离的平方为

$$d_{B\boldsymbol{\mu}}^2=(1,-1)\boldsymbol{\Sigma}^{-1}\begin{pmatrix}1\\-1\end{pmatrix}=\frac{3.8}{0.19}.$$

这个结果说明 A,B 两点到 $\boldsymbol{\mu}$ 的马氏距离相差很大.

由第六章可知,若总体 G 的概率密度函数为

$$f(x,y)=\frac{1}{2\pi\sqrt{0.19}}\exp\left\{-\frac{x^2-1.8xy+y^2}{0.38}\right\},$$

则有 $f(1,1)=0.215\ 7$，$f(1,-1)=0.000\ 016\ 58$. 由此可知，A 点离均值近，B 点离均值远. 马氏距离反映了这一情况，但欧氏距离则不然.

一般来说，同一批数据采用不同的距离公式，会得到不同的分类结果. 产生不同结果的原因，主要是由于不同的距离公式的侧重点和实际意义不同. 因此我们在进行聚类分析时，应注意距离公式的选择. 通常选择距离公式应注意遵循以下的基本原则：

(1) 要考虑所选择的距离公式在实际应用中有明确的意义. 例如，欧氏距离具有非常明确的空间距离概念；马氏距离有消除量纲影响的作用.

(2) 要综合考虑对样品观测数据的预处理和将要采用的聚类分析方法. 例如，在进行聚类分析之前若已经对变量作了标准化处理，则通常就可采用欧氏距离.

(3) 要考虑研究对象的特点和计算量的大小. 样品间距离公式的选择是一个比较复杂且带有一定主观性的问题，我们应根据研究对象的不同特点作出具体分析. 实际中，聚类分析前不妨试探性地多选择几个距离公式分别进行聚类，然后对聚类分析的结果进行对比分析，以确定最合适的距离测度方法.

2. 变量相似性的度量

对于变量间的相似性，可以从它们的方向趋同性或相关性进行考查，从而得到夹角余弦和相关系数两种度量方法.

两变量 $\boldsymbol{X}_i=(X_{i1},X_{i2},\cdots,X_{ip})^{\mathrm{T}}$ 与 $\boldsymbol{X}_j=(X_{j1},X_{j2},\cdots,X_{jp})^{\mathrm{T}}$，$i,j=1,2,\cdots,n$ 的**夹角余弦**定义为

$$\cos\theta_{ij}=\frac{\sum_{k=1}^{p}X_{ik}X_{jk}}{\sqrt{\left(\sum_{k=1}^{p}X_{ik}^2\right)\left(\sum_{k=1}^{p}X_{jk}^2\right)}}.$$

显然，$|\cos\theta_{ij}|\leqslant 1$.

相关系数经常用来度量变量间的相似性. 变量 $\boldsymbol{X}_i$ 与 $\boldsymbol{X}_j$ 的**相关系数**定义为

$$r_{ij}=\frac{\sum_{k=1}^{n}(x_{ik}-\overline{\boldsymbol{x}}_i)(x_{jk}-\overline{\boldsymbol{x}}_j)}{\sqrt{\sum_{k=1}^{n}(x_{ik}-\overline{\boldsymbol{x}}_i)^2\sum_{k=1}^{n}(x_{jk}-\overline{\boldsymbol{x}}_j)^2}},$$

其中 x_{ik}，x_{jk} 分别为 $\boldsymbol{X}_i$，$\boldsymbol{X}_j$ 的第 $k(k=1,2,\cdots,n)$ 个观测值，$\overline{\boldsymbol{x}}_i$，$\overline{\boldsymbol{x}}_j$ 分别为 $\boldsymbol{X}_i$，$\boldsymbol{X}_j$ 的 n 次观测值的均值. 显然也有 $|r_{ij}|\leqslant 1$.

无论是夹角余弦还是相关系数，它们的绝对值都小于 1，作为变量相似性的度量工具，我们把它们统一记为 c_{ij}. 当 $|c_{ij}|=1$ 时，说明变量 $\boldsymbol{X}_i$ 与 $\boldsymbol{X}_j$ 完全相似；当 $|c_{ij}|$ 近似于 1 时，说明变量 $\boldsymbol{X}_i$ 与 $\boldsymbol{X}_j$ 非常密切；当 $|c_{ij}|=0$ 时，说明变量 $\boldsymbol{X}_i$ 与 $\boldsymbol{X}_j$ 完全不一样；当 $|c_{ij}|$ 近似于 0 时，说明变量 $\boldsymbol{X}_i$ 与 $\boldsymbol{X}_j$ 差别很大. 据此，我们把比较相似的变量聚为一类，把不太相似的变量归到不同的类内.

在实际聚类过程中，为了计算方便，我们把变量间相似性的度量公式作个变换

$$d_{ij}=1-c_{ij},$$

或者

$$d_{ij}^2=1-c_{ij}^2.$$

用 d_{ij} 表示变量间的距离，d_{ij} 小则 $\boldsymbol{X}_i$ 与 $\boldsymbol{X}_j$ 先聚成一类，这比较符合人们的一般思维习惯.

二、系统聚类法

系统聚类的基本思想是：距离相近的样品或变量先聚成类，距离相远的后聚成类，过程一直进行下去，每个样品或变量总能聚到合适的类中.

在进行系统聚类之前，首先要定义类与类之间的距离，由类间距离定义的不同产生了不同的系统聚类法. 常见的类间距离定义有8种，与之相应的系统聚类法也有8种，分别为：最短距离法、最长距离法、中间距离法、重心法、类平均法、可变类平均法、可变法和离差平方和法. 它们的归类步骤基本上是一致的，主要差异是类间距离的计算方法不同. 我们主要介绍其中5种方法，另外3种用得较少，这里不详述. 下面用 d_{ij} 表示样品或变量 $\boldsymbol{X}_i$ 与 $\boldsymbol{X}_j$ 的距离，用 D_{ij} 表示类 G_i 与 G_j 之间的距离.

1. 最短距离法和最长距离法

最短距离法定义类 G_i 与 G_j 之间的距离为两类最近样品的距离，即为

$$D_{ij}=\min_{\boldsymbol{X}_p\in G_i,\boldsymbol{X}_q\in G_j} d_{pq}.$$

设类 G_p 与 G_q 合并成一个新类，记为 G_r，则任一类 G_k 与 G_r 的距离为

$$D_{kr}=\min_{\boldsymbol{X}_i\in G_k,\boldsymbol{X}_j\in G_r} d_{ij}=\min\left\{\min_{\boldsymbol{X}_i\in G_k,\boldsymbol{X}_j\in G_p} d_{ij},\ \min_{\boldsymbol{X}_i\in G_k,\boldsymbol{X}_j\in G_q} d_{ij}\right\}=\min\{D_{kp},D_{kq}\}. \tag{8.1.1}$$

例 8.1.2 设有6个样品，每个样品测量一个质量指标，分别是1,2,5,7,9,10，试用最短距离法对这6个样品按质量指标进行分类.

(1) 定义样品之间距离，计算样品的两两距离，得一距离矩阵，记为 $\boldsymbol{D}_{(0)}$. 这里样品采用绝对值距离，距离矩阵 $\boldsymbol{D}_{(0)}$ 如表 8.1.1 所示. 开始时每个样品自成一类，这时 $D_{ij}=d_{ij}$.

表 8.1.1 距离矩阵 $\boldsymbol{D}_{(0)}$

	G_1	G_2	G_3	G_4	G_5	G_6
G_1	0					
G_2	1	0				
G_3	4	3	0			
G_4	6	5	2	0		
G_5	8	7	4	2	0	
G_6	9	8	5	3	1	0

(2) 找出最小距离，设为 D_{pq}，则将 G_p 与 G_q 合并成一个新类，记为 G_r，即 $G_r=\{G_p,G_q\}$. 本例中 $\boldsymbol{D}_{(0)}$ 最小的距离是 $D_{12}=D_{56}=1$，于是将 G_1 和 G_2 合并成 G_7，G_5 和 G_6 合并成 G_8，并利用(8.1.1)式计算新类与其他类的距离，得到距离矩阵 $\boldsymbol{D}_{(1)}$，如表 8.1.2 所示.

表 8.1.2 距离矩阵 $\boldsymbol{D}_{(1)}$

	G_7	G_3	G_4	G_8
G_7	0			
G_3	3	0		
G_4	5	2	0	
G_8	7	4	2	0

(3) 重复步骤(2). 在 $\boldsymbol{D}_{(1)}$ 中最小值是 $D_{34}=D_{48}=2$,由于 G_4 和 G_3 合并,又与 G_8 合并,因此 G_3,G_4,G_8 合并成一个新类 G_9,计算新类与其他类的距离,得到距离矩阵 $\boldsymbol{D}_{(2)}$,如表 8.1.3 所示.

表 8.1.3 距离矩阵 $\boldsymbol{D}_{(2)}$

	G_7	G_9
G_7	0	
G_9	3	0

(4) 最后将 G_7 和 G_9 合并成 G_{10},这时所有的 6 个样品聚为一类,过程中止.

上述聚类的可视化过程如图 8.1.1 所示,得到最短距离法谱系聚类图. 横坐标的刻度表示并类的距离.

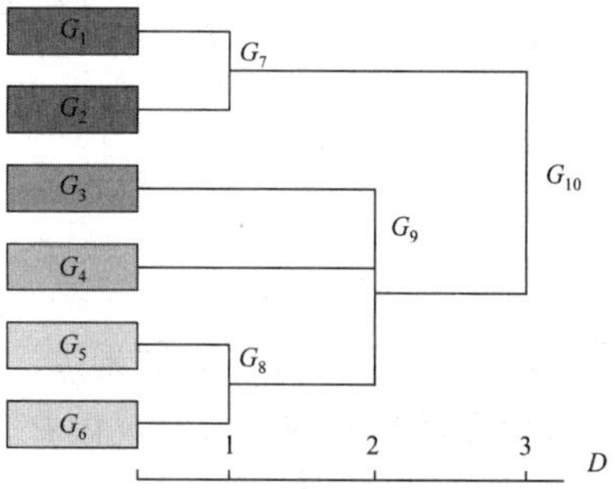

图 8.1.1 最短距离法谱系聚类图

最长距离法定义类 G_i 与 G_j 之间的距离为两类最远样品的距离,即为

$$D_{ij}=\max_{\boldsymbol{X}_p\in G_i,\boldsymbol{X}_q\in G_j} d_{pq}.$$

最长距离法与最短距离法的并类步骤完全一样,也是将各样品先自成一类,然后将距离最短的两类合并. 将类 G_p 与 G_q 合并为 G_r,则任一类 G_k 与 G_r 的类间距离公式为

$$\begin{aligned}D_{kr}&=\max_{\boldsymbol{X}_i\in G_k,\boldsymbol{X}_j\in G_r} d_{ij}=\max\left\{\max_{\boldsymbol{X}_i\in G_k,\boldsymbol{X}_j\in G_p} d_{ij},\max_{\boldsymbol{X}_i\in G_k,\boldsymbol{X}_j\in G_q} d_{ij}\right\}\\&=\max\{D_{kp},D_{kq}\}.\end{aligned}$$

再找距离最短的两类并类,直至所有的样品全归为一类为止.

2. 重心法和类平均法

重心法定义类间距离为两类重心(各类样品的均值)的距离.

设 G_p 与 G_q 分别有样品 n_p,n_q 个,其重心分别为 $\overline{\boldsymbol{X}}_p$ 和 $\overline{\boldsymbol{X}}_q$,则 G_p 与 G_q 之间的距离定义为 $\overline{\boldsymbol{X}}_p$ 和 $\overline{\boldsymbol{X}}_q$ 之间的距离,这里用欧氏距离来表示,即

$$D_{pq}^2=\left(\overline{\boldsymbol{X}}_p-\overline{\boldsymbol{X}}_q\right)^{\mathrm{T}}\left(\overline{\boldsymbol{X}}_p-\overline{\boldsymbol{X}}_q\right). \tag{8.1.2}$$

设将类 G_p 与 G_q 合并为 G_r，则 G_r 内样品个数为 $n_r=n_p+n_q$，它的重心是

$$\overline{\boldsymbol{X}}_r=\frac{1}{n_r}\left(n_p\overline{\boldsymbol{X}}_p+n_q\overline{\boldsymbol{X}}_q\right).$$

类 G_k 的重心是 $\overline{\boldsymbol{X}}_k$，那么依据(8.1.2) 式，它与新类 G_r 的距离为

$$D_{kr}^2=\frac{n_p}{n_r}D_{kp}^2+\frac{n_q}{n_r}D_{kq}^2-\frac{n_pn_q}{n_r^2}D_{pq}^2. \tag{8.1.3}$$

这里我们应该注意，(8.1.3) 式表示的类 G_k 与新类 G_r 的距离为

$$\begin{aligned}D_{kr}^2&=\left(\overline{\boldsymbol{X}}_k-\overline{\boldsymbol{X}}_r\right)^{\mathrm{T}}\left(\overline{\boldsymbol{X}}_k-\overline{\boldsymbol{X}}_r\right)\\&=\left[\overline{\boldsymbol{X}}_k-\frac{1}{n_r}\left(n_p\overline{\boldsymbol{X}}_p+n_q\overline{\boldsymbol{X}}_q\right)\right]^{\mathrm{T}}\left[\overline{\boldsymbol{X}}_k-\frac{1}{n_r}\left(n_p\overline{\boldsymbol{X}}_p+n_q\overline{\boldsymbol{X}}_q\right)\right]\\&=\overline{\boldsymbol{X}}_k^{\mathrm{T}}\overline{\boldsymbol{X}}_k-2\frac{n_p}{n_r}\overline{\boldsymbol{X}}_k^{\mathrm{T}}\overline{\boldsymbol{X}}_p-2\frac{n_q}{n_r}\overline{\boldsymbol{X}}_k^{\mathrm{T}}\overline{\boldsymbol{X}}_q\\&\quad+\frac{1}{n_r^2}\left(n_p^2\overline{\boldsymbol{X}}_p^{\mathrm{T}}\overline{\boldsymbol{X}}_p+2n_pn_q\overline{\boldsymbol{X}}_p^{\mathrm{T}}\overline{\boldsymbol{X}}_q+n_q^2\overline{\boldsymbol{X}}_q^{\mathrm{T}}\overline{\boldsymbol{X}}_q\right).\end{aligned}$$

将 $\overline{\boldsymbol{X}}_k^{\mathrm{T}}\overline{\boldsymbol{X}}_k=\dfrac{1}{n_r}\left(n_p\overline{\boldsymbol{X}}_k^{\mathrm{T}}\overline{\boldsymbol{X}}_k+n_q\overline{\boldsymbol{X}}_k^{\mathrm{T}}\overline{\boldsymbol{X}}_k\right)$ 代入上式，有

$$\begin{aligned}D_{kr}^2&=\frac{n_p}{n_r}\left(\overline{\boldsymbol{X}}_k^{\mathrm{T}}\overline{\boldsymbol{X}}_k-2\overline{\boldsymbol{X}}_k^{\mathrm{T}}\overline{\boldsymbol{X}}_p+\overline{\boldsymbol{X}}_p^{\mathrm{T}}\overline{\boldsymbol{X}}_p\right)+\frac{n_q}{n_r}\left(\overline{\boldsymbol{X}}_k^{\mathrm{T}}\overline{\boldsymbol{X}}_k-2\overline{\boldsymbol{X}}_k^{\mathrm{T}}\overline{\boldsymbol{X}}_q+\overline{\boldsymbol{X}}_q^{\mathrm{T}}\overline{\boldsymbol{X}}_q\right)\\&\quad-\frac{n_pn_q}{n_r^2}(\overline{\boldsymbol{X}}_p^{\mathrm{T}}\overline{\boldsymbol{X}}_p-2\overline{\boldsymbol{X}}_p^{\mathrm{T}}\overline{\boldsymbol{X}}_q+\overline{\boldsymbol{X}}_q^{\mathrm{T}}\overline{\boldsymbol{X}}_q)\\&=\frac{n_p}{n_r}D_{kp}^2+\frac{n_q}{n_r}D_{kq}^2-\frac{n_pn_q}{n_r^2}D_{pq}^2.\end{aligned} \tag{8.1.4}$$

例 8.1.3 利用例 8.1.2 的数据，试用重心法将它们聚类.

(1) 样品之间采用欧氏距离，计算样品间的平方距离阵$\boldsymbol{D}_{(0)}^2$，如表 8.1.4 所示.

表 8.1.4 平方距离阵$\boldsymbol{D}_{(0)}^2$

	G_1	G_2	G_3	G_4	G_5	G_6
G_1	0					
G_2	1	0				
G_3	16	9	0			
G_4	36	25	4	0		
G_5	64	49	16	4	0	
G_6	81	64	25	9	1	0

(2) $\boldsymbol{D}_{(0)}^2$ 中最小的元素是 $D_{12}=D_{56}=1$，于是将 G_1 和 G_2 合并成 G_7，G_5 和 G_6 合并成 G_8，并利用(8.1.4) 式计算新类与其他类的距离得到平方距离阵 $\boldsymbol{D}_{(1)}^2$，如表 8.1.5 所示.

表 8.1.5 平方距离阵 $\boldsymbol{D}_{(1)}^2$

	G_7	G_3	G_4	G_8
G_7	0			
G_3	12.25	0		
G_4	30.25	4	0	
G_8	64	20.25	6.25	0

其中 $D_{37}^2=\frac{1}{2}D_{31}^2+\frac{1}{2}D_{32}^2-\frac{1}{2}\times\frac{1}{2}D_{12}^2=\frac{1}{2}\times 16+\frac{1}{2}\times 9-\frac{1}{2}\times\frac{1}{2}\times 1=12.25.$

(3) 在 $\boldsymbol{D}_{(1)}^2$ 中,最小值是 $D_{34}^2=4$,那么 G_3 与 G_4 合并成一个新类 G_9,新类与其他类的平方距离阵为 $\boldsymbol{D}_{(2)}^2$,如表 8.1.6 所示.

表 8.1.6 平方距离阵 $\boldsymbol{D}_{(2)}^2$

	G_7	G_9	G_8
G_7	0		
G_9	20.25	0	
G_8	64	12.5	0

(4) 在 $\boldsymbol{D}_{(2)}^2$ 中,最小值是 $D_{89}^2=12.5$,那么 G_8 与 G_9 合并成一个新类 G_{10},新类与其他类的平方距离阵为 $\boldsymbol{D}_{(3)}^2$,如表 8.1.7 所示.

表 8.1.7 平方距离阵 $\boldsymbol{D}_{(3)}^2$

	G_7	G_{10}
G_7	0	
G_{10}	39.062 5	0

(5) 最后将 G_7 和 G_{10} 合并成 G_{11},这时所有的 6 个样品聚为一类,过程中止.

上述重心法聚类的可视化过程如图 8.1.2 所示,得到重心法谱系聚类图. 横坐标的刻度表示并类的距离.

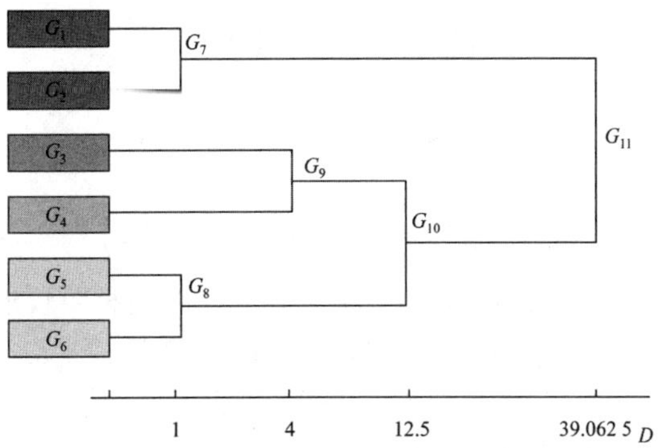

图 8.1.2 重心法谱系聚类图

从物理学上看，一个类用它的重心代表比较合理，但这样并未充分利用各样品的信息．因此有的学者将类间距离平方定义为这两类元素两两之间距离平方的平均数，即为

$$D_{pq}^2=\frac{1}{n_p n_q}\sum_{\boldsymbol{X}_i\in G_p}\sum_{\boldsymbol{X}_j\in G_q}d_{ij}^2,$$

这种类间距离称为**类平均法**．

设聚类的某一步将 G_p 与 G_q 合并为 G_r，则任一类 G_k 与 G_r 的距离为

$$\begin{aligned}D_{kr}^2&=\frac{1}{n_k n_r}\sum_{\boldsymbol{X}_i\in G_k}\sum_{\boldsymbol{X}_j\in G_r}d_{ij}^2\\&=\frac{1}{n_k n_r}\Big(\sum_{\boldsymbol{X}_i\in G_k}\sum_{\boldsymbol{X}_j\in G_p}d_{ij}^2+\sum_{\boldsymbol{X}_i\in G_k}\sum_{\boldsymbol{X}_j\in G_q}d_{ij}^2\Big)=\frac{n_p}{n_r}D_{kp}^2+\frac{n_q}{n_r}D_{kq}^2.\end{aligned}$$

类平均法是一种聚类效果较好、应用比较广泛的聚类方法．它有两种形式：一种是组间联接法，另一种是组内联接法．组间联接法在计算距离时只考虑两类样品之间距离的平均，组内联接法在计算距离时把两组所有样品之间的距离都考虑在内．

由于类平均法中没有反映出 G_p 和 G_q 之间的距离 D_{pq} 的影响，所以类平均法可进一步推广，如果将 G_p 与 G_q 合并为新类 G_r，则类 G_k 与新类 G_r 的距离公式为

$$D_{kr}^2=(1-\beta)\left(\frac{n_p}{n_r}D_{kp}^2+\frac{n_q}{n_r}D_{kq}^2\right)+\beta D_{pq}^2,$$

其中 β 是可变的，且 $\beta<1$，称这种系统聚类法为**可变类平均法**．

3. 离差平方和法

该方法是沃德(Ward)提出来的，所以又称为沃德法．该方法的基本思想来自方差分析，如果分类正确，同类样品的离差平方和应当较小，类与类的离差平方和较大．具体作法是，先将 n 个样品各自成一类，然后每次缩小一类，每缩小一类，离差平方和就要增大，选择使方差增加最小的两类合并，直到所有的样品归为一类为止．

设将 n 个样品分成 k 类 $G_1,G_2,\cdots,G_k$，用 $\boldsymbol{X}_{it}$ 表示 G_t 中的第 i 个样品，n_t 表示 G_t 中样品的个数，$\overline{\boldsymbol{X}}_t$ 是 G_t 的重心，则 G_t 的样品离差平方和为

$$S_t=\sum_{i=1}^{n_t}\left(\boldsymbol{X}_{it}-\overline{\boldsymbol{X}}_t\right)^{\mathrm{T}}\left(\boldsymbol{X}_{it}-\overline{\boldsymbol{X}}_t\right).$$

如果 G_p 与 G_q 合并为新类 G_r，则类内离差平方和分别为

$$S_p=\sum_{i=1}^{n_p}\left(\boldsymbol{X}_{ip}-\overline{\boldsymbol{X}}_p\right)^{\mathrm{T}}\left(\boldsymbol{X}_{ip}-\overline{\boldsymbol{X}}_p\right),$$

$$S_q=\sum_{i=1}^{n_q}\left(\boldsymbol{X}_{iq}-\overline{\boldsymbol{X}}_q\right)^{\mathrm{T}}\left(\boldsymbol{X}_{iq}-\overline{\boldsymbol{X}}_q\right),$$

$$S_r=\sum_{i=1}^{n_r}\left(\boldsymbol{X}_{ir}-\overline{\boldsymbol{X}}_r\right)^{\mathrm{T}}\left(\boldsymbol{X}_{ir}-\overline{\boldsymbol{X}}_r\right).$$

它们反映了各自类内样品的分散程度，如果 G_p 和 G_q 这两类相距较近，则合并后所增加的离散平方和 $S_r-S_p-S_q$ 应较小；否则，应较大．于是，定义 G_p 与 G_q 之间的平方距离为

$$D_{pq}^2=S_r-S_p-S_q, \tag{8.1.5}$$

其中 $G_r=G_p\cup G_q$，可以证明类间距离的递推公式为

$$D_{kr}^2=\frac{n_k+n_p}{n_r+n_k}D_{kp}^2+\frac{n_k+n_q}{n_r+n_k}D_{kq}^2-\frac{n_k}{n_r+n_k}D_{pq}^2. \tag{8.1.6}$$

这种系统聚类法称为**离差平方和法或沃德方法**.

下面论证离差平方和法的距离递推公式(8.1.6).由于

$$
\begin{aligned}
S_r &= \sum_{i=1}^{n_r}(\boldsymbol{X}_{ir}-\overline{\boldsymbol{X}}_r)^{\mathrm{T}}(\boldsymbol{X}_{ir}-\overline{\boldsymbol{X}}_r)\\
&= \sum_{i=1}^{n_r}(\boldsymbol{X}_{ir}-\overline{\boldsymbol{X}}_p+\overline{\boldsymbol{X}}_p-\overline{\boldsymbol{X}}_r)^{\mathrm{T}}(\boldsymbol{X}_{ir}-\overline{\boldsymbol{X}}_p+\overline{\boldsymbol{X}}_p-\overline{\boldsymbol{X}}_r)\\
&= \sum_{i=1}^{n_r}(\boldsymbol{X}_{ir}-\overline{\boldsymbol{X}}_p)^{\mathrm{T}}(\overline{\boldsymbol{X}}_{ir}-\overline{\boldsymbol{X}}_p)+\sum_{i=1}^{n_r}(\boldsymbol{X}_{ir}-\overline{\boldsymbol{X}}_p)^{\mathrm{T}}(\overline{\boldsymbol{X}}_p-\overline{\boldsymbol{X}}_r)\\
&\quad+\sum_{i=1}^{n_r}(\overline{\boldsymbol{X}}_p-\overline{\boldsymbol{X}}_r)^{\mathrm{T}}(\boldsymbol{X}_{ir}-\overline{\boldsymbol{X}}_p)+\sum_{i=1}^{n_r}(\overline{\boldsymbol{X}}_p-\overline{\boldsymbol{X}}_r)^{\mathrm{T}}(\overline{\boldsymbol{X}}_p-\overline{\boldsymbol{X}}_r)\\
&= \sum_{i=1}^{n_p}(\boldsymbol{X}_{ip}-\overline{\boldsymbol{X}}_p)^{\mathrm{T}}(\boldsymbol{X}_{ip}-\overline{\boldsymbol{X}}_p)+\sum_{i=1}^{n_q}(\boldsymbol{X}_{iq}-\overline{\boldsymbol{X}}_p)^{\mathrm{T}}(\boldsymbol{X}_{iq}-\overline{\boldsymbol{X}}_p)\\
&\quad+2(\overline{\boldsymbol{X}}_p-\overline{\boldsymbol{X}}_r)^{\mathrm{T}}\sum_{i=1}^{n_r}(\boldsymbol{X}_{ir}-\overline{\boldsymbol{X}}_p)+n_r(\overline{\boldsymbol{X}}_p-\overline{\boldsymbol{X}}_r)^{\mathrm{T}}(\overline{\boldsymbol{X}}_p-\overline{\boldsymbol{X}}_r)\\
&= S_p+\sum_{i=1}^{n_q}(\boldsymbol{X}_{iq}-\overline{\boldsymbol{X}}_q+\overline{\boldsymbol{X}}_q-\overline{\boldsymbol{X}}_p)^{\mathrm{T}}(\boldsymbol{X}_{iq}-\overline{\boldsymbol{X}}_q+\overline{\boldsymbol{X}}_q-\overline{\boldsymbol{X}}_p)-n_r(\overline{\boldsymbol{X}}_p-\overline{\boldsymbol{X}}_r)^{\mathrm{T}}(\overline{\boldsymbol{X}}_p-\overline{\boldsymbol{X}}_r)\\
&= S_p+\sum_{i=1}^{n_q}(\boldsymbol{X}_{iq}-\overline{\boldsymbol{X}}_q)^{\mathrm{T}}(\boldsymbol{X}_{iq}-\overline{\boldsymbol{X}}_q)+n_q(\overline{\boldsymbol{X}}_p-\overline{\boldsymbol{X}}_q)^{\mathrm{T}}(\overline{\boldsymbol{X}}_p-\overline{\boldsymbol{X}}_q)\\
&\quad-n_r\left(\overline{\boldsymbol{X}}_p-\frac{n_p\overline{\boldsymbol{X}}_p+n_q\overline{\boldsymbol{X}}_q}{n_r}\right)^{\mathrm{T}}\left(\overline{\boldsymbol{X}}_p-\frac{n_p\overline{\boldsymbol{X}}_p+n_q\overline{\boldsymbol{X}}_q}{n_r}\right)\\
&= S_p+S_q+n_q(\overline{\boldsymbol{X}}_p-\overline{\boldsymbol{X}}_q)^{\mathrm{T}}(\overline{\boldsymbol{X}}_p-\overline{\boldsymbol{X}}_q)-\frac{n_p^2}{n_r}(\overline{\boldsymbol{X}}_p-\overline{\boldsymbol{X}}_q)^{\mathrm{T}}(\overline{\boldsymbol{X}}_p-\overline{\boldsymbol{X}}_q)\\
&= S_p+S_q+\frac{n_pn_q}{n_r}(\overline{\boldsymbol{X}}_p-\overline{\boldsymbol{X}}_q)^{\mathrm{T}}(\overline{\boldsymbol{X}}_p-\overline{\boldsymbol{X}}_q).
\end{aligned}
$$

从而,由(8.1.5)式知

$$
D_{pq}^2=\frac{n_pn_q}{n_r}(\overline{\boldsymbol{X}}_p-\overline{\boldsymbol{X}}_q)^{\mathrm{T}}(\overline{\boldsymbol{X}}_p-\overline{\boldsymbol{X}}_q). \tag{8.1.7}
$$

由(8.1.7)式和(8.1.4)式,可以得到离差平方和的平方距离的递推公式为

$$
\begin{aligned}
D_{kr}^2 &= \frac{n_rn_k}{n_r+n_k}(\overline{\boldsymbol{X}}_r-\overline{\boldsymbol{X}}_k)^{\mathrm{T}}(\overline{\boldsymbol{X}}_r-\overline{\boldsymbol{X}}_k)\\
&= \frac{n_rn_k}{n_r+n_k}\left[\frac{n_p}{n_r}(\overline{\boldsymbol{X}}_k-\overline{\boldsymbol{X}}_p)^{\mathrm{T}}(\overline{\boldsymbol{X}}_k-\overline{\boldsymbol{X}}_p)+\frac{n_q}{n_r}(\boldsymbol{X}_k-\overline{\boldsymbol{X}}_q)^{\mathrm{T}}(\overline{\boldsymbol{X}}_k-\overline{\boldsymbol{X}}_q)\right.\\
&\quad\left.-\frac{n_pn_q}{n_r^2}(\overline{\boldsymbol{X}}_p-\overline{\boldsymbol{X}}_q)^{\mathrm{T}}(\overline{\boldsymbol{X}}_p-\overline{\boldsymbol{X}}_q)\right]\\
&= \frac{n_k+n_p}{n_r+n_k}\cdot\frac{n_kn_p}{n_p+n_k}(\overline{\boldsymbol{X}}_k-\overline{\boldsymbol{X}}_p)^{\mathrm{T}}(\overline{\boldsymbol{X}}_k-\overline{\boldsymbol{X}}_p)\\
&\quad+\frac{n_k+n_q}{n_r+n_k}\cdot\frac{n_kn_q}{n_q+n_k}(\overline{\boldsymbol{X}}_k-\overline{\boldsymbol{X}}_q)^{\mathrm{T}}(\overline{\boldsymbol{X}}_k-\overline{\boldsymbol{X}}_q)\\
&\quad-\frac{n_k}{n_r+n_k}\cdot\frac{n_pn_q}{n_r}(\overline{\boldsymbol{X}}_p-\overline{\boldsymbol{X}}_q)^{\mathrm{T}}(\overline{\boldsymbol{X}}_p-\overline{\boldsymbol{X}}_q)
\end{aligned}
$$

$$=\frac{n_k+n_p}{n_r+n_k}D_{kp}^2+\frac{n_k+n_q}{n_r+n_k}D_{kq}^2-\frac{n_k}{n_r+n_k}D_{pq}^2.$$

4. 系统聚类的统一

上面介绍的几种系统聚类法,并类的原则和步骤完全一样,不同之处在于类与类之间的距离定义不同. 兰斯(Lance) 和威廉姆斯(Williams) 于 1967 年给出了一个统一的公式:

$$D_{kr}^2=\alpha_p D_{kp}^2+\alpha_q D_{kq}^2+\beta D_{pq}^2+\gamma\left|D_{kp}^2-D_{kq}^2\right|,$$

其中 $\alpha_p,\alpha_q,\beta,\gamma$ 是参数.当这些参数取不同值时,可以得到不同的系统聚类法,详见表 8.1.8. 表中除了给出上述 5 种方法外,还列举了另外 3 种聚类方法.

表 8.1.8 系统聚类法参数表

方法	α_p	α_q	β	γ
最短距离法	1/2	1/2	0	−1/2
最长距离法	1/2	1/2	0	1/2
中间距离法	1/2	1/2	−1/4	0
重心法	n_p/n_r	n_q/n_r	$-\alpha_p\alpha_q$	0
类平均法	n_p/n_r	n_q/n_r	0	0
可变类平均法	$(1-\beta)n_p/n_r$	$(1-\beta)n_q/n_r$	$\beta(<1)$	0
可变法	$(1-\beta)/2$	$(1-\beta)/2$	$\beta(<1)$	0
离差平方和法	$(n_p+n_k)/(n_r+n_k)$	$(n_q+n_k)/(n_r+n_k)$	$-n_k/(n_r+n_k)$	0

这里应该注意,不同的聚类方法结果不一定完全相同,一般只是大致相似. 如果有很大的差异,则应该仔细考查,找到问题所在. 另外,可将聚类结果与实际问题对照,看哪一个结果更符合经验.

5. 分类数的确定

系统聚类的目的就是要对研究对象进行分类. 图 8.1.1 是例 8.1.2 按最短距离系统聚类法得到的谱系聚类图,根据该图可将样品分成很多不同的类,例如,

若样品分成两类,即为 $G_1^{(2)}=\{G_1,G_2\}$,$G_2^{(2)}=\{G_3,G_4,G_5,G_6\}$;

若样品分成三类,即为 $G_1^{(3)}=\{G_1,G_2\}$,$G_2^{(3)}=\{G_3,G_4\}$,$G_3^{(3)}=\{G_5,G_6\}$;

若样品分成四类,即为 $G_1^{(4)}=\{G_1,G_2\}$,$G_2^{(4)}=\{G_3\}$,$G_3^{(4)}=\{G_4\}$,$G_4^{(4)}=\{G_5,G_6\}$;

若样品分成五类,即为 $G_1^{(5)}=\{G_1,G_2\}$,$G_2^{(5)}=\{G_3\}$,$G_3^{(5)}=\{G_4\}$,$G_4^{(5)}=\{G_5\}$,
$G_5^{(5)}=\{G_6\}$;

若样品分成六类,即为 $G_i^{(6)}=\{G_i\}$,$i=1,2,\cdots,6$.

如何选择合适的分类个数成为各种聚类方法研究的主要问题之一.确定分类个数是聚类分析至今尚未完全解决的问题,主要的障碍是对类的结构和内容很难给出一个统一的定义. 实际应用中,人们主要根据研究的目的,从实际角度出发,选择合适的分类数. 德穆曼(Demirmen) 曾提出根据谱系聚类图来分类的原则,如下:

原则 1: 任何类都必须在邻近各类中是突出的,即各类重心之间的距离必须大.

原则 2: 各类所包含的元素都不应过多.

原则 3：分类的数目应该符合使用的目的.

原则 4：若采用几种不同的聚类方法处理，则在各自的聚类图上应发现相同的类.

系统聚类中每次合并的类与类之间的距离也可作为确定类数的一个辅助工具.

三、K 均值聚类法

系统聚类法需要计算出不同样品或变量间的距离，还要在聚类的每一步都要计算类间距离，相应的计算量自然比较大.特别是当样品的容量很大时，需要占据非常大的计算机内存空间，这为应用带来一定的困难. 而 K 均值法是一种快速聚类法，采用该方法得到的结果比较简单易懂，对计算机的性能要求不高，因此应用也比较广泛.

K 均值法是麦奎因(MacQueen，1967) 提出的，这种算法的基本思想是将每一个样品分配到最近中心(均值) 的类中，具体算法通过下例加以说明.

例 8.1.4 假定我们对 A,B,C,D 四个样品分别测量两个变量 X_1 和 X_2，得到的结果如表 8.1.9 所示. 试将样品聚成两类.

表 8.1.9 样品测量结果

样本	变量	
	X_1	X_2
A	5	3
B	-1	1
C	1	-2
D	-3	-2

(1) 将所有的样品分成 K 个初始类，此处取 $K=2$. 为了实施均值法聚类，我们将这些样品随意分成两类，如(A,B) 和(C,D)，然后计算这两个聚类的中心坐标，如表 8.1.10 所示.

表 8.1.10 中心坐标

聚类	中心坐标	
	X_1	X_2
(A,B)	2	2
(C,D)	-1	-2

表 8.1.10 中的中心坐标是通过原始数据计算得来的，如(A,B) 类的$\overline{X}_1$ 为

$$\overline{X}_1=\frac{5+(-1)}{2}=2.$$

(2) 通过计算样品到类中心坐标的欧氏距离将样品划入离中心最近的类中，并对获得样品与失去样品的类，重新计算中心坐标. 先计算 A 到两个类的平方距离：

$$d^2\big(A,(A,B)\big)=(5-2)^2+(3-2)^2=10,$$

$$d^2\big(A,(C,D)\big)=(5+1)^2+(3+2)^2=61.$$

由于 A 到(A,B) 的距离小于到(C,D) 的距离，所以 A 不用重新分配. 再计算 B 到两类的平

方距离：

$$d^2\Big(B,(A,B)\Big)=(-1-2)^2+(1-2)^2=10,$$
$$d^2\Big(B,(C,D)\Big)=(-1+1)^2+(1+2)^2=9.$$

由于 B 到 (A,B) 的距离大于到 (C,D) 的距离，所以 B 要分配给 (C,D) 类，得到新的聚类是 (A) 和 (B,C,D). 更新中心坐标，如表 8.1.11 所示.

表 8.1.11 更新后的中心坐标

聚类	中心坐标	
	X_1	X_2
(A)	5	3
(B,C,D)	-1	-1

(3) 再次检查每个样品，以决定是否需要重新分类. 计算各样品到各中心的距离平方，结果如表 8.1.12 所示.

表 8.1.12 各样品到聚类中心的距离平方

聚类	样品到中心的距离平方			
	A	B	C	D
(A)	0	40	41	89
(B,C,D)	52	4	5	5

到现在为止，每个样品都已经分配给距离中心最近的类，因此聚类过程到此结束. 最终得到 $K=2$ 的聚类结果是 A 独自成一类，B,C,D 聚成一类.

K 均值法和系统聚类法一样，都是以距离的远近亲疏为标准进行聚类的，但是两者的不同之处也是明显的：系统聚类对不同的类数产生一系列的聚类结果，而 K 均值法只能产生指定类数的聚类结果. K 均值法具体类数的确定，离不开实践经验的积累；有时也可借助系统聚类法以一部分样品为对象进行聚类，其结果作为 K 均值法确定类数的参考.

习 题 8.1

1. 判别分析与聚类分析有何区别?

2. 试述系统聚类的基本思想.

3. 对样品和变量进行聚类分析时，所构造的统计量分别是什么? 简要说明为什么这样构造?

4. 在进行系统聚类时，不同的类间距离计算方法有何区别? 选择距离公式应遵循哪些原则?

5. 试述 K 均值法与系统聚类法的异同.

6. 为研究辽宁等 5 省份 2000 年城镇居民消费支出的分布规律，调查了居民消费支出的

8个指标：

食品支出 X_1(单位:元/人)； 衣着支出 X_2(单位:元/人)；

家庭设备、用品及服务支出 X_3(单位:元/人)；医疗保健支出 X_4(单位:元/人)；

交通和通信支出 X_5(单位:元/人)； 娱乐、教育和文化服务支出 X_6(单位:元/人)；

居住支出 X_7(单位:元/人)； 杂项商品和服务支出 X_8(单位:元/人).

调查数据如下表所示：

单位:元/人

地区	X_1	X_2	X_3	X_4	X_5	X_6	X_7	X_8
辽宁省	1 772.14	568.25	298.66	352.20	307.21	490.83	364.28	202.50
浙江省	2 752.25	569.95	662.31	541.06	623.05	917.23	599.98	354.39
河南省	1 386.76	460.99	312.97	280.78	246.24	407.26	547.19	188.52
甘肃省	1 552.77	517.16	402.03	272.44	265.29	563.10	302.27	251.41
青海省	1 711.03	458.57	334.91	307.24	297.72	495.34	274.48	306.45

试用最短距离和最长距离进行聚类,其中样品与样品之间采用欧氏距离. 并说明这两种聚类结果是否相同.

7. 检测某类产品的重量,抽了6个样品,每个样品只测了一个指标,分别是1,2,3,6,9,11,试用最短距离法、重心法进行聚类分析.

8. 7个样品间的初始距离如下表所示：

	G_1	G_2	G_3	G_4	G_5	G_6
G_2	4					
G_3	7	3				
G_4	12	8	5			
G_5	17	14	10	6		
G_6	19	15	12	7	1	
G_7	20	16	14	9	3	2

试分别用最短距离法、最长距离法、重心距离法和类平均距离法进行系统聚类并画出系统聚类图.

9. 从某大学男生随机抽取10名,测得身高 X (单位: cm) 和体重 Y (单位: kg) 的数值如下表所示：

X/cm	170	173	180	185	168	165	177	165	178	182
Y/kg	66	66	68	72	63	62	68	59	69	71

在绝对值距离下,试用最短距离法和最长距离法对其进行分类并画出系统聚类图.

§8.2 实例分析与计算机实现

一、系统聚类法进行聚类的 SPSS 实现

例 8.2.1 区域科技创新能力是衡量区域创新系统状况的重要尺度，是增强地区竞争力、促进经济发展的重要手段. 这里以各区域技术创新的主体——规模以上企业为研究对象，来分析我国区域企业科技创新能力的相似性，评价各区域科技创新发展的现状和潜力. 具体思路是对我国 31 个省(自治区，直辖市)规模以上企业科技创新能力进行聚类分析. 企业科技创新能力的指标分别为

研发人员数 X_1(单位:人)；
研发经费内部支出 X_2(单位:元)；
研发经费外部支出 X_3(单位:元)；
研发项目数 X_4(单位:个)；
研发项目经费支出 X_5(单位:元)；
机构数 X_6(单位:个)；
机构人员 X_7(单位:人)；
机构经费支出 X_8(单位:元)；
新产品销售收入 X_9(单位:元)；
专利申请数 X_{10}(单位:个)；
发明专利数 X_{11}(单位:个)；
引进技术经费支出 X_{12}(单位:元)；
消化吸收经费支出 X_{13}(单位:元)；
购买国内技术经费支出 X_{14}(单位:元)等.

(这些指标均为各地区规模以上企业的情况). 数据来源于 2013 年《中国科技统计年鉴》，如表 8.2.1 所示.

SPSS 操作步骤：

(1) 点击"分析 → 分类 → 系统聚类"，进入"系统聚类分析"主对话框，如图 8.2.1 所示，将需要聚类的 14 个变量选入"变量"列表框，"标注个案"为标签变量列表框，本例中"地区"变量为对样品进行标识的变量，将其选入"标注个案"列表框，在"聚类"列表框选择"个案"表示对样品聚类. 在"输出"列表框选择"统计量"和"图"，以显示统计量和聚类图.

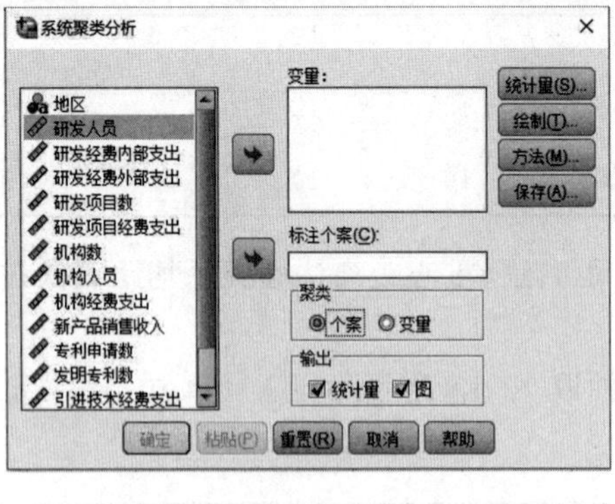

图 8.2.1 "系统聚类分析"主对话框

(2) 点击主对话框中的"统计量"选项，如图 8.2.2 所示，选择"合并进程表""相似性矩阵"以及在"聚类成员"子选项中选择"无". 点击"继续"按钮，回到主对话框.

表 8.2.1　2012 年我国 31 个省(自治区、直辖市)规模以上企业科技创新指标

地区	X_1/人	X_2/元	X_3/元	X_4/个	X_5/元	X_6/个	X_7/人	X_8/元	X_9/元	X_{10}/个	X_{11}/个	X_{12}/元	X_{13}/元	X_{14}/元
北京市	75 543	1 973 442	217 942	8 226	1 566 431	747	54 747	1 525 278	33 176 311	20 189	10 318	245 680	43 852	39 604
天津市	80 972	2 558 685	131 721	12 062	2 068 960	765	40 899	1 154 374	44 601 011	13 173	5 195	115 723	72 452	65 936
河北省	85 498	1 980 850	97 699	7 574	1 668 431	825	62 070	1 046 009	24 576 633	7 841	2 631	94 747	22 554	26 053
山西省	44 116	1 069 590	92 876	2 795	853 715	177	19 382	325 296	9 283 912	3 765	1 390	60 843	23 666	42 666
内蒙古自治区	26 378	858 477	28 921	1 857	705 484	212	15 309	292 769	5 814 946	1 650	770	19 656	15 344	10 695
辽宁省	84 369	2 894 569	99 317	7 710	2 346 177	620	49 158	1 124 571	31 936 021	9 958	4 113	54 017	63 892	146 056
吉林省	31 593	604 326	140 514	1 990	518 173	188	21 709	444 258	21 577 965	2 195	898	22 335	7 123	9 441
黑龙江省	48 392	906 170	102 570	4 231	683 871	278	24 756	461 437	5 655 068	3 690	1 356	42 200	13 796	6 796
上海市	108 347	3 715 075	385 245	12 833	3 033 694	914	77 495	2 665 667	73 999 056	24 873	9 901	583 135	269 187	282 948
江苏省	447 951	10 803 107	368 325	44 570	9 464 830	16 417	483 205	11 869 614	1.78E+08	84 876	27 820	574 415	259 215	294 573
浙江省	297 465	5 886 071	297 583	35 582	5 509 738	7 498	259 378	5 482 305	1.13E+08	68 003	12 844	146 137	79 740	121 614
安徽省	110 739	2 089 814	190 889	11 882	174 074	2 387	90 486	1 901 145	37 318 538	26 665	8 147	106 471	48 961	81 478
福建省	120 671	2 381 656	140 270	9 080	2 061 424	1 328	72 319	1 309 073	32 911 524	14 745	4 194	268 712	22 829	147 196
江西省	33 966	925 985	88 621	2 930	805 227	372	22 273	438 100	12 871 344	3 015	1 135	22 132	49 108	16 691
山东省	303 862	9 056 007	504 971	30 119	7 901 337	3 325	227 986	6 493 961	1.29E+08	34 689	12 202	276 774	159 973	192 801
河南省	140 786	2 489 651	119 726	9 349	2 238 004	1 414	91 953	1 622 855	25 762 027	12 503	3 496	59 187	37 322	60 103
湖北省	112 554	2 633 099	86 467	8 062	2 265 420	917	60 908	1 174 408	36 984 125	12 592	4 789	160 092	43 456	40 612
湖南省	92 547	2 290 877	105 943	7 563	1 970 781	971	38 227	589 801	47 689 791	16 204	6 299	21 728	48 174	82 731
广东省	519 212	10 773 634	476 917	37 460	9 956 427	3 455	342 579	7 579 085	1.54E+08	87 143	44 200	569 733	76 374	81 903
广西壮族自治区	29 795	702 225	45 793	3 526	632 035	425	18 678	396 609	12 369 278	3 025	1 333	2 619	6 087	11 598
海南省	3 866	78 093	13 387	478	58 018	40	1 796	26 542	1 344 677	623	279	3 944	228	5 568
重庆市	46 048	1 171 045	67 915	5 113	984 968	437	29 315	682 175	24 299 198	9 784	2 460	184 395	30 271	47 796
四川省	78 406	1 422 310	101 428	9 868	1 185 599	879	73 246	1 909 208	20 959 773	13 443	4 316	196 473	24 643	34 016
贵州省	16 509	315 079	16 488	1 649	281 260	148	11 904	276 778	3 832 764	2 794	1 347	2 427	25 395	23 884
云南省	19 116	384 438	38 383	1 665	304 596	287	12 187	430 732	4 468 160	2 404	1 066	30 572	21 536	56 606
西藏自治区	232	5 312	3 222	24	4 933	3	45	1 479	21 004	18	17	0	0	5
陕西省	55 794	1 192 770	95 680	5 164	794 257	453	36 452	581 127	8 715 851	5 467	2 170	13 804	18 005	14 386
甘肃省	17 334	337 785	64 369	1 912	248 149	187	12 483	208 344	5 954 233	1 713	544	43 646	67 843	49 520
青海省	2 889	84 197	6 596	147	78 178	27	2 421	100 293	103 773	215	72	3 182	4 120	250
宁夏回族自治区	7 310	143 696	6 370	1 170	116 409	150	7 444	96 219	1 856 287	914	488	10 467	2 466	1 483
新疆维吾尔自治区	9 195	273 425	42 603	933	215 519	91	6 751	124 036	2 760 241	1 776	377	3 821	10 773	21 911

说明 “统计量”选项用于选择要求输出的各种统计量，其中“合并进程表”选项表示要求做凝聚状态表，显示聚类中每一步合并的两类、两类的距离以及观测量加入一类的类水平；“相似性矩阵”表示选择输出各类间的相似性矩阵.“聚类成员”用于设置聚类的个数，其中“无”表示不指定聚类的个数；“单一方案”用于指定一个确定类的个数；“方案范围”表示指定类的个数的范围.

(3) 点击主对话框“绘制”选项，进入“绘制”子对话框，如图 8.2.3 所示，选择“树状图”，在“冰柱”子选项中选择“无”. 点击“继续”按钮，回到主对话框.

图 8.2.2 “统计量”子对话框

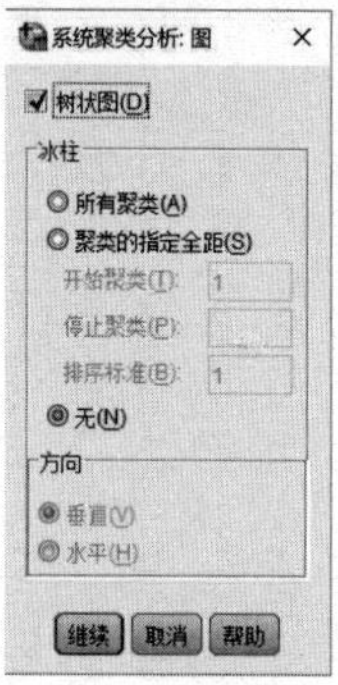

图 8.2.3 “绘制”子对话框

说明 “绘制”选项用于选择输出聚类分析统计图，其中“树状图”表示输出结果中显示谱系关系；“冰柱”子选项中的“所有聚类”表示每一步聚类都要表现在图中；“聚类的指定全距”表示指定显示的聚类范围；“无”表示不输出冰柱图；“方向”子选项用于设定冰柱图显示的方向.

(4) 点击主对话框“方法”选项，对系统聚类方法进行设置，如图 8.2.4 所示，在“聚类方法”选择“组间联接”；在“度量标准”选择“区间”中的“平方 Euclidean 距离”；在“转换值”子选项中的“标准化”中选择“Z 得分”. 点击“继续”按钮，回到主对话框.

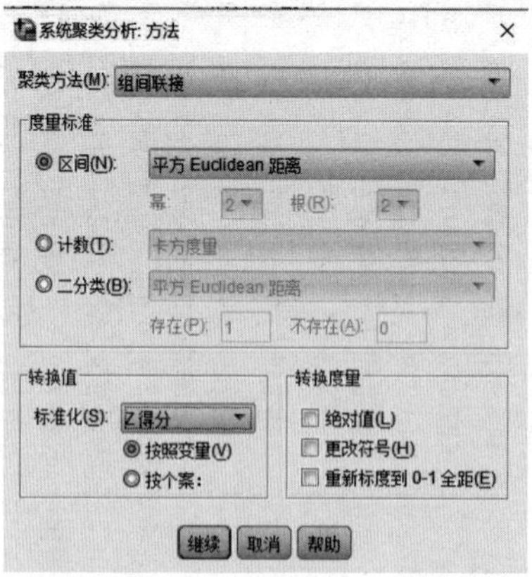

图 8.2.4 “方法”子对话框

说明 1 “聚类方法”下拉列表给出了聚类方法：“组间联接”为个体与小类间的组间平

均连接距离，是该个体与小类中每个个体距离的平均；“组内联接”为组内平均连接距离，是该个体与小类中每个个体距离及小类内各个个体间距离的平均；“最近邻元素”为最短距离法；“质心聚类法”为重心法；“中位数聚类法”为中间距离法；“ward 方法”为离差平方和法.

说明 2 “度量标准”子选项用于设定距离或相似性的测度方法，其中，“区间”用于设置等间隔的变量(一般为连续变量)，在下拉菜单中选择距离测度方法；“计数”用于设置计数变量(离散变量)，在下拉菜单中选择不相似性测度方法；“二分类”用于设置二值变量，在下拉菜单中选择距离或者不相似性测度方法.

说明 3 “转换值”子选项用于设定数据标准化方法.“标准化”下拉菜单给出了标准化方法，其中，“无”表示不进行标准化；“Z 得分”表示数值标准化到 Z 分数(一般选此选项)；“全距从 -1 ～ 1”表示把数据标准化到 $-1 \sim 1$ 范围；“全距从 0 到 1”表示把数据标准化到 $0 \sim 1$ 范围；“1 的最大量”表示把数据标准化到最大值为 1；“均值为 1”表示把数据标准化到均值为 1；“标准差为 1”表示把数据标准化到单位标准差.

说明 4 “转换度量”子选项用于设定标准化转换方式，其中，“绝对值”表示对距离值取绝对值；“更改符号”表示把相似性值变为不相似性值或相反；“重新标度到 0-1 全距”表示重新标度到 $0 \sim 1$ 范围内.

(5) 点击主对话框“保存”选项，进入“保存”子对话框，如图 8.2.5 所示，在“聚类成员”中选择“无”. 点击“继续”按钮，回到主对话框.

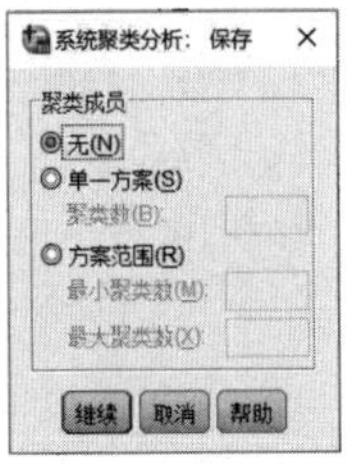

图 8.2.5 “保存”子对话框

说明 “保存”选项用于对输出结果进行设置.“聚类成员”选项用于设定聚类分析的结果以什么样的形式保存在工作文件中，其中，“无”表示不保存任何变量；“单一方案”表示生成一个新的变量，表明每个个体聚类最后所属的类；“方案范围”表示生成多个新变量，表明聚为若干类时，每个个体聚类后所属的类，如在最小聚类数和最大聚类数中分别输入 2 和 4，表示生成 3 个新的分类变量.

(6) 点击“确定”按钮，执行操作，输出结果如表 8.2.2，表 8.2.3，表 8.2.4 和图 8.2.6 所示.

表 8.2.2 样品处理汇总

案例处理摘要[a]

案例					
有效		缺失		合计	
N	百分比	N	百分比	N	百分比
31	100.0%	0	0.0%	31	100.0%

a. 平方 Euclidean 距离 已使用

表 8.2.2 表示样品处理汇总表.

表 8.2.3 样品之间的接近度距离

案例	1:北京	2:天津	3:河北	4:山西	5:内蒙古	6:辽宁	7:吉林	8:黑龙江	9:上海	10:江苏
1:北京	.000	1.986	2.789	4.643	7.207	4.941	5.315	5.036	29.261	139.891
2:天津	1.986	.000	1.497	3.111	5.108	1.584	4.360	3.904	29.744	140.762
3:河北	2.789	1.497	.000	.983	1.824	3.156	1.534	1.032	41.653	159.023
4:山西	4.643	3.111	.983	.000	.528	3.776	.564	.296	45.149	179.179
5:内蒙古	7.207	5.108	1.824	.528	.000	6.113	.837	.415	53.841	190.963
6:辽宁	4.941	1.584	3.156	3.776	6.113	.000	6.003	5.536	29.493	143.280
7:吉林	5.315	4.360	1.534	.564	.837	6.003	.000	.300	50.273	185.590
8:黑龙江	5.036	3.904	1.032	.296	.415	5.536	.300	.000	49.902	183.102
9:上海	29.261	29.744	41.653	45.149	53.841	29.493	50.273	49.902	.000	92.218
10:江苏	139.891	140.762	159.023	179.179	190.963	143.280	185.590	183.102	92.218	.000

表 8.2.3 表示样品之间的接近度距离,反映样品之间的相似性或相异性矩阵. 这里计算时使用平方欧氏距离,所以样品间距离越大,样品越具有相异性. 由于篇幅的限制,表 8.2.3 仅截取 10 个省市自治区的数据.

表 8.2.4 平均联接(组之间)聚类表

阶	群集组合		系数	首次出现阶集		下一阶
	群集 1	群集 2		群集 1	群集 2	
1	26	29	0.009	0	0	2
2	21	26	0.016	0	1	3
3	21	30	0.025	2	0	9
4	8	27	0.100	0	0	8
5	5	20	0.105	0	0	7
6	24	31	0.115	0	0	7
7	5	24	0.207	5	6	9
8	4	8	0.311	0	4	10
9	5	21	0.314	7	3	18
10	4	14	0.361	8	0	11
11	4	7	0.488	10	0	16
12	25	28	0.563	0	0	16
13	3	17	0.612	0	0	14
14	3	23	0.745	13	0	17
15	2	18	0.779	0	0	19
16	4	25	0.940	11	12	18
17	3	22	0.955	14	0	21
18	4	5	0.974	16	9	25
19	2	16	1.150	15	0	20
20	2	6	1.573	19	0	21
21	2	3	2.002	20	17	23

（续表）

阶	群集组合			首次出现阶集		下一阶
	群集 1	群集 2	系数	群集 1	群集 2	
22	1	12	2.007	0	0	23
23	1	2	2.770	22	21	24
24	1	13	3.104	23	0	25
25	1	4	5.078	24	18	28
26	11	15	11.687	0	0	27
27	11	19	31.503	26	0	29
28	1	9	44.618	25	0	30
29	10	11	46.113	0	27	30
30	1	10	98.264	28	29	0

表 8.2.4 表示平均联接(组之间) 聚类表,用表的形式说明聚类过程. 表的第 2 列和第 3 列表示聚合的类;第 4 列为聚合系数,表示距离测定值,距离最小的先合并;第 5 列与第 6 列表示合并的两项第一次出现聚类步序号. 群集 1 和群集 2 的值均为 0 的是两个样品的合并,其中有一个为 0 的样品与类合并;第 7 列表示对应步骤生成的新类将在第几步与其他样品或新类合并,如第一阶段第 26 和 29 样品合并,它们是样品间的合并,会在第二阶段与其他样品合并.

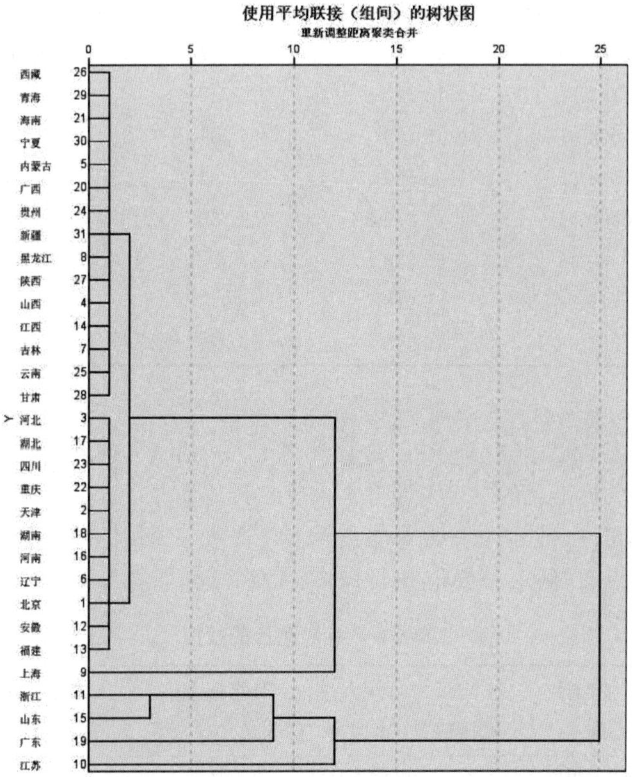

图 8.2.6 谱系图

图8.2.6为谱系图,以图的形式说明聚类过程.从谱系图可以看出分4类比较合适,其中,江苏省为第一类,浙江省、山东省和广东省为第二类,上海市为第三类,其余为第四类.这个聚类结果显示我国区域规模以上企业的科技创新能力发展很不平衡,呈现东部沿海地区创新能力较高、中西部地区创新能力低的特点.

二、*K* 均值聚类法进行聚类的 SPSS 实现

例 8.2.2 通过 *K* 均值聚类方法来研究福建省各地级市环境保护情况,选取的指标反映各地级市污染强度和污染控制两方面的情况,具体包括 5 个指标:

工业废水排放总量(单位:t/年); 工业二氧化硫排放量(单位:m^3/年);
工业烟尘排放量(单位:m^3/年); 工业固体废物利用率(单位:%);
工业烟尘去除量(单位:m^3/年).

数据来源于2013年《中国城市统计年鉴》和《福建统计年鉴》.表8.2.5是福建省9个地级市环境保护情况数据.

表 8.2.5 2012 年福建省 9 个地级市环境保护情况

地区	工业废水排放总量/t/年	工业二氧化硫排放量/m^3/年	工业烟尘排放量/m^3/年	工业固体废物利用率/%	工业烟尘去除量/m^3/年
福州市	5 332.67	76 255	37 487	90	1 697 679
厦门市	26 947.88	19 276	2 507	95.98	488 518
莆田市	2 262.22	13 720	4 712	92.84	156 102
三明市	1 504.01	48 168	35 301	81.72	3 695 706
泉州市	20 534.98	100 569	52 294	95.25	1 578 995
漳州市	23 400.06	276.28	9 788	95.48	793 033
南平市	7 426.48	20 818	16 687	88.68	779 671
龙岩市	3 729.23	28 918	48 917	88.83	6 494 332
宁德市	1 586.98	16 993	26 272	94.63	1 104 351

SPSS 操作步骤:

(1) 先将数据标准化.点击"分析 → 描述统计 → 描述"进入"描述性"主对话框,如图 8.2.7 所示,将需要标准化的 5 个变量"工业废水排放总量、工业二氧化硫排放量、工业烟尘排放量、工业固体废物利用率、工业烟尘去除量"选入"变量"列表框,并选择"将标准化得分另存为变量".点击"确定"按钮,执行操作,输出结果如表 8.2.6 所示.

表 8.2.6 标准化后的数据

地区	工业废水排放总量/t/年	工业二氧化硫排放量/m^3/年	工业烟尘排放量/m^3/年	工业固体废物利用率/%	工业烟尘去除量/m^3/年
福州市	−0.699 2	1.299 6	0.652 7	−0.338 3	−0.088 1
厦门市	1.634	−0.696 1	−1.334 1	1.019 6	−0.723 3

（续表）

地区	工业废水排放总量/t/年	工业二氧化硫排放量/m^3/年	工业烟尘排放量/m^3/年	工业固体废物利用率/%	工业烟尘去除量/m^3/年
莆田市	−1.030 7	−0.890 7	−1.208 9	0.306 6	−0.897 9
三明市	0.352 3	0.315 9	0.528 5	−2.218 5	0.961 5
泉州市	0.941 8	2.151 2	1.493 7	0.853 8	−0.150 4
漳州市	1.251	−0.403 5	−0.920 6	0.906	−0.563 3
南平市	−0.473 2	−0.642 1	−0.528 7	−0.638 1	−0.570 3
龙岩市	−0.872 3	−0.358 4	1.301 9	−0.604	2.431 7
宁德市	−1.103 6	−0.776	0.015 7	0.713	−0.399 8

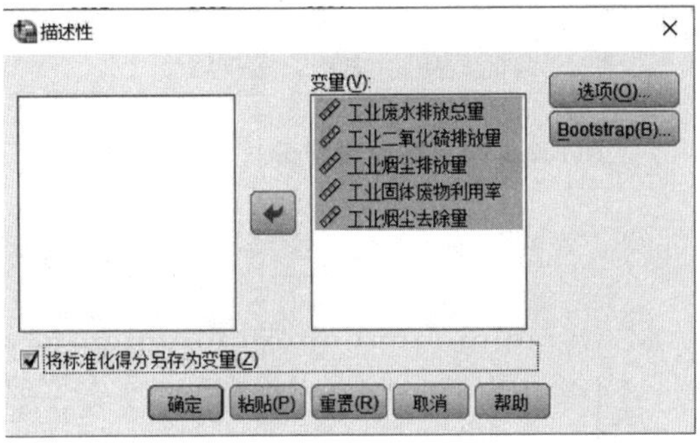

图 8.2.7 “描述性”对话框

（2）点击“分析→分类→K均值聚类”，进入“K均值聚类分析”主对话框，如图8.2.8所示，将需要聚类的5个变量都选入“变量”列表框，将“地区”选入“个案标记依据”，“聚类数”用于设定聚类数，本例设定“4”，表示“地区”最后聚成4类. 在“方法”选项中选择“迭代与分类”.

说明1 “方法”选项用于选择聚类方法，其中，“迭代与分类”表示整个聚类过程中不断计算新的聚类中心，并替换旧的聚类中心；“仅分类”表示初始类别中心点进行分类.

说明2 “聚类中心”选项用于选择初始类中心，其中，“读取初始聚类中心”要求指定数据文件中的观测量作为初始类中心；“写入最终聚类中心”表示把聚类过程中的各类中心数据保存到指定的文件中.

（3）点击主对话框“迭代”选项，该对话框只有在主对话框的“迭代与分类”勾选后才能被激活，如图8.2.9所示，“最大迭代次数”设置为“10”，“收敛性标准”设置为“0”. 点击“继续”按钮，回到主对话框.

（4）点击主对话框“选项”用于设置要计算的统计量以及对带有缺失值的观测量的处理方式，如图8.2.10所示，在“统计量”中选择“初始聚类中心”“ANOVA表”和“每个个案的聚类信息”，在“缺失值”中选择“按列表排除个案”. 点击“继续”按钮，回到主对话框.

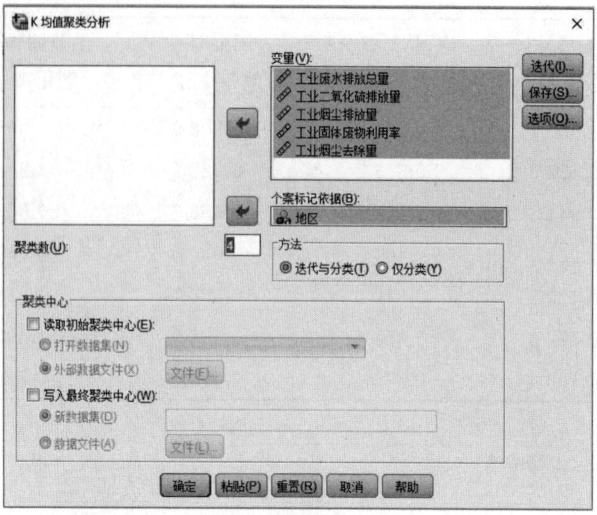

图 8.2.8　“K 均值聚类分析”主对话框

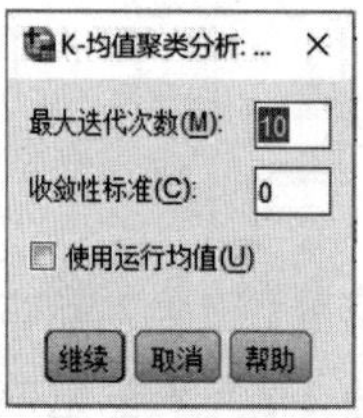

图 8.2.9　“迭代”子对话框

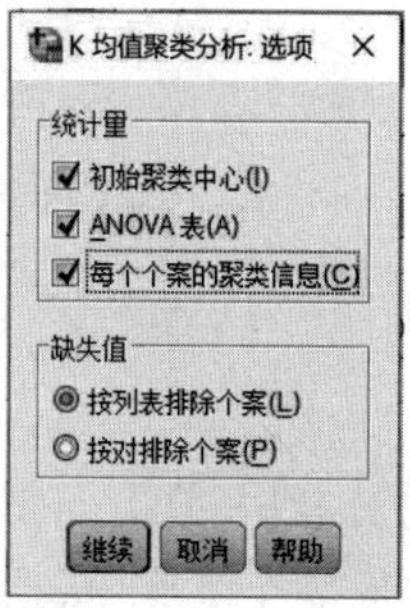

图 8.2.10　“选项”子对话框

说明 1　“统计量”用于设定要计算和输出的统计量，其中，“初始聚类中心”表示输出初始聚类中心；“ANOVA 表”表示输出方差分析表；“每个个案的聚类信息”表示系统将输出样品分配到哪一类和该样品与所属类中心的距离.

说明 2　“缺失值”用于选择一种处理带有缺失值观测量的方法，其中，“按列表排除个案”表示分析过程中剔除带有缺失值的观测量；“按对排除个案”表示只有当一个观测量的全部聚类变量均缺失时才剔除，否则根据所有其他非缺失变量值分配到最近的一类中去.

(5) 点击主对话框“保存”选项，用于设置需要输出的结果，进入“保存”子对话框，如图 8.2.11 所示，选择“聚类成员”和“与聚类中心的距离”.点击“继续”按钮，回到主对话框.

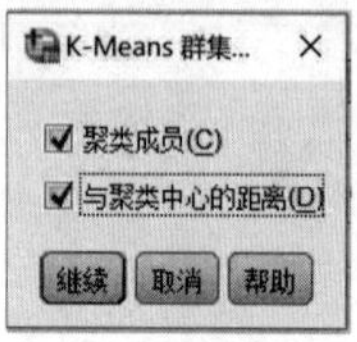

图 8.2.11　“保存”子对话框

说明 “聚类成员”用于建立一个代表聚类结果的变量，默认变量名为 qcl_1；“与聚类中心的距离”用于建立一个新变量 qcl_2，表示各观测量与其所属类中心的欧氏距离.

(6) 点击“确定”按钮，执行操作，输出结果如表 8.2.7 ～ 表 8.2.13 所示.

表 8.2.7 初始类中心表

初始聚类中心

	聚类			
	1	2	3	4
工业废水排放总量	.9418	1.6340	-1.1036	-.8723
工业二氧化硫排放量	2.1512	-.6961	-.7760	-.3584
工业烟尘排放量	1.4937	-1.3341	.0157	1.3019
工业固体废物利用率	.8538	1.0196	.7130	-.6040
工业烟尘去除量	-.1504	-.7233	-.3998	2.4317

表 8.2.7 表示初始类中心表，通过该表可以得到 5 个变量的初始类中心.

表 8.2.8 迭代历史

迭代历史记录[a]

	聚类中心内的更改			
迭代	1	2	3	4
1	1.178	.332	.892	1.353
2	.000	.000	.000	.000

a. 由于聚类中心内没有改动或改动较小而达到收敛。任何中心的最大绝对坐标更改为 .000。当前迭代为 2。初始中心间的最小距离为 3.086。

表 8.2.8 表示迭代历史. 该表给出迭代过程中类中心的变动量，可以看出本次聚类过程进行了 2 次迭代就收敛了.

表 8.2.9 聚类成员

聚类成员

案例号	地区	聚类	距离
1	福州市	1	1.178
2	厦门市	2	.332
3	莆田市	3	.743
4	三明市	4	1.353
5	泉州市	1	1.178
6	漳州市	2	.332
7	南平市	3	.874
8	龙岩市	4	1.353
9	宁德市	3	.892

表 8.2.9 表示聚类成员. 该表给出了样品观测值所属类别以及所属类中心的距离. 从表中可以看出，将 9 个地级市分为 4 类：福州市和泉州市为第 1 类，厦门市和漳州市为第 2 类，莆田市、南平市和宁德市为第 3 类，三明市和龙岩市为第 4 类.

表 8.2.10 最终聚类中心

最终聚类中心

	聚类			
	1	2	3	4
工业废水排放总量	.1213	1.4425	-.8692	-.2600
工业二氧化硫排放量	1.7254	-.5498	-.7696	-.0213
工业烟尘排放量	1.0732	-1.1274	-.5740	.9152
工业固体废物利用率	.2578	.9628	.1272	-1.4113
工业烟尘去除量	-.1193	-.6433	-.6227	1.6966

表 8.2.11 最终聚类中心间的距离

最终聚类中心间的距离

聚类	1	2	3	4
1		3.541	3.192	3.050
2	3.541		2.529	4.297
3	3.192	2.529		3.301
4	3.050	4.297	3.301	

表 8.2.10 和表 8.2.11 分别表示最终聚类中心及最终聚类中心之间的距离.

表 8.2.12 方差分析表

ANOVA

	聚类		误差		F	Sig.
	均方	df	均方	df		
工业废水排放总量	2.198	3	.481	5	4.564	.068
工业二氧化硫排放量	2.779	3	.133	5	20.933	.003
工业烟尘排放量	2.503	3	.298	5	8.393	.021
工业固体废物利用率	2.006	3	.596	5	3.365	.112
工业烟尘去除量	2.592	3	.245	5	10.591	.013

F 检验应仅用于描述性目的，因为选中的聚类将被用来最大化不同聚类中的案例间的差别。观测到的显著性水平并未据此进行更正，因此无法将其解释为是对聚类均值相等这一假设的检验。

表 8.2.12 表示方差分析表，依据该表可判断分析的类别是否合理. 从表中最后一列可以看出，分类后各变量在不同类别之间的显著差异，也说明 5 个变量对分类的贡献较显著.

表 8.2.13 每类里中的样品数

每个聚类中的案例数

聚类	1	2.000
	2	2.000
	3	3.000
	4	2.000
有效		9.000
缺失		.000

表 8.2.13 给出了每类所包含的样品数.

习 题 8.2

1. 下表是我国 16 个省市自治区农民支出情况的抽样调查数据，每个省市自治区调查了反映每人平均生活消费支出情况的 6 个经济指标(单位:元/月). 试使用系统聚类法和 K 均值法分别对这些地区进行聚类分析，并对结果进行比较.

单位:元/月

地区	食品	衣着	燃料	住房	交通和通信	娱乐教育文化
北京市	190.33	43.77	9.73	60.54	49.01	9.04
天津市	135.20	36.40	10.47	44.16	36.49	3.94
河北省	95.21	22.83	9.30	22.44	22.81	2.80
山西省	104.78	25.11	6.40	9.89	18.17	3.25
内蒙古自治区	128.41	27.63	8.94	12.58	23.99	2.27
辽宁省	145.68	32.83	17.79	27.29	39.09	3.47
吉林省	159.37	33.38	18.37	11.81	25.29	5.22
黑龙江省	116.22	29.57	13.24	13.76	21.75	6.04
上海市	221.11	38.64	12.53	115.65	50.82	5.89
江苏省	144.98	29.12	11.67	42.60	27.30	5.74
浙江省	169.92	32.75	12.72	47.12	34.35	5.00
安徽省	135.11	23.09	15.62	23.54	18.18	6.39
福建省	144.92	21.26	16.96	19.52	21.75	6.73
江西省	140.54	21.50	17.64	19.19	15.97	4.94
山东省	115.84	30.26	12.20	33.60	33.77	3.85
河南省	101.18	23.26	8.46	20.20	20.50	4.30

2. 下表是 2010 年我国 34 个省会城市和计划单列市的一些主要经济指标：

人均地区生产总值 X_1(单位:元)；

客运量 X_2(单位:万人)；

货运量 X_3(单位:万吨)；

地方财政预算内收入 X_4(单位:亿元)；

固定资产投资总额 X_5(单位:亿元)；

城乡居民储蓄年末余额 X_6(单位:亿元)；

在岗职工平均工资 X_7(单位:元)；

社会商品零售总额 X_8(单位:亿元)；

货物进出口总额 X_9(单位:亿元).

试用两种不同的系统聚类法对城市进行聚类分析.

地区	X_1/元	X_2/万人	X_3/万吨	X_4/亿元	X_5/亿元	X_6/亿元	X_7/元	X_8/亿元	X_9/亿元
北京市	112 208	140 663	21 886	2 354	5 494	16 874	65 682	6 229	3 016.22
天津市	93 664	24 873	40 368	1 069	6 511	5 634	52 964	2 903	822.01
石家庄市	34 383	12 401	19 689	164	2 958	2 920	31 459	1 410	109.74
太原市	48 647	4 800	13 851	138	899	2 387	38 839	826	79.13
沈阳市	69 727	30 658	17 348	465	4 139	3 338	41 900	2 066	78.56
大连市	87 957	17 805	31 073	501	4 048	3 375	44 615	1 640	519.82
长春市	43 867	12 796	10 863	181	2 638	2 063	35 721	1 287	132.24
哈尔滨市	36 943	13 068	10 129	238	2 652	2 580	32 411	1 770	43.73
上海市	121 545	17 434	80 835	2 874	5 318	16 249	71 875	6 071	3 688.69
南京市	81 127	39 688	30 592	519	3 306	3 512	48 782	2 289	435.18
杭州市	86 330	33 772	25 915	671	2 753	4 991	48 772	2 146	523.55
宁波市	89 935	34 905	31 377	531	2 193	3 312	43 476	1 704	829.04
合肥市	54 583	19 805	18 873	259	3 067	1 234	39 291	839	99.58
福州市	48 357	18 916	14 911	248	2 317	2 329	34 804	1 624	246.00
厦门市	114 315	12 375	10 086	289	1 010	1 385	40 283	685	570.36
南昌市	43 805	10 684	8 326	146	1 952	1 418	35 038	765	53.04
济南市	64 735	16 478	23 146	266	1 987	2 188	37 854	1 802	74.11
青岛市	74 200	23 805	26 971	453	3 022	2 912	37 803	1 961	570.60
郑州市	41 962	30 121	20 599	387	2 757	2 911	32 778	1 678	51.57
武汉市	66 520	22 896	40 288	390	3 753	3 591	39 302	2 570	180.55
长沙市	69 697	33 984	22 817	314	3 193	2 172	38 338	1 865	60.89
广州市	133 330	62 596	56 644	873	3 264	9 302	54 494	4 476	1 037.68
深圳市	368 704	156 407	26 174	1 107	1 945	6 717	50 455	3 001	3 467.49
南宁市	25 450	10 153	19 171	156	1 483	1 376	37 040	906	22.13
海口市	37 097	31 503	8 003	50	353	772	34 192	327	39.45
重庆市	23 992	126 804	81 385	1 018	6 935	5 840	35 367	2 878	124.26
成都市	48 312	100 998	44 087	527	4 255	5 071	38 603	2 418	224.50
贵阳市	33 273	30 384	10 397	136	1 019	1 089	31 128	485	22.75
昆明市	36 308	11 627	14 906	254	2 161	2 342	32 022	956	101.09
西安市	41 413	31 118	34 332	242	3 251	3 678	37 872	1 637	103.93
兰州市	34 011	3 798	8 032	73	661	1 296	33 964	545	10.60
西宁市	28 446	4 868	2 978	35	403	576	32 220	232	6.67
银川市	48 452	4 378	10 547	64	649	634	39 816	225	9.98
乌鲁木齐市	55 076	3 820	15 192	148	500	1 243	40 649	564	59.85

3. 下表是2005年我国31个省(自治区、直辖市)城镇居民月平均消费数据. 城镇居民消费水平通常用以下8个指标(单位:元/人)来描述:

人均粮食支出 X_1;　　人均衣着支出 X_5;

人均副食支出 X_2;　　人均日用杂品支出 X_6;

人均烟、酒、茶支出 X_3;　　人均水电燃料支出 X_7;

人均其他副食支出 X_4;　　人均其他非商品支出 X_8.

为研究城镇居民的消费结构,需将强相关的指标归为一类,实际是对指标进行聚类. 试利用系统聚类法研究居民的消费结构.

单位:元/人

	X_1	X_2	X_3	X_4	X_5	X_6	X_7	X_8
北京市	21.30	124.89	35.43	73.98	93.01	20.58	43.97	433.73
天津市	21.50	122.39	29.08	51.64	55.04	11.30	54.88	288.13
河北省	18.25	90.21	24.45	32.44	62.48	7.45	47.50	178.84
山西省	21.48	66.38	18.05	31.32	74.48	8.19	34.97	177.45
内蒙古自治区	21.37	67.08	20.28	35.27	81.07	10.94	39.46	182.20
辽宁省	22.74	115.88	28.21	42.44	58.07	9.63	48.65	194.85
吉林省	20.22	88.94	18.54	35.63	65.72	8.81	50.29	186.52
黑龙江省	21.33	75.50	14.00	29.56	69.29	8.24	42.08	165.90
上海市	21.13	168.69	40.81	70.12	74.32	15.46	50.90	422.74
江苏省	18.61	122.51	27.07	42.50	63.47	15.38	36.14	240.92
浙江省	19.96	142.24	43.33	50.74	101.77	12.92	53.44	394.55
安徽省	19.61	107.13	32.85	35.77	61.34	7.53	34.60	142.23
福建省	25.56	171.65	22.30	40.53	57.13	12.60	54.03	225.08
江西省	18.75	104.68	15.55	35.61	51.80	11.18	36.27	142.72
山东省	18.27	88.34	19.07	43.19	72.98	12.59	42.16	200.18
河南省	19.07	73.18	18.01	29.38	64.51	8.91	38.14	155.45
湖北省	18.70	102.67	21.87	30.47	64.33	11.99	42.14	168.17
湖南省	20.25	104.45	20.72	38.15	62.98	12.67	39.16	213.56
广东省	23.68	173.30	17.43	43.59	53.66	16.86	65.02	385.94
广西壮族自治区	18.70	131.35	11.69	32.06	41.54	10.84	42.77	178.51
海南省	16.16	139.92	12.98	23.58	24.87	10.76	32.35	144.21
重庆市	18.18	120.39	26.18	37.94	68.16	11.64	38.48	246.37
四川省	18.53	109.95	21.49	33.04	50.98	10.88	33.96	183.85
贵州省	18.33	92.43	25.38	32.19	56.32	14.00	38.57	144.82
云南省	22.30	99.08	33.36	32.01	52.06	7.04	32.85	190.04

（续表）

	X_1	X_2	X_3	X_4	X_5	X_6	X_7	X_8
西藏自治区	29.67	146.90	64.51	54.36	86.10	14.77	32.19	193.10
陕西省	20.03	70.75	19.75	34.95	53.29	10.55	38.20	189.41
甘肃省	18.68	72.74	23.72	38.69	62.41	9.65	35.26	170.12
青海省	20.33	75.64	20.88	33.86	53.81	10.06	32.82	171.32
宁夏回族自治区	19.75	70.24	18.67	36.71	61.75	10.08	40.26	165.22
新疆维吾尔自治区	21.03	78.55	14.35	34.33	64.98	9.83	33.87	161.67

第九章　相关分析

多元统计分析处理的是多变量问题，有时多变量之间会存在一定的相关性，使得所观测的数据在一定程度上反映的信息有所重叠.而且变量较多时需要在高维空间中研究样本的分布规律，会增加问题的复杂性，这自然就想到能不能用较少的综合变量来代替原来较多的变量，而且这几个综合变量又能尽可能多地反映原来变量的信息，并且彼此之间不相关. 基于这种想法，产生了主成分分析和因子分析等统计方法.

§9.1　主成分分析

主成分分析也称为主分量分析，它通过线性组合的方式从多变量中尽快地提取信息. 当第一个线性组合不能提取更多信息时，再考虑用第二个线性组合继续这个提取过程…… 直到所提取的信息与原来相差不多时为止. 一般来说，在主成分分析适用的场合，用较少的主成分就可以得到较多的信息. 所以，主成分既降低了数据的维数，又保留了原数据的大部分信息.

对一个变量作观测只获得一个数据时，这个数据提供的信息是非常有限的，当这个变量观测到一系列不同的数据时，我们从中可以读取最大值、最小值、平均数等数字特征. 变量的变异性越大，说明它对各种场景的“遍历性”越强，提供的信息越充分，信息量就越大. 主成分分析中的信息，就是变量的变异性，用标准差或方差来表示.

一、主成分的几何意义

假设有 n 个样品，每个样品都测得两个指标(X_1, X_2)，它们大致分布在一个椭圆内，如图 9.1.1 所示.

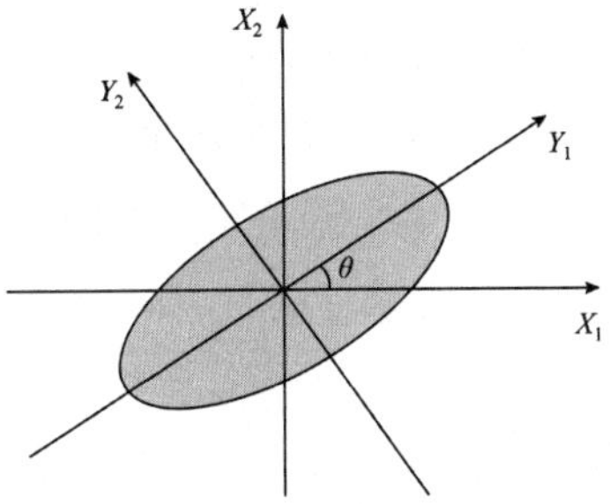

图 9.1.1　主成分的几何意义

由图 9.1.1 可以看出,这 n 个样品无论沿 X_1 轴方向还是沿 X_2 轴方向,均有较大的离散性,其离散程度可以分别用 X_1 和 X_2 的方差来表示.若只考虑 X_1 和 X_2 中任何一个,原始数据中的信息均会有较大的损失.

将坐标轴按逆时针方向旋转 θ 角度,得到新坐标轴 Y_1 和 Y_2,旋转公式如下:

$$\begin{cases} Y_1 = X_1\cos\theta + X_2\sin\theta, \\ Y_2 = -X_1\sin\theta + X_2\cos\theta. \end{cases}$$

它的矩阵形式为

$$\begin{pmatrix} Y_1 \\ Y_2 \end{pmatrix} = \begin{pmatrix} \cos\theta & \sin\theta \\ -\sin\theta & \cos\theta \end{pmatrix}\begin{pmatrix} X_1 \\ X_2 \end{pmatrix} = \boldsymbol{T}^{\mathrm{T}}\boldsymbol{X},$$

其中,$\boldsymbol{T}^{\mathrm{T}}$ 为旋转变换矩阵,满足 $\boldsymbol{T}^{\mathrm{T}}\boldsymbol{T} = I$ 或 $\boldsymbol{T}^{\mathrm{T}} = \boldsymbol{T}^{-1}$,是正交矩阵.

经过这样的旋转后,n 个样品在 Y_1 轴上的离散程度最大,代表了原始数据的大部分信息,即使不考虑变量 Y_2 的信息也无损大局. 因此,经过上述线性变换把原始数据的信息集中到 Y_1 轴上,对数据中包含的信息起到了浓缩的作用. 该结论很容易扩展到多维情况.

二、主成分的数学模型及推导

设 $\boldsymbol{X}=(X_1,\cdots,X_p)^{\mathrm{T}}$ 为一个 p 维随机向量,假定其二阶矩存在,均值和协差阵分别记为

$$\boldsymbol{\mu} = E(\boldsymbol{X}), \quad \boldsymbol{\Sigma} = D(\boldsymbol{X}).$$

对随机向量 $\boldsymbol{X}$ 考虑如下线性变换:

$$\begin{cases} Y_1 = t_{11}X_1 + t_{12}X_2 + \cdots + t_{1p}X_p = \boldsymbol{T}_1^{\mathrm{T}}\boldsymbol{X}, \\ Y_2 = t_{21}X_1 + t_{22}X_2 + \cdots + t_{2p}X_p = \boldsymbol{T}_2^{\mathrm{T}}\boldsymbol{X}, \\ \qquad\cdots\cdots \\ Y_p = t_{p1}X_1 + t_{p2}X_2 + \cdots + t_{pp}X_p = \boldsymbol{T}_p^{\mathrm{T}}\boldsymbol{X}, \end{cases}$$

这里 $\boldsymbol{T}_i = (t_{i1}, t_{i2}, \cdots, t_{ip})^{\mathrm{T}}, i = 1,2,\cdots,p$. 注意到,

$$D(Y_i) = D(\boldsymbol{T}_i^{\mathrm{T}}\boldsymbol{X}) = \boldsymbol{T}_i^{\mathrm{T}}D(\boldsymbol{X})\boldsymbol{T}_i = \boldsymbol{T}_i^{\mathrm{T}}\boldsymbol{\Sigma}\boldsymbol{T}_i, \quad i = 1,2,\cdots,p,$$

$$\operatorname{cov}(Y_i, Y_k) = \operatorname{cov}(\boldsymbol{T}_i^{\mathrm{T}}\boldsymbol{X}, \boldsymbol{T}_k^{\mathrm{T}}\boldsymbol{X}) = \boldsymbol{T}_i^{\mathrm{T}}D(\boldsymbol{X})\boldsymbol{T}_k = \boldsymbol{T}_i^{\mathrm{T}}\boldsymbol{\Sigma}\boldsymbol{T}_k, \quad i,k = 1,2,\cdots,p.$$

我们的目标是找 $\boldsymbol{T}_i, i=1,2,\cdots,p$,使得 $Y_1, Y_2, \cdots, Y_p$ 不相关,Y_1 提取的信息($D(Y_1)$)最大,Y_2 提取的信息($D(Y_2)$)次之,…,$Y_1, Y_2, \cdots, Y_p$ 的信息和与 $X_1, X_2, \cdots, X_p$ 的信息和相等.

下面将借助**投影寻踪**的思想来解决这一问题.

第一主成分为使 $D(Y_1)=\boldsymbol{T}_1^{\mathrm{T}}\boldsymbol{\Sigma}\boldsymbol{T}_1$ 达到最大的 $Y_1=\boldsymbol{T}_1^{\mathrm{T}}\boldsymbol{X}$. 在求第一主成分之前应注意到要使 $D(Y_1)=\boldsymbol{T}_1^{\mathrm{T}}\boldsymbol{\Sigma}\boldsymbol{T}_1$ 达到最大,不同的 $\boldsymbol{T}_1$ 会有不同的最值,为消除这种不确定性的影响,不妨假设 $\boldsymbol{T}_1$ 满足 $\boldsymbol{T}_1^{\mathrm{T}}\boldsymbol{T}_1=1$ 或者 $|\boldsymbol{T}_1|=1$. 这个假设对其他的 $\boldsymbol{T}_i$ 也都成立,即都要满足 $\boldsymbol{T}_i^{\mathrm{T}}\boldsymbol{T}_i=1$ 或者 $|\boldsymbol{T}_i|=1, i=1,2,\cdots,p$. 所以第一主成分应改为满足 $\boldsymbol{T}_1^{\mathrm{T}}\boldsymbol{T}_1=1$,使得 $D(Y_1)=\boldsymbol{T}_1^{\mathrm{T}}\boldsymbol{\Sigma}\boldsymbol{T}_1$ 达到最大的 $Y_1=\boldsymbol{T}_1^{\mathrm{T}}\boldsymbol{X}$.

为求第一主成分构造目标函数

$$f_1(\boldsymbol{T}_1, \lambda) = \boldsymbol{T}_1^{\mathrm{T}}\boldsymbol{\Sigma}\boldsymbol{T}_1 - \lambda(\boldsymbol{T}_1^{\mathrm{T}}\boldsymbol{T}_1 - 1),$$

其中 λ 为参数. 目标函数对 $\boldsymbol{T}_1$ 求偏导,并令其为 $\mathbf{0}$,可得

$$\frac{\partial f_1}{\partial \boldsymbol{T}_1}=2\boldsymbol{\Sigma}\boldsymbol{T}_1-2\lambda\boldsymbol{T}_1=\boldsymbol{0}, \tag{9.1.1}$$

即

$$(\boldsymbol{\Sigma}-\lambda\boldsymbol{I})\boldsymbol{T}_1=\boldsymbol{0}, \tag{9.1.2}$$

(9.1.2) 式两端同时左乘 $\boldsymbol{T}_1^{\mathrm{T}}$ 得

$$\boldsymbol{T}_1^{\mathrm{T}}\boldsymbol{\Sigma}\boldsymbol{T}_1=\lambda. \tag{9.1.3}$$

由(9.1.2) 式可以看出，λ 为 $\boldsymbol{\Sigma}$ 的特征根，$\boldsymbol{T}_1$ 为 λ 所对应的单位特征向量. 由(9.1.3) 式可以看出，要使 $D(Y_1)=\boldsymbol{T}_1^{\mathrm{T}}\boldsymbol{\Sigma}\boldsymbol{T}_1$ 达到最大，λ 应取 $\boldsymbol{\Sigma}$ 的最大特征根. 因 $\boldsymbol{\Sigma}$ 为 $\boldsymbol{X}$ 的协差阵，所以 $\boldsymbol{\Sigma}$ 是非负定阵，其特征方程(9.1.2) 的根均大于 0，不妨设 $\lambda_1\geqslant\lambda_2\geqslant\cdots\geqslant\lambda_p\geqslant 0$ 为协差阵 $\boldsymbol{\Sigma}$ 的特征根. 此时 $\boldsymbol{T}_1^{\mathrm{T}}\boldsymbol{\Sigma}\boldsymbol{T}_1=\lambda_1$，$\boldsymbol{T}_1$ 为 λ_1 所对应的单位特征向量.

第二主成分为满足 $\boldsymbol{T}_2^{\mathrm{T}}\boldsymbol{T}_2=1$，且 $\mathrm{cov}(Y_1,Y_2)=\boldsymbol{T}_1^{\mathrm{T}}\boldsymbol{\Sigma}\boldsymbol{T}_2=0$，使得 $D(Y_2)=\boldsymbol{T}_2^{\mathrm{T}}\boldsymbol{\Sigma}\boldsymbol{T}_2$ 达到最大的 $Y_2=\boldsymbol{T}_2^{\mathrm{T}}\boldsymbol{X}$.为求第二主成分，先在(9.1.1) 式两端同时左乘 $\boldsymbol{T}_2^{\mathrm{T}}$ 得到 $\boldsymbol{T}_2^{\mathrm{T}}\boldsymbol{\Sigma}\boldsymbol{T}_1=\lambda\boldsymbol{T}_2^{\mathrm{T}}\boldsymbol{T}_1$，因 $\mathrm{cov}(Y_1,Y_2)=\boldsymbol{T}_1^{\mathrm{T}}\boldsymbol{\Sigma}\boldsymbol{T}_2$，所以 Y_1,Y_2 不相关，即有 $\boldsymbol{T}_2^{\mathrm{T}}\boldsymbol{T}_1=0$ 或 $\boldsymbol{T}_1^{\mathrm{T}}\boldsymbol{T}_2=0$.

然后构造目标函数

$$f_2(\boldsymbol{T}_2,\lambda,\rho)=\boldsymbol{T}_2^{\mathrm{T}}\boldsymbol{\Sigma}\boldsymbol{T}_2-\lambda(\boldsymbol{T}_2^{\mathrm{T}}\boldsymbol{T}_2-1)-2\rho(\boldsymbol{T}_1^{\mathrm{T}}\boldsymbol{T}_2),$$

其中 λ,ρ 为参数. 目标函数对 $\boldsymbol{T}_2$ 求偏导，并令其为 $\boldsymbol{0}$，可得

$$\frac{\partial f_2}{\partial \boldsymbol{T}_2}=2\boldsymbol{\Sigma}\boldsymbol{T}_2-2\lambda\boldsymbol{T}_2-2\rho\boldsymbol{T}_1=\boldsymbol{0}, \tag{9.1.4}$$

用 $\boldsymbol{T}_1^{\mathrm{T}}$ 左乘(9.1.4) 式得到

$$\boldsymbol{T}_1^{\mathrm{T}}\boldsymbol{\Sigma}\boldsymbol{T}_2-\lambda\boldsymbol{T}_1^{\mathrm{T}}\boldsymbol{T}_2-\rho\boldsymbol{T}_1^{\mathrm{T}}\boldsymbol{T}_1=0.$$

因 $\boldsymbol{T}_1^{\mathrm{T}}\boldsymbol{\Sigma}\boldsymbol{T}_2=0$ 和 $\boldsymbol{T}_1^{\mathrm{T}}\boldsymbol{T}_2=0$，可得 $\rho=0$. 将 $\rho=0$ 代入(9.1.4) 式，得

$$(\boldsymbol{\Sigma}-\lambda\boldsymbol{I})\boldsymbol{T}_2=0. \tag{9.1.5}$$

(9.1.5) 式两端同时左乘 $\boldsymbol{T}_2^{\mathrm{T}}$，则有

$$\boldsymbol{T}_2^{\mathrm{T}}\boldsymbol{\Sigma}\boldsymbol{T}_2=\lambda. \tag{9.1.6}$$

由(9.1.5) 式和(9.1.6) 式可知 Y_2 的最大方差为 $\boldsymbol{\Sigma}$ 的第二大特征根为 λ_2，$\boldsymbol{T}_2$ 为 λ_2 所对应的单位特征向量.

一般情形，第 k 主成分为满足 $\boldsymbol{T}_k^{\mathrm{T}}\boldsymbol{T}_k=1$，且 $\boldsymbol{T}_k^{\mathrm{T}}\boldsymbol{T}_i=0$ 或 $\boldsymbol{T}_i^{\mathrm{T}}\boldsymbol{T}_k=0\,(i<k)$，使得 $D(Y_k)=\boldsymbol{T}_k^{\mathrm{T}}\boldsymbol{\Sigma}\boldsymbol{T}_k$ 达到最大的 $Y_k=\boldsymbol{T}_k^{\mathrm{T}}\boldsymbol{X}$. 要求第 k 主成分，构造目标函数

$$f_k(\boldsymbol{T}_k,\lambda,\rho_k)=\boldsymbol{T}_k^{\mathrm{T}}\boldsymbol{\Sigma}\boldsymbol{T}_k-\lambda(\boldsymbol{T}_k^{\mathrm{T}}\boldsymbol{T}_k-1)-2\sum_{i=1}^{k-1}\rho_i(\boldsymbol{T}_i^{\mathrm{T}}\boldsymbol{T}_k),$$

其中 $\lambda,\rho_i,i=1,\cdots,k-1$ 为参数. 目标函数对 $\boldsymbol{T}_k$ 求偏导，并令其为 $\boldsymbol{0}$，可得

$$\frac{\partial f_k}{\partial \boldsymbol{T}_k}=2\boldsymbol{\Sigma}\boldsymbol{T}_k-2\lambda\boldsymbol{T}_k-2\sum_{i=1}^{k-1}\rho_i\boldsymbol{T}_i=\boldsymbol{0}, \tag{9.1.7}$$

用 $\boldsymbol{T}_i^{\mathrm{T}}\,(i<k)$ 左乘(9.1.7) 式得到

$$\boldsymbol{T}_i^{\mathrm{T}}\boldsymbol{\Sigma}\boldsymbol{T}_k-\lambda\boldsymbol{T}_i^{\mathrm{T}}\boldsymbol{T}_k-\boldsymbol{T}_i^{\mathrm{T}}\sum_{j=1}^{k-1}\rho_j\boldsymbol{T}_j=0,$$

即有 $\rho_i\boldsymbol{T}_i^{\mathrm{T}}\boldsymbol{T}_i=0$，所以 $\rho_i=0,i=1,2,\cdots,k-1$.从而

$$(\boldsymbol{\Sigma}-\lambda\boldsymbol{I})\boldsymbol{T}_k=\boldsymbol{0}, \tag{9.1.8}$$

(9.1.8) 式两端同时左乘 $\boldsymbol{T}_k^{\mathrm{T}}$,则有

$$\boldsymbol{T}_k^{\mathrm{T}}\boldsymbol{\Sigma}\,\boldsymbol{T}_k=\lambda. \tag{9.1.9}$$

由(9.1.8) 式和(9.1.9) 式可知 Y_k 的最大方差为$\boldsymbol{\Sigma}$的第k 大特征根为λ_k,$\boldsymbol{T}_k$ 为λ_k 所对应的单位特征向量.

综上所述,设$\boldsymbol{X}=(X_1,X_2,\cdots,X_p)^{\mathrm{T}}$的协差阵为$\boldsymbol{\Sigma}$,其特征根为$\lambda_1\geqslant\lambda_2\geqslant\cdots\geqslant\lambda_p\geqslant 0$,相应的单位化的特征向量为 $\boldsymbol{T}_1,\boldsymbol{T}_2,\cdots,\boldsymbol{T}_p$,则由此确定的主成分为

$$Y_1=\boldsymbol{T}_1^{\mathrm{T}}\boldsymbol{X},\quad Y_2=\boldsymbol{T}_2^{\mathrm{T}}\boldsymbol{X},\quad \cdots,\quad Y_p=\boldsymbol{T}_p^{\mathrm{T}}\boldsymbol{X},$$

其方差分别为 $\boldsymbol{\Sigma}$ 的特征根.

三、主成分的性质

设$\boldsymbol{Y}=(Y_1,Y_2,\cdots,Y_p)^{\mathrm{T}}$ 是$\boldsymbol{X}=(X_1,X_2,\cdots,X_p)^{\mathrm{T}}$ 的主成分,$\boldsymbol{\Sigma}$ 为$\boldsymbol{X}$ 的协差阵,$\boldsymbol{\Sigma}$ 的所有特征根构成对角阵

$$\boldsymbol{\Lambda}=\begin{pmatrix}\lambda_1 & \cdots & 0\\ \vdots & \ddots & \vdots\\ 0 & \cdots & \lambda_p\end{pmatrix}.$$

若令$\boldsymbol{T}=(\boldsymbol{T}_1,\boldsymbol{T}_2,\cdots,\boldsymbol{T}_p)$,其中$\boldsymbol{T}_i$,$i=1,2,\cdots,p$ 为λ_i 所对应的单位特征向量,则主成分可表示为

$$\boldsymbol{Y}=\boldsymbol{T}^{\mathrm{T}}\boldsymbol{X}.$$

性质 1 主成分的协差阵是对角阵 $\boldsymbol{\Lambda}$.

性质 2 主成分的总方差等于原始变量的总方差.

证明 由矩阵迹的性质知

$$\mathrm{tr}\boldsymbol{\Lambda}=\mathrm{tr}(\boldsymbol{T}^{\mathrm{T}}\boldsymbol{\Sigma}\,\boldsymbol{T})=\mathrm{tr}(\boldsymbol{\Sigma}\,\boldsymbol{T}\boldsymbol{T}^{\mathrm{T}})=\mathrm{tr}\boldsymbol{\Sigma},$$

所以

$$\sum_{i=1}^{p}\lambda_i=\sum_{i=1}^{p}\sigma_{ii},$$

或者

$$\sum_{i=1}^{p}D(Y_i)=\sum_{i=1}^{p}D(X_i).$$

性质 3 主成分 Y_k 与原始变量 X_i 的相关系数为

$$\rho(Y_k,X_i)=\frac{\sqrt{\lambda_k}}{\sqrt{\sigma_{ii}}}t_{ki},$$

并称之为**因子负荷量**(或**因子载荷量**).

证明

$$\rho(Y_k,X_i)=\frac{\mathrm{cov}(Y_k,X_i)}{\sqrt{D(Y_k)\cdot D(X_i)}}=\frac{\mathrm{cov}(\boldsymbol{T}_k^{\mathrm{T}}\boldsymbol{X},\boldsymbol{e}_i^{\mathrm{T}}\boldsymbol{X})}{\sqrt{\lambda_k\sigma_{ii}}},$$

其中,$\boldsymbol{e}_i=(0,\cdots,0,1,0,\cdots,0)^{\mathrm{T}}$,它是除第 i 个元素为 1 外其他元素均为 0 的单位向量,而

$$\mathrm{cov}(\boldsymbol{T}_k^{\mathrm{T}}\boldsymbol{X},\boldsymbol{e}_i^{\mathrm{T}}\boldsymbol{X})=\boldsymbol{T}_k^{\mathrm{T}}\boldsymbol{\Sigma}\,\boldsymbol{e}_i=\boldsymbol{e}_i^{\mathrm{T}}(\boldsymbol{\Sigma}\,\boldsymbol{T}_k)=\boldsymbol{e}_i^{\mathrm{T}}(\lambda_k\boldsymbol{T}_k)=\lambda_k\boldsymbol{e}_i^{\mathrm{T}}\boldsymbol{T}_k=\lambda_k t_{ki},$$

所以 $\rho(Y_k,X_i)=\frac{\sqrt{\lambda_k}}{\sqrt{\sigma_{ii}}}t_{ki}$.

性质 4 $\sum_{i=1}^{p}\rho^2(Y_k,X_i)\cdot\sigma_{ii}=\lambda_k,k=1,2,\cdots,p$.

由性质 2 可以看出,主成分分析把 p 个原始变量 $X_1,X_2,\cdots,X_p$ 的总方差 $\mathrm{tr}\boldsymbol{\Sigma}$ 分解成了 p 个不相关变量 $Y_1,Y_2,\cdots,Y_p$ 的方差之和 $\sum_{i=1}^{p}\lambda_i$,同时也说明主成分保持原变量信息不变.

主成分分析的目的是减少变量的个数,所以一般不会使用所有 p 个主成分,忽略一些带有较小方差的主成分将不会给总方差带来太大的影响. 称

$$\varphi_k=\frac{\lambda_k}{\sum_{i=1}^{p}\lambda_i}$$

为第 k 个主成分 Y_k 的**贡献率**. 第一个主成分的贡献率最大,这表明 $Y_1=\boldsymbol{T}_1^{\mathrm{T}}\boldsymbol{X}$ 综合原始变量 $X_1,X_2,\cdots,X_p$ 的能力最强,而 $Y_2,Y_3,\cdots,Y_p$ 的综合能力依次减弱. 若只取 $m(<p)$ 个主成分,则称

$$\psi_m=\frac{\sum_{k=1}^{m}\lambda_k}{\sum_{k=1}^{p}\lambda_k}$$

为主成分 $Y_1,Y_2,\cdots,Y_m$ 的**累积贡献率**,它表示 $Y_1,Y_2,\cdots,Y_m$ 综合 $X_1,X_2,\cdots,X_p$ 的能力. 通常取一个使得累积贡献率达到一个较高百分数(如 85% 以上) 的自然数 m.

例 9.1.1 调查 12 岁学生的身材,测量他们的 4 个指标:身高 X_1(单位:cm),体重 X_2(单位:kg),胸围 X_3(单位:cm),坐高 X_4(单位:cm).根据观测的 58 个数据,这 4 个指标的均值和协差阵分别为

$$\hat{\boldsymbol{\mu}}=\begin{pmatrix}149.06\\40.26\\73.98\\80.02\end{pmatrix},\quad \hat{\boldsymbol{\Sigma}}=\begin{pmatrix}19.94&10.50&6.59&8.63\\10.50&23.56&19.71&7.97\\6.59&19.71&20.95&3.93\\8.63&7.97&3.93&7.55\end{pmatrix}.$$

$\hat{\boldsymbol{\Sigma}}$ 的特征根为

$$\lambda_1=50.64,\quad \lambda_2=16.65,\quad \lambda_3=3.88,\quad \lambda_4=1.00.$$

前两个主成分所占的百分比为

$$\frac{50.64+16.65}{50.64+16.65+3.88+1.00}=0.93>0.85,$$

只需求两个主成分即可.

λ_1 对应的单位特征向量 $\boldsymbol{T}_1=(0.42,0.66,0.57,0.26)^{\mathrm{T}}$,$\lambda_2$ 对应的单位特征向量 $\boldsymbol{T}_2=(0.78,-0.23,-0.47,0.34)^{\mathrm{T}}$,由此得两个主成分:

$$Y_1=\boldsymbol{T}_1^{\mathrm{T}}\boldsymbol{X}=0.42X_1+0.66X_2+0.57X_3+0.26X_4,$$
$$Y_2=\boldsymbol{T}_2^{\mathrm{T}}\boldsymbol{X}=0.78X_1-0.23X_2-0.47X_3+0.34X_4.$$

四、利用主成分进行系统评价

如何利用选定指标对系统进行综合评价？一般情况下，是通过对各指标加权后的线性组合对系统进行综合评价. 如何对指标加权是一项具有挑战性的工作. 我们知道指标的权重是依据指标的重要程度，有时对指标在评价中的重要程度判断会带有一定的主观性，这影响了综合评价的客观性和准确性. 主成分是利用原有信息综合得到，按方差贡献率对主成分进行加权，就可得到系统指标的客观评价. 这种指标加权方式可以避免评价者的主观影响，在实际中越来越受到人们的重视.

设 $Y_1,Y_2,\cdots,Y_p$ 是求出的 p 个主成分，它们的特征根分别是 $\lambda_1,\lambda_2,\cdots,\lambda_p$，将特征根归一化即有

$$\omega_k=\frac{\lambda_k}{\sum_{i=1}^{p}\lambda_i},\quad i=1,2,\cdots,p.$$

记 $\boldsymbol{W}=(\omega_1,\omega_2,\cdots,\omega_p)^{\mathrm{T}}$，由 $\boldsymbol{Y}=\boldsymbol{T}^{\mathrm{T}}\boldsymbol{X}$，构造的综合评价函数为

$$Z=\omega_1Y_1+\omega_2Y_2+\cdots+\omega_pY_p=\boldsymbol{W}^{\mathrm{T}}\boldsymbol{Y}=\boldsymbol{W}^{\mathrm{T}}\boldsymbol{T}^{\mathrm{T}}\boldsymbol{X}=(\boldsymbol{TW})^{\mathrm{T}}\boldsymbol{X}.$$

五、主成分分析实际应用需要注意的问题

我们前面讨论的主成分计算是从协差阵 $\boldsymbol{\Sigma}$ 出发的，其结果受度量单位的影响. 变量的不同单位，会产生不同的主成分，并且主成分倾向于多归纳方差大的变量的信息，对于方差小的变量就可能体现不足. 为使主成分能均等地对待每一个原始变量，消除由于单位的不同可能带来的影响，常常对各原始变量作标准化处理，即令

$$X_i^*=\frac{X_i-E(X_i)}{\sqrt{D(X_i)}},\quad i=1,2,\cdots,p.$$

显然，$\boldsymbol{X}^*=(X_1^*,X_2^*,\cdots,X_p^*)^{\mathrm{T}}$ 的协差阵就是 $\boldsymbol{X}$ 的相关阵 $\boldsymbol{R}$，此时我们可以从相关阵 $\boldsymbol{R}$ 出发求主成分.

在实际应用中，$\boldsymbol{R}$ 可以利用样本数据来估计，可由(6.1.3) 式求出.

说明 由相关阵求得的主成分与协差阵求得的主成分一般是不同的，有时差异很大. 如果各指标之间的数量级相差悬殊，特别是各指标有不同物理量纲时，较合理的作法是使用 $\boldsymbol{R}$ 代替 $\boldsymbol{\Sigma}$.

例 9.1.1(续) 在例 9.1.1 中，若利用相关阵

$$\hat{\boldsymbol{R}}=\begin{pmatrix}1 & 0.484 & 0.322 & 0.703\\ 0.484 & 1 & 0.887 & 0.597\\ 0.322 & 0.887 & 1 & 0.313\\ 0.703 & 0.597 & 0.313 & 1\end{pmatrix},$$

求得特征根为

$$\lambda_1=2.67,\quad \lambda_2=0.96,\quad \lambda_3=0.31,\quad \lambda_4=0.05.$$

前两个主成分的累积贡献率为

$$\frac{2.67+0.96}{2.67+0.96+0.31+0.05}=0.91>0.85.$$

λ_1 对应的单位特征向量 $\boldsymbol{T}_1^* = (0.46, 0.56, 0.48, 0.49)^{\mathrm{T}}$，$\lambda_2$ 对应的单位特征向量 $\boldsymbol{T}_2^* = (0.54, -0.34, -0.60, 0.48)^{\mathrm{T}}$. 由此得两个主成分：

$$Y_1 = \boldsymbol{T}_1^{*\mathrm{T}} \boldsymbol{X} = 0.46X_1 + 0.56X_2 + 0.48X_3 + 0.49X_4,$$
$$Y_2 = \boldsymbol{T}_2^{*\mathrm{T}} \boldsymbol{X} = 0.54X_1 - 0.34X_2 - 0.60X_3 + 0.48X_4.$$

习　题　9.1

1. 试述主成分的基本思想.
2. 简述主成分分析中累积贡献率的具体含义.
3. 试述根据协差阵进行主成分分析和根据相关阵进行主成分分析的区别.
4. 已知 $\boldsymbol{X} = (X_1, X_2, X_3)^{\mathrm{T}}$ 的协差阵为

$$\begin{pmatrix} 11 & \sqrt{3}/2 & 3/2 \\ \sqrt{3}/2 & 21/4 & 5\sqrt{3}/4 \\ 3/2 & 5\sqrt{3}/4 & 31/4 \end{pmatrix},$$

试进行主成分分析.

5. 设随机向量 $\boldsymbol{X} = (X_1, X_2, X_3)^{\mathrm{T}}$ 的协差阵为 $\boldsymbol{\Sigma} = \begin{pmatrix} 1 & 4 & 0 \\ 4 & 25 & 0 \\ 0 & 0 & 36 \end{pmatrix}$，对应的相关阵为 $\boldsymbol{R} = \begin{pmatrix} 1 & 0.8 & 0 \\ 0.8 & 1 & 0 \\ 0 & 0 & 1 \end{pmatrix}$，试分别从协差阵和相关阵出发求出主成分并进行比较.

6. 设 $\boldsymbol{X} = (X_1, X_2, \cdots, X_p)^{\mathrm{T}}$ 的协差阵为

$$\boldsymbol{\Sigma} = \sigma^2 \begin{pmatrix} 1 & \rho & \cdots & \rho \\ \rho & 1 & \cdots & \rho \\ \vdots & \vdots & & \vdots \\ \rho & \rho & \cdots & 1 \end{pmatrix}_{p \times p}, \quad 0 < \rho < 1.$$

证明：$\lambda_1 = \sigma^2[1 - \rho(1 - \rho)]$ 为最大特征根，其对应的主成分为 $Y_1 = \dfrac{1}{\sqrt{\rho}} \sum_{i=1}^{p} X_i$.

§9.2　因子分析

一般认为因子分析是从查尔斯・斯皮尔曼(Charies Spearman) 在 1904 年发表的《对智力测验得分进行统计分析》开始的. 目前因子分析在心理学、社会学、经济学等领域都有成功的应用，是多元统计分析典型方法之一.

因子分析也是一种降维、简化数据的技术. 它通过研究众多变量之间的内部依赖关系，探求观测数据中的基本结构，并用少数几个抽象的变量来表示其基本的数据结构，这几个抽象的变量被称为**因子**. 因子能反映原来众多变量的主要信息. 原始变量是可观测的显在变

量,而因子一般是不可观测的潜在变量.例如,在商业企业的形象评价中,消费者可以通过一系列指标构成一个评价指标体系来评价百货商场各方面的优劣.但消费者真正关心的只是三个方面:商店的环境、商店的服务和商品的价格.这三个方面除价格外,商店的环境和服务质量都是客观存在的、抽象的影响因素,都不便于直接测量,只能通过其他具体指标进行间接反映.因子分析就是一种通过显在变量测评潜在变量,通过具体指标测评抽象因子的统计分析方法.又例如,在研究区域社会经济发展中,描述社会与经济现象的指标很多,过多的指标容易导致分析过程复杂化.一个合适的作法就是从这些错综复杂的社会经济指标中提取少数几个主要因子,每一个因子都能反映相互依赖的社会经济指标间的共同作用,抓住这些主要因素就可以帮助我们对复杂的社会经济问题进行深入分析、合理解释和正确评价.

一、因子分析模型

斯皮尔曼在他的文章中用到这样一个例子:研究 33 名学生在古典语(C)、法语(F)、英语(E)、数学(M)、判别(D) 和音乐(Mu) 六门考试成绩之间的相关性,得到如下相关阵:

$$\begin{array}{c} \\ \text{C} \\ \text{F} \\ \text{E} \\ \text{M} \\ \text{D} \\ \text{Mu} \end{array}
\begin{array}{c} \begin{array}{cccccc} \text{C} & \text{F} & \text{E} & \text{M} & \text{D} & \text{Mu} \end{array} \\
\begin{pmatrix} 1.00 & 0.83 & 0.78 & 0.70 & 0.66 & 0.63 \\ 0.83 & 1.00 & 0.67 & 0.67 & 0.65 & 0.57 \\ 0.78 & 0.67 & 1.00 & 0.64 & 0.54 & 0.51 \\ 0.70 & 0.67 & 0.64 & 1.00 & 0.45 & 0.51 \\ 0.66 & 0.65 & 0.54 & 0.45 & 1.00 & 0.40 \\ 0.63 & 0.57 & 0.51 & 0.51 & 0.40 & 1.00 \end{pmatrix} \end{array}.$$

他注意到上面相关阵中存在一个有趣的规律,即如果不考虑对角元素的话,任意两列元素大致成比例,例如对 C 列和 E 列有

$$\frac{0.83}{0.67}=\frac{0.70}{0.64}=\frac{0.66}{0.54}=\frac{0.63}{0.51}\approx 1.2.$$

于是斯皮尔曼指出每一科目的考试成绩都遵循以下形式:

$$X_i = a_i F + \varepsilon_i, \tag{9.2.1}$$

其中 X_i 为第 i 门科目标准化后的考试成绩,均值为 0,方差为 1;F 为公共因子,对各科考试成绩均有影响,也是均值为 0,方差为 1;ε_i 为仅对第 i 门科目考试成绩有影响的特殊因子,F 与 ε_i 相互独立.

对斯皮尔曼的例子进行推广就得到因子分析的一般模型.假定每一个变量 $X_i, i=1, 2,\cdots,p$ 受到 m 个公共因子及一个特殊因子的影响,于是(9.2.1)式就变成如下因子分析模型的一般形式:

$$X_i = a_{i1}F_1 + a_{i2}F_2 + \cdots + a_{im}F_m + \varepsilon_i, \quad i=1,2,\cdots,p, \tag{9.2.2}$$

其中 $F_1, F_2, \cdots, F_m$ 为公共因子,ε_i 为 X_i 的特殊因子.该模型可用矩阵表示为

$$\boldsymbol{X} = \boldsymbol{A}\boldsymbol{F} + \boldsymbol{\varepsilon},$$

这里

$$\boldsymbol{A}=\begin{pmatrix} a_{11} & a_{12} & \cdots & a_{1m} \\ a_{21} & a_{22} & \cdots & a_{2m} \\ \vdots & \vdots & & \vdots \\ a_{p1} & a_{p2} & \cdots & a_{pm} \end{pmatrix}=(\boldsymbol{A}_1,\boldsymbol{A}_2,\cdots,\boldsymbol{A}_m),$$

$$\boldsymbol{X}=\begin{pmatrix} X_1 \\ X_2 \\ \vdots \\ X_p \end{pmatrix},\quad \boldsymbol{F}=\begin{pmatrix} F_1 \\ F_2 \\ \vdots \\ F_m \end{pmatrix},\quad \boldsymbol{\varepsilon}=\begin{pmatrix} \varepsilon_1 \\ \varepsilon_2 \\ \vdots \\ \varepsilon_p \end{pmatrix},$$

且满足：

(1) $m \leqslant p$；

(2) $\mathrm{cov}(\boldsymbol{F},\boldsymbol{\varepsilon})=\boldsymbol{0}$，即公共因子与特殊因子是不相关的；

(3) $\boldsymbol{D}_F=D(\boldsymbol{F})=\begin{pmatrix} 1 & \cdots & 0 \\ \vdots & \ddots & \vdots \\ 0 & \cdots & 1 \end{pmatrix}=\boldsymbol{I}_m$，即各个公共因子不相关且方差等于 1；

(4) $\boldsymbol{D}_\varepsilon=D(\boldsymbol{\varepsilon})=\begin{pmatrix} \sigma_1^2 & \cdots & 0 \\ \vdots & \ddots & \vdots \\ 0 & \cdots & \sigma_p^2 \end{pmatrix}$，即各个特殊因子不相关，方差不要求相等.

模型中的 a_{ij} 称为因子的**载荷**，是第 i 个变量在第 j 个因子上的负荷，如果把变量 X_i 看成 m 维空间中的一个点，则 a_{ij} 表示它在坐标轴 F_j 上的投影，因此矩阵 $\boldsymbol{A}$ 称为**因子载荷矩阵**.

二、因子载荷矩阵的性质

由因子分析模型(9.2.2)式可得

$$\mathrm{cov}(X_i,F_j)=\mathrm{cov}(a_{i1}F_1+a_{i2}F_2+\cdots+a_{im}F_m+\varepsilon_i,F_j)=a_{ij},$$

其中 $i=1,2,\cdots,p$；$j=1,2,\cdots,m$.若对 X_i 作了标准化处理，X_i 的标准差为 1，且 F_j 的标准差为 1，因此

$$r_{X_i,F_j}=\frac{\mathrm{cov}(X_i,F_j)}{\sqrt{D(X_i)}\cdot\sqrt{D(F_j)}}=a_{ij}.$$

由此可知，a_{ij} 为标准化后的 X_i 与 F_j 的相关系数，它一方面表示 X_i 对 F_j 的依赖程度，绝对值越大，密切程度越高；另一方面也反映了变量 X_i 对公共因子 F_j 的相对重要性.

因子载荷矩阵 $\boldsymbol{A}$ 的第 i 行元素的平方和记为

$$h_i^2=\sum_{j=1}^{m}a_{ij}^2,\quad i=1,2,\cdots,p,$$

称其为**变量 X_i 的共同度**.

由(9.2.2)式可知

$$\begin{aligned} D(X_i)&=D(a_{i1}F_1+a_{i2}F_2+\cdots+a_{im}F_m+\varepsilon_i) \\ &=a_{i1}^2+a_{i2}^2+\cdots+a_{im}^2+\sigma_i^2 \\ &=h_i^2+\sigma_i^2,\quad i=1,2,\cdots,p. \end{aligned} \tag{9.2.3}$$

(9.2.3)式说明变量 X_i 的方差由两部分组成：第一部分为共同度 h_i^2，它描述了全部公共因

子对变量 X_i 的总方差所作的贡献，反映了公共因子对变量 X_i 的影响程度；第二部分为特殊因子 ε_i 对变量 X_i 的方差的贡献，通常称为**个性方差**. 如果对 X_i 作了标准化处理，则有

$$1=h_i^2+\sigma_i^2. \tag{9.2.4}$$

因子载荷矩阵 $\boldsymbol{A}$ 的第 j 列元素的平方和记为

$$g_j^2=\sum_{i=1}^{p} a_{ij}^2, \quad j=1,2,\cdots,m,$$

称其为**公共因子 F_j 对 $\boldsymbol{X}$ 的贡献**. g_j^2 表示同一公共因子 F_j 对各变量所提供的方差贡献的总和，它是衡量每一个公因子相对重要性的一个尺度.

因子分析通常包括确定因子载荷矩阵 $\boldsymbol{A}$、因子旋转及计算因子得分三个部分，首要的是确定因子载荷矩阵 $\boldsymbol{A}$. 确定因子载荷矩阵的方法很多，如主成分法、主轴因子法、最小二乘法、极大似然法、α 因子提取法等. 这些方法求解因子载荷矩阵的出发点不同，所得的结果也是不完全相同，也就是说因子载荷矩阵是不唯一的. 下面主要介绍主轴因子法确定因子载荷矩阵 $\boldsymbol{A}$.

三、主轴因子法确定因子载荷矩阵 A

假定原始变量 $\boldsymbol{X}=(X_1,X_2,\cdots,X_p)^{\mathrm{T}}$ 已作标准化变换，随机向量 $\boldsymbol{X}$ 满足模型的一般形式(9.2.2)，已知 $\boldsymbol{X}$ 的相关阵为 $\boldsymbol{R}=(r_{ij})_{p\times p}$，则有

$$\boldsymbol{R}=D(\boldsymbol{X})=D(\boldsymbol{AF}+\boldsymbol{\varepsilon})=\boldsymbol{AA}^{\mathrm{T}}+\boldsymbol{D}_{\varepsilon}.$$

令

$$\boldsymbol{R}^*=\boldsymbol{R}-\boldsymbol{D}_{\varepsilon}=\boldsymbol{AA}^{\mathrm{T}},$$

称 $\boldsymbol{R}^*$ 为 $\boldsymbol{X}$ 的**约相关阵**. $\boldsymbol{R}^*$ 的对角元素为 h_i^2 而不是1，非对角元素与 $\boldsymbol{R}$ 相同，并且 $\boldsymbol{R}^*$ 为非负定矩阵. 记 $\boldsymbol{R}^*=(r_{ij}^*)_{p\times p}$，则有

$$r_{ij}^*=\boldsymbol{A}_i^{\mathrm{T}}\boldsymbol{A}_j=\sum_{k=1}^{m} a_{ik}a_{jk}=\begin{cases} r_{ij}, & i\neq j, \\ r_{ii}-\sigma_i^2=h_j^2, & i=j, \end{cases} i,j=1,2,\cdots,p.$$

主轴因子法求解矩阵 $\boldsymbol{A}$ 就是要使第一公因子 F_1 对 $\boldsymbol{X}$ 的贡献 $g_1^2=\sum_{i=1}^{p} a_{i1}^2$ 达到最大，第二公因子 F_2 对 $\boldsymbol{X}$ 的贡献 $g_2^2=\sum_{i=1}^{p} a_{i2}^2$ 次之……第 m 公因子 F_m 对 $\boldsymbol{X}$ 的贡献最小，即相应的贡献依次为 $g_1^2\geqslant g_2^2\geqslant,\cdots,\geqslant g_m^2$.

先求矩阵 $\boldsymbol{A}$ 的第一列 $\boldsymbol{A}_1=(a_{11},a_{21},\cdots,a_{p1})^{\mathrm{T}}$，在条件 $r_{ij}^*=\sum_{k=1}^{m} a_{ik}a_{jk}, i,j=1,2,\cdots,p$ 下，使得 $g_1^2=\sum_{i=1}^{p} a_{i1}^2$ 达到最大值. 构造目标函数

$$\varphi(a_{11},a_{21},\cdots,a_{p1})=\frac{1}{2}g_1^2-\frac{1}{2}\sum_{i=1}^{p}\sum_{j=1}^{p}\lambda_{ij}\left(\sum_{k=1}^{m} a_{ik}a_{jk}-r_{ij}^*\right),$$

其中 λ_{ij} 为拉普拉斯系数.由于 $\boldsymbol{R}^*$ 为对称阵，所以 $\lambda_{ij}=\lambda_{ji}$. 于是有

$$\begin{cases} \dfrac{\partial\varphi}{\partial a_{i1}}=a_{i1}-\displaystyle\sum_{j=1}^{p}\lambda_{ij}a_{j1}=0, & i=1,2,\cdots,p, \\ \dfrac{\partial\varphi}{\partial a_{it}}=-\displaystyle\sum_{j=1}^{p}\lambda_{ij}a_{jt}=0, & i=1,2,\cdots,p;t=2,3,\cdots,m, \end{cases}$$

两式合并,得到

$$\sum_{j=1}^{p}\lambda_{ij}a_{jt}-\delta_{1t}a_{i1}=0,\quad i=1,2,\cdots,p;t=1,2,\cdots,m,\tag{9.2.5}$$

其中 $\delta_{1t}=\begin{cases}1,t=1,\\0,t\neq 1.\end{cases}$ 用a_{i1} 乘以(9.2.5) 式并对 i 求和,得

$$\sum_{i=1}^{p}a_{i1}\left(\sum_{j=1}^{p}\lambda_{ij}a_{jt}-\delta_{1t}a_{i1}\right)=0,\quad t=1,2,\cdots,m,$$

整理得

$$\sum_{j=1}^{p}\left(\sum_{i=1}^{p}\lambda_{ij}a_{i1}\right)a_{jt}-\delta_{1t}\sum_{i=1}^{p}a_{i1}^{2}=0,\quad t=1,2,\cdots,m.$$

由于 $g_1^2=\sum_{i=1}^{p}a_{i1}^2,\sum_{i=1}^{p}\lambda_{ij}a_{i1}=\sum_{i=1}^{p}\lambda_{ji}a_{i1}=a_{j1}$,即有

$$\sum_{j=1}^{p}a_{j1}a_{jt}-\delta_{1t}g_1^2=0,\quad t=1,2,\cdots,m.\tag{9.2.6}$$

用 a_{it} 乘以(9.2.6) 式并对 t 求和,得

$$\sum_{t=1}^{m}a_{it}\left(\sum_{j=1}^{p}a_{j1}a_{jt}-\delta_{1t}g_1^2\right)=0,\quad i=1,2,\cdots,p,$$

整理得

$$\sum_{j=1}^{p}a_{j1}\left(\sum_{t=1}^{m}a_{jt}a_{it}\right)-\sum_{t=1}^{m}\delta_{1t}a_{it}g_1^2=0,\quad i=1,2,\cdots,p.$$

因为 $r_{ij}^*=\sum_{k=1}^{m}a_{ik}a_{jk}$,所以

$$\sum_{j=1}^{p}r_{ij}^*a_{j1}-a_{i1}g_1^2=0,\quad i=1,2,\cdots,p.$$

上式用向量表示为

$$(r_{i1}^*,r_{i2}^*,\cdots,r_{ip}^*)\begin{pmatrix}a_{11}\\a_{21}\\\vdots\\a_{p1}\end{pmatrix}-a_{i1}g_1^2=0,\quad i=1,2,\cdots,p,$$

合并为

$$(\boldsymbol{R}^*-\boldsymbol{I}g_1^2)\boldsymbol{A}_1=\boldsymbol{0}.$$

因此,g_1^2 是约相关阵 $\boldsymbol{R}^*$ 的最大特征根,$\boldsymbol{A}_1$ 是相应于 g_1^2 的特征向量.

若记约相关阵 $\boldsymbol{R}^*$ 的最大特征根为 λ_1^*,相应的单位特征向量为 $\boldsymbol{t}_1^*$. 考虑约束条件 $g_1^2=\sum_{i=1}^{p}a_{i1}^2=\boldsymbol{A}_1^{\mathrm{T}}\boldsymbol{A}_1=\lambda_1^*$,而 $\boldsymbol{t}_1^{*\mathrm{T}}\boldsymbol{t}_1^*=1$,则 $\boldsymbol{A}_1$ 应取为

$$\boldsymbol{A}_1=\sqrt{\lambda_1^*}\,\boldsymbol{t}_1^*.$$

这样就得到矩阵 $\boldsymbol{A}$ 的第一列 $\boldsymbol{A}_1$.

为了求得载荷矩阵 $\boldsymbol{A}$ 的其余 $m-1$ 列,根据约相关阵 $\boldsymbol{R}^*$ 的谱分解式

$$\boldsymbol{R}^*=\sum_{i=1}^{p}\lambda_i^*\boldsymbol{t}_i^*\boldsymbol{t}_i^{*\mathrm{T}}=\boldsymbol{A}_1\boldsymbol{A}_1^{\mathrm{T}}+\sum_{i=2}^{p}\lambda_i^*\boldsymbol{t}_i^*\boldsymbol{t}_i^{*\mathrm{T}},\tag{9.2.7}$$

约相关阵 $\boldsymbol{R}^*$ 还可以分解为

$$\boldsymbol{R}^* = \boldsymbol{A}\boldsymbol{A}^{\mathrm{T}} = (\boldsymbol{A}_1, \boldsymbol{A}_2, \cdots, \boldsymbol{A}_m)\begin{pmatrix} \boldsymbol{A}_1 \\ \boldsymbol{A}_2 \\ \vdots \\ \boldsymbol{A}_m \end{pmatrix} = \sum_{i=1}^{m} \boldsymbol{A}_i \boldsymbol{A}_i^{\mathrm{T}}.$$

求出 $\boldsymbol{A}_1$ 后，将 $\boldsymbol{R}^*$ 减去 $\boldsymbol{A}_1\boldsymbol{A}_1^{\mathrm{T}}$，得

$$\boldsymbol{R}^* - \boldsymbol{A}_1\boldsymbol{A}_1^{\mathrm{T}} = \sum_{i=2}^{m} \boldsymbol{A}_i \boldsymbol{A}_i^{\mathrm{T}}.$$

对 $\boldsymbol{R}^* - \boldsymbol{A}_1\boldsymbol{A}_1^{\mathrm{T}}$ 重复上面的讨论，从(9.2.7) 式可以看出，要求的 $g_2^2 = \lambda_2^*$，$\boldsymbol{A}_2 = \sqrt{\lambda_2^*}\,\boldsymbol{t}_2^*$，其中 λ_2^* 为约相关阵 $\boldsymbol{R}^*$ 的第二大特征根，$\boldsymbol{A}_2$ 是相应于 λ_2^* 的特征向量.

以此类推，可以求得

$$g_t^2 = \lambda_t^*, \quad \boldsymbol{A}_t = \sqrt{\lambda_t^*}\,\boldsymbol{t}_t^*, \quad t = 1, 2, \cdots, p,$$

其中 λ_t^* 为约相关阵 $\boldsymbol{R}^*$ 的第 t 大特征根，$\boldsymbol{t}_t^*$ 为相应于 λ_t^* 的单位特征向量.

这样，我们从约相关阵 $\boldsymbol{R}^*$ 出发可求得载荷矩阵为

$$\boldsymbol{A} = \left(\sqrt{\lambda_1^*}\,\boldsymbol{t}_1^*, \sqrt{\lambda_2^*}\,\boldsymbol{t}_2^*, \cdots, \sqrt{\lambda_p^*}\,\boldsymbol{t}_p^*\right) = (\boldsymbol{t}_1^*, \boldsymbol{t}_2^*, \cdots, \boldsymbol{t}_p^*)\begin{pmatrix} \sqrt{\lambda_1^*} & \cdots & 0 \\ \vdots & \ddots & \vdots \\ 0 & \cdots & \sqrt{\lambda_p^*} \end{pmatrix}.$$

在实际问题中，相关矩阵 $\boldsymbol{R}$ 和个性方差矩阵 $\boldsymbol{D}_\varepsilon$ 是未知的，因此 $\boldsymbol{R}^*$ 也是未知的. 我们可以通过样本估计 $\boldsymbol{R}$ 和 $\boldsymbol{D}_\varepsilon$，进而得到 $\boldsymbol{R}^*$ 的估计量.

由(9.2.4) 式可知 $\sigma_i^2 = 1 - h_i^2, i = 1, 2, \cdots, p$，所以估计个性方差 σ_i^2 等价于估计共性方差 h_i^2. σ_i^2(或 h_i^2) 的较好估计一般很难直接得到，通常先给出一个初始估计 $\widehat{\sigma}_i^2$(或 $\widehat{h}_i^2$)，待载荷矩阵 $\boldsymbol{A}$ 估计好之后再给出 σ_i^2(或 h_i^2) 的最终估计.

下面给出 σ_i^2(或 h_i^2) 的初始估计的几种方法：

(1) $\widehat{h}_i^2$ 取为初始变量 X_i 与其他原始变量 $X_1, X_2, \cdots, X_{i-1}, X_{i+1}, \cdots, X_p$ 的复相关系数的平方，则 $\widehat{\sigma}_i^2 = 1 - \widehat{h}_i^2$.

(2) 取 $\widehat{h}_i^2 = \max\limits_{i \neq j} |r_i j|$，其中 r_{ij} 为 $\boldsymbol{R}$ 中的元素，则 $\widehat{\sigma}_i^2 = 1 - \widehat{h}_i^2$.

(3) 设 r_{ik}, r_{il} 为 $\boldsymbol{R}$ 的第 i 行上主对角线以外的两个最大值，取

$$\widehat{h}_i^2 = \frac{r_{ik} r_{il}}{r_{kl}},$$

则 $\widehat{\sigma}_i^2 = 1 - \widehat{h}_i^2$.

(4) 取 $\widehat{h}_i^2 = 1$，则 $\widehat{\sigma}_i^2 = 0$. 这样得到的 $\widehat{\boldsymbol{A}}$，实际上是 $\boldsymbol{R}$ 的主成分解.

这里需要说明的是，这样得到的 $\boldsymbol{R}^*$ 的估计量 $\widehat{\boldsymbol{R}}^*$ 可能已经不是非正定矩阵了，$\widehat{\boldsymbol{R}}^*$ 的部分特征值可能会出现负值.

约相关阵 $\widehat{\boldsymbol{R}}^*$ 为 p 阶方阵，主轴因子法确定的因子载荷矩阵 $\boldsymbol{A}$ 也为 p 阶方阵，得到 p 个因子. 因子分析的目的是为了降维，此时应如何确定因子的个数 m 呢？一般采用确定主成分

个数的方法，也就是寻找一个使得$\dfrac{\sum_{j=1}^{m}\lambda_j^*}{\sum_{j=1}^{p}\lambda_j^*}$达到较大百分比（如至少85%）的自然数$m$.

取$\hat{\boldsymbol{R}}^*$的前m个正的特征值$\lambda_1^* \geqslant \lambda_2^* \geqslant \cdots \geqslant \lambda_m^* > 0$及相应的正交单位特征向量$\boldsymbol{t}_1^*$，$\boldsymbol{t}_2^*,\cdots,\boldsymbol{t}_m^*$，可得分解式

$$\hat{\boldsymbol{R}}^* = \left(\sqrt{\lambda_1^*}\boldsymbol{t}_1^*, \sqrt{\lambda_2^*}\boldsymbol{t}_2^*, \cdots, \sqrt{\lambda_m^*}\boldsymbol{t}_m^*\right)\begin{pmatrix}\sqrt{\lambda_1^*}\boldsymbol{t}_1^* \\ \sqrt{\lambda_2^*}\boldsymbol{t}_2^* \\ \vdots \\ \sqrt{\lambda_m^*}\boldsymbol{t}_m^*\end{pmatrix} = \hat{\boldsymbol{A}}\hat{\boldsymbol{A}}^{\mathrm{T}},$$

其中$\hat{\boldsymbol{A}} = (\hat{a}_{ij})_{p\times m}$，这样可以得到$\sigma_i^2$的最终估计为

$$\hat{\sigma}_i^2 = 1 - \hat{h}_i^2 = 1 - \sum_{j=1}^{m}\hat{a}_{ij}^2, \quad i = 1,2,\cdots,p.$$

我们称$\hat{\boldsymbol{A}}$和$\hat{\boldsymbol{D}} = \mathrm{diag}(\hat{\sigma}_1^2, \hat{\sigma}_2^2, \cdots, \hat{\sigma}_p^2)$为因子模型的**主因子解**.

四、因子旋转

由约相关阵$\boldsymbol{R}^*$的特征值和特征向量可以求出因子载荷矩阵，但是从因子载荷矩阵很难看出所提取的抽象因子的实际含义. 例如，有些变量在多个公共因子上都有较大的载荷，有些公共因子对许多变量的载荷也不小，这说明它对多个变量都有较明显的影响作用. 这时需要对载荷矩阵进行因子旋转，使每个变量仅在一个公共因子上有较大的载荷，在其余的公共因子上的载荷比较小.

因子旋转主要有正交旋转和斜交旋转两大类，这里重点介绍正交旋转. **正交旋转**就是对载荷矩阵$\boldsymbol{A}$作一正交变换，对$\boldsymbol{A}$右乘正交矩阵$\boldsymbol{\Gamma}$，使得$\boldsymbol{A\Gamma}$具有鲜明的实际意义. 旋转后的公共因子向量为$\boldsymbol{F}^* = \boldsymbol{\Gamma}^{\mathrm{T}}\boldsymbol{F}$. 正交矩阵$\boldsymbol{\Gamma}$不同的选取方式，将构造出不同的正交旋转方法. 这里介绍常用的最大方差旋转法.

令

$$\boldsymbol{A}^* = \boldsymbol{A\Gamma} = (a_{ij}^*)_{p\times m}, \quad d_{ij} = \frac{a_{ij}^*}{h_i}, \quad \bar{d}_j = \frac{1}{p}\sum_{i=1}^{p}d_{ij}^2,$$

则$\boldsymbol{A}^*$的**第j列元素平方的相对方差**可定义为

$$V_j = \frac{1}{p}\sum_{i=1}^{p}(d_{ij}^2 - \bar{d}_j)^2, \quad j = 1,2,\cdots,m, \tag{9.2.8}$$

这里a_{ij}^*除以h_i是为了消除各原始变量X_i对公共因子依赖程度不同的影响，取d_{ij}^2是为了消除d_{ij}符号不同的影响，并且有

$$h_i^{*2} = \sum_{j=1}^{m}a_{ij}^{*2} = \left(a_{i1}^{*2}, a_{i2}^{*2}, \cdots, a_{im}^{*2}\right)\begin{pmatrix}a_{i1}^{*2} \\ a_{i2}^{*2} \\ \vdots \\ a_{im}^{*2}\end{pmatrix}$$

$$=\left(a_{i1}^2,a_{i2}^2,\cdots,a_{im}^2\right)\boldsymbol{\Gamma}\boldsymbol{\Gamma}^{\mathrm{T}}\begin{pmatrix}a_{i1}^2\\a_{i2}^2\\\vdots\\a_{im}^2\end{pmatrix}=\sum_{j=1}^{m}a_{ij}^2=h_i^2.$$

最大方差旋转法就是选择正交矩阵 $\boldsymbol{\Gamma}$,使得矩阵 $\boldsymbol{A}^*$ 的所有 m 个列元素平方的相对方差之和

$$V=V_1+V_2+\cdots+V_m \tag{9.2.9}$$

达到最大.

当 $m=2$ 时,设已求出的因子载荷矩阵为

$$\boldsymbol{A}=\begin{pmatrix}a_{11}&a_{12}\\a_{21}&a_{22}\\\vdots&\vdots\\a_{p1}&a_{p2}\end{pmatrix}.$$

现取正交变换矩阵 $\boldsymbol{\Gamma}$ 进行因子旋转,令

$$\boldsymbol{\Gamma}=\begin{pmatrix}\cos\theta&-\sin\theta\\\sin\theta&\cos\theta\end{pmatrix},$$

这里 θ 是坐标平面上因子轴按顺时针方向旋转的角度,则有

$$\boldsymbol{A}^*=\boldsymbol{A}\boldsymbol{\Gamma}=\begin{pmatrix}a_{11}\cos\theta+a_{12}\sin\theta&-a_{11}\sin\theta+a_{12}\cos\theta\\a_{21}\cos\theta+a_{22}\sin\theta&-a_{21}\sin\theta+a_{22}\cos\theta\\\vdots&\vdots\\a_{p1}\cos\theta+a_{p2}\sin\theta&-a_{p1}\sin\theta+a_{p2}\cos\theta\end{pmatrix}=\begin{pmatrix}a_{11}^*&a_{12}^*\\a_{21}^*&a_{22}^*\\\vdots&\vdots\\a_{p1}^*&a_{p2}^*\end{pmatrix}.$$

因

$$d_{ij}=\frac{a_{ij}^*}{h_i},\quad \bar{d}_j=\frac{1}{p}\sum_{i=1}^{p}d_{ij}^2,\quad i=1,2,\cdots,p;j=1,2.$$

根据(9.2.8)式和(9.2.9)式可求出 $\boldsymbol{A}^*$ 各列元素平方的相对方差之和 V. 显然,V 是旋转角度 θ 的函数,按照最大方差旋转法原则,求 θ 使 V 达到最大. 可求出 θ 满足

$$\tan 4\theta=\frac{D-\dfrac{2AB}{p}}{C-\dfrac{A^2-B^2}{p}},$$

其中 $A=\sum_{i=1}^{p}u_i$,$B=\sum_{i=1}^{p}v_i$,$C=\sum_{i=1}^{p}(u_i^2-v_i^2)$,$D=2\sum_{i=1}^{p}u_iv_i$,而

$$u_i=\left(\frac{a_{i1}}{h_i}\right)^2+\left(\frac{a_{i2}}{h_i}\right)^2,\quad v_i=2\frac{a_{i1}a_{i2}}{h_i^2},\quad i=1,2,\cdots,p.$$

当 $m>2$ 时,我们可以逐次对每两个公共因子进行上述旋转. 对公共因子 F_l 和 F_k 进行旋转,就是对 $\boldsymbol{A}$ 的第 l 和第 k 两列进行正交变换,使这两列元素的平方的相对方差之和达到最大,而其余各列不变,其正交变换矩阵为

$$
\boldsymbol{\Gamma}_{lk}=\begin{pmatrix}
1 & & & & & & & & \\
& \ddots & & & & & & & \\
& & \cos\theta & & & & -\sin\theta & & \\
& & & 1 & & & & & \\
& & & & \ddots & & & & \\
& & & & & 1 & & & \\
& & \sin\theta & & & & \cos\theta & & \\
& & & & & & & 1 & \\
& & & & & & & & \ddots \\
& & & & & & & & & 1
\end{pmatrix}\begin{matrix} \\ \\ l \\ \\ \\ \\ k \\ \\ \\ \\ \end{matrix},
$$

其中，θ 是因子轴 F_l 和 F_k 的旋转角度，矩阵中其余位置的元素全为 0. m 个公因子两两配对旋转共需要 C_m^2 次，称其完成第一次旋转，并记第一次旋转后的因子载荷矩阵为 $\boldsymbol{A}^{(1)}$. 然后重新开始，进行第二轮 C_m^2 次旋转配对，新的因子载荷矩阵记为 $\boldsymbol{A}^{(2)}$. 这样就可以得到一系列的因子载荷矩阵

$$\boldsymbol{A}^{(1)},\quad \boldsymbol{A}^{(2)},\quad \cdots,\quad \boldsymbol{A}^{(s)},\quad \cdots.$$

记 $V^{(s)}$ 为 $\boldsymbol{A}^{(s)}$ 各列元素平方的相对方差之和，则有

$$V^{(1)}\leqslant V^{(2)}\leqslant\cdots\leqslant V^{(s)}\leqslant\cdots.$$

这是一个有界的单调上升数列，必收敛于某一极限. 在实际应用中，当 $V^{(s)}$ 的值变化不大时，即可停止旋转.

五、因子得分

在因子分析模型 $\boldsymbol{X}=\boldsymbol{AF}+\boldsymbol{\varepsilon}$ 中，如果不考虑特殊因子的影响，当 $m=p$ 且 $\boldsymbol{A}$ 可逆时，可以方便地从每个样品的指标取值 $\boldsymbol{X}$ 计算出其在因子 $\boldsymbol{F}$ 上的相应取值：$\boldsymbol{F}=\boldsymbol{A}^{-1}\boldsymbol{X}$，即该样品在因子 $\boldsymbol{F}$ 上的得分情况，简称为该样品的**因子得分**.

但是因子分析模型中要求 $m<p$，就不能精确计算因子的得分，只能对因子得分进行估计. 估计因子得分的方法有很多，1939 年汤姆逊(Thomson) 给出一个回归的方法，称之为**汤姆逊回归法**.

假设公共因子可对 p 个原始变量作线性回归，即

$$\hat{F}_j=b_{j0}+b_{j1}X_1+\cdots+b_{jp}X_p,\quad j=1,2,\cdots,m. \tag{9.2.10}$$

如果 F_j，X_i 都标准化，则有 $b_{j0}=0$.

对任意 $i=1,2,\cdots,p$；$j=1,2,\cdots,m$ 都有

$$\begin{aligned} a_{ij}&=r_{X_i,F_j}=E(X_iF_j)=E[X_i(b_{j1}X_1+\cdots+b_{jp}X_p)]\\ &=b_{j1}E(X_iX_1)+\cdots+b_{jp}E(X_iX_p)=b_{j1}r_{i1}+\cdots+b_{jp}r_{ip}. \end{aligned} \tag{9.2.11}$$

记

$$\boldsymbol{B}=\begin{pmatrix} b_{11} & b_{12} & \cdots & b_{1p} \\ b_{21} & b_{22} & \cdots & b_{2p} \\ \vdots & \vdots & & \vdots \\ b_{m1} & b_{m2} & \cdots & b_{mp} \end{pmatrix}=\begin{pmatrix} \boldsymbol{b}_1^{\mathrm{T}} \\ \boldsymbol{b}_2^{\mathrm{T}} \\ \vdots \\ \boldsymbol{b}_m^{\mathrm{T}} \end{pmatrix}, \tag{9.2.12}$$

则(9.2.11)式可写成矩阵形式

$$\boldsymbol{A}=\boldsymbol{R}\boldsymbol{B}^{\mathrm{T}}, \quad 或 \quad \boldsymbol{B}=\boldsymbol{A}^{\mathrm{T}}\boldsymbol{R}^{-1}.$$

由(9.2.10)式和(9.2.12)式,有

$$\hat{\boldsymbol{F}}=\begin{pmatrix} \hat{F}_1 \\ \vdots \\ \hat{F}_m \end{pmatrix}=\begin{pmatrix} \boldsymbol{b}_1^{\mathrm{T}}\boldsymbol{X} \\ \vdots \\ \boldsymbol{b}_m^{\mathrm{T}}\boldsymbol{X} \end{pmatrix}=\boldsymbol{B}\boldsymbol{X}=\boldsymbol{A}^{\mathrm{T}}\boldsymbol{R}^{-1}\boldsymbol{X},$$

即得因子得分的估计公式为

$$\hat{\boldsymbol{F}}=\boldsymbol{A}^{\mathrm{T}}\boldsymbol{R}^{-1}\boldsymbol{X},$$

其中 $\boldsymbol{R}$ 是 $\boldsymbol{X}$ 的相关阵.

习 题 9.2

1. 试述因子分析与主成分分析的联系与区别.

2. 简述因子模型 $\boldsymbol{X}=\boldsymbol{A}\boldsymbol{F}+\boldsymbol{\varepsilon}$ 中载荷矩阵 $\boldsymbol{A}$ 的统计意义.

3. 试分析因子分析模型与线性回归模型的区别与联系.

4. 设某客观现象可用 $\boldsymbol{X}=(X_1,X_2,X_3)^{\mathrm{T}}$ 来描述,在因子分析时,从约相关阵出发计算特征值为 $\lambda_1=1.754,\lambda_2=1,\lambda_3=0.255$. 由于 $\dfrac{\lambda_1+\lambda_2}{\lambda_1+\lambda_2+\lambda_3}\geqslant 85\%$,所以寻找前两个特征值所对应的公共因子即可,又知 λ_1,λ_2 对应的正则化特征向量分别为 $(0.707,-0.316,0.632)^{\mathrm{T}}$ 及 $(0,0.899,0.447)^{\mathrm{T}}$.求:

(1) 因子载荷矩阵 $\boldsymbol{A}$,并建立因子模型.

(2) 共同度 $h_i^2,i=1,2,3$.

(3) 第一公因子对 $\boldsymbol{X}$ 的贡献度.

5. 为研究某一种树叶的叶片形态,选取 50 片叶子测量其长度 X_1(单位:mm) 和宽度 X_2(单位:mm),按样本数据求得其均值和协差阵分别为

$$\overline{x}_1=134, \quad \overline{x}_2=92, \quad \boldsymbol{\Sigma}=\begin{pmatrix} 90 & 48 \\ 48 & 45 \end{pmatrix}.$$

求相关阵 $\boldsymbol{R}$,并由 $\boldsymbol{R}$ 出发作因子分析.

§9.3 实例分析与计算机实现

一、主成分分析的 SPSS 实现

例 9.3.1 表 9.3.1 是 2010 年我国直辖市、部分省会城市和计划单列市的一些主要经济指标：

人均地区生产总值 X_1（单位：元）；

客运量 X_2（单位：万人）；

货运量 X_3（单位：万吨）；

地方财政预算内收入 X_4（单位：亿元）；

固定资产投资总额 X_5（单位：亿元）；

城乡居民储蓄年末余额 X_6（单位：亿元）；

在岗职工平均工资 X_7（单位：元）；

社会商品零售总额 X_8（单位：亿元）；

货物进出口总额 X_9（单位：亿元）.

利用主成分分析法对这些地区进行综合评价和分类.

表 9.3.1 2010 年我国直辖市、部分省会城市和计划单列市主要经济指标

地区	X_1/元	X_2/万人	X_3/万吨	X_4/亿元	X_5/亿元	X_6/亿元	X_7/元	X_8/亿元	X_9/亿元
北京市	112 208	140 663	21 886	2 354	5 494	16 874	65 682	6 229	3 016.22
天津市	93 664	24 873	40 368	1 069	6 511	5 634	52 964	2 903	822.01
石家庄市	34 383	12 401	19 689	164	2 958	2 920	31 459	1 410	109.74
太原市	48 647	4 800	13 851	138	899	2 387	38 839	826	79.13
沈阳市	69 727	30 658	17 348	465	4 139	3 338	41 900	2 066	78.56
大连市	87 957	17 805	31 073	501	4 048	3 375	44 615	1 640	519.82
长春市	43 867	12 796	10 863	181	2 638	2 063	35 721	1 287	132.24
哈尔滨市	36 943	13 068	10 129	238	2 652	2 580	32 411	1 770	43.73
上海市	121 545	17 434	80 835	2 874	5 318	16 249	71 875	6 071	3 688.69
南京市	81 127	39 688	30 592	519	3 306	3 512	48 782	2 289	435.18
杭州市	86 330	33 772	25 915	671	2 753	4 991	48 772	2 146	523.55
宁波市	89 935	34 905	31 377	531	2 193	3 312	43 476	1 704	829.04
合肥市	54 583	19 805	18 873	259	3 067	1 234	39 291	839	99.58
福州市	48 357	18 916	14 911	248	2 317	2 329	34 804	1 624	246.00
厦门市	114 315	12 375	10 086	289	1 010	1 385	40 283	685	570.36
南昌市	43 805	10 684	8 326	146	1 952	1 418	35 038	765	53.04
济南市	64 735	16 478	23 146	266	1 987	2 188	37 854	1 802	74.11

（续表）

地区	X_1/元	X_2/万人	X_3/万吨	X_4/亿元	X_5/亿元	X_6/亿元	X_7/元	X_8/亿元	X_9/亿元
青岛市	74 200	23 805	26 971	453	3 022	2 912	37 803	1 961	570.60
郑州市	41 962	30 121	20 599	387	2 757	2 911	32 778	1 678	51.57
武汉市	66 520	22 896	40 288	390	3 753	3 591	39 302	2 570	180.55
长沙市	69 697	33 984	22 817	314	3 193	2 172	38 338	1 865	60.89
广州市	133 330	62 596	56 644	873	3 264	9 302	54 494	4 476	1 037.68
深圳市	368 704	156 407	26 174	1 107	1 945	6 717	50 455	3 001	3 467.49
南宁市	25 450	10 153	19 171	156	1 483	1 376	37 040	906	22.13
海口市	37 097	31 503	8 003	50	353	772	34 192	327	39.45
重庆市	23 992	126 804	81 385	1 018	6 935	5 840	35 367	2 878	124.26
成都市	48 312	100 998	44 087	527	4 255	5 071	38 603	2 418	224.50
贵阳市	33 273	30 384	10 397	136	1 019	1 089	31 128	485	22.75
昆明市	36 308	11 627	14 906	254	2 161	2 342	32 022	956	101.09
西安市	41 413	31 118	34 332	242	3 251	3 678	37 872	1 637	103.93
兰州市	34 011	3 798	8 032	73	661	1 296	33 964	545	10.60
西宁市	28 446	4 868	2 978	35	403	576	32 220	232	6.67
银川市	48 452	4 378	10 547	64	649	634	39 816	225	9.98
乌鲁木齐市	55 076	3 820	15 192	148	500	1 243	40 649	564	59.85

SPSS 操作步骤：

(1) 点击“分析 → 降维 → 因子分析”,进入“因子分析”主对话框，如图 9.3.1 所示，将变量“X1,X2,…,X9”放置于“变量”列表框.

(2) 在“因子分析”主对话框点击“描述”选项,用于对输出的描述统计量进行设置,进入“描述统计”子对话框,如图 9.3.2 所示，在“统计量”中选择“原始分析结果”,在“相关矩阵”中选择“系数”和“KMO 和 Bartlett 的球形度检验”,设置完成，点击“继续”回主对话框.

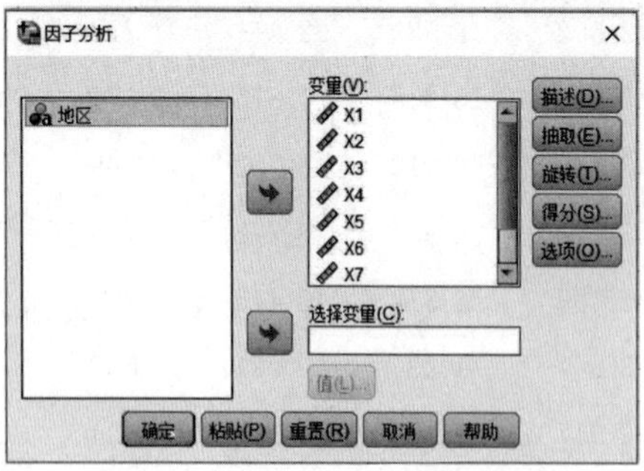

图 9.3.1 “因子分析”主对话框

图 9.3.2 “描述统计”子对话框

说明 1 “统计量”选项中的“单变量描述性”表示输出参与分析的原始变量的均值、标准差等单变量描述统计量；“原始分析结果”表示提取因子前，分析变量公因子方差.

说明 2 “相关矩阵”选项中的“系数”表示输出原始变量的相关矩阵；“显著性水平”表示原假设 H_0：相关系数 $=0$ 的单尾假设检验的显著性水平；“行列式”表示输出相关系数矩阵的行列式；“逆模型”表示输出相关系数矩阵的逆矩阵；“再生”表示生成再生矩阵；“反映像”给出反映像相关矩阵；“KMO 和 Bartlett 的球形度检验”表示进行 KMO 检验和 Bartlett 检验，其中 KMO 检验是检验变量间共同因素的大小，KMO 值越大时，表示变量间的共同因素越多，越适合作因子分析. 根据凯撒(Kaiser，1974)的观点：

KMO >0.9 是最好的，$0.8<$ KMO <0.9 是比较好的，$0.7<$ KMO <0.8 是中等水平，

$0.6<$ KMO <0.7 较差，$0.5<$ KMO <0.6 是最低水平，

如果 KMO <0.5，则不适宜作因子分析. Bartlett 的球形检验是用来检验相关阵是否为单位矩阵，原假设为 H_0：相关矩阵为单位矩阵. 在作因子分析时，Bartlett 的球形检验结果的 χ^2 值必须达到显著水平，即 $p<0.05$，拒绝原假设，认为不同变量之间有线性关系. 若 $p>0.05$，则表明该数据不适合作因子分析.

(3) 点击主对话框“抽取”选项，用于对变量进行提取设置，进入“抽取”子对话框，如图 9.3.3 所示，“方法”表示进行变量提取的方法，这里选择“主成分”；在“分析”中选择“相关性矩阵”；在“输出”中选择“未旋转的因子解”和“碎石图”；在“抽取”中选择“特征值大于”，并取值为“1”，表示保留特征根大于 1 的主成分；“最大收敛性迭代次数”选择默认值“25”，设置完成，点“继续”回主对话框.

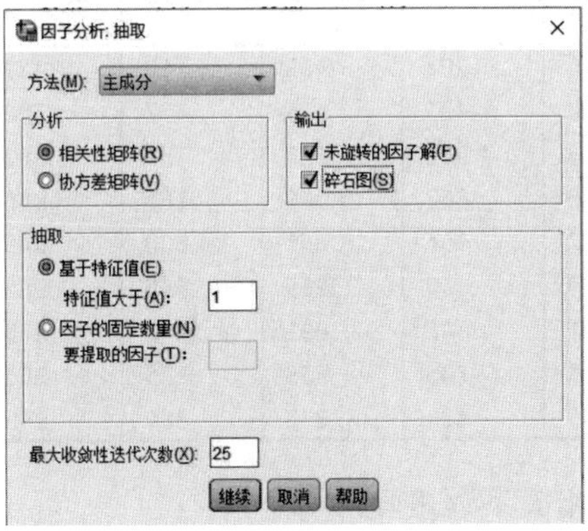

图 9.3.3 “抽取”子对话框

说明 “抽取”中的“因子的固定数量”表示直接确定主成分个数.

(4) 点击主对话框“旋转”选项，对旋转方法进行设置，进入“旋转”子对话框，如图 9.3.4 所示，主成分分析不需要对因子载荷阵进行旋转，选“无”即可，设置完成，点“继续”回主对话框.

(5) 点击主对话框“选项”选项，进入“选项”子对话框，如图 9.3.5 所示，在“缺失值”中选择“按列表排除个案”，设置完成，点“继续”回主对话框.

说明 1 “缺失值”为缺失值处理方式，其中，“按列表排除个案”表示分析过程中剔除带有缺失值的观测量；“按对排除个案”表示只有当一个观测值的全部聚类变量值均缺失时才剔除，否则根据所有其他非缺失变量值分配到最近的一类去；“使用均值替换”表示用变量

的均值代替该变量的所有缺失值.

说明 2 “系数显示格式”为载荷系数展示格式,其中,“按大小排序”表示载荷系数按照其数值的大小排列并构成矩阵,使得同一因子上具有较高载荷的变量排在一起;“取消小系数”表示不显示那些绝对值小于指定值的载荷系数.

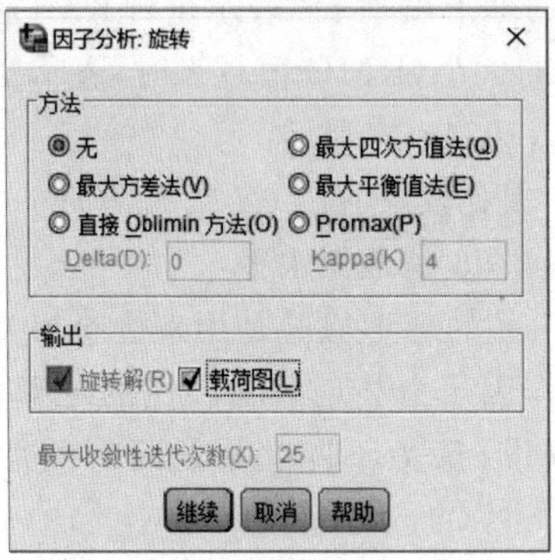

图 9.3.4 “旋转”子对话框

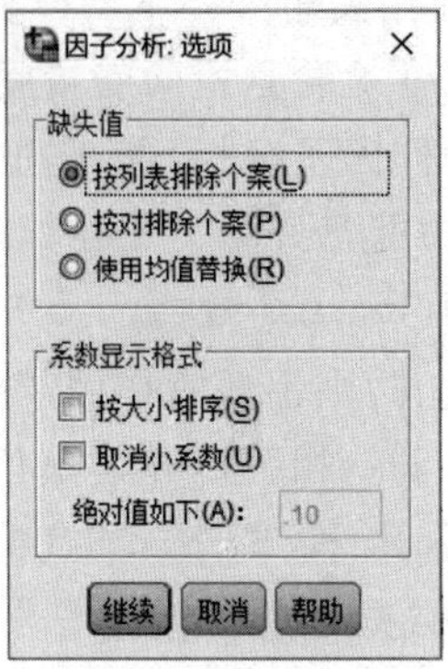

图 9.3.5 “选项”子对话框

(6) 点击“确定”按钮,执行操作,输出结果如表 9.3.2 ~ 表 9.3.6 和图 9.3.6 所示.

表 9.3.2 相关矩阵

相关矩阵

		X1	X2	X3	X4	X5	X6	X7	X8	X9
相关	X1	1.000	.575	.207	.459	.110	.432	.556	.448	.768
	X2	.575	1.000	.433	.525	.477	.569	.391	.586	.565
	X3	.207	.433	1.000	.662	.754	.640	.547	.705	.432
	X4	.459	.525	.662	1.000	.661	.965	.891	.925	.880
	X5	.110	.477	.754	.661	1.000	.645	.508	.735	.361
	X6	.432	.569	.640	.965	.645	1.000	.876	.965	.845
	X7	.556	.391	.547	.891	.508	.876	1.000	.847	.841
	X8	.448	.586	.705	.925	.735	.965	.847	1.000	.787
	X9	.768	.565	.432	.880	.361	.845	.841	.787	1.000

表 9.3.2 为 9 个变量的相关系数矩阵.

表 9.3.3 KMO 与 Bartlett 的球形检验表

KMO 和 Bartlett 的检验

取样足够度的 Kaiser-Meyer-Olkin 度量。		.702
Bartlett 的球形度检验	近似卡方	438.740
	df	36
	Sig.	.000

表 9.3.3 为 KMO 与 Bartlett 的球形检验表. 表中 KMO 值 $=0.702$,表明本例合适作因子分析; Bartlett 球形检验的 p 值接近 0,远小于 0.05,也说明可以作因子分析.

表 9.3.4 公因子方差

公因子方差

	初始	提取
X1	1.000	.844
X2	1.000	.479
X3	1.000	.761
X4	1.000	.924
X5	1.000	.838
X6	1.000	.918
X7	1.000	.806
X8	1.000	.938
X9	1.000	.944

提取方法：主成分分析。

表 9.3.4 为公因子方差表,该表给出了本次分析中从每一个原始变量中提取的信息,从表中可以看出除了客运量 X_2 变量损失程度较大,主成分几乎包含了其余各个变量 80% 的信息.

表 9.3.5 特征根与方差贡献率表

解释的总方差

成份	初始特征值			提取平方和载入		
	合计	方差的 %	累积 %	合计	方差的 %	累积 %
1	6.162	68.461	68.461	6.162	68.461	68.461
2	1.290	14.337	82.798	1.290	14.337	82.798
3	.767	8.523	91.321			
4	.359	3.991	95.312			
5	.213	2.370	97.682			
6	.111	1.237	98.919			
7	.080	.890	99.809			
8	.010	.116	99.925			
9	.007	.075	100.000			

提取方法：主成分分析。

表 9.3.5 为特征根和方差贡献率表,该表给出了各主成分解释原始变量总方差的情况(SPSS 默认保留特征根大于 1 的主成分). 从表中可以看出,本例保留了 2 个主成分,集中了原始变量总信息的 82.798%. 另外,该数值可以由公因子方差提取的数值取平均数得出,即

$$\frac{X_1+X_2+\cdots+X_9}{9}$$

$$=\frac{0.844+0.479+0.761+0.924+0.838+0.918+0.806+0.938+0.944}{9}$$

$$=0.827\ 98.$$

图 9.3.6 为碎石图. 通过分析碎石图可以看出,因子 1 和因子 2 的特征值较大,而其他的特征值较小,可以得出保留 2 个因子将能概括绝大部分信息.

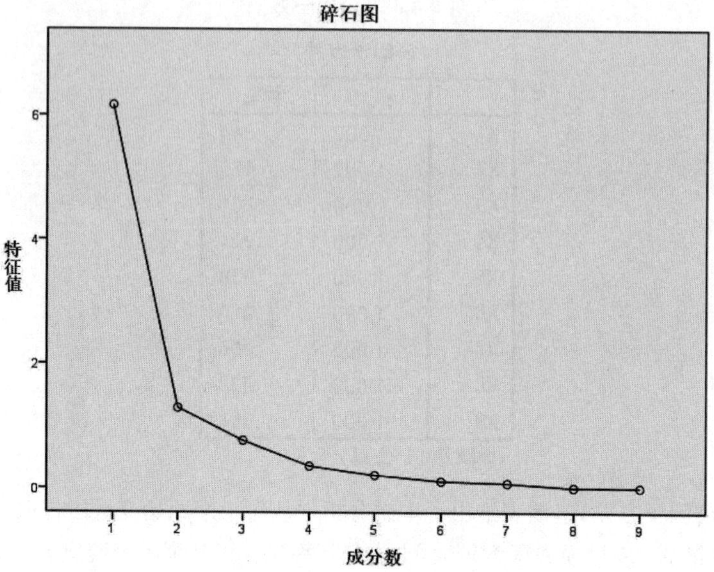

图 9.3.6 碎石图

表 9.3.6 因子载荷矩阵

成分矩阵[a]

	成分	
	1	2
X1	.595	.700
X2	.669	.177
X3	.725	-.486
X4	.960	-.048
X5	.709	-.579
X6	.957	-.057
X7	.891	.111
X8	.960	-.133
X9	.884	.403

提取方法：主成分。

a. 已提取了 2 个成分。

表 9.3.6 为因子载荷矩阵.表中第 $i(i=1,2)$ 个因子的列向量除以第 i 大特征值的平方根后就得到这个主成分的变量系数向量.

SPSS 操作方法：

将表 9.3.6 中的数据输入 SPSS 数据视图中，点击“转换→计算变量”，如图 9.3.7 所示，先定义“目标变量”为“Z1”，在“数字表达式”输入“成分 1/SQRT(6.612)”，其中6.612 为第一大特征值；然后定义“目标变量”为“Z2”，在“数字表达式”输入“成分 2/SQRT(1.290)”，其中 1.290 为第二大特征值.点击“确定”，数据保存在数据视图中，如表 9.3.7 中“Z1”和“Z2”列所示.

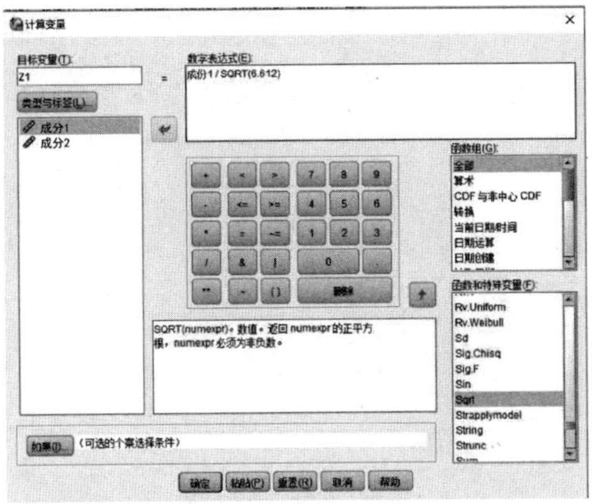

图 9.3.7 主成分变量系数计算对话框

表 9.3.7 主成分的系数向量

成分1	成分2	Z1	Z2
.595	.700	.240	.616
.669	.177	.270	.156
.725	-.486	.292	-.428
.960	-.048	.387	-.042
.709	-.579	.286	-.510
.957	-.057	.386	-.050
.891	.111	.359	.098
.960	-.133	.387	-.117
.884	.403	.356	.355

由表 9.3.7 可写出主成分表达式：

$$F_i = Z_{i1}X_1^* + Z_{i2}X_2^* + \cdots + Z_{i9}X_9^*, \quad i = 1, 2,$$

其中 $X_j^*, j = 1, 2, \cdots, 9$ 为 X_j 标准化后的变量值，Z_{ij} 是 Z_i 所在列的第 j 个值，即

$$F_1 = 0.240X_1^* + 0.270X_2^* + \cdots + 0.387X_8^* + 0.356X_9^*,$$

$$F_2 = 0.616X_1^* + 0.156X_2^* + \cdots - 0.117X_8^* + 0.355X_9^*.$$

利用综合得分

$$Y = \frac{0.684\,61}{0.827\,98}F_1 + \frac{0.143\,37}{0.827\,98}F_2 = 0.83F_1 + 0.17F_2$$

对各地区进行综合评价.

SPSS 操作步骤：

(1) 先将数据标准化. 点击 "分析 → 描述统计 → 描述"，进入"描述" 主对话框，将需要标准化的 9 个变量 "X1, X2, …, X9" 放置于"变量" 列表框，并选择 "将标准化得分另存为变量"，点击"确定"按钮，执行操作. 在变量视图中出现变量为"ZX1, ZX2, …, ZX9"标准化后的数据.

(2) 计算综合得分. 点击"转换 → 计算变量"，进入"计算变量" 主对话框，如图 9.3.8 所示，定义"目标变量" 为"Y"，在"数字表达式" 输入"0.83 * (0.240 * ZX1 + … + 0.356 * ZX9) + 0.17 * (0.616 * ZX1 + … + 0.355 * ZX9)". 点击"确定"，数据保存在数据视图中，如表 9.3.8 中"Y" 列所示.

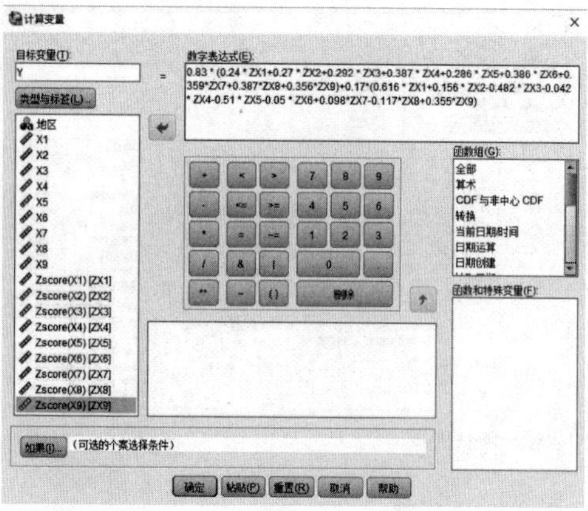

图 9.3.8　“计算变量”主对话框

表 9.3.8　综合得分表

ZX8	ZX9	Y	变量
3.04488	2.63121	5.84	
.73405	.32554	1.72	
-.30325	-.42291	-1.15	
-.70900	-.45507	-1.30	
.15252	-.45567	-.10	
-.14345	.00800	.21	
-.38871	-.39927	-1.14	
-.05313	-.49227	-1.15	
2.93511	3.33784	6.23	
.30746	-.08094	.51	
.20811	.01192	.61	
-.09899	.33293	.26	
-.69997	-.43359	-.95	
-.15457	-.27973	-.93	
-.80696	.06111	-.75	
-.75138	-.48249	-1.47	
-.03090	-.46035	-.75	
.07957	.06136	-.16	
-.11705	-.48403	-.81	
.50269	-.34850	.04	
.01287	-.47424	-.46	

(3) 综合得分按升序排列. 点击“数据 → 排序个案”,进入“排序个案”主对话框,如图 9.3.9 所示,将“Y,地区”两变量选入“排序依据”列表框,在“排列顺序”中选择“升序”. 点击“确定”,综合得分如表 9.3.9 所示.

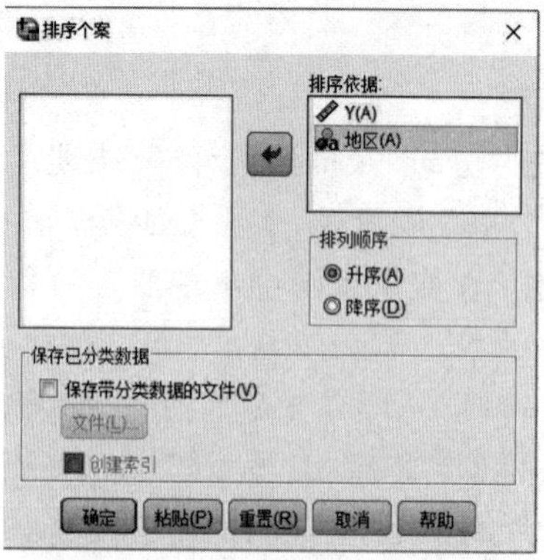

图 9.3.9　“排序个案”主对话框

表 9.3.9 城市综合得分表

城市	综合得分	城市	综合得分
西宁市	−2.12	厦门市	−0.75
兰州市	−1.83	西安市	−0.48
海口市	−1.74	长沙市	−0.46
贵阳市	−1.69	青岛市	−0.16
银川市	−1.66	沈阳市	−0.10
南昌市	−1.47	武汉市	0.04
南宁市	−1.43	大连市	0.21
乌鲁木齐市	−1.39	宁波市	0.26
昆明市	−1.34	南京市	0.51
太原市	−1.30	杭州市	0.61
哈尔滨市	−1.15	成都市	0.68
石家庄市	−1.15	重庆市	1.55
长春市	−1.14	天津市	1.72
合肥市	−0.95	广州市	2.68
福州市	−0.93	深圳市	4.46
郑州市	−0.81	北京市	5.84
济南市	−0.75	上海市	6.23

根据综合得分可知这些城市可以分为两大类，其中一类为武汉、大连、宁波、南京、杭州、成都、重庆、天津、广州、深圳、北京和上海，这些城市的经济发展指标综合评价得分为正，说明经济发展相对较好；另一类为西宁、兰州、海口、贵阳、银川、南昌、南宁、乌鲁木齐、昆明、太原、哈尔滨、石家庄、长春、合肥、福州、郑州、济南、厦门、西安、长沙、青岛以及沈阳，其综合评价得分为负值，说明这类城市的经济发展相对较弱.

二、因子分析的 SPSS 实现

例 9.3.2 为分析我国城镇居民消费支出的结构性特征和区域性特征，这里选取我国 31 个省（自治区、直辖市）的城镇居民人均现金消费（单位：元）的 8 项支出：

食品 X_1； 衣着 X_2； 居住 X_3； 家庭设备用品及服务 X_4；

医疗保健 X_5； 交通通信 X_6； 文教娱乐 X_7； 其他支出 X_8.

对以上 8 个指标进行因子分析，调查数据如表 9.3.10 所示.

表 9.3.10 2013 年我国 31 个省(自治区、直辖市)的城镇居民人均现金消费支出

单位:元

地区	X_1	X_2	X_3	X_4	X_5	X_6	X_7	X_8
北京市	8 170.22	2 794.87	2 125.99	1 974.25	1 717.58	4 106.04	3 984.86	1 401.08
天津市	7 943.06	1 950.68	2 088.62	1 205.62	1 694.29	3 468.86	2 353.43	1 007.31
河北省	4 404.93	1 488.11	1 526.28	977.46	1 117.30	2 149.57	1 550.63	426.29
山西省	3 676.65	1 627.53	1 612.36	870.91	1 020.61	1 775.85	2 065.44	516.84
内蒙古自治区	6 117.93	2 777.25	1 951.05	1 233.39	1 394.80	2 719.92	2 111.00	943.72
辽宁省	5 803.90	2 100.71	1 936.10	1 145.57	1 343.05	2 589.18	2 258.46	852.69
吉林省	4 658.13	1 961.20	1 932.24	908.43	1 692.11	2 217.87	1 935.04	627.30
黑龙江省	5 069.89	1 803.45	1 543.29	796.38	1 334.80	1 661.35	1 396.38	556.16
上海市	9 822.88	2 032.28	2 847.88	1 705.47	1 350.28	4 736.36	4 122.07	1 537.78
江苏省	7 074.11	2 013.00	1 564.30	1 378.85	1 122.00	3 135.00	3 290.00	794.00
浙江省	8 008.16	2 235.21	2 004.69	1 400.57	1 244.37	4 568.32	2 848.75	947.13
安徽省	6 370.23	1 687.49	1 663.55	898.55	869.89	2 411.16	1 904.15	480.16
福建省	7 424.67	1 685.07	2 013.53	1 416.94	935.50	3 219.46	2 448.36	949.19
江西省	5 221.10	1 566.49	1 414.89	1 004.15	672.50	1 812.78	1 671.24	471.58
山东省	5 625.94	2 277.03	1 780.07	1 269.65	1 109.37	2 474.83	1 909.84	665.52
河南省	4 913.87	1 916.99	1 315.28	1 281.06	1 054.54	1 768.28	1 911.16	660.81
湖北省	6 259.22	1 881.85	1 456.30	1 059.22	1 033.46	1 745.05	1 922.83	391.57
湖南省	5 583.99	1 520.35	1 529.50	1 146.65	1 078.82	2 409.83	2 080.46	537.51
广东省	8 856.91	1 614.87	2 339.12	1 539.09	1 122.71	4 544.21	3 222.40	893.95
广西壮族自治区	5 841.16	1 015.88	1 662.50	1 086.46	776.26	2 564.92	2 083.99	386.46
海南省	6 979.22	932.63	1 578.65	1 030.79	734.82	2 005.73	1 923.48	408.26
重庆市	7 245.12	2 333.81	1 376.15	1 325.91	1 245.33	1 976.19	1 722.66	588.70
四川省	6 471.84	1 727.92	1 321.54	1 196.65	1 019.04	2 185.94	1 877.55	542.99
贵州省	4 915.02	1 401.85	1 496.49	1 083.77	633.72	1 870.08	1 950.28	351.66
云南省	5 741.01	1 356.91	1 384.91	987.24	1 085.46	2 197.73	2 045.29	357.61
西藏自治区	5 889.48	1 528.14	963.99	541.46	617.97	500.60	1 551.34	638.89
陕西省	6 075.58	1 915.33	1 465.81	1 060.49	1 310.19	2 019.08	2 208.06	626.16
甘肃省	5 162.87	1 747.32	1 596.00	939.48	1 117.42	1 503.61	1 547.65	406.37
青海省	4 771.10	1 675.06	1 684.78	890.08	813.13	174.96	1 471.98	484.41
宁夏回族自治区	4 895.20	1 737.21	1 497.98	1 001.82	1 158.83	2 503.65	1 868.42	657.99
新疆维吾尔自治区	5 323.50	2 036.94	1 275.35	977.80	1 179.77	2 210.25	1 597.99	604.55

SPSS 操作步骤：

（1）点击“分析→降维→因子分析”，进入“因子分析”主对话框，如图 9.3.10 所示，将变量“X1，X2，…，X8”放置于“变量”列表框.

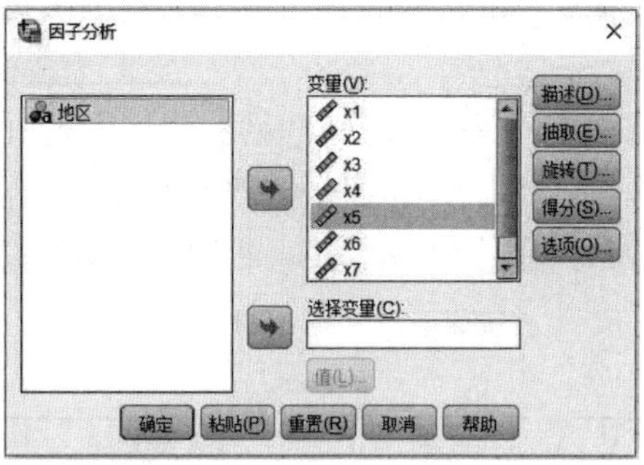

图 9.3.10 “因子分析”主对话框

（2）在“因子分析”主对话框点击“描述”选项，进入“描述”子对话框，在“统计量”子选项选择“原始分析结果”；在“相关矩阵”中选择“系数”和“KMO 和 Bartlett's 的球形度检验”，设置完成，点“继续”回主对话框.

（3）在“因子分析”主对话框点击“抽取”选项，进入“抽取”子对话框，在“方法”中选择“主成分”；在“分析”中选择“相关矩阵”；在“输出”中选择“未旋转的因子解”和“碎石图”；在“抽取”中选择“特征值大于”，并取值为“1”，表示保留特征根大于 1 的主成分；“最大收敛性迭代次数”选默认值“25”，设置完成，点“继续”回主对话框.

（4）在“因子分析”主对话框点击“旋转”选项，进入“旋转”子对话框，在“方法”中选择“最大方差”，在“输出”中选择“旋转解”和“载荷图”.

说明 “旋转”选项是对旋转方法进行设置，其中，“方法”子选项用于选择旋转方法“无”表示不进行旋转；“最大方差”表示方差最大旋转；“直接 Oblimin”方法为直接最小斜交旋转；“Promax”为最优斜交旋转，允许因子彼此相关，适用于大数据的因子分析.“输出”子选项用于选择有关输出的选项，其中，“旋转解”表示输出旋转结果；“载荷图”表示输出因子载荷散点图，选择此项后将给出两两因子坐标轴各变量的载荷散点图.

（5）点击主对话框“得分”选项，进入“因子得分”子对话框，如图 9.3.11 所示，选择“保存为变量”，在“方法”子选项中选择“回归”. 选择“显示因子得分系数矩阵”，它表示输出因子得分系数矩阵，是标准化后得分系数，并可显示协方差矩阵，设置完成.

图 9.3.11 “因子得分”子对话框

说明 主对话框“得分”选项，对因子得分进行设置.“方法”子选项用于选择计算因子得分的方法，其中，“回归”法因子得分的均值为0，方差等于估计因子得分与实际因子得分之间的多元相关的平方；“Bartlett”法，其因子得分均值为0，可使超出整个变量全距上的所有独特因子的平方和被最小化；“Anderson-Rubin”法，其因子得分均值为0，标准差为1，且彼此不相关.

（6）点击主对话框“选项”用于进一步选择输出项. 在“缺失值”栏选择“按列表排除个案”；在“系数显示格式”栏选择“按大小排序”，设置完成，点“继续”回主对话框.

（7）点击“确定”按钮，执行操作，输出结果如表 9.3.11 ～ 表 9.3.18，图 9.3.12，图 9.3.13 所示.

表 9.3.11 相关系数矩阵

相关矩阵

		x1	x2	x3	x4	x5	x6	x7	x8
相关	x1	1.000	.287	.655	.745	.296	.777	.782	.732
	x2	.287	1.000	.336	.516	.695	.357	.373	.634
	x3	.655	.336	1.000	.675	.505	.784	.750	.771
	x4	.745	.516	.675	1.000	.441	.812	.852	.767
	x5	.296	.695	.505	.441	1.000	.496	.414	.600
	x6	.777	.357	.784	.812	.496	1.000	.846	.755
	x7	.782	.373	.750	.852	.414	.846	1.000	.831
	x8	.732	.634	.771	.767	.600	.755	.831	1.000

表 9.3.11 表示 8 个变量的相关矩阵. 从表中可以看出除 X_1 与 X_2，X_1 与 X_5，X_2 与 X_3，X_2 与 X_6，X_2 与 X_7 相关程度较低外，其他变量之间都有较强的相关性.

表 9.3.12 KMO 和 Bartlett 球形度检验

KMO 和 Bartlett 的检验

取样足够度的 Kaiser-Meyer-Olkin 度量。		.835
Bartlett 的球形度检验	近似卡方	215.593
	df	28
	Sig.	.000

表 9.3.12 为 KMO 和 Bartlett 球形度检验. 从表中可以看出 KMO 值为 0.835，很适合作因子分析；Bartlett 球形度检验 p 值接近于 0，说明适合作因子分析.

表 9.3.13 公因子方差

公因子方差

	初始	提取
x1	1.000	.805
x2	1.000	.862
x3	1.000	.733
x4	1.000	.813
x5	1.000	.821
x6	1.000	.860
x7	1.000	.889
x8	1.000	.870

提取方法：主成分分析。

表 9.3.13 为公因子方差表.该表给出了本次分析从原始变量中抽取的信息，公共因子几乎包含了各个变量至少 80% 的信息.

表 9.3.14 特征根与方差贡献率

解释的总方差

成份	初始特征值			提取平方和载入			旋转平方和载入		
	合计	方差的 %	累积 %	合计	方差的 %	累积 %	合计	方差的 %	累积 %
1	5.466	68.325	68.325	5.466	68.325	68.325	4.479	55.984	55.984
2	1.186	14.823	83.148	1.186	14.823	83.148	2.173	27.163	83.148
3	.468	5.849	88.997						
4	.268	3.349	92.346						
5	.253	3.165	95.512						
6	.169	2.114	97.625						
7	.120	1.495	99.120						
8	.070	.880	100.000						

提取方法：主成分分析。

表 9.3.14 为特征根与方差贡献率表.从表中可以看出，前两个因子的特征根累积贡献率已达到83.148%，因此保留前两个因子即可.

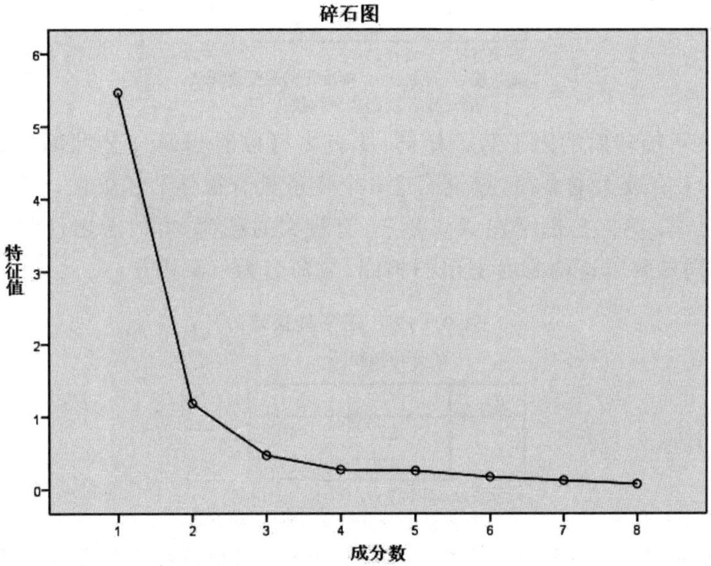

图 9.3.12 碎石图

图 9.3.12 为碎石图. 从图中可以看出拐点出现在第 2 个特征根，因此保留前两个因子即可.

表 9.3.15 因子载荷矩阵

成分矩阵[a]

	成分	
	1	2
x8	.928	.094
x7	.910	-.247
x6	.903	-.213
x4	.895	-.109
x3	.845	-.136
x1	.823	-.357
x5	.641	.640
x2	.600	.709

提取方法:主成分。

a. 已提取了 2 个成分。

表 9.3.15 为因子载荷矩阵.从表中可以看出公共因子在部分原始变量上的载荷没有明显的差别,所以有必要进行旋转.

表 9.3.16 旋转后的因子载荷矩阵

旋转成分矩阵[a]

	成分	
	1	2
x7	.917	.220
x6	.894	.247
x1	.893	.082
x4	.837	.334
x3	.807	.287
x8	.768	.528
x2	.185	.910
x5	.255	.869

提取方法:主成分。
旋转法:具有 Kaiser 标准化的正交旋转法。
a. 旋转在 3 次迭代后收敛。

表 9.3.16 表示旋转后的因子载荷矩阵.从表中可以看出第一公共因子在变量 $X_1, X_3, X_4, X_6, X_7, X_8$ 上有较大的载荷,这说明这 6 个变量具有很强的相关性,可归为一类,并命名为一般生活型因子;第二公因子在 X_2, X_5 上有较大的载荷,可以看出这两个变量与气候有关,因为气候不同导致了这两方面支出的不同,故命名为气象因子.

表 9.3.17 因子转换矩阵

成分转换矩阵

成分	1	2
1	.877	.480
2	-.480	.877

提取方法:主成分。
旋转法:具有 Kaiser 标准化的正交旋转法。

表 9.3.17 表示因子转换矩阵.若 $\boldsymbol{A}$ 表示旋转前因子载荷矩阵,$\boldsymbol{B}$ 表示因子转换矩阵,$\boldsymbol{C}$ 表示旋转后因子载荷矩阵,则有 $\boldsymbol{C}=\boldsymbol{AB}$.

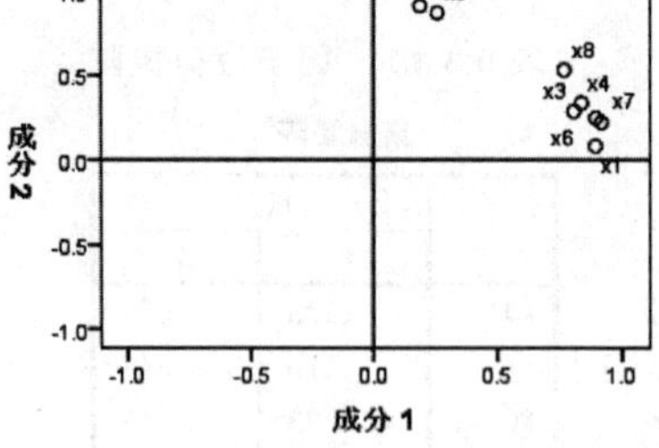

图 9.3.13 旋转后的因子载荷矩阵散点图

图 9.3.13 表示旋转后的因子载荷矩阵散点图,该图分别以第一因子和第二因子为横、纵坐标轴,从图中可以看出在 45°线下方的变量在第一因子上的载荷比较大,在 45°线上方的变量在第二因子上的载荷比较大.

表 9.3.18 因子得分系数矩阵

成份得分系数矩阵

	成份	
	1	2
x1	.277	-.192
x2	-.191	.577
x3	.191	-.026
x4	.188	-.002
x5	-.156	.530
x6	.231	-.078
x7	.246	-.103
x8	.111	.151

提取方法:主成份。
旋转法:具有 Kaiser 标准化的正交旋转法。
构成得分。

表 9.3.18 为因子得分系数矩阵.从表中可以看出,两因子的因子得分表达式分别为

$$Z_1=0.277X_1^*-0.191X_2^*+0.191X_3^*+0.188X_4^*-0.156X_5^*$$
$$+0.231X_6^*+0.246X_7^*+0.111X_8^*,$$
$$Z_2=-0.192X_1^*+0.577X_2^*-0.026X_3^*-0.002X_4^*+0.530X_5^*$$
$$-0.078X_6^*-0.103X_7^*+0.151X_8^*.$$

表达式中的 $X_1^*, X_2^*, \cdots, X_8^*$ 是将原始数据标准化后的数值.为了进一步进行综合评价,还需要将这两个公共因子以各自的方差贡献率占累积贡献率的比重作为权重来加权计算综合得分,综合得分函数如下:

$$Y=\frac{0.559\ 84}{0.831\ 48}Z_1+\frac{0.271\ 63}{0.831\ 48}Z_2,$$

其中,Z_1,Z_2 分别为所有省份在公共因子上的得分.

综合得分的 SPSS 操作方法与例 9.3.1 相同.

习 题 9.3

1. 衡量城市设施水平的主要指标有:

城市用水普及率 X_1(单位:%);

城市燃气普及率 X_2(单位:%);

每万人拥有公共交通车辆 X_3(单位:标台);

人均道路面积 X_4(单位:m^2);

人均公园绿地面积 X_5(单位:m^2);

每万人拥有公共厕所 X_6(单位:座).

下表是 2010 年我国 31 个省(自治区、直辖市)在以上 6 个指标的数值,试用主成分分析法对各省市设施水平进行综合评价和排序.

地区	$X_1/\%$	$X_2/\%$	X_3/标台	X_4/m^2	X_5/m^2	X_6/座
北京市	100.00	100.00	14.24	5.57	11.28	3.54
天津市	100.00	100.00	12.05	14.89	8.56	2.01
河北省	99.97	99.07	9.53	17.35	14.23	4.22
山西省	97.26	89.94	6.83	10.66	9.36	3.32
内蒙古自治区	87.97	79.26	6.89	14.89	12.36	4.73
辽宁省	97.44	94.19	9.35	11.19	10.21	2.99
吉林省	89.60	85.64	9.75	12.39	10.27	4.53
黑龙江省	88.43	84.67	10.00	10.00	11.27	6.56
上海市	100.00	100.00	8.82	4.04	6.97	2.62
江苏省	99.56	99.12	10.91	21.26	13.29	3.75
浙江省	99.79	99.07	11.87	16.70	11.05	4.01
安徽省	96.06	90.52	7.73	16.01	10.95	2.55
福建省	99.50	98.92	10.32	12.58	10.99	2.64
江西省	97.43	92.36	7.61	13.77	13.04	2.17
山东省	99.57	99.30	10.18	22.23	15.84	2.05
河南省	91.03	73.43	7.58	10.25	8.65	3.32
湖北省	97.59	91.75	9.47	14.08	9.62	2.91
湖南省	95.17	86.50	10.01	12.95	8.89	2.35
广东省	98.37	95.75	9.53	12.69	13.29	2.06
广西壮族自治区	94.65	92.35	8.07	14.31	9.83	1.76
海南省	89.43	82.44	8.61	13.81	11.22	1.73
重庆市	94.05	92.02	7.23	9.37	13.24	1.55
四川省	90.80	84.39	9.65	11.84	10.19	2.93
贵州省	94.10	69.72	8.46	6.65	7.33	2.21
云南省	96.50	76.40	9.74	10.90	9.30	2.26
西藏自治区	97.42	79.83	20.91	13.25	5.78	4.16
陕西省	99.39	90.39	12.64	13.38	10.67	3.13
甘肃省	91.57	74.29	8.10	12.20	8.12	2.17
青海省	99.87	90.79	18.30	11.42	8.53	4.65
宁夏回族自治区	98.23	88.01	10.63	17.35	16.18	4.18
新疆维吾尔自治区	99.17	95.80	11.66	13.19	8.61	3.23

2. 在企业经济效益评价中，设计的指标(变量)往往很多，为了简化系统结构，抓住经济效益评价中的主要问题，将原始数据标准化后求主成分.在对我国 28 个省(自治区、直辖市)

独立核算的工业企业的经济效益评价中,涉及 9 个指标:

百元固定资产原值实现值 X_1(单位:%);

百元固定资产原值实现利税 X_2(单位:%);

百元资金实现利税 X_3(单位:%);

百元工业总产值实现利税 X_4(单位:%);

百元销售收入实现利税 X_5(单位:%);

每吨标准煤实现工业产值 X_6(单位:元);

每千瓦时实现工业产值 X_7(单位:元);

全员劳动生产率 X_8(单位:元 /(人 · 年));

百元流动资金实现产值 X_9(单位:元).

原始数据如下表所示:

地区	X_1/%	X_2/%	X_3/%	X_4/%	X_5/%	X_6/元	X_7/元	X_8/元/(人·年)	X_9/元
北京市	119.29	30.98	29.92	25.97	15.48	2 178	3.41	21 006	296.7
天津市	143.98	31.59	30.21	21.94	12.29	2 852	4.29	20 254	363.1
河北省	94.8	17.2	17.95	18.14	9.37	1 167	2.03	12 607	322.2
山西省	65.8	11.08	11.06	12.15	16.84	8.82	1.65	10 166	284.7
内蒙古自治区	54.79	9.24	9.54	16.86	6.27	894	1.8	7 564	225.4
辽宁省	94.51	21.12	22.83	22.35	11.28	1 416	2.36	13 386	311.7
吉林省	80.49	13.36	13.76	16.6	7.14	1 306	2.07	9 400	274.1
黑龙江省	75.86	15.82	16.67	20.86	10.37	1 267	2.26	9 830	267
上海市	187.79	45.9	39.77	24.44	15.09	4 346	4.11	31 246	418.6
江苏省	205.96	27.65	22.58	13.42	7.81	3 202	4.69	23 377	407.2
浙江省	207.46	33.06	25.78	15.94	9.28	3 811	4.19	22 054	385.5
安徽省	110.78	20.7	20.12	18.69	6.6	1 468	2.23	12 578	341.1
福建省	122.76	22.52	19.93	18.34	8.35	2 200	2.63	12 164	301.2
江西省	94.94	14.7	14.18	15.49	6.69	1 669	2.24	10 463	274.4
山东省	117.58	21.93	20.89	18.65	9.1	1 820	2.8	17 829	331.1
河南省	85.98	17.3	17.18	20.12	7.67	1 306	1.89	11 247	276.5
湖北省	103.96	19.5	18.48	18.77	9.16	1 829	2.75	15 745	308.9
湖南省	104.03	21.47	21.28	20.63	8.72	1 272	1.98	13 161	309
广东省	136.44	23.64	20.83	17.33	7.85	2 959	3.71	16 259	334
广西壮族自治区	100.72	22.04	20.9	21.88	9.67	1 732	2.13	12 441	296.4
四川省	84.73	14.35	14.17	16.93	7.96	1 310	2.34	11 703	242.5
贵州省	59.05	14.48	14.35	24.53	8.09	1 068	1.32	9 710	206.7
云南省	73.72	21.91	22.7	29.72	9.38	1 447	1.94	12 517	295.8

（续表）

地区	X_1/%	X_2/%	X_3/%	X_4/%	X_5/%	X_6/元	X_7/元	X_8/元/(人·年)	X_9/元
陕西省	78.02	13.13	12.57	16.83	9.19	1 731	2.08	11 369	220.3
甘肃省	59.62	14.07	16.24	23.59	11.34	926	1.13	13 084	246.8
青海省	51.66	8.32	8.26	16.11	7.05	1 055	1.31	9 246	176.49
宁夏回族自治区	52.95	8.25	8.82	15.57	6.58	834	1.12	10 406	245.4
新疆维吾尔自治区	60.29	11.26	13.14	18.68	8.39	1 041	2.9	10 983	266

3. 利用因子分析法分析下列30个学生成绩的因子构成，并分析各个学生较适合学文科还是理科？

单位：分

序号	数学	物理	化学	语文	历史	英语
1	65	61	72	84	81	79
2	77	77	76	64	70	55
3	67	63	49	65	67	57
4	80	69	75	74	74	63
5	74	70	80	84	81	74
6	78	84	75	62	71	64
7	66	71	67	52	65	57
8	77	71	57	72	86	71
9	83	100	79	41	67	50
10	86	94	97	51	63	55
11	74	80	88	64	73	66
12	67	84	53	58	66	56
13	81	62	69	56	66	52
14	71	64	94	52	61	52
15	78	96	81	80	89	76
16	69	56	67	75	94	80
17	77	90	80	68	66	60
18	84	67	75	60	70	63
19	62	67	83	71	85	77
20	74	65	75	72	90	73
21	91	74	97	62	71	66
22	72	87	72	79	83	76
23	82	70	83	68	77	85
24	63	70	60	91	85	82

（续表）

序号	数学	物理	化学	语文	历史	英语
25	74	79	95	59	74	59
26	66	61	77	62	73	64
27	90	82	98	47	71	60
28	77	90	85	68	73	76
29	91	82	84	54	62	60
30	78	84	100	51	60	60

4. 中心城市的综合发展是带动周边地区经济发展的重要动力.在我国经济发展进程中，各个中心城市一直是该地区经济和社会发展的引路者.因而，分析评价全国 35 个中心城市的综合发展水平无论是对城市自身的发展，还是对周边地区的进步，都具有十分重要的意义.下面应用因子分析模型，选取反映城市综合发展水平的 12 个指标作为原始变量，运用 SPSS 软件，对我国 35 个中心城市的综合发展水平进行因子分析并加以评价.

反映城市综合发展水平的 12 个指标，包括 8 个社会经济指标，分别为：

非农业人口数 X_1（单位：万人）；

工业总产值 X_2（单位：万元）；

货运总量 X_3（单位：万吨）；

批发零售住宿餐饮业从业人数 X_4（单位：万人）；

地方政府预算内收入 X_5（单位：万元）；

城乡居民年底储蓄余额 X_6（单位：万元）；

在岗职工数 X_7（单位：万人）；

在岗职工工资总额 X_8（单位：万元）；

4 个城市公共设施水平指标，分别为：

人均居住面积 X_9（单位：m^2）；

每万人拥有的公共汽车数 X_{10}（单位：辆）；

人均拥有铺装道路面积 X_{11}（单位：m^2）；

人均公共绿地面积 X_{12}（单位：m^2）.

指标选取参考了《中国城市统计年鉴》中的指标设置.数据来源于《中国城市统计年鉴(2004)》，数据如下表所示：

城市	X_1/万人	X_2/万元	X_3/万吨	X_4/万人	X_5/万元	X_6/万元
北京市	830.8	38 103 630	30 671.14	124.7	5 925 388	64 413 910
天津市	549.74	40 496 103	34 679	15.38	2 045 295	18 253 200
石家庄市	331.33	11 981 505	10 008.48	8.07	493 429	10 444 919
太原市	222.63	5 183 200	15 248.11	2.43	333 473	6 601 300
呼和浩特市	97.81	2 407 794	4 155.1	2	205 779	2 554 496
沈阳市	440.6	10 643 612	14 635.74	7.3	810 889	14 229 575

（续表）

城市	X_1/万人	X_2/万元	X_3/万吨	X_4/万人	X_5/万元	X_6/万元
长春市	313.05	15 115 270	10 891.98	6.94	459 709	8 313 564
哈尔滨市	454.52	7 215 089	9 517.8	24.99	763 600	11 536 951
上海市	1 041.39	1.03E＋08	63 861	35.22	8 992 850	60 546 000
南京市	391.67	25 093 816	14 804.68	7.62	1 364 788	11 336 202
杭州市	263.67	32 025 226	16 815.2	8.36	1 503 888	14 664 200
合肥市	160.18	5 348 605	4 640.84	3.39	358 694	3 592 488
福州市	205.43	12 889 573	8 250.39	4.69	674 522	8 762 245
南昌市	195.46	4 149 169	4 454.45	3.62	314 094	4 828 029
济南市	297.21	13 185 425	14 354.4	6.6	761 054	7 583 525
郑州市	249.72	9 270 494	7 846.91	8.77	658 737	10 484 859
武汉市	474.98	13 344 938	16 610.34	13.58	804 368	12 855 341
长沙市	205.83	5 339 304	10 630.5	6.31	598 930	7 048 500
广州市	493.32	40 178 324	28 859.45	21.47	2 747 707	37 273 276
南宁市	167.99	2 083 763	5 893.09	4.95	362 435	4 514 961
海口市	76.05	2 025 643	3 304.4	2.72	122 541	2 843 664
成都市	386.23	9 700 976	28 798.2	8.06	895 752	14 944 197
贵阳市	165.27	3 569 419	5 317.55	5.75	403 855	3 449 487
昆明市	205.34	5 809 573	12 337.86	7.07	601 101	7 085 278
西安市	312.88	6 386 627	9 392	12.21	648 037	12 105 607
兰州市	175.54	5 215 490	5 580.8	3.7	205 660	4 683 830
西宁市	105.13	1 148 959	2 037.15	1.24	84 397	1 749 293
银川市	79.2	1 464 867	2 127.17	1.65	122 605	1 930 771
乌鲁木齐市	142.94	3 110 943	12 754.02	3.94	409 119	4 203 000
大连市	297.48	15 468 641	21 081.47	6.6	1 105 405	13 101 986
宁波市	168.81	26 302 862	13 797.38	4.8	1 394 162	10 596 339
厦门市	83.74	13 201 500	3 054.82	2.83	701 456	3 971 559
青岛市	329.96	25 588 695	30 552.6	6.72	1 201 398	9 048 693
深圳市	122.39	52 451 037	6 792.66	10.84	2 908 370	21 994 500
重庆市	753.92	15 889 928	32 450.2	12.83	1 615 618	18 965 569

（续表）

城市	X_7/万人	X_8/万元	X_9/m^2	X_{10}/辆	X_{11}/m^2	X_{12}/m^2
北京市	434.15	10 989 365	15	17.3	8.56	44.94
天津市	174.5	3 254 148	18	7.99	7.23	17.45
石家庄市	86.74	1 067 432	18	7.23	8.28	21.56
太原市	74.55	945 212	16	5.06	7.88	20.58
呼和浩特市	28.9	407 963	18	3.81	8.92	26.58
沈阳市	101.7	1 521 548	15	9.32	6.7	28.36
长春市	89.7	1 244 167	15	11.87	7.03	18.75
哈尔滨市	168.83	2 102 165	14	12.75	6.34	18.51
上海市	281.51	7 686 511	19	14.57	12.92	19.11
南京市	87.91	1 950 742	16	9.06	12.13	136.72
杭州市	75.72	1 867 776	17	8.93	6.5	23.19
合肥市	37.88	526 577	17	14.11	15.72	28.74
福州市	71.3	1 073 262	18	9.65	7.9	31.6
南昌市	49.79	692 717	17	7.37	7.67	23.98
济南市	78.38	1 256 160	19	7.77	10.62	19.54
郑州市	83.99	1 137 056	19	10.11	7.63	17.77
武汉市	136.08	1 868 350	17	6.87	4.16	8.34
长沙市	60.04	1 019 924	18	10.09	9.1	29.1
广州市	182.16	5 247 087	17	11.16	12.76	178.76
南宁市	50.79	668 976	18	9.91	9.32	35.12
海口市	22.97	340 392	20	5.09	7.07	15.79
成都市	124.03	1 894 496	17	8.95	10.17	25.59
贵阳市	54.53	664 234	16	9.37	3.11	105.35
昆明市	73.34	1 045 469	15	15.33	4.49	23.33
西安市	113.73	1 535 986	15	7.32	4.48	8.82
兰州市	54.19	740 661	15	10.33	6.3	11.22
西宁市	20.6	301 364	17	11.47	4.92	14.2
银川市	29.12	393 035	15	9.26	10.43	40.21
乌鲁木齐市	47.42	782 873	19	22.89	6.49	20.53
大连市	82.13	1 442 215	14	13.79	6.24	42.21
宁波市	59.88	1 418 635	17	9.88	6.81	17.65
厦门市	54.78	1 042 111	20	15.5	8.15	26.44
青岛市	104.55	1 603 305	15	14.78	11.41	35.78
深圳市	104.98	3 259 900	21	114.91	47.29	177.62
重庆市	203.79	2 535 070	21	4.94	4.24	10.8

附　　录

附表 1　标准正态分布表

$$\Phi(x)=\int_{-\infty}^{x}\mathrm{e}^{-\frac{t^2}{2}}\mathrm{d}t=P\{X\leqslant x\}$$

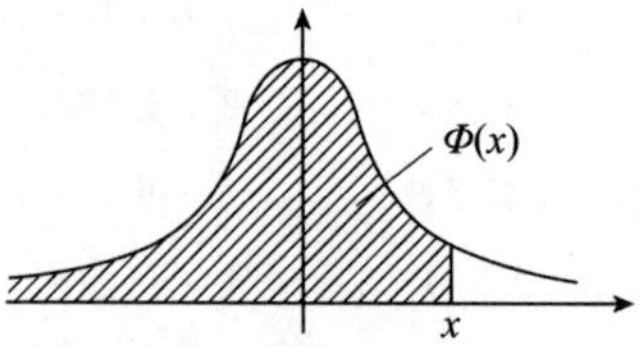

x	0	0.01	0.02	0.03	0.04	0.05	0.06	0.07	0.08	0.09
0	0.500 0	0.504 0	0.508 0	0.512 0	0.516 0	0.519 9	0.523 9	0.527 9	0.531 9	0.535 9
0.1	0.539 8	0.543 8	0.547 8	0.551 7	0.555 7	0.559 6	0.563 6	0.567 5	0.571 4	0.575 3
0.2	0.579 3	0.583 2	0.587 1	0.591 0	0.594 8	0.598 7	0.602 6	0.606 4	0.610 3	0.614 1
0.3	0.617 9	0.621 7	0.625 5	0.629 3	0.633 1	0.636 8	0.640 4	0.644 3	0.648 0	0.651 7
0.4	0.655 4	0.659 1	0.662 8	0.666 4	0.670 0	0.673 6	0.677 2	0.680 8	0.684 4	0.687 9
0.5	0.691 5	0.695 0	0.698 5	0.701 9	0.705 4	0.708 8	0.712 3	0.715 7	0.719 0	0.722 4
0.6	0.725 7	0.729 1	0.732 4	0.735 7	0.738 9	0.742 2	0.745 4	0.748 6	0.751 7	0.754 9
0.7	0.758 0	0.761 1	0.764 2	0.767 3	0.770 3	0.773 4	0.776 4	0.779 4	0.782 3	0.785 2
0.8	0.788 1	0.791 0	0.793 9	0.796 7	0.799 5	0.802 3	0.805 1	0.807 8	0.810 6	0.813 3
0.9	0.815 9	0.818 6	0.821 2	0.823 8	0.826 4	0.828 9	0.835 5	0.834 0	0.836 5	0.838 9
1	0.841 3	0.843 8	0.846 1	0.848 5	0.850 8	0.853 1	0.855 4	0.857 7	0.859 9	0.862 1
1.1	0.864 3	0.866 5	0.868 6	0.870 8	0.872 9	0.874 9	0.877 0	0.879 0	0.881 0	0.883 0
1.2	0.884 9	0.886 9	0.888 8	0.890 7	0.892 5	0.894 4	0.896 2	0.898 0	0.899 7	0.901 5
1.3	0.903 2	0.904 9	0.906 6	0.908 2	0.909 9	0.911 5	0.913 1	0.914 7	0.916 2	0.917 7
1.4	0.919 2	0.920 7	0.922 2	0.923 6	0.925 1	0.926 5	0.927 9	0.929 2	0.930 6	0.931 9
1.5	0.933 2	0.934 5	0.935 7	0.937 0	0.938 2	0.939 4	0.940 6	0.941 8	0.943 0	0.944 1
1.6	0.945 2	0.946 3	0.947 4	0.948 4	0.949 5	0.950 5	0.951 5	0.952 5	0.953 5	0.953 5
1.7	0.955 4	0.956 4	0.957 3	0.958 2	0.959 1	0.959 9	0.960 8	0.961 6	0.962 5	0.963 3
1.8	0.964 1	0.964 8	0.965 6	0.966 4	0.967 2	0.967 8	0.968 6	0.969 3	0.970 0	0.970 6
1.9	0.971 3	0.971 9	0.972 6	0.973 2	0.973 8	0.974 4	0.975 0	0.975 6	0.976 2	0.976 7
2	0.977 2	0.977 8	0.978 3	0.978 8	0.979 3	0.979 8	0.980 3	0.980 8	0.981 2	0.981 7
2.1	0.982 1	0.982 6	0.983 0	0.983 4	0.983 8	0.984 2	0.984 6	0.985 0	0.985 4	0.985 7

（续表）

x	0	0.01	0.02	0.03	0.04	0.05	0.06	0.07	0.08	0.09
2.2	0.986 1	0.986 4	0.986 8	0.987 1	0.987 4	0.987 8	0.988 1	0.988 4	0.988 7	0.989 0
2.3	0.989 3	0.989 6	0.989 8	0.990 1	0.990 4	0.990 6	0.990 9	0.991 1	0.991 3	0.991 6
2.4	0.991 8	0.992 0	0.992 2	0.992 5	0.992 7	0.992 9	0.993 1	0.993 2	0.993 4	0.993 6
2.5	0.993 8	0.994 0	0.994 1	0.994 3	0.994 5	0.994 6	0.994 8	0.994 9	0.995 1	0.995 2
2.6	0.995 3	0.995 5	0.995 6	0.995 7	0.995 9	0.996 0	0.996 1	0.996 2	0.996 3	0.996 4
2.7	0.996 5	0.996 6	0.996 7	0.996 8	0.996 9	0.997 0	0.997 1	0.997 2	0.997 3	0.997 4
2.8	0.997 4	0.997 5	0.997 6	0.997 7	0.997 7	0.997 8	0.997 9	0.997 9	0.998 0	0.998 1
2.9	0.998 1	0.998 2	0.998 2	0.998 3	0.998 4	0.998 4	0.998 5	0.998 5	0.998 6	0.998 6
3.0	0.998 7	0.999 0	0.999 3	0.999 5	0.999 7	0.999 8	0.999 8	0.999 9	0.999 9	1.000 0

注：表中末行系函数值 $\Phi(3.0),\Phi(3.1),\Phi(3.2),\cdots,\Phi(3.9)$.

附表 2 泊松分布表

$$P(X=m)=\frac{\lambda^m}{m!}e^{-\lambda}$$

m	λ													
	0.1	0.2	0.3	0.4	0.5	0.6	0.7	0.8	0.9	1	1.5	2	2.5	3.0
0	0.904 8	0.818 7	0.740 8	0.670 3	0.606 5	0.548 8	0.496 6	0.449 3	0.406 6	0.367 9	0.223 1	0.135 3	0.082 1	0.049 8
1	0.090 5	0.163 7	0.222 3	0.268 1	0.303 3	0.329 3	0.347 6	0.359 5	0.365 9	0.367 9	0.334 7	0.270 7	0.205 2	0.149 4
2	0.004 5	0.016 4	0.033 3	0.053 6	0.075 8	0.098 8	0.121 6	0.143 8	0.164 7	0.183 9	0.251	0.270 7	0.256 5	0.224 0
3	0.000 2	0.001 1	0.003 3	0.007 2	0.012 6	0.019 8	0.028 4	0.038 3	0.049 4	0.061 3	0.125 5	0.180 5	0.213 8	0.224 0
4		0.000 1	0.000 3	0.000 7	0.001 6	0.003 0	0.005 0	0.007 7	0.011 1	0.015 3	0.047 1	0.090 2	0.133 6	0.168 1
5				0.000 1	0.000 2	0.000 3	0.000 7	0.001 2	0.002 0	0.003 1	0.014 1	0.036 1	0.066 8	0.100 8
6							0.000 1	0.000 2	0.000 3	0.000 5	0.003 5	0.012 0	0.027 8	0.050 4
7										0.000 1	0.000 8	0.003 4	0.009 9	0.021 6
8											0.000 2	0.000 9	0.003 1	0.008 1
9												0.000 2	0.000 9	0.002 7
10													0.000 2	0.000 8
11													0.000 1	0.000 2
12														0.000 1

m	λ													
	3.5	4	4.5	5	6	7	8	9	10	11	12	13	14	15
0	0.030 2	0.018 3	0.011 1	0.006 7	0.002 5	0.000 9	0.000 3	0.000 1						
1	0.105 7	0.073 3	0.0500	0.033 7	0.014 9	0.006 4	0.002 7	0.001 1	0.000 4	0.000 2	0.000 1			
2	0.185 0	0.146 5	0.112 5	0.084 2	0.044 6	0.022 3	0.010 7	0.005 0	0.002 3	0.001 0	0.000 4	0.000 2	0.000 1	
3	0.215 8	0.195 4	0.168 7	0.140 4	0.089 2	0.052 1	0.028 6	0.015 0	0.007 6	0.003 7	0.001 8	0.000 8	0.000 4	0.000 2
4	0.188 8	0.195 4	0.189 8	0.175 5	0.133 9	0.091 2	0.057 3	0.033 7	0.018 9	0.010 2	0.005 3	0.002 7	0.001 3	0.000 6
5	0.132 2	0.156 3	0.170 8	0.175 5	0.160 6	0.127 7	0.091 6	0.060 7	0.037 8	0.022 4	0.012 7	0.007 1	0.003 7	0.001 9
6	0.077 1	0.104 2	0.128 1	0.146 2	0.160 6	0.149 0	0.122 1	0.091 1	0.063 1	0.041 1	0.025 5	0.015 1	0.008 7	0.004 8
7	0.038 5	0.059 5	0.082 4	0.104 4	0.137 7	0.149 0	0.139 6	0.117 1	0.090 1	0.064 6	0.043 7	0.028 1	0.017 4	0.010 4
8	0.016 9	0.029 8	0.046 3	0.065 3	0.103 3	0.130 4	0.139 6	0.131 8	0.112 6	0.088 8	0.065 5	0.045 7	0.030 4	0.019 5
9	0.006 5	0.013 2	0.023 2	0.036 3	0.068 8	0.101 4	0.124 1	0.131 8	0.125 1	0.108 5	0.087 4	0.066 0	0.047 3	0.032 4
10	0.002 3	0.005 3	0.010 4	0.018 1	0.041 3	0.071 0	0.099 3	0.118 6	0.125 1	0.119 4	0.104 8	0.085 9	0.066 3	0.048 6
11	0.000 7	0.001 9	0.004 3	0.008 2	0.022 5	0.045 2	0.072 2	0.097 0	0.113 7	0.119 4	0.114 4	0.101 5	0.084 3	0.066 3
12	0.000 2	0.000 6	0.001 5	0.003 4	0.011 3	0.026 4	0.048 1	0.072 8	0.094 8	0.109 4	0.114 4	0.109 9	0.098 4	0.082 8
13	0.000 1	0.000 2	0.000 6	0.001 3	0.005 2	0.014 2	0.029 6	0.050 4	0.072 9	0.092 6	0.105 6	0.109 9	0.106 1	0.095 6
14		0.000 1	0.000 2	0.000 5	0.002 3	0.007 1	0.016 9	0.032 4	0.052 1	0.072 8	0.090 5	0.102 1	0.106 1	0.102 5
15			0.000 1	0.000 2	0.000 9	0.003 3	0.009 0	0.019 4	0.034 7	0.053 3	0.072 4	0.088 5	0.098 9	0.102 5
16				0.000 1	0.000 3	0.001 5	0.004 5	0.010 9	0.021 7	0.036 7	0.054 3	0.071 9	0.086 5	0.096 0
17					0.000 1	0.000 6	0.002 1	0.005 8	0.012 8	0.023 7	0.038 3	0.055 1	0.071 3	0.084 7
18						0.000 2	0.001 0	0.002 9	0.007 1	0.014 5	0.025 5	0.039 7	0.055 4	0.070 6

（续表）

m	λ													
	3.5	4	4.5	5	6	7	8	9	10	11	12	13	14	15
19						0.000 1	0.000 4	0.001 4	0.003 7	0.008 4	0.016 1	0.027 2	0.040 8	0.055 7
20							0.000 2	0.000 6	0.001 9	0.004 6	0.009 7	0.017 7	0.028 6	0.041 8
21							0.000 1	0.000 3	0.000 9	0.002 4	0.005 5	0.010 9	0.019 1	0.029 9
22								0.000 1	0.000 4	0.001 3	0.003 0	0.006 5	0.012 2	0.020 4
23									0.000 2	0.000 6	0.001 6	0.003 6	0.007 4	0.013 3
24									0.000 1	0.000 3	0.000 8	0.002 0	0.004 3	0.008 3
25										0.000 1	0.000 4	0.001 1	0.002 4	0.005 0
26											0.000 2	0.000 5	0.001 3	0.002 9
27											0.000 1	0.000 2	0.000 7	0.001 7
28												0.000 1	0.000 3	0.000 9
29													0.000 2	0.000 4
30													0.000 1	0.000 2
31														0.000 1

附表3 t 分布临界值表

$$P\{t(n)>t_\alpha(n)\}=\alpha$$

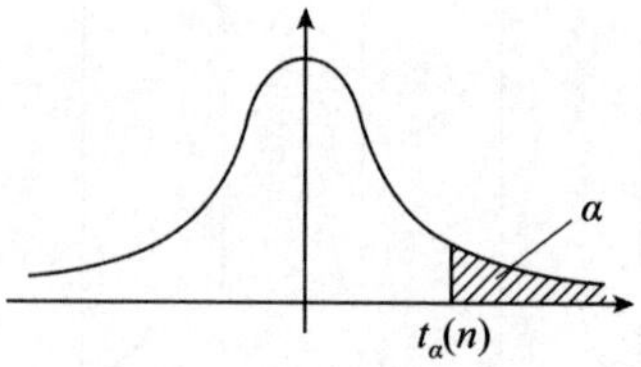

n	α					
	0.25	0.1	0.05	0.025	0.01	0.005
1	1.000 0	3.077 7	6.313 8	12.706 2	31.820 5	63.656 7
2	0.816 5	1.885 6	2.920 0	4.302 7	6.964 6	9.924 8
3	0.764 9	1.637 7	2.353 4	3.182 4	4.540 7	5.840 9
4	0.740 7	1.533 2	2.131 8	2.776 4	3.746 9	4.604 1
5	0.726 7	1.475 9	2.015 0	2.570 6	3.364 9	4.032 1
6	0.717 6	1.439 8	1.943 2	2.446 9	3.142 7	3.707 4
7	0.711 1	1.414 9	1.894 6	2.364 6	2.998 0	3.499 5
8	0.706 4	1.396 8	1.859 5	2.306 0	2.896 5	3.355 4
9	0.702 7	1.383 0	1.833 1	2.262 2	2.821 4	3.249 8
10	0.699 8	1.372 2	1.812 5	2.228 1	2.763 8	3.169 3
11	0.697 4	1.363 4	1.795 9	2.201 0	2.718 1	3.105 8
12	0.695 5	1.356 2	1.782 3	2.178 8	2.681 0	3.054 5
13	0.693 8	1.350 2	1.770 9	2.160 4	2.650 3	3.012 3
14	0.692 4	1.345 0	1.761 3	2.144 8	2.624 5	2.976 8
15	0.691 2	1.340 6	1.753 1	2.131 4	2.602 5	2.946 7
16	0.690 1	1.336 8	1.745 9	2.119 9	2.583 5	2.920 8
17	0.689 2	1.333 4	1.739 6	2.109 8	2.566 9	2.898 2
18	0.688 4	1.330 4	1.734 1	2.100 9	2.552 4	2.878 4
19	0.687 6	1.327 7	1.729 1	2.093 0	2.539 5	2.860 9
20	0.687 0	1.325 3	1.724 7	2.086 0	2.528 0	2.845 3
21	0.686 4	1.323 2	1.720 7	2.079 6	2.517 6	2.831 4
22	0.685 8	1.321 2	1.717 1	2.073 9	2.508 3	2.818 8
23	0.685 3	1.319 5	1.713 9	2.068 7	2.499 9	2.807 3
24	0.684 8	1.317 8	1.710 9	2.063 9	2.492 2	2.796 9
25	0.684 4	1.316 3	1.708 1	2.059 5	2.485 1	2.787 4

（续表）

n	α					
	0.25	0.1	0.05	0.025	0.01	0.005
26	0.684 0	1.315 0	1.705 6	2.055 5	2.478 6	2.778 7
27	0.683 7	1.313 7	1.703 3	2.051 8	2.472 7	2.770 7
28	0.683 4	1.312 5	1.701 1	2.048 4	2.467 1	2.763 3
29	0.683 0	1.311 4	1.699 1	2.045 2	2.462 0	2.756 4
30	0.682 8	1.310 4	1.697 3	2.042 3	2.457 3	2.750 0
31	0.682 5	1.309 5	1.695 5	2.039 5	2.452 8	2.744 0
32	0.682 2	1.308 6	1.693 9	2.036 9	2.448 7	2.738 5
33	0.682 0	1.307 7	1.692 4	2.034 5	2.444 8	2.733 3
34	0.681 8	1.307 0	1.690 9	2.032 2	2.441 1	2.728 4
35	0.681 6	1.306 2	1.689 6	2.030 1	2.437 7	2.723 8
36	0.681 4	1.305 5	1.688 3	2.028 1	2.434 5	2.719 5
37	0.681 2	1.304 9	1.687 1	2.026 2	2.431 4	2.715 4
38	0.681 0	1.304 2	1.686 0	2.024 4	2.428 6	2.711 6
39	0.680 8	1.303 6	1.684 9	2.022 7	2.425 8	2.707 9
40	0.680 7	1.303 1	1.683 9	2.021 1	2.423 3	2.704 5
41	0.680 5	1.302 5	1.682 9	2.019 5	2.420 8	2.701 2
42	0.680 4	1.302 0	1.682 0	2.018 1	2.418 5	2.698 1
43	0.680 2	1.301 6	1.681 1	2.016 7	2.416 3	2.695 1
44	0.680 1	1.301 1	1.680 2	2.015 4	2.414 1	2.692 3
45	0.680 0	1.300 6	1.679 4	2.014 1	2.412 1	2.689 6

附表 4 χ^2 分布临界值表

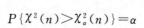

$$P\{\chi^2(n)>\chi^2_\alpha(n)\}=\alpha$$

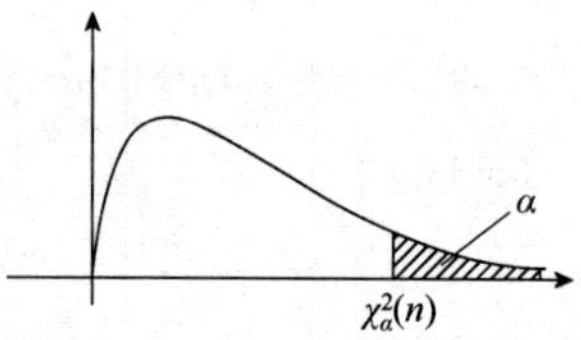

n	α									
	0.995 0	0.990 0	0.975 0	0.950 0	0.900 0	0.100 0	0.050 0	0.025 0	0.010 0	0.005 0
1	0.000 0	0.000 2	0.001 0	0.003 9	0.015 8	2.705 5	3.841 5	5.023 9	6.634 9	7.879 4
2	0.010 0	0.020 1	0.050 6	0.102 6	0.210 7	4.605 2	5.991 5	7.377 8	9.210 3	10.596 6
3	0.071 7	0.114 8	0.215 8	0.351 8	0.584 4	6.251 4	7.814 7	9.348 4	11.344 9	12.838 2
4	0.207 0	0.297 1	0.484 4	0.710 7	1.063 6	7.779 4	9.487 7	11.143 3	13.276 7	14.860 3
5	0.411 7	0.554 3	0.831 2	1.145 5	1.610 3	9.236 4	11.070 5	12.832 5	15.086 3	16.749 6
6	0.675 7	0.872 1	1.237 3	1.635 4	2.204 1	10.644 6	12.591 6	14.449 4	16.811 9	18.547 6
7	0.989 3	1.239 0	1.689 9	2.167 3	2.833 1	12.017 0	14.067 1	16.012 8	18.475 3	20.277 7
8	1.344 4	1.646 5	2.179 7	2.732 6	3.489 5	13.361 6	15.507 3	17.534 5	20.090 2	21.955 0
9	1.734 9	2.087 9	2.700 4	3.325 1	4.168 2	14.683 7	16.919 0	19.022 8	21.666 0	23.589 4
10	2.155 9	2.558 2	3.247 0	3.940 3	4.865 2	15.987 2	18.307 0	20.483 2	23.209 3	25.188 2
11	2.603 2	3.053 5	3.815 7	4.574 8	5.577 8	17.275 0	19.675 1	21.920 0	24.725 0	26.756 8
12	3.073 8	3.570 6	4.403 8	5.226 0	6.303 8	18.549 3	21.026 1	23.336 7	26.217 0	28.299 5
13	3.565 0	4.106 9	5.008 8	5.891 9	7.041 5	19.811 9	22.362 0	24.735 6	27.688 2	29.819 5
14	4.074 7	4.660 4	5.628 7	6.570 6	7.789 5	21.064 1	23.684 8	26.118 9	29.141 2	31.319 3
15	4.600 9	5.229 3	6.262 1	7.260 9	8.546 8	22.307 1	24.995 8	27.488 4	30.577 9	32.801 3
16	5.142 2	5.812 2	6.907 7	7.961 6	9.312 2	23.541 8	26.296 2	28.845 4	31.999 9	34.267 2
17	5.697 2	6.407 8	7.564 2	8.671 8	10.085 2	24.769 0	27.587 1	30.191 0	33.408 7	35.718 5
18	6.264 8	7.014 9	8.230 7	9.390 5	10.864 9	25.989 4	28.869 3	31.526 4	34.805 3	37.156 5
19	6.844 0	7.632 7	8.906 5	10.117 0	11.650 9	27.203 6	30.143 5	32.852 3	36.190 9	38.582 3
20	7.433 8	8.260 4	9.590 8	10.850 8	12.442 6	28.412 0	31.410 4	34.169 6	37.566 2	39.996 8
21	8.033 7	8.897 2	10.282 9	11.591 3	13.239 6	29.615 1	32.670 6	35.478 9	38.932 2	41.401 1
22	8.642 7	9.542 5	10.982 3	12.338 0	14.041 5	30.813 3	33.924 4	36.780 7	40.289 4	42.795 7
23	9.260 4	10.195 7	11.688 6	13.090 5	14.848 0	32.006 9	35.172 5	38.075 6	41.638 4	44.181 3
24	9.886 2	10.856 4	12.401 2	13.848 4	15.658 7	33.196 2	36.415 0	39.364 1	42.979 8	45.558 5
25	10.519 7	11.524 0	13.119 7	14.611 4	16.473 4	34.381 6	37.652 5	40.646 5	44.314 1	46.927 9

（续表）

n	α									
	0.995 0	0.990 0	0.975 0	0.950 0	0.900 0	0.100 0	0.050 0	0.025 0	0.010 0	0.005 0
26	11.160 2	12.198 1	13.843 9	15.379 2	17.291 9	35.563 2	38.885 1	41.923 2	45.641 7	48.289 9
27	11.807 6	12.878 5	14.573 4	16.151 4	18.113 9	36.741 2	40.113 3	43.194 5	46.962 9	49.644 9
28	12.461 3	13.564 7	15.307 9	16.927 9	18.939 2	37.915 9	41.337 1	44.460 8	48.278 2	50.993 4
29	13.121 1	14.256 5	16.047 1	17.708 4	19.767 7	39.087 5	42.557 0	45.722 3	49.587 9	52.335 6
30	13.786 7	14.953 5	16.790 8	18.492 7	20.599 2	40.256 0	43.773 0	46.979 2	50.892 2	53.672 0
31	14.457 8	15.655 5	17.538 7	19.280 6	21.433 6	41.421 7	44.985 3	48.231 9	52.191 4	55.002 7
32	15.134 0	16.362 2	18.290 8	20.071 9	22.270 6	42.584 7	46.194 3	49.480 4	53.485 8	56.328 1
33	15.815 3	17.073 5	19.046 7	20.866 5	23.110 2	43.745 2	47.399 9	50.725 1	54.775 5	57.648 4
34	16.501 3	17.789 1	19.806 3	21.664 3	23.952 3	44.903 2	48.602 4	51.966 0	56.060 9	58.963 9
35	17.191 8	18.508 9	20.569 4	22.465 0	24.796 7	46.058 8	49.801 8	53.203 3	57.342 1	60.274 8
36	17.886 7	19.232 7	21.335 9	23.268 6	25.643 3	47.212 2	50.998 5	54.437 3	58.619 2	61.581 2
37	18.585 8	19.960 2	22.105 6	24.074 9	26.492 1	48.363 4	52.192 3	55.668 0	59.892 5	62.883 3
38	19.288 9	20.691 4	22.878 5	24.883 9	27.343 0	49.512 6	53.383 5	56.895 5	61.162 1	64.181 4
39	19.995 9	21.426 2	23.654 3	25.695 4	28.195 8	50.659 8	54.572 2	58.120 1	62.428 1	65.475 6
40	20.706 5	22.164 3	24.433 0	26.509 3	29.050 5	51.805 1	55.758 5	59.341 7	63.690 7	66.766 0
41	21.420 8	22.905 6	25.214 5	27.325 6	29.907 1	52.948 5	56.942 4	60.560 6	64.950 1	68.052 7
42	22.138 5	23.650 1	25.998 7	28.144 0	30.765 4	54.090 2	58.124 0	61.776 8	66.206 2	69.336 0
43	22.859 5	24.397 6	26.785 4	28.964 7	31.625 5	55.230 2	59.303 5	62.990 4	67.459 3	70.615 9
44	23.583 7	25.148 0	27.574 6	29.787 5	32.487 1	56.368 5	60.480 9	64.201 5	68.709 5	71.892 6
45	24.311 0	25.901 3	28.366 2	30.612 3	33.350 4	57.505 3	61.656 2	65.410 2	69.956 8	73.166 1

附表 5 F 分布临界值表

$$P\{F > F_{\alpha}(n_1, n_2)\} = \alpha$$

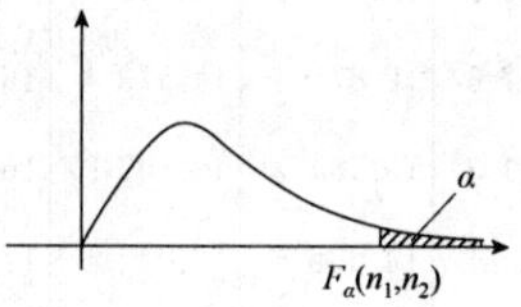

$\alpha = 0.10$

n_2	n_1									
	1	2	3	4	5	6	8	12	24	∞
1	39.86	49.50	53.59	55.83	57.24	58.20	59.44	60.71	62.00	63.33
2	8.53	9.00	9.16	9.24	9.29	9.33	9.37	9.41	9.45	9.49
3	5.54	5.46	5.36	5.32	5.31	5.28	5.25	5.22	5.18	5.13
4	4.54	4.32	4.19	4.11	4.05	4.01	3.95	3.9	3.83	3.76
5	4.06	3.78	3.62	3.52	3.45	3.40	3.34	3.27	3.19	3.10
6	3.78	3.46	3.29	3.18	3.11	3.05	2.98	2.90	2.82	2.72
7	3.59	3.26	3.07	2.96	2.88	2.83	2.75	2.67	2.58	2.47
8	3.46	3.11	2.92	2.81	2.73	2.67	2.59	2.50	2.40	2.29
9	3.36	3.01	2.81	2.69	2.61	2.55	2.47	2.38	2.28	2.16
10	3.29	2.92	2.73	2.61	2.52	2.46	2.38	2.28	2.18	2.06
11	3.23	2.86	2.66	2.54	2.45	2.39	2.30	2.21	2.10	1.97
12	3.18	2.81	2.61	2.48	2.39	2.33	2.24	2.15	2.04	1.90
13	3.14	2.76	2.56	2.43	2.35	2.28	2.20	2.10	1.98	1.85
14	3.10	2.73	2.52	2.39	2.31	2.24	2.15	2.05	1.94	1.80
15	3.07	2.70	2.49	2.36	2.27	2.21	2.12	2.02	1.90	1.76
16	3.05	2.67	2.46	2.33	2.24	2.18	2.09	1.99	1.87	1.72
17	3.03	2.64	2.44	2.31	2.22	2.15	2.06	1.96	1.84	1.69
18	3.01	2.62	2.42	2.29	2.20	2.13	2.04	1.93	1.81	1.66
19	2.99	2.61	2.40	2.27	2.18	2.11	2.02	1.91	1.79	1.63
20	2.97	2.59	2.38	2.25	2.16	2.09	2.00	1.89	1.77	1.61
21	2.96	2.57	2.36	2.23	2.14	2.08	1.98	1.87	1.75	1.59
22	2.95	2.56	2.35	2.22	2.13	2.06	1.97	1.86	1.73	1.57
23	2.94	2.55	2.34	2.21	2.11	2.05	1.95	1.84	1.72	1.55
24	2.93	2.54	2.33	2.19	2.10	2.04	1.94	1.83	1.70	1.53

（续表）

n_2	n_1									
	1	2	3	4	5	6	8	12	24	∞
25	2.92	2.53	2.32	2.18	2.09	2.02	1.93	1.82	1.69	1.52
26	2.91	2.52	2.31	2.17	2.08	2.01	1.92	1.81	1.68	1.50
27	2.90	2.51	2.30	2.17	2.07	2.00	1.91	1.80	1.67	1.49
28	2.89	2.50	2.29	2.16	2.06	2.00	1.90	1.79	1.66	1.48
29	2.89	2.50	2.28	2.15	2.06	1.99	1.89	1.78	1.65	1.47
30	2.88	2.49	2.28	2.14	2.05	1.98	1.88	1.77	1.64	1.46
40	2.84	2.44	2.23	2.09	2.00	1.93	1.83	1.71	1.57	1.38
60	2.79	2.39	2.18	2.04	1.95	1.87	1.77	1.66	1.51	1.29
120	2.75	2.35	2.13	1.99	1.90	1.82	1.72	1.60	1.45	1.19
∞	2.71	2.30	2.08	1.94	1.85	1.17	1.67	1.55	1.38	1.00

$\alpha = 0.05$ （续表）

n_2	n_1									
	1	2	3	4	5	6	8	12	24	∞
1	161.45	199.50	215.70	224.60	230.20	234.00	238.90	243.90	249.00	254.30
2	18.51	19.00	19.16	19.25	19.30	19.33	19.37	19.41	19.45	19.50
3	10.13	9.55	9.28	9.12	9.01	8.94	8.84	8.74	8.64	8.53
4	7.71	6.94	6.59	6.39	6.26	6.16	6.04	5.91	5.77	5.63
5	6.61	5.79	5.41	5.19	5.05	4.95	4.82	4.68	4.53	4.36
6	5.99	5.14	4.76	4.53	4.39	4.28	4.15	4.00	3.84	3.67
7	5.59	4.74	4.35	4.12	3.97	3.87	3.73	3.57	3.41	3.23
8	5.32	4.46	4.07	3.84	3.69	3.58	3.44	3.28	3.12	2.93
9	5.12	4.26	3.86	3.63	3.48	3.37	3.23	3.07	2.90	2.71
10	4.96	4.10	3.71	3.48	3.33	3.22	3.07	2.91	2.74	2.54
11	4.84	3.98	3.59	3.36	3.20	3.09	2.95	2.79	2.61	2.40
12	4.75	3.88	3.49	3.26	3.11	3.00	2.85	2.69	2.50	2.30
13	4.67	3.80	3.41	3.18	3.02	2.92	2.77	2.60	2.42	2.21
14	4.60	3.74	3.34	3.11	2.96	2.85	2.70	2.53	2.35	2.13
15	4.54	3.68	3.29	3.06	2.90	2.79	2.64	2.48	2.29	2.07
16	4.49	3.63	3.24	3.01	2.85	2.74	2.59	2.42	2.24	2.01
17	4.45	3.59	3.20	2.96	2.81	2.70	2.55	2.38	2.19	1.96
18	4.41	3.55	3.16	2.93	2.77	2.66	2.51	2.34	2.15	1.92
19	4.38	3.52	3.13	2.90	2.74	2.63	2.48	2.31	2.11	1.88
20	4.35	3.49	3.10	2.87	2.71	2.60	2.45	2.28	2.08	1.84
21	4.32	3.47	3.07	2.84	2.68	2.57	2.42	2.25	2.05	1.81
22	4.30	3.44	3.05	2.82	2.66	2.55	2.40	2.23	2.03	1.78
23	4.28	3.42	3.03	2.80	2.64	2.53	2.38	2.20	2.00	1.76
24	4.26	3.40	3.01	2.78	2.62	2.51	2.36	2.18	1.98	1.73
25	4.24	3.38	2.99	2.76	2.60	2.49	2.34	2.16	1.96	1.71
26	4.22	3.37	2.98	2.74	2.59	2.47	2.32	2.15	1.95	1.69
27	4.21	3.35	2.96	2.73	2.57	2.46	2.30	2.13	1.93	1.67
28	4.20	3.34	2.95	2.71	2.56	2.44	2.29	2.12	1.91	1.65
29	4.18	3.33	2.93	2.70	2.54	2.43	2.28	2.10	1.90	1.64
30	4.17	3.32	2.92	2.69	2.53	2.42	2.27	2.09	1.89	1.62
40	4.08	3.23	2.84	2.61	2.45	2.34	2.18	2.00	1.79	1.51
60	4.00	3.15	2.76	2.52	2.37	2.25	2.10	1.92	1.70	1.39
120	3.92	3.07	2.68	2.45	2.29	2.17	2.02	1.83	1.61	1.25
∞	3.84	2.99	2.60	2.37	2.21	2.09	1.94	1.75	1.52	1.00

$\alpha=0.025$　　（续表）

n_2	n_1									
	1	2	3	4	5	6	8	12	24	∞
1	647.80	799.50	864.20	899.60	921.80	937.10	956.70	976.70	997.20	1 018.00
2	38.51	39.00	39.17	39.25	39.30	39.33	39.37	39.41	39.46	39.50
3	17.44	16.04	15.44	15.10	14.88	14.73	14.54	14.34	14.12	13.90
4	12.22	10.65	9.98	9.60	9.36	9.20	8.98	8.75	8.51	8.26
5	10.01	8.43	7.76	7.39	7.15	6.98	6.76	6.52	6.28	6.02
6	8.81	7.26	6.60	6.23	5.99	5.82	5.60	5.37	5.12	4.85
7	8.07	6.54	5.89	5.52	5.29	5.12	4.90	4.67	4.42	4.14
8	7.57	6.06	5.42	5.05	4.82	4.65	4.43	4.20	3.95	3.67
9	7.21	5.71	5.08	4.72	4.48	4.32	4.10	3.87	3.61	3.33
10	6.94	5.46	4.83	4.47	4.24	4.07	3.85	3.62	3.37	3.08
11	6.72	5.26	4.63	4.28	4.04	3.88	3.66	3.43	3.17	2.88
12	6.55	5.10	4.47	4.12	3.89	3.73	3.51	3.28	3.02	2.72
13	6.41	4.97	4.35	4.00	3.77	3.60	3.39	3.15	2.89	2.60
14	6.30	4.86	4.24	3.89	3.66	3.50	3.29	3.05	2.79	2.49
15	6.20	4.77	4.15	3.80	3.58	3.41	3.20	2.96	2.70	2.40
16	6.12	4.69	4.08	3.73	3.50	3.34	3.12	2.89	2.63	2.32
17	6.04	4.62	4.01	3.66	3.44	3.28	3.06	2.82	2.56	2.25
18	5.98	4.56	3.95	3.61	3.38	3.22	3.01	2.77	2.50	2.19
19	5.92	4.51	3.90	3.56	3.33	3.17	2.96	2.72	2.45	2.13
20	5.87	4.46	3.86	3.51	3.29	3.13	2.91	2.68	2.41	2.09
21	5.83	4.42	3.82	3.48	3.25	3.09	2.87	2.64	2.37	2.04
22	5.79	4.38	3.78	3.44	3.22	3.05	2.84	2.60	2.33	2.00
23	5.75	4.35	3.75	3.41	3.18	3.02	2.81	2.57	2.30	1.97
24	5.72	4.32	3.72	3.38	3.15	2.99	2.78	2.54	2.27	1.94
25	5.69	4.29	3.69	3.35	3.13	2.97	2.75	2.51	2.24	1.91
26	5.66	4.27	3.67	3.33	3.10	2.94	2.73	2.49	2.22	1.88
27	5.63	4.24	3.65	3.31	3.08	2.92	2.71	2.47	2.19	1.85
28	5.61	4.22	3.63	3.29	3.06	2.90	2.69	2.45	2.17	1.83
29	5.59	4.20	3.61	3.27	3.04	2.88	2.67	2.43	2.15	1.81
30	5.57	4.18	3.59	3.25	3.03	2.87	2.65	2.41	2.14	1.79
40	5.42	4.05	3.46	3.13	2.90	2.74	2.53	2.29	2.01	1.64
60	5.29	3.93	3.34	3.01	2.79	2.63	2.41	2.17	1.88	1.48
120	5.15	3.80	3.23	2.89	2.67	2.52	2.30	2.05	1.76	1.31
∞	5.02	3.69	3.12	2.79	2.57	2.41	2.19	1.94	1.64	1.00

$\alpha=0.01$ （续表）

n_2	n_1									
	1	2	3	4	5	6	8	12	24	∞
1	4 052	4 999	5 403	5 625	5 764	5 859	5 981	6 106	6 234	6 366
2	98.49	99.01	99.17	99.25	99.30	99.33	99.36	99.42	99.46	99.50
3	34.12	30.81	29.46	28.71	28.24	27.91	27.49	27.05	26.60	26.12
4	21.20	18.00	16.69	15.98	15.52	15.21	14.80	14.37	13.93	13.46
5	16.26	13.27	12.06	11.39	10.97	10.67	10.29	9.89	9.47	9.02
6	13.74	10.92	9.78	9.15	8.75	8.47	8.10	7.72	7.31	6.88
7	12.25	9.55	8.45	7.85	7.46	7.19	6.84	6.47	6.07	5.65
8	11.26	8.65	7.59	7.01	6.63	6.37	6.03	5.67	5.28	4.86
9	10.56	8.02	6.99	6.42	6.06	5.80	5.47	5.11	4.73	4.31
10	10.04	7.56	6.55	5.99	5.64	5.39	5.06	4.71	4.33	3.91
11	9.65	7.20	6.22	5.67	5.32	5.07	4.74	4.40	4.02	3.60
12	9.33	6.93	5.95	5.41	5.06	4.82	4.50	4.16	3.78	3.36
13	9.07	6.70	5.74	5.20	4.86	4.62	4.30	3.96	3.59	3.16
14	8.86	6.51	5.56	5.03	4.69	4.46	4.14	3.80	3.43	3.00
15	8.68	6.36	5.42	4.89	4.56	4.32	4.00	3.67	3.29	2.87
16	8.53	6.23	5.29	4.77	4.44	4.20	3.89	3.55	3.18	2.75
17	8.40	6.11	5.18	4.67	4.34	4.10	3.79	3.45	3.08	2.65
18	8.28	6.01	5.09	4.58	4.25	4.01	3.71	3.37	3.00	2.57
19	8.18	5.93	5.01	4.50	4.17	3.94	3.63	3.30	2.92	2.49
20	8.10	5.85	4.94	4.43	4.10	3.87	3.56	3.23	2.86	2.42
21	8.02	5.78	4.87	4.37	4.04	3.81	3.51	3.17	2.80	2.36
22	7.94	5.72	4.82	4.31	3.99	3.76	3.45	3.12	2.75	2.31
23	7.88	5.66	4.76	4.26	3.94	3.71	3.41	3.07	2.70	2.26
24	7.82	5.61	4.72	4.22	3.90	3.67	3.36	3.03	2.66	2.21
25	7.77	5.57	4.68	4.18	3.86	3.63	3.32	2.99	2.62	2.17
26	7.72	5.53	4.64	4.14	3.82	3.59	3.29	2.96	2.58	2.13
27	7.68	5.49	4.60	4.11	3.78	3.56	3.26	2.93	2.55	2.10
28	7.64	5.45	4.57	4.07	3.75	3.53	3.23	2.90	2.52	2.06
29	7.60	5.42	4.54	4.04	3.73	3.50	3.20	2.87	2.49	2.03
30	7.56	5.39	4.51	4.02	3.70	3.47	3.17	2.84	2.47	2.01
40	7.31	5.18	4.31	3.83	3.51	3.29	2.99	2.66	2.29	1.80
60	7.08	4.98	4.13	3.65	3.34	3.12	2.82	2.50	2.12	1.60
120	6.85	4.79	3.95	3.48	3.17	2.96	2.66	2.34	1.95	1.38
∞	6.64	4.60	3.78	3.32	3.02	2.80	2.51	2.18	1.79	1.00

$\alpha = 0.005$ （续表）

n_2	n_1									
	1	2	3	4	5	6	8	12	24	∞
1	16 211	20 000	21 615	22 500	23 056	23 437	23 925	24 426	24 940	25 465
2	198.50	199.00	199.20	199.20	199.30	199.30	199.40	199.40	199.50	199.50
3	55.55	49.80	47.47	46.19	45.39	44.84	44.13	43.39	42.62	41.83
4	31.33	26.28	24.26	23.15	22.46	21.97	21.35	20.70	20.03	19.32
5	22.78	18.31	16.53	15.56	14.94	14.51	13.96	13.38	12.78	12.14
6	18.63	14.45	12.92	12.03	11.46	11.07	10.57	10.03	9.47	8.88
7	16.24	12.40	10.88	10.05	9.52	9.16	8.68	8.18	7.65	7.08
8	14.69	11.04	9.60	8.81	8.30	7.95	7.50	7.01	6.50	5.95
9	13.61	10.11	8.72	7.96	7.47	7.13	6.69	6.23	5.73	5.19
10	12.83	9.43	8.08	7.34	6.87	6.54	6.12	5.66	5.17	4.64
11	12.23	8.91	7.60	6.88	6.42	6.10	5.68	5.24	4.76	4.23
12	11.75	8.51	7.23	6.52	6.07	5.76	5.35	4.91	4.43	3.90
13	11.37	8.19	6.93	6.23	5.79	5.48	5.08	4.64	4.17	3.65
14	11.06	7.92	6.68	6.00	5.56	5.26	4.86	4.43	3.96	3.44
15	10.80	7.70	6.48	5.80	5.37	5.07	4.67	4.25	3.79	3.26
16	10.58	7.51	6.30	5.64	5.21	4.91	4.52	4.10	3.64	3.11
17	10.38	7.35	6.16	5.50	5.07	4.78	4.39	3.97	3.51	2.98
18	10.22	7.21	6.03	5.37	4.96	4.66	4.28	3.86	3.40	2.87
19	10.07	7.09	5.92	5.27	4.85	4.56	4.18	3.76	3.31	2.78
20	9.94	6.99	5.82	5.17	4.76	4.47	4.09	3.68	3.22	2.69
21	9.83	6.89	5.73	5.09	4.68	4.39	4.01	3.60	3.15	2.61
22	9.73	6.81	5.65	5.02	4.61	4.32	3.94	3.54	3.08	2.55
23	9.63	6.73	5.58	4.95	4.54	4.26	3.88	3.47	3.02	2.48
24	9.55	6.66	5.52	4.89	4.49	4.20	3.83	3.42	2.97	2.43
25	9.48	6.60	5.46	4.84	4.43	4.15	3.78	3.37	2.92	2.38
26	9.41	6.54	5.41	4.79	4.38	4.10	3.73	3.33	2.87	2.33
27	9.34	6.49	5.36	4.74	4.34	4.06	3.69	3.28	2.83	2.29
28	9.28	6.44	5.32	4.70	4.30	4.02	3.65	3.25	2.79	2.25
29	9.23	6.40	5.28	4.66	4.26	3.98	3.61	3.21	2.76	2.21
30	9.18	6.35	5.24	4.62	4.23	3.95	3.58	3.18	2.73	2.18
40	8.83	6.07	4.98	4.37	3.99	3.71	3.35	2.95	2.50	1.93
60	8.49	5.79	4.73	4.14	3.76	3.49	3.13	2.74	2.29	1.69
120	8.18	5.54	4.50	3.92	3.55	3.28	2.93	2.54	2.09	1.43

附表6 正交表

(1) $L_4(2^3)$

试验号	列号		
	1	2	3
1	1	1	1
2	1	2	2
3	2	1	2
4	2	2	1

注:任意两列的交互作用列为第三列.

(2) $L_8(2^7)$ (续表)

试验号	列号						
	1	2	3	4	5	6	7
1	1	1	1	1	1	1	1
2	1	1	1	2	2	2	2
3	1	2	2	1	1	2	2
4	1	2	2	2	2	1	1
5	2	1	2	1	2	1	2
6	2	1	2	2	1	2	1
7	2	2	1	1	2	2	1
8	2	2	1	2	1	1	2

(3) $L_8(2^7)$两列间的交互作用表 (续表)

列号	1	2	3	4	5	6	7
1	(1)	3	2	5	4	7	6
2		(2)	1	6	7	4	5
3			(3)	7	6	5	4
4				(4)	1	2	3
5					(5)	3	2
6						(6)	1
7							(7)

(4) $L_{12}(2^{11})$ **（续表）**

试验号	列号										
	1	2	3	4	5	6	7	8	9	10	11
1	1	1	1	1	1	1	1	1	1	1	1
2	1	1	1	1	1	2	2	2	2	2	2
3	1	1	2	2	2	1	1	1	2	2	2
4	1	2	1	2	2	1	2	2	1	1	2
5	1	2	2	1	2	2	1	2	1	2	1
6	1	2	2	2	1	2	2	1	2	1	1
7	2	1	2	2	1	1	2	2	1	2	1
8	2	1	2	1	2	2	2	1	1	1	2
9	2	1	1	2	2	2	1	2	2	1	1
10	2	2	2	1	1	1	1	2	2	1	2
11	2	2	1	2	1	2	1	1	1	2	2
12	2	2	1	1	2	1	2	1	2	2	1

注：此表任意两列的交互作用均不在表内.

(5) $L_{16}(2^{15})$ **（续表）**

试验号	列号														
	1	2	3	4	5	6	7	8	9	10	11	12	13	14	15
1	1	1	1	2	2	1	2	1	2	2	1	1	1	2	2
2	2	1	2	2	1	1	1	1	1	2	2	1	2	2	1
3	1	2	2	2	2	2	1	1	2	1	2	1	1	1	1
4	2	2	1	2	1	2	2	1	1	1	1	1	2	1	2
5	1	1	2	1	1	2	2	1	2	2	2	2	2	1	2
6	2	1	1	1	2	2	1	1	1	2	1	2	1	1	1
7	1	2	1	1	1	1	1	1	2	1	1	2	2	2	1
8	2	2	2	1	2	1	2	1	1	1	2	2	1	2	2
9	1	1	1	1	2	2	1	2	1	1	2	1	2	2	2
10	2	1	2	1	1	2	2	2	2	1	1	1	1	2	1
11	1	2	2	1	2	1	2	2	1	2	1	1	2	1	1
12	2	2	1	1	1	1	1	2	2	2	2	1	1	1	2
13	1	1	2	2	1	1	1	2	1	1	1	2	1	1	2
14	2	1	1	2	2	1	2	2	2	1	2	2	2	1	1
15	1	2	1	2	1	2	2	2	1	2	2	2	1	2	1
16	2	2	2	2	2	2	1	2	2	2	1	2	2	2	2

(6) $L_{16}(2^{15})$ 两列间的交互作用表

(续表)

1	2	3	4	5	6	7	8	9	10	11	12	13	14	15
(1)	3	2	5	4	7	6	9	8	11	10	13	12	15	14
	(2)	1	6	7	4	5	10	11	8	9	14	15	12	13
		(3)	7	6	5	4	11	10	9	8	15	14	13	12
			(4)	1	2	3	12	13	14	15	8	9	10	11
				(5)	3	2	13	12	15	14	9	8	11	10
					(6)	1	14	15	12	13	10	11	8	9
						(7)	15	14	13	12	11	10	9	8
							(8)	1	2	3	4	5	6	7
								(9)	3	2	5	4	7	6
									(10)	1	6	7	4	5
										(11)	7	6	5	4
											(12)	1	2	3
												(13)	3	2
													(14)	1
														(15)

(7) $L_9(3^4)$

(续表)

试验号	列号			
	1	2	3	4
1	1	1	1	1
2	1	2	2	2
3	1	3	3	3
4	2	1	2	3
5	2	2	3	1
6	2	3	1	2
7	3	1	3	2
8	3	2	1	3
9	3	3	2	1

注:任意两列的交互作用出现于另外两列.

(8) $L_{27}(3^{12})$ **(续表)**

试验号	列号												
	1	2	3	4	5	6	7	8	9	10	11	12	13
1	1	1	3	2	1	2	2	3	1	2	1	3	3
2	2	1	1	1	1	1	3	3	2	1	1	2	1
3	3	1	2	3	1	3	1	3	3	3	1	1	2
4	1	2	2	1	1	2	2	2	3	1	3	1	1
5	2	2	3	3	1	1	3	2	1	3	3	3	2
6	3	2	1	2	1	3	1	2	2	2	3	2	3
7	1	3	1	3	1	2	2	1	2	3	2	2	2
8	2	3	2	2	1	1	3	1	3	2	2	3	3
9	3	3	3	1	1	3	1	1	1	1	2	1	1
10	1	1	1	1	2	2	3	1	3	2	3	3	2
11	2	1	3	3	2	1	1	1	1	1	3	2	3
12	3	1	2	2	2	3	2	1	2	3	3	1	1
13	1	2	3	3	2	2	3	3	1	1	2	1	3
14	2	2	2	2	2	1	1	3	3	3	2	3	1
15	3	2	1	1	2	3	2	3	2	2	2	2	2
16	1	3	2	2	2	3	3	2	1	3	1	2	1
17	2	3	1	1	2	2	1	2	2	2	1	1	2
18	3	3	3	3	2	1	2	2	3	1	1	3	3
19	1	1	3	3	3	1	1	2	2	2	2	3	1
20	2	1	2	2	3	3	2	2	1	1	2	2	2
21	3	1	1	1	3	2	2	2	3	3	2	1	3
22	1	2	2	2	3	1	1	1	1	1	1	1	2
23	2	2	1	1	3	3	2	1	2	3	1	3	3
24	3	2	3	3	3	2	2	1	3	2	1	2	1
25	1	3	1	1	3	1	1	3	3	3	3	2	3
26	2	3	3	3	3	3	2	3	1	2	3	1	1
27	3	3	2	2	3	2	2	3	2	1	3	3	2

(9) $L_{27}(3^{13})$两列间的交互作用表 （续表）

1	2	3	4	5	6	7	8	9	10	11	12	13
(1)	3	2	2	6	5	5	9	8	8	12	11	11
	4	4	3	7	7	6	10	10	9	13	13	12
	(2)	1	1	8	9	10	5	6	7	5	6	7
		4	3	11	12	13	11	12	13	8	9	10
		(3)	1	9	10	8	7	5	6	6	7	5
			2	13	11	12	12	13	11	10	8	9
			(4)	10	8	9	6	7	5	7	5	6
				12	13	11	13	11	12	9	10	8
				(5)	1	1	2	3	4	2	4	3
					7	6	11	13	12	8	10	9
					(6)	1	4	2	3	3	2	4
						5	13	12	11	10	9	8
						(7)	3	4	2	4	3	2
							12	11	13	9	8	10
							(8)	1	1	2	3	4
								10	9	5	7	6
								(9)	1	4	2	3
									8	7	6	5
									(10)	3	4	2
										6	5	7
										(11)	1	1
											13	12
											(12)	1
												11
												(13)

(10) $L_{16}(4^5)$　　（续表）

试验号	列号				
	1	2	3	4	5
1	1	1	1	1	1
2	1	2	2	2	2
3	1	3	3	3	3
4	1	4	4	4	4
5	2	1	2	3	4
6	2	2	1	4	3
7	2	3	4	1	2
8	2	4	3	2	1
9	3	1	3	4	2
10	3	2	4	3	1
11	3	3	1	2	4
12	3	4	2	1	3
13	4	1	4	2	3
14	4	2	3	1	4
15	4	3	2	4	1
16	4	4	1	3	2

附表 7 相关系数临界值表

$P\{|r|>r_\alpha\}=\alpha$

自由度	5%水平				1%水平				自由度
	变量总数				变量总数				
	2	3	4	5	2	3	4	5	
1	0.997	0.999	0.999	0.999	1.000	1.000	1.000	1.000	1
2	0.950	0.975	0.983	0.987	0.990	0.995	0.997	0.998	2
3	0.878	0.930	0.950	0.961	0.959	0.976	0.983	0.987	3
4	0.811	0.881	0.912	0.930	0.917	0.949	0.962	0.970	4
5	0.754	0 836	0.874	0.898	0.874	0.917	0.937	0.949	5
6	0.707	0.795	0.839	0.867	0.834	0.886	0.911	0.927	6
7	0.666	0.758	0.807	0.838	0.798	0.855	0.885	0.904	7
8	0.632	0.726	0.777	0.811	0.765	0.827	0.860	0.882	8
9	0.602	0.697	0.750	0.786	0.735	0.800	0.836	0.861	9
10	0.576	0.671	0.726	0.763	0.708	0.776	0.814	0.840	10
11	0.553	0.648	0.703	0.741	0.684	0.753	0.793	0.821	11
12	0.532	0.627	0.683	0.722	0.661	0.732	0.773	0.802	12
13	0.514	0.608	0.664	0.703	0.641	0.712	0.775	0.785	13
14	0.497	0.590	0.646	0.686	0.623	0.694	0.737	0.768	14
15	0.482	0.574	0.630	0.670	0.606	0.677	0.721	0.752	15
16	0.468	0.559	0.615	0.655	0.590	0.662	0.706	0.738	16
17	0.456	0.545	0.601	0.641	0.575	0.647	0.691	0.724	17
18	0.444	0.532	0.587	0.628	0.610	0.633	0.678	0.710	18
19	0.433	0.520	0.575	0.615	0.549	0.620	0.665	0.698	19
20	0.423	0.509	0.563	0.604	0.537	0.608	0.652	0 685	20
21	0.413	0.498	0.552	0.592	0.526	0.596	0.641	0.674	21
22	0.404	0.488	0.542	0.582	0.515	0.585	0.630	0.663	22
23	0.396	0.479	0.532	0.572	0.505	0.574	0.619	0.652	23
24	0.388	0.470	0.523	0.562	0.496	0.565	0.609	0.642	24
25	0.381	0.462	0.514	0.553	0.487	0.555	0.600	0.633	25
26	0.374	0.454	0.506	0.545	0.478	0.546	0.590	0.624	26
27	0.367	0.446	0.498	0.536	0.470	0.538	0.582	0.615	27

（续表）

自由度	5%水平				1%水平				自由度
	变量总数				变量总数				
	2	3	4	5	2	3	4	5	
28	0.361	0.439	0.490	0.529	0.463	0.530	0.573	0.606	28
29	0.355	0.432	0.482	0.521	0.456	0.522	0.565	0.598	29
30	0.349	0.426	0.476	0.514	0.449	0.514	0.558	0.591	30
35	0.525	0.397	0.445	0.482	0.418	0.481	0.523	0.556	35
40	0.304	0.373	0.419	0.445	0.393	0.454	0.494	0.526	40
45	0.288	0.353	0.397	0.432	0.372	0.430	0.470	0.501	45
50	0.273	0.336	0.379	0.412	0.354	0.410	0.449	0.479	50
60	0.250	0.308	0.348	0.380	0.325	0.377	0.414	0.442	60
70	0.232	0.286	0.324	0.354	0.302	0.351	0.386	0.413	70
80	0.217	0.269	0.304	0.332	0.283	0.330	0.362	0.389	80
90	0.205	0.254	0.288	0.315	0.267	0.312	0.343	0.368	90
100	0.195	0.241	0.274	0.300	0.254	0.297	0.327	0.351	100